WELTGESCHICHTS-ATLAS

WELT-GESCHICHTS-ATLAS

John Haywood

KÖNEMANN

INHALT

Originalausgabe:

Konzipiert und produziert
von Andromeda Oxford Ltd.
11–15 The Vineyard, Abingdon
Oxfordshire, OX14 3PX England

Wissenschaftliche Beratung

Dr. Paul Garwood
University of Oxford, UK

Professor Jeremy Black
University of Exeter, UK

Originaltitel:
World Atlas of the Past, vol. 1–4

Könemann Verlagsgesellschaft mbH,
Bonner Straße 126, D–50968 Köln

Übersetzung, Redaktion und Satz:
schroeder & partner, München
Übersetzung aus dem Englischen: Eva Boltenhagen,
Heinrich Degen, Hans Freundl, Werner Horwarth,
Christian Kennerknecht und Janette Schroeder
Redaktionelle Mitarbeit: Michael Krischka

Projektkoordination: Dr. Marten Brandt
Herstellung: Ursula Schümer

Druck und Bindung:
Mohn Media - Mohndruck GmbH, Gütersloh
Printed in Germany
ISBN 3-8290-3359-1

10 9 8 7 6 5 4 3 2

Zum Gebrauch des Atlas

Drei unterschiedliche Arten von Karten illustrieren die einzelnen Epochen und geschichtlichen Ereignisse in diesem Geschichtsatlas. Hierzu einige Hinweise.

Weltkarten zeigen die Welt, wie sie in bestimmten geschichtlichen Momenten aussah. Man erfährt, wo Staaten oder Kulturen beheimatet waren und wo die Menschen als Bauern oder Jäger und Sammler lebten. Anhand der Weltkarten lässt sich die historische Entwicklung der Menschheit verfolgen und der Aufstieg und Untergang großer Reiche feststellen. Ziffern in den Karten markieren wichtige Ereignisse, die in der zugehörigen Zeittafel erläutert werden.

Regionalkarten zeigen eine bestimmte Region der Welt innerhalb einer größeren Zeitspanne (z. B. Das Alte Ägypten 6000–332 v. Chr.). Zur besseren Orientierung sind die modernen Ländernamen und die heutigen Grenzen in zartem Grau eingezeichnet. Gebirgszüge und Flüsse vermitteln ein Bild der geografischen Situation.

Zusatz-Karten ergänzen die regionalen Karten, indem sie bestimmte Themen oder Ereignisse hervorheben.

Zum Auffinden von Orten sind die Welt- und Regionalkarten mit einem Gitternetz versehen; die Längsgrade sind am oberen oder unteren Kartenrand mit Buchstaben versehen, die Breitengrade an den Seitenrändern mit Ziffern. Im Register werden Orte mit Seitenzahl, Breitengrad und Längsgrad (z. B. **37** 4D) angegeben.

Lesarten der Karten

Weltkarten	
PERSIEN	Staat, Land oder Reich
Britisch-Guyana	Schutzgebiet, Kolonie oder Hoheitsgebiet
Khoisan-Hirten	Stamm, Volk oder Kultur
Regionale Karten	
FRANKREICH	Staat oder Reich
Honan	Kolonie, Hoheitsgebiet oder Provinz
Kelten	Stamm, Volk oder Kultur
ANATOLIEN	geografische Region
LETTLAND	moderner Ländername
—·—	Grenzen der heutigen Staaten
⚔	Schlacht
•	Ort, Siedlung oder Stadt

Frühgeschichte und Antike

Die Geschichte der Menschheit begann vor etwa vier Millionen Jahren in Afrika. Unsere frühesten Vorfahren lebten wie ihre nächsten Verwandten, die Menschenaffen, in Familienverbänden. Sie ernährten sich von Pflanzen und Aas und benutzten einfache Steinwerkzeuge. Aber es dauerte noch mehrere hundertausend Jahre, bis sie gelernt hatten, das Feuer zu beherrschen, Hütten zu bauen und Tiere mit Speeren und anderen Waffen zu jagen. Vor ungefähr 100 000 Jahren entwickelte sich dann der Homo sapiens, der moderne Mensch. Bis zum Ende der Eiszeit vor rund 11 000 Jahren breitete er sich nahezu auf der ganzen Welt aus.

Das Ende der Eiszeit brachte eine Klimaerwärmung mit sich, die von den Menschen eine rasche Veränderung ihrer Lebensweise verlangte, um zu überleben. Viele der wild wachsenden Nahrungsmittel wurden knapp, darum begannen unsere Vorfahren, Gräser und Knollen anzupflanzen und Tiere zu halten, die Fleisch, Milch und Wolle lieferten. Dazu mussten sie ihr Nomadenleben aufgeben und sesshaft werden. Überall dort, wo der Boden fruchtbar und das Klima günstig waren, entwickelten sich innerhalb von 3000 Jahren die ersten Bauernkulturen.

Ackerbau und Sesshaftigkeit erforderten neue gesellschaftliche Organisationsformen. Die Getreidebauern lebten in Dörfern in der Nähe ihrer Felder. Andere spezialisierten sich auf die Herstellung von Töpferwaren oder auf die Verarbeitung von Metallen wie Kupfer und Bronze. Zwischen den Menschen entstanden allmählich Unterschiede hinsichtlich des Ranges und des Vermögens und es kam zur Bildung von Führungseliten.

Die ersten Hochkulturen entwickelten sich in besonders fruchtbaren Regionen wie dem Niltal in Ägypten und entlang des Gelben Flusses in China. Die Bauern ernteten mehr als sie selbst verbrauchen konnten, tauschten ihre Überschüsse gegen Handwerksprodukte ein und bezahlten Steuern. Es eröffneten sich neue Erwerbsmöglichkeiten: als Handwerker, Priester oder Händler. Die Gesellschaften wurden komplexer, der Handel brachte Reichtum, Städte wurden gegründet. Die Erfindung der Schrift ermöglichte es, Warenlisten, Geschichten, Mythen und religiöse Texte aufzuschreiben.

Gut organisierte Staaten mit großen Armeen beherrschten ihre weniger fortschrittlichen Nachbarn. Im Nahen und Fernen Osten, rund ums Mittelmeer und in Teilen Mittel- und Südamerikas entstanden frühe Großreiche.

Links *Rituelles Gefäß aus Kreta, ca. 1600 v. Chr.*

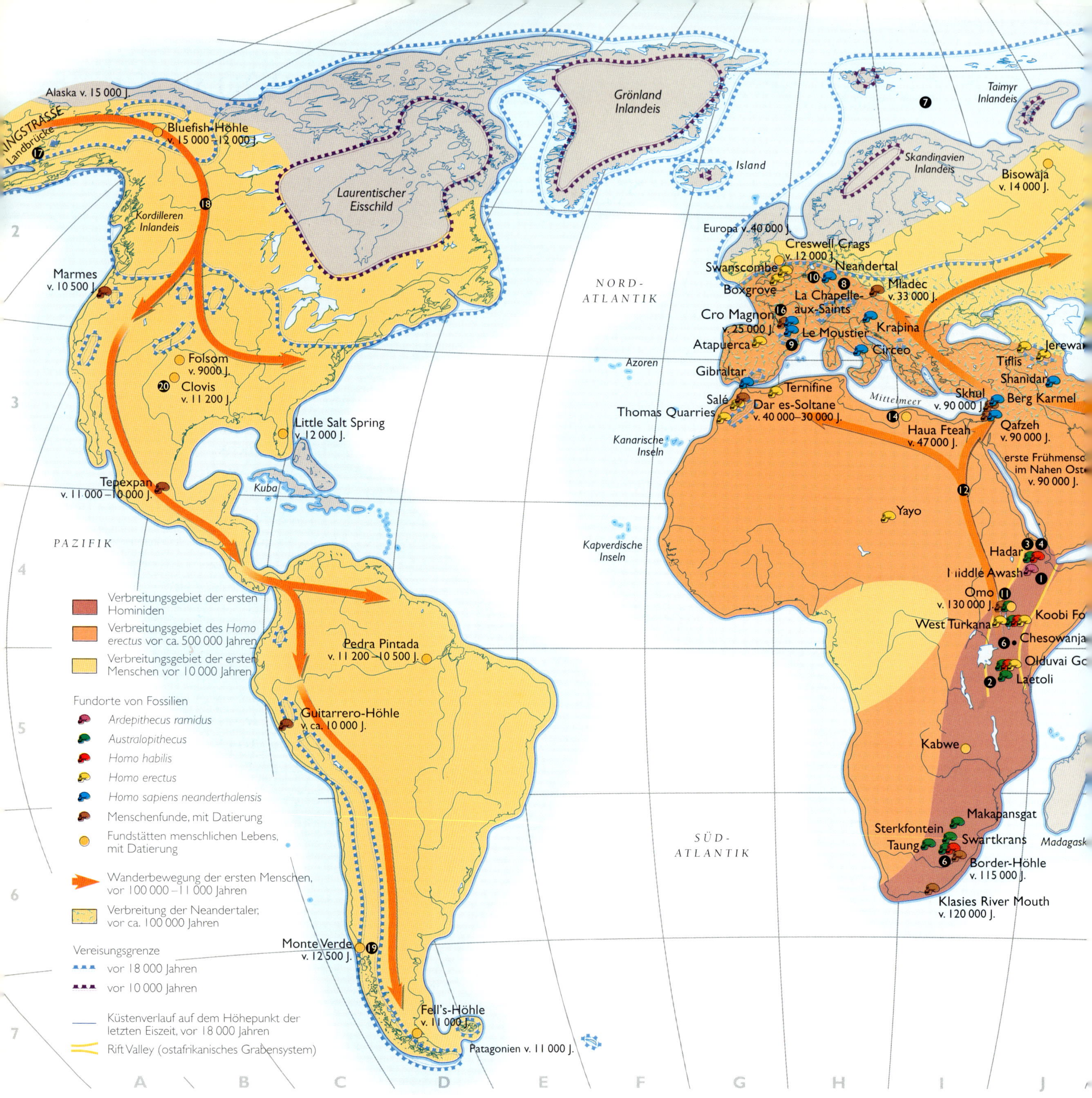

❶ **Vor 4 400 000 Jahren** lebte der älteste menschliche Vorfahr: *Ardepithecus ramidus*.

❷ **Vor 3 600 000 Jahren** hinterließen in Laetoli, Tansania, Hominiden, die aufrecht gingen, Fußabdrücke auf feuchtem Lehmboden.

❸ **Vor 3 500 000 Jahren** lebte der *Australopithecus afarensis*, von dem ein fast vollständiges Skelett gefunden wurde (es wurde „Lucy" getauft).

❹ **Vor 2 400 000 Jahren** wurden Werkzeuge benutzt, die man in Hadar, Äthiopien, fand.

❺ **Vor 1 800 000–1 600 000 Jahren** Der *Homo erectus* wandert von Afrika nach Südostasien.

❻ **Vor 1 600 000 Jahren** Erste nachweisbare Feuerstellen in Chesowanja und Swartkrans, Afrika

❼ **Vor 1 000 000 Jahren** Beginn der Eiszeit

❽ **Vor 400 000 Jahren** Erste Werkzeuge aus Holz

❾ **Vor 300 000 Jahren** Älteste Überreste einer Siedlung in Terra Amata, Frankreich

❿ **Vor 150 000 Jahren** Neandertaler in Europa

⓫ **Vor 130 000 Jahren** Der *Homo sapiens sapiens* ist nachweisbar.

⓬ **Vor 100 000 Jahren** *Homo sapiens sapiens* wandert aus Afrika aus.

⓭ **Vor 60 000–40 000 Jahren** Australien und Neuguinea werden mit Booten erreicht.

⓮ **Vor 47 000 Jahren** Knochenflöte aus Haua Fteah, Nordafrika, gilt als erstes Instrument.

⓯ **Vor 40 000 Jahren** Erste Felsmalereien und Kratzbilder in australischen Höhlen

Die Welt 10 000 v. Chr.

Die ersten Menschen lebten vor ca. 2,4 Millionen Jahren in Ostafrika, ihre Entwicklung begann ca. 3 Millionen Jahre zuvor. Als sie gelernt hatten, Werkzeug zu benutzen und Feuer zu machen, konnten sie neue Lebensräume erobern. Um 100 000 v. Chr. besiedelten sie auch Gebiete ausserhalb Afrikas. Ab 10 000 v. Chr. finden sie sich schon fast in allen Teilen der Welt.

Die Entwicklung des Menschen setzte vor über fünf Millionen Jahren, im Miozän ein (vor 25–5 Millionen Jahren). Zu jener Zeit war das Klima wesentlich milder und feuchter als heute: Große Teile Afrikas, Europas und Asiens waren von tropischen Regenwäldern bedeckt. Zahlreiche Affenarten bevölkerten diese Wälder, darunter eine, die als Vorfahr des modernen Menschen gilt.

Gegen Ende des Miozäns kühlte die Temperatur weltweit ab; an den Polen bildeten sich Eiskappen und das Klima wurde trockener. Die Regenwälder bildeten sich zurück, Savannen und Buschland entstanden. In Ostafrika zeichnete sich bei den frühen Hominiden eine neue Entwicklung ab. Zunächst hatten sie auf Bäumen gelebt und sich auf allen Vieren vorwärts bewegt. Allmählich dehnten sie ihren Lebensraum auf die weiten, unbewaldeten Ebenen aus und lernten, auf zwei Beinen zu laufen. Der aufrechte Gang ermöglichte es ihnen nun auch, die Savannen schnell und sicher zu durchstreifen.

Rechts Eine Australopithecus-Familie auf der Suche nach essbaren Wurzeln. Ihr aufrechter Gang erlaubte es ihnen, in offenem Gelände Ausschau nach gefährlichen Raubtieren zu halten.

⓰ **Vor 40 000 Jahren** Die modernen Menschen verdrängen die Neandertaler in Westeuropa.

⓱ **Vor 15 000 Jahren** Über die Beringstraße erreichen die ersten Menschen Nordamerika.

⓲ **Vor 14 000 Jahren** Als das Eis schmolz, wurden die Great Plains und Südamerika besiedelt.

⓳ **Vor 12 000 Jahren** Süd-Chile wird besiedelt.

⓴ **Vor 9 000 Jahren** 30 Tierarten, darunter Mammut, Mastodon und Glyptodon, werden in Amerika durch die Jagd ausgerottet.

Diese Veränderungen zogen sich über viele Millionen Jahre hin. Von den frühesten menschlichen Vorfahren fand man versteinerte Knochen. Die ältesten Knochenfunde stammen vom *Ardipithecus ramidus*, einer Spezies, die vor ca. 4,4 Millionen Jahren gelebt hat. Diese Hominiden hielten sich vermutlich, ähnlich wie Schimpansen, noch überwiegend auf Bäumen auf. Eine spätere Hominidenart, der *Australopithecus afarensis* (ca. 3,5 Millionen Jahre v. Chr.), bewegte sich bereits auf zwei Beinen fort.

Vor ca. drei Millionen Jahren hatten sich aus dieser Spezies zwei Typen herausgebildet: eine kräftige Art mit massiven Kiefern und Zähnen, und eine zierliche Art mit kleineren Kiefern. Aus ihr ist der moderne Mensch hervorgegangen. Die Gehirne der beiden Arten hatten etwa die Größe eines Schimpansenhirns (ein Drittel der Größe eines Menschenhirns). Wie die Menschenaffen benutzten sie einfache Werkzeuge aus Steinen und Ästen. Sie ernährten sich von Pflanzen, aber auch von Aas.

Rechts *Der ostafrikanische Grabenbruch wird als „Wiege der Menschheit" bezeichnet. Er gilt als bedeutendste Stätte für fossile Funde früher Menschenformen. Vor Millionen Jahren wurde das Erdreich bei Überschwemmungen die steilen Talwände hinunter gespült und begrub Tiere und Menschen unter sich. Damit waren ihre Überreste vor Raubtieren und vor dem Zerfall durch Witterungseinflüsse geschützt. In der Olduvai-Schlucht fand man besonders interessante Fossilien, die Aufschluss über unsere menschlichen Vorfahren geben.*

Die ersten Menschen

Die ersten Menschenarten entwickelten sich vor ca. 2,4 Millionen Jahren aus den zierlichen Hominidenformen. Ihr Gehirn war ungefähr halb so groß wie das des heutigen Menschen. Diese Spezies nannte man *Homo habilis* (geschickter Mensch). Sie konnte bereits einfache, scharfkantige Steinwerkzeuge herstellen, jagte aber noch nicht, sondern weidete Tiere aus, die gestorben oder von Raubtieren erlegt worden waren.

Viele hunderttausend Jahre später bildete sich aus dem *Homo habilis* eine neue Spezies heraus, die aufgrund ihres aufrechten Gangs *Homo erectus* genannt wurde. Sie war größer als der heutige Mensch, ähnelte ihm aber schon stark. Nur ihr Gehirn war noch wesentlich kleiner. Es war die erste Menschenart, die außerhalb von Afrika lebte. Vor ca. 1,8–1,6 Millionen Jahren breitete sie sich über das tropische Asien aus. Mit der Zeit lernte sie mit Feuer umzugehen und konnte auch in die kühleren Regionen Chinas und Europas vordringen. Das Feuer diente den Menschen nicht nur als Wärmequelle und Kochstelle, sondern bot ihnen auch Schutz und konnte zum Härten hölzener Werkzeuge verwendet werden.

Oben und rechts *Die frühen Menschen fertigten aus Flussgeröll scharfkantige Faustkeile. Dieses Werkzeug ist etwa 70 000 Jahre alt und diente zum Ausnehmen von Tieren bis zur Größe von Elefanten.*

Die Eiszeit

Mit der Eiszeit begann eine neue Klimaperiode. Sie war aber nicht nur eisig kalt, sondern wurde von Warmzeiten, den Zwischeneiszeiten, unterbrochen. Der Wechsel zwischen diesen Perioden konnte rasch vonstatten gehen. Alle Lebewesen mussten sich schnell anpassen, um nicht auszusterben. Zur Vermeidung von Feuchtigkeitsverlusten brauchten die Tiere jetzt zum Beispiel ein dichteres Fell und die Pflanzen kleinere Blätter.

Besiedelung der Welt

Vor etwa 500 000 Jahren bildeten sich aus dem in Afrika und Europa lebenden *Homo erectus* verschiedene Typen heraus. In Europa entwickelte sich der Neandertaler. Er war stämmig gebaut und hatte eine kurze Nase, die den Wärmeverlust verringerte, sodass er in dem kalten Klima überleben konnte. Der *Homo sapiens* (der wissende Mensch), die erste Spezies, die dem heutigen Menschen in seinem Körperbau glich, entwickelte sich vor ca. 130 000 Jahren in Afrika. In kleinen Gruppen besiedelte er allmählich die benachbarten Gebiete und wanderte vor ca. 100 000 Jahren in den Nahen Osten. In den darauf folgenden 90 000 Jahren breiteten sich seine Nachfahren auf alle Kontinente aus. Der Meeresspiegel lag damals viel niedriger, da große Wassermengen der Erde zu Gletschern und Packeis gefroren waren. Aus diesem Grund konnten die Frühmenschen zu Fuß Gebiete erreichen, die heute die Weltmeere voneinander trennen.

Um 75 000 v. Chr. hatte der *Homo sapiens* China und Südostasien erreicht. Mit seinem Aufkommen starb der *Homo erectus* allmählich aus – offensichtlich war der *Homo sapiens* der geschicktere und erfolgreichere Jäger. Zwischen 60 000–40 000 v. Chr. bauten die Frühmenschen erste Schiffe und Flöße. Sie segelten damit nach Australien und Neuguinea. Wegen des kalten Klimas dauerte es länger, bis der *Homo sapiens* nach Europa und Zentralasien vorstieß. Dort angekommen (vor ca. 40 000 Jahren) verdrängte er die Neandertaler.

Amerika war der letzte Kontinent, den der *Homo sapiens* eroberte. Um 15 000 v. Chr. waren Jäger aus Sibirien über die zugefrorene Beringstraße nach Alaska vorgedrungen. Dort versperrten ihnen riesige Eisschollen den weiteren Weg. Als sie vor 14 000–12 000 Jahren schmolzen, gelang den Paläoindianern, den Vorfahren der heutigen Indianer, der Vorstoß in die Prärien Nordamerikas. In diesen ausgedehnten Graslandschaften lebten damals zahlreiche Wildtierherden, von denen sie etliche Arten jagten, bis sie ausgestorben waren. Die Paläoindianer drangen weiter nach Süden vor und erreichten vor etwa 11 000 Jahren Patagonien. Zu dieser Zeit waren nur die Antarktis und ein paar Inseln im Ozean noch nicht von Menschen besiedelt.

Der *Homo erectus* passte sich den unwirtlichen Bedingungen an, indem er ein größeres Gehirn entwickelte. Nun konnte er Probleme besser lösen. Schon vor etwa einer Million Jahren war sein Gehirn so groß wie das des heutigen Menschen.

Der *Homo erectus* war ein geschickter Werkzeugbauer. Mit Wurfspeeren jagte er wilde Tiere, mit scharfkantigen Faustkeilen nahm er sie aus. Mit steinernen Schabern säuberte er das Fell seiner Beute, das ihm vermutlich als Kleidung diente. Es ist anzunehmen, dass diese Frühmenschen bereits einfache Unterstände bauten und in kleinen Horden umher zogen. Sie suchten Wasserstellen auf, um die wilden Tiere, die dort zum Tränken kamen, zu jagen. Außerdem sammelten sie essbare Pflanzen wie Früchte und Wurzeln. Sie wussten ganz genau, wo und zu welcher Jahreszeit sie ausreichend Nahrung finden konnten. Dieses Wissen gaben sie von Generation zu Generation weiter. Bis zu Beginn des Ackerbaus lebten die frühen Menschen alle als Jäger und Sammler. Einige wenige Stämme wie die Inuit (Eskimos) in der kanadischen Arktis und die San in der afrikanischen Kalahari-Wüste leben heute noch so.

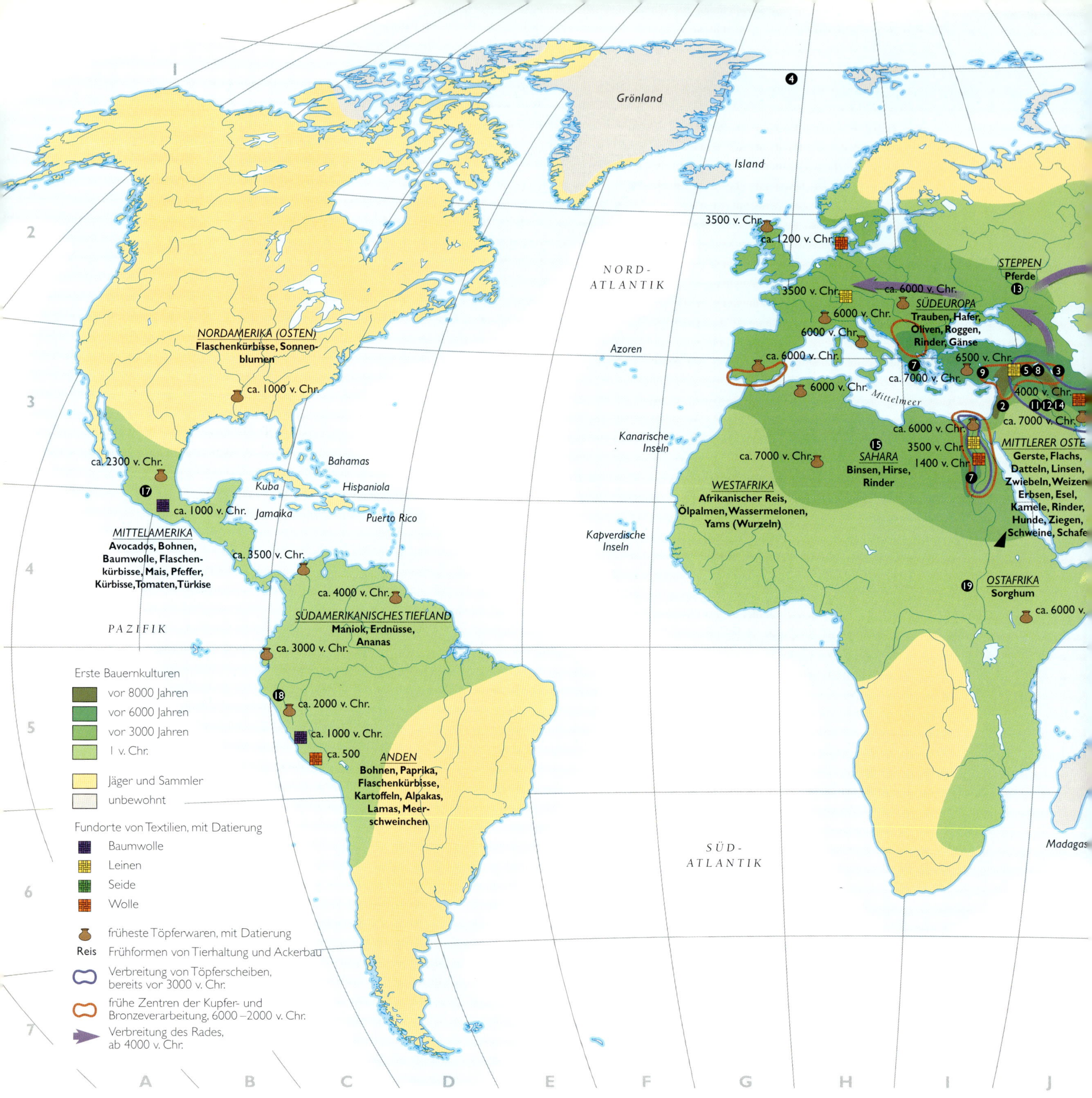

❶ **11 000 v. Chr.** Die ältesten bekannten Töpferwaren stammen aus China.

❷ **10 000 v. Chr.** Jäger und Sammler in Syrien und Israel ernten wildes Getreide mit Sicheln.

❸ **9 000 v. Chr.** Wilde Schafe werden von Jägern in den Bergen von Zagros domestiziert.

❹ **8 000 v. Chr.** Ende der Eiszeit

❺ **8 000–7 700 v. Chr.** Weizen und Gerste werden angebaut, die ersten Bauernsiedlungen entstehen im „Fruchtbaren Halbmond“.

❻ **6 500 v. Chr.** Im Jangtse-Tal in China wird erstmals Reis angebaut.

❼ **6 500 v. Chr.** Tierhaltung und Getreideanbau verbreiten sich in Ägypten und Europa.

❽ **6 500 v. Chr.** Im Mittleren Osten werden wilde Rinder domestiziert.

❾ **6 200 v. Chr.** In Chatal Huyuk, Türkei, wurde erstmals Kupfer geschmolzen und verarbeitet.

❿ **5 500 v. Chr.** Im Norden Pakistans wird Baumwolle kultiviert.

⓫ **5 000 v. Chr.** Die Ebenen Mesopotamiens werden durch Bewässerungssysteme fruchtba

⓬ **4 500 v. Chr.** In Mesopotamien werden Pflüge, Segel und Töpferscheiben verwendet.

⓭ **4 000 v. Chr.** In Südrussland werden Wildpferde gehalten. Sie liefern Fleisch und Milch.

⓮ **3 800 v. Chr.** Im Mittleren Osten entstehen erste Bronzearbeiten.

⓯ **3 500 v. Chr.** Wohl wegen Überweidung verwandelt sich die Sahara in eine Wüste.

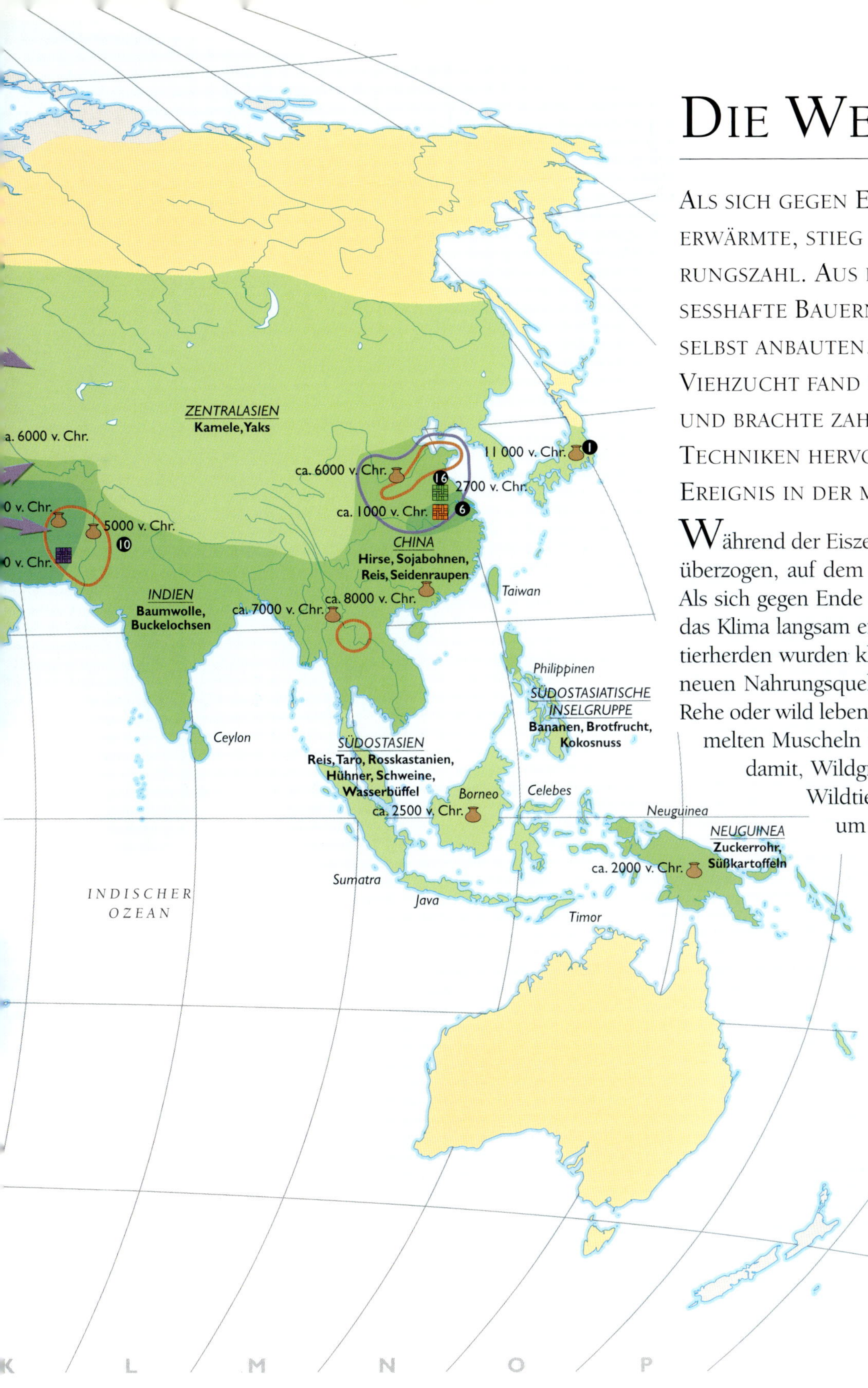

Die Welt 2000 v. Chr.

Als sich gegen Ende der Eiszeit das Klima weltweit erwärmte, stieg in vielen Regionen die Bevölkerungszahl. Aus den Jägern und Sammlern wurden sesshafte Bauern, die ihre Nahrung zunehmend selbst anbauten. Der Übergang zu Ackerbau und Viehzucht fand um 11 000–8 000 v. Chr. statt und brachte zahlreiche neue Fähigkeiten und Techniken hervor. Er gilt als das wohl wichtigste Ereignis in der menschlichen Geschichte.

Während der Eiszeit war die Erde von ausgedehntem Grasland überzogen, auf dem riesige Büffel- und Rentierherden weideten. Als sich gegen Ende der Kaltzeit (vor ca. 12 000–10 000 Jahren) das Klima langsam erwärmte, entstanden Waldgebiete. Die Wildtierherden wurden kleiner und die Menschen mussten sich nach neuen Nahrungsquellen umsehen. Sie jagten kleineres Wild wie Rehe oder wild lebende Schafe, fingen Vögel und Fische und sammelten Muscheln und Pflanzen. Manche begannen schließlich damit, Wildgras und Knollen anzubauen. Andere trieben Wildtiere zusammen und sperrten sie in Gehege, um sie bei Bedarf schlachten zu können.

Bald wurden bestimmte Pflanzen oder Tiere gezüchtet. Die Menschen bauten nur noch ertragreiche Pflanzen an und züchteten nur jene Tierarten, die viel Fleisch lieferten. Zu den ersten Nutzpflanzen zählten damals Getreidesorten wie Weizen, Gerste, Hafer, Hirse, Reis und Mais. Die Samen dieser Pflanzen ließen sich bequem bis zur

16 3 000 v. Chr. In China wird aus den Kokons der Seidenspinnerraupen Seide gewonnen.

17 2 700 v. Chr. In Mexiko wird Mais angebaut; die ersten Bauernkulturen entstehen.

18 2 000 v. Chr. In den Bergen von Peru baut man Kartoffeln an; sie werden Hauptnahrungsmittel.

19 1 500 v. Chr. Südlich der Sahara werden domestizierte Rinder in Herden gehalten.

20 1 200–800 v. Chr. In der eurasischen Steppe reiten Hirten erstmals auf Pferden.

Rechts *Diese Felsmalerei aus Tassili N'Ajjer, Sahara, ist 4000 Jahre alt und zeigt Viehhirten. Damals gab es in der Sahara noch ausgedehnte Grasflächen, auf denen Ackerbau und Weidewirtschaft betrieben werden konnten.*

nächsten Aussaat in unterirdischen Höhlen aufbewahren. Auch heute noch bildet Getreide die Hauptnahrungsquelle für einen Großteil der Weltbevölkerung. Herdentiere wie Rinder, Schafe, Ziegen, Schweine, Kamele und Pferde eigneten sich am besten zur Zucht. Sie lieferten den Menschen nicht nur Fleisch, sondern auch Milch und Wolle, oder dienten ihnen als Transportmittel.

Bauernkulturen

Zwischen 11 000 und 8 000 v. Chr. gingen zahlreiche Kulturen überall auf der Welt unabhängig voneinander zu Ackerbau und Viehzucht über. Einige der ersten Bauern lebten im Nahen Osten in einem ertragreichen Gebiet, das „Fruchtbarer Halbmond" genannt wird. Die in Syrien und Israel ansässigen Natufia bauten bereits um 10 000 v. Chr. Weizen und Gerste an. Etwa zur gleichen Zeit begannen die Menschen im östlicher gelegenen Zagros-Gebirge (Irak) mit der Zucht von Wildschafen. Ackerbau und Viehzucht entwickelten sich im Nahen Osten deshalb zuerst, weil dort viele der Pflanzen heimisch waren, die sich gut zum Anbau eigneten (z. B. wilder Weizen, Gerste, Hülsenfrüchte und Nüsse). Mit der Entwicklung der Bauernkultur entstanden in dieser Region ab 8000 v. Chr. Dörfer. Von hier aus verbreitete sich der Getreideanbau über den restlichen Nahen Osten bis nach Ägypten und in die Regionen südlich der Sahara, nach Pakistan und schließlich nach Europa.

Auch in China bauten die Menschen bereits vor über 8000 Jahren Getreide an: in den Tälern des Gelben Flusses und des Jangtsekiang. In Südostasien und auf Neuguinea züchteten die Menschen tropische Früchte wie Tarowurzel (Wasserbrotwurzel), Zuckerrohr, Bananen und Süßkartoffeln. Die frühen Bauern Mexikos und Südamerikas hingegen spezialisierten sich auf den Anbau von Mais, Bohnen, Paprika, Kürbis und Kartoffeln. Meerschweinchen, Alpakas und Lamas dienten als Fleisch- und Wolllieferanten. Die Lamas wurden außerdem als Lasttiere benutzt. Einige Regionen der Erde dagegen wiesen kaum einheimische Nutzpflanzen und -tiere auf. Dort entwickelten sich Ackerbau und Viehzucht erst, nachdem Tier- und Pflanzenarten aus anderen Teilen der Welt eingeführt worden waren.

Werkzeuge

Im Gegensatz zu den früheren Jägern und Sammlern, die als Nomaden von Ort zu Ort zogen, ließen sich die Pflanzer und Hirten in Dörfern nieder, da sie ihre Vorräte lagern konnten. Mit der neuen Lebensweise wurden immer neue Werkzeuge und Geräte entwickelt: scharf geschliffene Steinäxte, um Wälder für den Ackerbau zu roden, Hacken und Grabstöcke zum Pflügen und Säen sowie Steinsicheln für die Ernte.

Die Nahrungsmittel mussten aber auch zubereitet und gelagert werden: mit Hilfe von Mahlsteinen wurde Getreide zu Mehl verarbeitet. Auch erste Tontöpfe zum Kochen und Aufbewahren der Nahrung entstanden damals. Die ältesten Töpferarbeiten stammen aus Japan vor ungefähr 13 000 Jahren. Etwa 3000 Jahre später erlernten auch die Völker im Nahen Osten die Töpferkunst. Bald baute man Öfen, in denen der Ton gebrannt werden konnte. Später verwendete man diese Öfen auch zur Metallgewinnung aus Erzen – zunächst für Kupfer und Gold, dann für Bronze und Eisen. Werkzeuge, Messer und Schwerter aus Metall waren sehr haltbar. Aber auch

Links *Ein Weizenfeld im heutigen Galiläa in Israel. Vor 12 000 Jahren lebte dort das Volk der Natufia, die sich von Wildgetreide und der Gazellenjagd ernährten. Das Getreide bewahrten sie für den Winter in unterirdischen Vorratskammern auf. Wegen dieser sicheren Nahrungsquellen war es den Natufia möglich, sesshaft zu werden. Bald bauten sie das Wildgetreide in der Nähe ihrer Dörfer an. So mussten sie nicht mehr so viel Zeit für die Nahrungssuche aufwenden. Auf diese und ähnliche Weise sind überall auf der Welt Bauernkulturen entstanden.*

Schmuck wurde aus den neuen Metallen gefertigt und als Zeichen des Wohlstands getragen. Zur besseren Verarbeitung von Ton wurde ein Rad entwickelt: die Töpferscheibe. Erst viel später (ca. 4000 v. Chr.) erkannten die Menschen, dass man es auch zur Fortbewegung nutzen konnte. Tierfelle und Pflanzenfasern hatten schon die Frühmenschen zur Herstellung von einfachen Zelten, Kleidung und Körben verwendet. Doch erst durch Spinn- und Webtechniken konnte man Baumwolle, Flachs und Wolle zu vielerlei nützlichen Gegenständen verarbeiten, z. B. zu Schiffssegeln.

Neue Erfindungen und Entwicklungen revolutionierten den Ackerbau beständig. So lernten die Menschen, Flüsse umzuleiten und aufzustauen. Sie konnten nun Felder in trockenen Gebieten wie den mesopotamischen Ebenen, im Indus-Tal und in Südamerika bewässern. Als in Mittel- und Westeuropa die ersten Pflugscharen in Gebrauch kamen, konnten die Bauern viel leichter die sehr schweren Böden kultivieren.

Die Steppen Eurasiens und die Regionen südlich der Sahara waren für den Ackerbau nicht geeignet. Dort zogen Hirtennomaden mit riesigen Schaf-, Rinder- oder Pferdeherden von Weidegrund zu Weidegrund. Um 1000 v. Chr. fanden eurasische Hirten heraus, dass man auf Pferden reiten kann. Damit war es ihnen möglich, größere Entfernungen zurückzulegen als zuvor.

Krankheiten

Die fossilen Überreste der Jäger und Sammler zeigen, dass sie größer waren als der heutige Mensch: sie waren gut genährt. Das galt jedoch nicht für die frühen Bauern. Immer wieder kam es zu Missernten. In diesen Zeiten mussten sie hungern. Dies hemmte das Wachstum der Kinder, und so waren die frühen Ackerbauern sehr klein. Da die Bauern eng mit ihren Tieren zusammenlebten, bekamen sie häufig deren Krankheiten. Tuberkulose, vor der Entdeckung des Medikaments Penicillin im 20. Jahrhundert eine oft tödliche Krankheit, war ursprünglich eine Rinderkrankheit. Außerdem arbeiteten die Bauern härter als die Jäger und Sammler und litten daher an Gelenkkrankheiten wie Arthritis.

Rechts *Diese kleine ägyptische Figur zeigt eine Frau beim Mahlen von Weizen. Damals litten die Menschen schon mit 30 häufig an Gelenkentzündungen. Das haben die Analysen von Knochenfunden ergeben.*

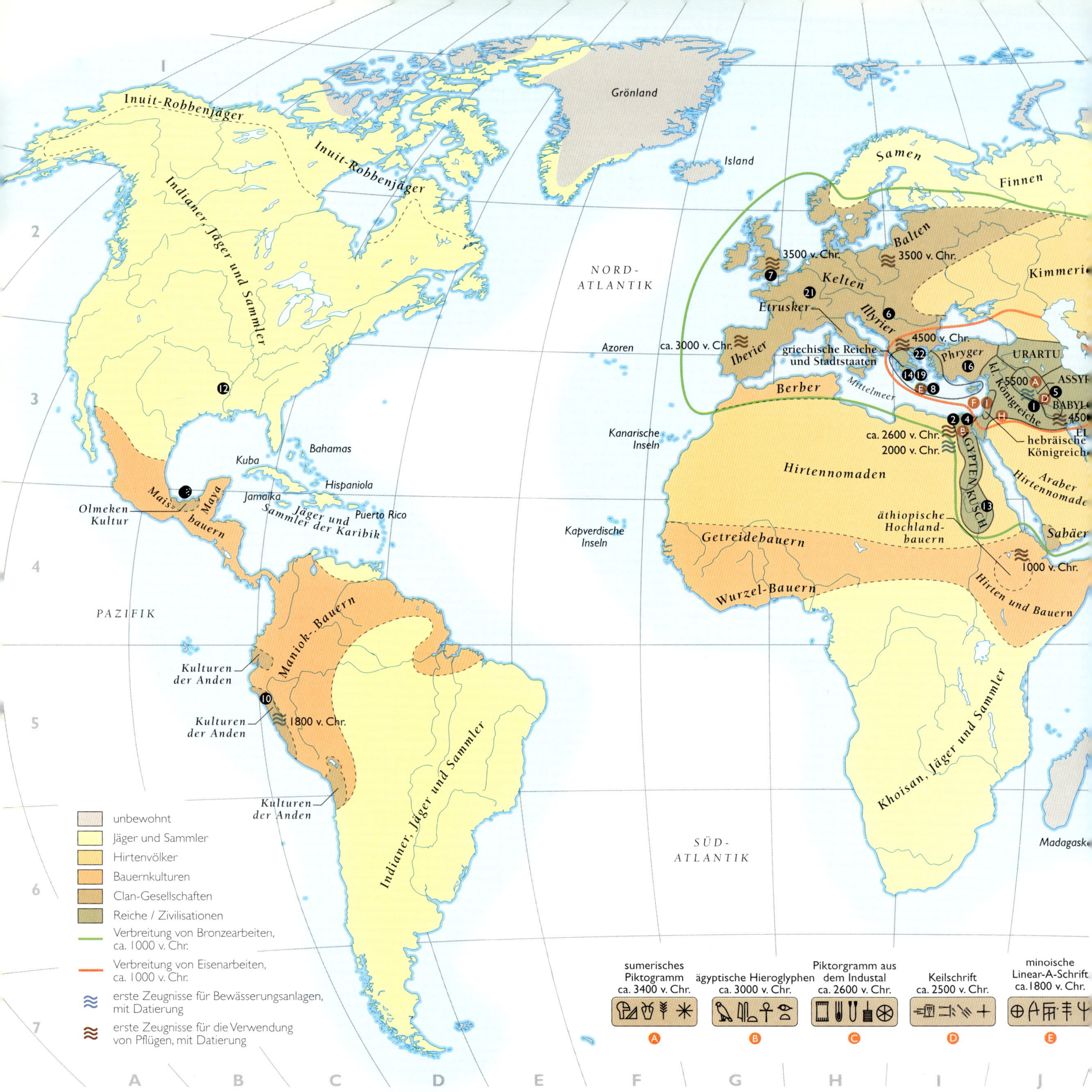

❶ **3400 v. Chr.** In Sumer (Südirak) entstehen die ersten Städte; eine einfache Form der Bilderschrift wird entwickelt.

❷ **3000 v. Chr.** Hieroglyphenschrift in Ägypten; ein vereinigtes Königreich entsteht.

❸ **2600–1800 v. Chr.** Im Indus-Tal wächst eine städtische Zivilisation, geht aber wieder unter.

❹ **2550 v. Chr.** Älteste ägyptische Pyramide

❺ **2334–2279 v. Chr.** Sargon von Akkad regiert das erste semitische Großreich, Mesopotamien.

❻ **2500–2300 v. Chr.** Erste Bronzearbeiten werden in Südost- und Mitteleuropa hergestellt.

❼ **2000 v. Chr.** Der große Steinkreis von Stonehenge, Südengland, wird vollendet.

❽ **2000–1600 v. Chr.** Blüte der ersten europäischen Hochkultur: die Minoer

❾ **1900 v. Chr.** Erlitou in China wird zum Zentrum des Bronzehandwerks.

❿ **1800 v. Chr.** Riesige, u-förmige religiöse Kultstätten entstehen an der Küste von Peru.

⓫ **1766–1122 v. Chr.** In China kommt die Shang-Dynastie zur Blüte; erste Städte entstehen.

⓬ **1730–1350 v. Chr.** In Poverty Point, Louisiana, Nordamerika, errichten Jäger und Sammler umfassende Erdwallanlagen (Schanzen).

⓭ **1700 v. Chr.** In Nubien entsteht das Königreich Kusch; der erste afrikanische Staat außerhalb Ägyptens, aber unter ägyptischem Einfluss.

⓮ **1600–1200 v. Chr.** Die mykenische Kultur herrscht im Süden Griechenlands.

Die Welt 1000 v. Chr.

Sobald die Bauern mehr Getreide anbauten als sie selbst benötigten, brachte ihnen der Überschuss Wohlstand. Damit entstanden soziale Unterschiede und die Gesellschaftsformen wurden komplexer. Um 1000 v. Chr. lebte mehr als die Hälfte der Weltbevölkerung von Ackerbau und Viehzucht. Die ersten Hochkulturen bildeten sich heraus und die frühesten Schriften entstanden.

Der Übergang zu Ackerbau und Viehzucht brachte eine gewaltige gesellschaftliche Umwälzung mit sich. Die Jäger und Sammler lebten in kleinen Verbänden. Meist mussten sie zur Nahrungssuche große Entfernungen zurücklegen. Man schätzt, dass 2,5 ha Wald gerade genug Nahrung für einen Jäger und Sammler boten. Die gleiche Fläche Ackerland dagegen ernährte 800 Menschen. Die, die nun nicht mehr auf Nahrungssuche gehen mussten, wurden sesshaft. Aus den vormals kleinen Gruppen entwickelten sich größere Stämme von ca. 1000 Mitgliedern. Ihre Anführer trafen sich regelmäßig, um gemeinsame Entscheidungen zu treffen oder Streitigkeiten beizulegen. Zu dieser Zeit gab es aber noch kaum soziale Unterschiede zwischen den einzelnen Menschen.

Unten *Dieser massige Steinkopf aus Mexiko zeigt einen Olmekenkönig. Die Herrscher ließen sich in mächtigen Statuen verewigen, die ihren Untertanen Respekt einflößen und ihre Macht und Autorität stärken sollten.*

15 **1500 v. Chr.** Die Arier, Rinderhirten aus Zentralasien, wandern in den Norden Indiens ein und besiedeln die Ganges-Ebene.

16 **1500 v. Chr.** In Anatolien (Türkei) beginnen die Hethiter mit der Eisenverarbeitung.

17 **1500–1200 v. Chr.** Die polynesischen Inseln (Fidschi, Tonga, Samoa) werden von Völkern der Lapita-Kultur aus Melanesien besiedelt.

18 **1200 v. Chr.** In Mexiko errichten die Olmeken kunstvolle Tempelanlagen.

19 **1200–1180 v. Chr.** Die mykenische Zeit in Griechenland endet. Die Seevölker (u. a. Illyrer, Dorer und Philister) dringen bis nach Anatolien und den Mittleren Osten vor.

20 **1122 v. Chr.** In China löst die Chou-Dynastie die Shang-Dynastie gewaltsam ab.

21 **1120 v. Chr.** In Westeuropa werden auf Anhöhen erste Befestigungsanlagen errichtet.

22 **1000 v. Chr.** Aus dem Mittleren Osten verbreitet sich das Eisenhandwerk in Südeuropa.

Herrschaftsformen

In einigen besonders fruchtbaren Gebieten bauten einige Bauern bald mehr an, als sie und ihre Familien selber brauchten. Diese Überschüsse tauschten sie entweder gegen andere Güter ein oder sie übten damit Macht über ihre Nachbarn aus. So entstanden Ungleichgewichte im Macht- und Wohlstandsgefüge der Gemeinschaft, was dazu führte, dass sich erste hierarchische Strukturen bildeten. Anthropologen ziehen Schlüsse über die Organisation dieser Kulturen, indem sie ähnlich strukturierte Stämme beobachten, die noch heute so leben, zum Beispiel auf den Inseln im Pazifik. Die Menschen bildeten weit verstreute Großfamilien und Klans. Jede Gruppe besaß einen Anführer, der durch Erbfolge bestimmt wurde. Einige Stämme waren mächtiger als andere. Der Anführer des bedeutendsten Stamms war gleichzeitig Herrscher über mehrere Klans. Die führenden Männer der einzelnen Stämme bildeten eine Elite (Herrscherschicht). Aufgrund von Ausgrabungen weiß man, dass diese Rangunterschiede oft auch nach dem Tod eine Rolle spielten: Einige Tote wurden mit wertvollen Grabbeigaben beigesetzt, andere erhielten nichts mit auf den Weg ins Jenseits.

Mit der Erfindung von Bewässerungssystemen oder Pflugscharen, die die Erträge steigerten, wurde der soziale Wandel beschleunigt. Der Stammesfürst kontrollierte zusammen mit der herrschenden Schicht das gesamte Wirtschaftsleben der Gruppe. Diese „Führungsschicht" brauchte nicht zu arbeiten: Die einfachen Mitglieder der Gemeinschaft mussten sie als Gegenleistung für Schutz und Rechtssicherheit, die sie boten, mitversorgen – eine erste Form der Besteuerung war entstanden. Verlangte ein Stammesfürst nach Waffen und Schmuck, auch um seine Macht und seine Stellung hervorzuheben, bildete sich rasch eine kleine Handwerkerschicht heraus.

Die Stammesfürsten wurden oft wie Heilige verehrt. So errichtete man ihnen zu Ehren Tempel. Manchmal schlossen sich an die Tempel Wohnviertel und Handwerkerhöfe an. Die Herrscher beuteten ihre Untertanen zwar aus, ließen aber auch große Bauwerke errichten, die allen in der Gemeinschaft zugute kamen: so die riesigen Steinanlagen der Megalithkultur (Kultstätten), die mächtigen, auf Hügeln gelegenen Verteidigungsanlagen in Europa (Schutzanlagen) oder die ausgedehnten Bewässerungskanäle in Peru.

Links *Der innere Kreis der riesigen Megalithe (Steinblöcke) von Stonehenge in Südengland ist das wohl bedeutendste Monument frühgeschichtlicher Kulturen in Europa. Der Bau dieses prähistorischen Kultplatzes zog sich über mehrere hundert Jahre hin. Der Steinkreis selbst wurde etwa 2000 v. Chr. fertig gestellt. Da es damals noch keine Radwagen oder Kräne gab, mussten viele Hundert Arbeiter die riesigen Steine heranschaffen und aufstellen. Man nimmt an, dass sie auf Schlitten transportiert wurden. Nur ein mächtiger Herrscher konnte ein derartiges Vorhaben organisiert haben.*

Erste Hochkulturen

Von 3500–1500 v. Chr. entwickelten sich aus einigen Stammeskulturen komplexe Zivilisationen. Es entstanden Städte mit mehr als 10 000 Einwohnern. An ihrer Spitze stand oft ein König. Diese Könige hatten zu viele Untertanen, um allein auf Familienbande und Stammesloyalität bauen zu können. Ihre Macht gründete sich vielmehr auf Religion: Die ägyptischen Pharaonen wurden als lebende Gottheiten verehrt, und auch die ersten chinesischen Kaiser galten als von Gott gesandt. Oft unterstrichen die Herrscher ihre Macht, indem sie Gesetze erließen, die alle Bürger befolgen mussten.

Viele Hochkulturen entstanden in besonders fruchtbaren Gebieten. Die ältesten entwickelten sich im Zweistromland (Mesopotamien) in den fruchtbaren Ebenen zwischen Euphrat und Tigris (ca. 3400 v. Chr.), im Niltal (3000 v. Chr.), im Industal im heutigen Pakistan (2600 v. Chr.) und im Tal des Gelben Flusses in China (1700 v. Chr.). Die jährlichen Überschwemmungen machten den Boden noch fruchtbarer und sorgten für reiche Ernten.

Die Bauern brachten ihre Ernteüberschüsse als Steuerabgaben in die Stadt, wo sie im Tempel oder im Königspalast gelagert und an die Stadtbewohner verteilt wurden: an Bäcker, Töpfer, Weber, Erzgießer, Lederwarenhersteller und Baumeister. Mit zunehmendem Wohlstand innerhalb einer Kultur entstanden immer neue Berufszweige. Man brauchte Soldaten, um das Herrschaftsgebiet zu schützen und neue Ländereien zu erobern, Händler und Kaufleute, die den Reichtum der Stadt mehrten, und Beamte (meist Priester), die sich um die öffentliche Verwaltung kümmerten.

Erste Schriften

Um 1000 v. Chr. hatten die meisten Hochkulturen eigene Schriftsysteme entwickelt. Die ältesten Schriftfunde sind in Tontafeln geritzte Warenlisten (3300 v. Chr.), die man in der mesopotamischen Stadt Uruk ausgegraben hat. Später ließen die Herrscher der Hochkulturen ihre Taten in Stein meißeln. Auch die Mythen und religiösen Texte wurden aufgeschrieben.

Die ersten Schriften bestanden aus einfachen Bildsymbolen. Später entwickelten sie sich zu komplizierteren Silben- und Lautzeichen. Beide Systeme existieren noch heute. In Mesopotamien z. B. ritzte man die Schriftzeichen mit einem spitzen Schilfrohr in feuchten Ton, der dann trocknete. Diese Schrift heißt Keilschrift.

Die Ägypter schrieben auf Papyrusrollen, die sie aus dem Mark der Papyrusstauden gewannen. In China entstanden die ersten Aufzeichnungen auf Tierknochen. Die Historiker können bisher nur einen Teil dieser Niederschriften entziffern. Schriftliche Aufzeichnungen geben uns zwar wesentlich mehr Aufschluss über frühere Kulturen als archäologische Ausgrabungen, können uns aber kein vollständiges Bild ihrer Geschichte liefern.

Rechts *Diese Siegel aus dem Industal tragen unbekannte Schriftzeichen. Siegel wie diese waren in vielen antiken Kulturen verbreitet. Sie wurden in feuchte Tonscheiben gedrückt, die man wie eine Plakette an Warenpaketen befestigte. Bestimmt steht der Name des Besitzers darauf. Die kunstvollen Tierabbildungen deuten wohl auch auf den Besitzer hin.*

Mesopotamien

Vor über 5000 Jahren entwickelten sich zwischen Euphrat und Tigris die ersten Hochkulturen. Mehr als 2000 Jahre lang herrschten dort die mächtigsten Staaten der damaligen Welt. Die mesopotamischen Hochkulturen beeinflussten auch die Kulturen im Nahen Osten, in Ägypten und im Industal. Um 500 v. Chr. zeichnete sich jedoch ihr Niedergang ab. Zu Beginn der christlichen Ära waren sie fast verschwunden.

Links *Diese Statuen zeigen einen Mann und eine Frau beim Gebet. Solche Figuren wurden in sumerischen Tempeln aufgestellt. Die Sumerer verehrten Hunderte verschiedener Götter und jede Stadt besaß eine eigene Schutzgottheit.*

Mesopotamien, das Zweistromland, lag in der Ebene zwischen den Flüssen Euphrat und Tigris im heutigen Irak. Die breiten Ströme traten häufig über die Ufer, überschwemmten das Land mit Schlick und machten es sehr fruchtbar. Da es sonst aber kaum Niederschläge gab, war der Boden nach den Überschwemmungen rasch wieder ausgetrocknet und ließ sich nicht bebauen. Erst als die Menschen lernten, ihre Felder mit Hilfe von Bewässerungssystemen mit dem kostbaren Nass zu versorgen (um 5500 v. Chr.), waren die Ernten jedes Jahr gesichert. Die Erfindung des Holzpflugs 1000 Jahre später, mit dem man den Boden vor der Aussaat umgrub, steigerte die Erträge weiter. Die Bevölkerungszahl stieg rasch an, sodass um 4300 v. Chr. Hunderte von größeren Dörfern und zahlreiche kleine Städte entstanden waren.

Außer den fruchtbaren Böden gab es im Zweistromland allerdings kaum natürliche Rohstoffe. Holz, Steine und Erze mussten aus den Nachbarregionen eingeführt werden: im Tauschhandel gegen Getreideüberschüsse und Töpferwaren. Der Handel wurde von den reichen und mächtigen Herrschern kontrolliert. Sie ließen kunstvolle Bewässerungsanlagen und Dämme zum Schutz gegen Überflutungen anlegen. Die Menschen glaubten damals, der Zorn der Götter würde sie mit Sintfluten strafen (die biblische Geschichte der Arche Noah lässt sich auf die frühen Mythen des Zweistromlands zurückführen).

Die ersten Stadtstaaten

Um 3100 v. Chr. waren in Sumer, im Süden Mesopotamiens, zahlreiche Städte mit über 10 000 Einwohnern entstanden. Es handelte sich um unabhängige Staaten, die von einem König regiert wurden. Die meisten Einwohner waren Bauern, die tagsüber auf ihren Feldern arbeiteten und abends in die Stadt zurückkehrten. Ihre Ernteüberschüsse brachten sie in die Tempel der Stadt, von wo aus sie an all jene Bewohner verteilt wurden, die nicht in der Landwirtschaft tätig waren: an Metallschmiede, Bauarbeiter, Töpfer, Kaufleute, Soldaten und Priester. Kennzeichnend für die sumerischen Städte waren ihre riesigen Tempelanlagen, die als Kornspeicher dienten.

Die sumerischen Städte unterschieden sich deutlich von heutigen Großstädten. Man kannte damals noch kein Geld, also auch keine Märkte. Als Lohn für ihre Arbeit erhielten die Menschen Nahrung, Kleidung und andere Dinge des täglichen Bedarfs oder sie betrieben Tauschhandel. Eine kleine reiche Oberschicht wohnte in Palästen; der Großteil der Bevölkerung jedoch wohnte in kleinen Häusern ohne Wasser und sanitäre Einrichtungen. Die Häuser wurden

5500–539 v. Chr.

Rechts *Der Tempel des Mondgottes Nanna stand in der Stadt Ur auf der Spitze eines Zikkurats. Die 2095 v. Chr. errichtete Pyramide bestand aus drei großen Lehmstufen. Heute ist nur noch die untere Stufe vollständig erhalten. In Mesopotamien gab es damals viele Zikkurate. Über steile Treppen gelangten die Gläubigen zum Schrein auf der Spitze. Der in der Bibel beschriebene Turm zu Babel war der Zikkurat von Babylon.*

aus Lehmziegeln errichtet. Steine waren Mangelware. Sie wurden nur für den Bau von Skulpturen verwendet.

Um 3400 v. Chr. hatten die Sumerer ein einfaches Schriftsystem entwickelt, um die Verteilung und den Tausch von Gütern besser kontrollieren zu können. Mit einem spitzen Schilfrohr ritzten sie Keilschriftzeichen in feuchte Tontafeln (*siehe S. 21*). Auch Gesetze, historische Ereignisse, Briefe, religiöse und litererarische Texte wurden schriftlich festgehalten. Anhand von Tontafeln, die erhalten geblieben sind, können Archäologen ein erstaunlich vollständiges Bild dieser Kulturen gewinnen.

In den Frühen Dynastien (2900–2334 v. Chr.) waren Streitigkeiten zwischen den sumerischen Stadtstaaten an der Tagesordnung. Zum Schutz vor Angriffen wurden deshalb mächtige Stadtmauern errichtet.

Die königliche Jagd

Auch in Mesopotamien war die Jagd ein Vergnügen der Könige und der Männer hohen Ranges. Erfolg und Mut bei der Wildtierjagd brachten nicht nur gesellschaftliche Anerkennung und das Lob der Götter, sondern waren gleichzeitig auch eine Art Kriegstraining. Die assyrischen Könige liebten die Jagd ganz besonders und ließen ihre Palastwände mit Szenen ihrer erfolgreichen Jagdausflüge schmücken. Eine derartige königliche Jagd war gut organisiert: Die wilden Tier wurden nämlich schon vorher gefangen und in riesigen Gehegen ausgesetzt, damit sie der König dann bequem von einem leichten Jagdwagen aus erlegen konnte.

Rechts *König Ashurbanipal tötet einen Löwen.*

Auch die Kriegstechnik hatte sich weiterentwickelt: Skulpturen aus jener Zeit zeigen bereits Soldaten, die auf vierrädrigen Eselskarren in die Schlacht zogen.

2334 v. Chr. eroberte Sargon, der König von Akkat, die anderen mesopotamischen Stadtstaaten. Sein Reich, das bis zur Mittelmeerküste reichte, vereinigte verschiedene Völker und Kulturen und gilt als das erste Großreich der Geschichte. Nicht lange nach seinem Tod verfiel es allerdings wieder. Für kurze Zeit konnte die im Süden gelegene Stadt Ur noch ihren Einfluss geltend machen, doch das sumerische Großreich war dem Niedergang geweiht. Die Stadtstaaten im Norden errangen die Oberhand – zuerst Assur, die Hauptstadt der Assyrer, dann Mari, danach Babylon.

Hammurabi

Babylon erlebte seine Blütezeit unter der Herrschaft von König Hammurabi (1792–1750 v. Chr.). Er schuf eines der ältesten Gesetzeswerke der Welt, das er auf eine riesige Steinstele meißeln ließ. Aus ihm geht hervor, dass Frauen und Kinder damals als Eigentum ihrer Männer und Väter betrachtet und schon die geringsten Vergehen mit dem Tod oder mit Verstümmelungen bestraft wurden.

Links *Mosaik im Palast von Nebukadnezar II.*

Zeittafel

um 5500 v. Chr.
Erste Bauernkultur in den Überschwemmungsgebieten Mesopotamiens

um 4500 v. Chr.
Pflug, Rad und Segel sind in Gebrauch.

um 3400 v. Chr.
In Sumer entstehen die ersten Städte.

um 3300 v. Chr.
Tontafeln werden beschrieben.

2334 v. Chr.
Sargon, erster Herrscher der Dynastie von Akkad, gründet das erste Großreich.

2100 v. Chr.
Die ersten Zikkurate (Stufentempel) werden gebaut.

1813–1781 v. Chr.
Unter dem Usurpator Schamschi-Adad I. wird Assyrien zu einem mächtigen Reich.

1792–1750 v. Chr.
Unter König Hammurabi umfasst das babylonische Reich ganz Mesopotamien.

1595 v. Chr.
Plünderung Babylons durch die Hethiter

1500 v. Chr.
Eisenerzeugung im Mittleren Osten

911–627 v. Chr.
Assyrien wird wieder stärkste Macht.

626–612 v. Chr.
Babylon erobert das Reich der Assyrer.

549 v. Chr.
Der Perserkönig Kyros II., der Große, nimmt Babylon ein.

Das Reich der Assyrer

Aus den Bergen Zentralanatoliens kommend überfielen die Hethiter 1595 v. Chr. Babylon und plünderten die Stadt. Damit begann im Zweistromland eine finstere Ära, die 600 Jahre dauern sollte. Erst um 1000 v. Chr. kamen die assyrischen Städte Assur und Ninive zu neuer Blüte. Bereits im 8. Jahrhundert v. Chr. waren die Assyrer die vorherrschende Macht im Mittleren Osten.

Die Assyrer waren ein kriegerisches Volk. Die Abbildungen auf den großartigen Reliefs in den assyrischen Palästen stellen häufig Kriegsszenen dar – Mord, Folter und Sklavenhandel. Eine Zeit lang herrschte das assyrische Reich sogar über Ägypten. Damit hatten die Assyrer ihre Macht jedoch überschätzt. Aufstände brachen aus, und nach dem Tod des Tyrannen Aschurbanipal (669–627 v. Chr.) bemächtigten sich die Babylonier des Reichs.

Babylons Untergang

Nebukadnezar II. (Reg. 604–562 v. Chr.) ließ alle Aufstände im Reich blutig niederschlagen. Gegen seine Feinde ging er hart vor. Er war es auch, der die Juden in die Gefangenschaft nach Babylon schickte *(siehe S. 32)*. Nebukadnezars Feldzüge und Bauten (z. B. die Hängenden Gärten von Babylon) verschlangen riesige Summen. Als er starb, hinterließ er ein geteiltes und verarmtes Reich. So war es für den Perserkönig Kyros den Großen (559–530 v. Chr.) ein Leichtes, die Stadt 539 v. Chr. zu erobern. Kyros hatte bereits das Reich der Meder und Anatolien eingenommen. Er schuf ein Weltreich, das sich von der Mittelmeerküste bis nach Zentralasien erstreckte. Doch nach jahrhundertelanger intensiver landwirtschaftlicher Nutzung waren die Böden des Zweistromlandes ausgelaugt. Seine Nachbarn wurden immer mächtiger und zahlreicher. Unter der Fremdherrschaft geriet die alte mesopotamische Kultur allmählich in Vergessenheit.

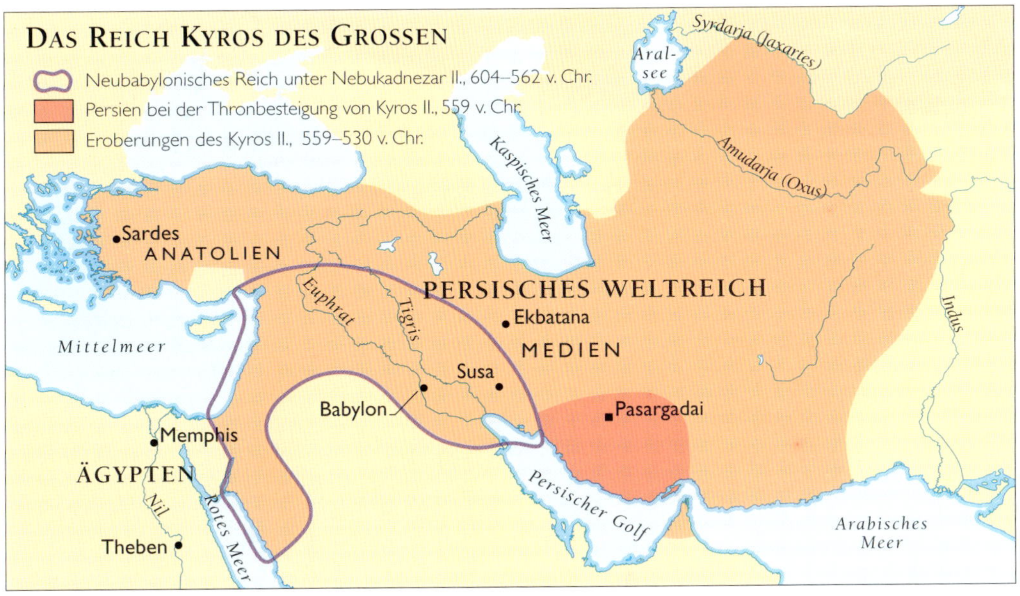

Das Alte Ägypten

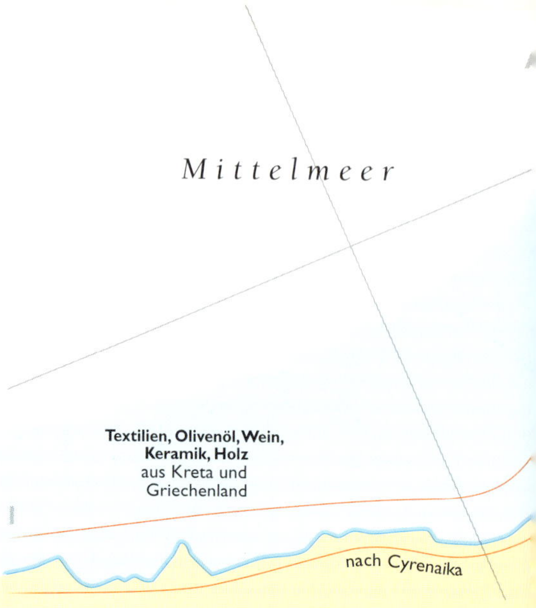

Die Kultur des Alten Ägypten war gänzlich vom Nil abhängig. Die jährlichen Überschwemmungen garantierten eine reiche Ernte. Der breite Strom verband den Norden mit dem Süden. Die Wüsten im Osten und im Westen boten Schutz vor Eindringlingen und lieferten Erze und Baumaterial. Über drei Jahrtausende veränderte sich der Stil der ägyptischen Kunst und Kultur kaum. Dies gilt als deutliches Zeichen für die politische und kulturelle Stabilität Ägyptens unter der Herrschaft der Pharaonen.

Das Niltal erstreckt sich vom ersten Katarakt, den Stromschnellen im Süden des Landes, bis zum Mittelmeer über eine Länge von 800 km. Bis auf die große Deltamündung ist es jedoch nur wenige Kilometer breit, manchmal sogar nur ein paar hundert Meter. Im Westen und im Osten ist es von Wüste umgeben. Trotz der seltenen Niederschläge war das Niltal eine der fruchtbarsten Regionen der Alten Welt.

Die Quelle des Nils liegt südlich von Ägypten, im ostafrikanischen Hochland. Die heftigen Niederschläge, die dort im Sommer niedergehen, lassen den Nil anschwellen, bis er gegen Ende des Sommers in Ägypten über die Ufer tritt. Wenn das Wasser im Herbst langsam wieder zurückgeht, sind die Felder entlang des Nils feucht und mit fruchtbarem Schlamm bedeckt. Schutzdämme oder komplizierte Bewässerungssysteme waren nicht nötig. Im Herbst wurde die Saat auf die feuchten Felder gebracht, im warmen ägyptischen Winter reifte das Getreide heran, das im Frühjahr, vor der nächsten Flut, geerntet wurde. Doch in schlechten Jahren blieben die Überschwemmungen auch schon mal aus.

Die ersten Kulturen

Um 6000 v. Chr. wurde das Niltal erstmals landwirtschaftlich genutzt. Das Klima in Nordafrika war damals feuchter als heute. Sogar in der Sahara war Landwirtschaft möglich. Um 4000 v. Chr. wurde das Klima jedoch trockener und die Sahara verwandelte sich in eine Wüste. Einige Bauern wurden Nomaden (umherziehende Viehhirten), andere wiederum wanderten ins Niltal aus, das bald dicht bevölkert war.

Um 3000 v. Chr. entstand in Südägypten (Oberägypten) das erste Königreich. Zu dieser Zeit entwickelte sich das alte ägyptische Schriftsystem, das aus Piktogrammen, den Hieroglyphen, bestand *(siehe S. 21)*. Der erste ägyptische König war Narmer, der nach seinem Sieg über Unterägypten beide Teile des Landes zu einem Reich vereinte. Memphis, in der Mitte gelegen, wurde zur neuen Hauptstadt. Unter den folgenden Königen entwickelte Ägypten ein starkes Regierungssystem. Die Könige waren damals sehr mächtig. Sie galten als Söhne des Sonnengottes Ra und wurden für unsterblich gehalten.

Den Historikern (Geschichtswissenschaftlern) ist es gelungen, aus alten Aufzeichnungen die Reihenfolge und die ungefähre Regierungszeit der jeweils herrschenden Dynastien zu bestimmen. Über einen Zeitraum von 2920–30 v. Chr. weiß man daher nahezu lückenlos Bescheid. Auf die frühe Periode (2920–2850 v. Chr.) folgte das Alte Reich (2850–2052 v. Chr.), in dem die Macht der Könige wuchs und sie ihr Herrschaftsgebiet immer weiter nach Süden bis Nubien ausdehnten. Es folgte eine Zeit, in der rivalisierende Dynastien das Land teilten: Erste Zwischenzeit, 2134–2040 v. Chr. Während des Mittleren Reiches (2052– ca. 1570 v. Chr.) wurde Ägypten jedoch wieder vereint.

Der Bau der Pyramiden

Die Herrscher des Alten und Mittleren Reiches ließen prunkvolle Grabstätten errichten: die Pyramiden. Ihre Form symbolisiert die Sonnenstrahlen, auf denen der König nach seinem Tod in den Himmel aufsteigen sollte. Der Leichnam des verstorbenen Königs wurde mumifiziert, das heißt, mit speziellen Präparaten konserviert und einbandagiert. Zwischen jede Bandage steckte man schützende Amulette. Die Mumie wurde in einen oder mehrere Särge gelegt. Man wollte so sicher stellen, dass auch der Körper des Königs seiner Seele nach dem Tod erhalten blieb. Der Sarkophag wurde dann feierlich in der Grabkam-

6000–332 v. Chr.

Oben *Das Niltal war die Lebensader Ägyptens. Dieses Grabgemälde zeigt ein adeliges Paar bei der Entenjagd. Fische fing man damals mit dem Speer oder mit Netzen.*

Links *Die Pyramiden von Gise. Die Cheopspyramide (rechts) ist mit 146 Meter Höhe die größte. Im Alten Ägypten war die Spitze vergoldet, denn sie sollte die Sonnenstrahlen einfangen.*

mer der Pyramide beigesetzt, deren Wände über und über mit Schriftzeichen und Bildern verziert waren. Damit es dem König im Jenseits an nichts mangelte, wurden ihm wertvolle Grabbeigaben mitgegeben. Den Zugang zur Grabkammer ließ man zum Schutz vor Dieben mit zentnerschweren Steinen verschließen.

Man nimmt heute an, dass die Pyramiden nicht von Sklaven errichtet wurden, sondern von bezahlten Arbeitern, die während der Nilschwemme, wenn keine Feldarbeit möglich war, von Bauern unterstützt wurden. Es ist schwer, sich vorzustellen, wie die Menschen damals die mächtigen Steinblöcke transportiert haben. Der Bau der Pyramiden war sehr kostspielig und nach dem Ende des Mittleren Reichs wurde er eingestellt. Die späteren ägyptischen Herrscher ließen zum Zeichen ihrer Macht und ihres Reichtums stattdessen Tempel errichten, die mit Skulpturen und Reliefs reich verziert wurden.

Das Leben nach dem Tod

Die Ägypter nannten ihr Paradies „das Schilfrohrfeld". Im Jenseits sollte es alles im Überfluss geben. Sein Eingang wurde von Osiris bewacht, dem Gott der Fruchtbarkeit und der Wiedergeburt. Er entschied auch darüber, ob eine Seele den Zutritt verdient hatte. Die Reise durch die Unterwelt galt als gefährlich. Zauber und Rituale sollten dem Toten helfen, alle Gefahren auf dem Wege zu meistern. Die Begräbniszeremonien waren kompliziert – allein das Einbalsamieren des Leichnams dauerte 70 Tage. Das wichtigste Ritual war das „Öffnen des Mundes", damit die Seele wieder in den Körper zurückkehren konnte. Die Priester rieben das Gesicht des Toten mit Milch ein und berührten ihn mit geweihten Instrumenten. Angesehene, wohlhabende Männer kümmerten sich beizeiten um ihr Begräbnis. Da die Grabkammer ihr Heim im Jenseits darstellte, wurde sie reich mit Nahrungsmitteln, Möbeln, Schmuck und anderen Luxusgütern ausgestattet. Auch für die Ehefrauen traf man Vorsorge. Die Wände wurden mit Szenen aus dem Alltagsleben geschmückt – Ernten, Jagden, Festmahle und Opferrituale. Die Ägypter glaubten, dass diese Bilder nach ihrem Tod lebendig würden. Aus diesem Grund ließen sie auch Nachbildungen von Rindern und anderen Tieren für ihre Grabstätte anfertigen, außerdem kleine Zauberpuppen, „Shabti" genannt, die ihnen nach ihrem Tod als Diener und Arbeiter zur Verfügung stehen sollten.

Rechts *Darstellung der Einbalsamierung*

Krise & Blütezeit

Nach dem Fall des Mittleren Reichs wurde Ägypten geteilt: Die Zweite Zwischenzeit begann (1640–1532 v. Chr.). Unterägypten wurde von den Hyksos aus Palästina erobert. Zu jener Zeit war Ägypten noch nicht so weit entwickelt wie seine Nachbarn im Nahen und Mittleren Osten. Die Hyksos besaßen Waffen und Werkzeuge aus Bronze, Pferde und Streitwagen. Als die Hyksos zu Beginn des Neuen Reichs (1570–715 v. Chr.) wieder vertrieben wurden, hatte Ägypten technisch aufgeholt.

Es folgte eine Zeit der Blüte. Unter den neuen Herrschern wurde Ägypten zur Großmacht. Die Ägypter drangen über die Halbinsel Sinai bis in den Mittleren Osten und in südlicher Richtung bis weit nach Nubien vor. Aus Nubien bezogen sie Sklaven und Gold. Mit den mesopotamischen Herrschern bestanden diplomatische Beziehungen. Viele der kleinen Staaten in Palästina wurden von Ägypten dominiert. Theben wurde zur Hauptstadt. In einem abgelegenen Tal westlich des Nils, heute „Tal der Könige" genannt, ließen die Herrscher unterirdische Grabstätten bauen. Damals wurde der Titel Pharao geprägt. Er bedeutet

Links *Die Pharaonen des Neuen Reichs ließen sich in riesigen Statuen aus Granit verewigen.*

„großer Palast" und weist auf die Stellung an der Spitze der Regierung hin.

Unter Thutmosis I. (1504–1492 v. Chr.) hatte das Neue Reich seine größte Ausdehnung; es reichte bis an den Euphrat im heutigen Syrien. Dieses Gebiet ging später wieder verloren. Der Versuch der Rückeroberung durch Ramses II. (1290–1224 v. Chr.) schlug fehl. Dies hielt Ramses jedoch nicht davon ab, zahlreiche Tempel zu errichten und sich in einer Vielzahl von Statuen verewigen zu lassen. Der kindliche König Tutanchamun (1333–1323 v. Chr.) besaß zu Lebzeiten wenig Macht. Doch wegen der kostbaren Schätze, die Archäologen in den 1920er-Jahren in seinem Grab im Tal der Könige fanden, ist er am bekanntesten.

Ägyptens Niedergang

Obwohl die Ägypter 1180 v. Chr. noch einen Angriff der Seevölker abwehren konnten (*siehe S. 41*), zerfiel Ägyptens Macht gegen Ende des Neuen Reichs. Manche Pharaonen konnten ihre Grabbauten nicht mehr finanzieren. Kurz vor dem endgültigen Ende erlebte Ägypten unter Scheschonk I. (945–924 v. Chr.) eine kurze Nachblüte. Das Land wurde dann von den Nubiern, den Assyrern und den Persern erobert, bis es schließlich 332 v. Chr. an Alexander den Großen fiel (*siehe S. 47*).

Zeittafel

6000 v. Chr.
Im Niltal entsteht eine Bauernkultur.

3300–3100 v. Chr.
Die ersten Städte werden gegründet; die Hieroglyphenschrift wird erfunden.

3000 v. Chr.
Ober- und Unterägypten werden zu einem Königreich vereint.

2630 v. Chr.
In Sakkara wird die älteste Pyramide als Grabbau für König Djoser errichtet.

2850–2052 v. Chr. ALTES REICH

2549–2465 v. Chr.
Während der 4. Dynastie wächst die Macht der Feudalherren dramatisch.

2134–2040 v. Chr.
Erste Zwischenzeit
Ägypten zerfällt in zwei Reiche.

2052–1570 v. Chr. MITTLERES REICH

2040 v. Chr.
Einigung Ägyptens durch Mentuhotep II.

1640–1532 v. Chr.
Zweite Zwischenzeit
Einfall der Hyksos in Unterägypten

1570–715 v. Chr. NEUES REICH

1504–1492 v. Chr.
Unter Thutmosis I. wird Ägypten zur führenden Großmacht.

1285 v. Chr.
Ramses II. fordert die Hethiter zur Schlacht von Kadesch.

1070–712 v. Chr.
Dritte Zwischenzeit
Ägypten verliert an Macht.

924 v. Chr.
Scheschonk plündert Jerusalem.

828–712 v. Chr.
Ägypten zerfällt in fünf Reiche.

712–332 v. Chr. DIE SPÄTZEIT

712 v. Chr.
Ägypten unter nubischer Herrschaft

671 v. Chr.
Ägypten wird assyrische Provinz.

525 v. Chr.
Ägypten fällt an die Perser.

332 v. Chr.
Alexander der Große erobert Ägypten.

Das Land der Bibel

Die Israeliten, die Vorfahren des jüdischen Volkes, liessen sich vermutlich um 1200 v. Chr. im „gelobten Land“ Kanaan nieder. Ihr Staat war zwar nicht so mächtig wie der Ägyptens und Mesopotamiens, ihre Kultur ist aber noch heute von Bedeutung. Anders als ihre Nachbarvölker verehrten die Israeliten nur einen Gott, den sie Jahwe nannten. Ihre Religion prägte später nicht nur das Christentum, sondern auch den Islam.

Die Anfänge des jüdischen Volkes werden bereits in der Bibel beschrieben. Demnach sind sie aus Mesopotamien durch das Gebiet des Fruchtbaren Halbmonds bis nach Ägypten gezogen. Von dort führte Moses sein Volk nach langer Gefangenschaft durch die Wüste Sinai ins „gelobte Land“ Kanaan. Unter ihrem Anführer Josua vertrieben sie die dort ansässigen Kanaaniter. Nach der Überlieferung soll sich bei der Eroberung der Stadt Jericho Folgendes zugetragen haben: Als Josua seine Männer zur Schlacht blasen ließ, fielen die Stadtmauern wie von selbst in sich zusammen.

Die Israeliten ließen sich in Stammesverbänden nieder. Die Führer hießen „Richter“. Ihr Gegner war das kriegerische Volk der Philister, das bei Gaza in der südlichen Küstenebene lebte. Um ihnen erfolgreich Widerstand leisten zu können, wurde ein gemeinsamer Anführer gewählt: König Saul (ca. 1020–1006 v. Chr.). Sauls Nachfolger David (1006–965 v. Chr.) besiegte schließlich nicht nur die Philister, sondern auch die Nachbarvölker der Moabiter und Edomiter. Die Besiegten wurden zu Vasallen Israels. Die letzte Kanaaniterfestung, die fiel, war Jerusalem. König David machte sie zu seiner Hauptstadt.

Oben *Die Menschen im Nahen Osten verehrten Abbilder von Rindern wie dieses aus Phönikien. Als die Israeliten ein goldenes Kalb anbeteten, nahm dies ein böses Ende.*

Unten *Das Jezreel-Tal, eine wichtige Nord-Süd-Verbindung, war Schauplatz zahlreicher Schlachten. Bei Trockenheit eignete es sich bestens für den Einsatz von Streitwagen.*

Wir wissen nicht, wie genau die biblische Erzählung ist. Es gibt jedoch genügend archäologische Funde, die die Eroberung Kanaans und die Gründung eines Königreichs unter Saul belegen. Davids militärische Erfolge sind wohl darauf zurückzuführen, dass Ägypten und Mesopotamien mit innenpolitischen Problemen zu kämpfen hatte und sich deshalb heraushielten.

Nachfolger Davids wurde sein Sohn Salomon (965–928 v. Chr.). Während seiner Regierungszeit herrschte Frieden und er ließ große Bauwerke errichten. Das bedeutendste war der Tempel von Jerusalem, der die heilige Bundeslade beherbergen sollte – die Gebote, die Moses auf dem Berg Sinai von Gott Jahwe erhalten hatte. Das Vorhaben verschlang große Summen, was bei seinem Volk, das zum Bauen gezwungen wurde, Unmut hervorrief. Außerdem machte man ihm zum Vorwurf, dass er im Austausch gegen Arbeiter und Baumaterial Land an die phönizische Stadt Tyrus abgetreten hatte. Es hieß auch, er habe neben Jahwe noch andere Götter angebetet.

Uneinigkeit & Spaltung

Nach Salomons Tod rebellierten die Stämme im Norden Israels gegen seinen Nachfolger Rehoboam (928–911 v. Chr.). Als er ihnen kein Gehör schenkte, kam es

1290 v. Chr. – 73 n. Chr.

Die Qumran-Rollen

Die Schriftrollen aus den Höhlen von Qumran zählen zu den bedeutendsten archäologischen Funden. 1947 hatte ein junger Ziegenhirte auf der Suche nach einem verirrten Tier in den Bergen von Qumran eine Höhle voller Tonkrüge entdeckt. Sie enthielten zahlreiche alte, in Leinen gehüllte Schriftrollen. Darunter auch die älteste bekannte Ausfertigung des Buchs Jesaia. Die Schriftrollen hatten Mitglieder einer strengen jüdischen Sekte um 68 n. Chr. wahrscheinlich vor den Römern versteckt. Bis zu diesem Fund war die Sekte noch völlig unbekannt. Aus den Schriftrollen ging aber hervor, dass sie sich um 160 v. Chr. zum Schutz vor ihren Verfolgern in die Wüste zurückgezogen hatten und darauf hofften, dass Gott ihre Feinde vernichten würde. Die Schriftrollen sind nicht nur als religiöse Texte von Bedeutung, sondern liefern uns auch ein genaues Bild von der jüdischen Kultur in der Zeit um Christi Geburt.

Oben *Qumran-Schriftrolle. Die Trockenheit in der Höhle konservierte sie über 2000 Jahre lang.*

Oben *Die erste belegte Vertreibung von Juden aus ihrer Heimat wurde vom assyrischen König Sanherib befohlen, der 701 v. Chr. Juda erobert hatte. Dieses Relief aus einem assyrischen Palast in Ninive zeigt jüdische Gefangene, die aus der Stadt Lakisch abgeführt werden.*

zur Revolte, die das Land spaltete: Im Norden entstand Israel, im Süden Juda.

Die Teilung wurde den Israeliten zum Verhängnis: Der Ägypter Scheschonk hatte seinem Land zu kurzer Blüte verholfen (*siehe S. 29*). 924 v. Chr. marschierte er in Juda und Israel ein und zerstörte viele Städte. Die Israeliten mussten ihm Tribut leisten. Dennoch blieben sie untereinander weiterhin zerstritten. Die Vasallenstaaten Moab und Edom nutzten diese Gelegenheit, um sich erfolgreich gegen ihre Herren zu wehren. In der Bibel wird berichtet, dass beide Teilreiche außerdem durch religiöse Auseinandersetzungen geschwächt waren. So wollte König Ahab von Israel (873–852 v. Chr.) die Verehrung Baals, eines phönizischen Gottes, wieder einführen. Die Propheten Elia und Elisa warnten vor dieser Irrlehre und der damit verbundenen Gefahr einer inneren Spaltung.

Assyrien & Babylon

Im 9. und 8. Jahrhundert v. Chr. drohte den Israeliten aus Assyrien die größte Gefahr. Israel und Juda fielen an die damals stärkste Macht des Nahen und Mittleren Ostens und wurden zu assyrischen Vasallen. Manchmal kam es zu Aufständen, die blutig niedergeschlagen wurden. Viele Gefangene wurden nach Assyrien verschleppt.

Als die assyrische Macht um 612 v. Chr. verfiel, übernahmen die Babylonier die Herrschaft über die Israeliten (*siehe S. 25*). Im Jahr 597 v. Chr. ließ der babylonische König Nebukadnezar II. einen Aufstand in Juda grausam niederschlagen. Jerusalem wurde geplündert, Salomons Tempel zerstört, die Schätze wurden geraubt. Tausende von Juden (wie man die Israeliten schon damals nannte) wurden in die Gefangenschaft nach Babylon getrieben.

Rechts *Die Festung von Masada wurde auf einem Felsen 441 Meter über dem Roten Meer errichtet. Sie war der letzte Stützpunkt der Juden (Zeloten, Essener) im Krieg gegen Rom. Als die Römer die Festung nach dreijähriger Belagerung stürmten, brachten sich die wenigen überlebenden Verteidiger lieber um als sich in Gefangenschaft zu begeben.*

Während ihres langen Exils fanden die Juden Trost in ihrer Religion. Sie half ihnen, ihre Identität zu bewahren. Während dieser Zeit entstanden übrigens die meisten Bücher des Alten Testaments.

Die jüdische Diaspora

Nachdem der Perserkönig Kyros 539 v. Chr. das babylonische Reich zerstört hatte, entließ er die Juden in ihre Heimat *(siehe S. 25)*. Viele blieben jedoch in Babylon. Die jüdischen Königreiche wurden zunächst von Persien, dann von Alexander dem Großen und seinen Nachfolgern regiert *(siehe S. 46)*. Ein Aufstand der Juden gegen die Sitten, die ihnen von den Griechen aufgezwungen wurden, führte 142 v. Chr. zur Gründung des unabhängigen Königreichs Judäa, das jedoch schon 63 v. Chr. an das Römische Reich fiel.

Inzwischen hatten sich die Juden in viele verschiedene Sekten gespalten. Der Wanderprediger Jesus von Nazareth (um 6 v. Chr.–30 n. Chr.) wurde der Gründer einer neuen Religion, des Christentums. Andere jüdische Sekten wie die Zeloten zettelten Aufstände gegen die römischen Herren an, die aber immer mit Gewalt niedergeschlagen wurden. Mit dem Fall der Festung Masada 73 n. Chr. waren die Zeloten besiegt. Nach der Schlacht zerstörten die Römer den Tempel in Jerusalem und zogen mit den Schätzen im Triumph durch Rom.

Jede Niederlage zwang weitere Juden ins Exil. Um 300 n. Chr. lebten nur noch wenige Juden in ihrer Heimat. Der Rest war über die Mittelmeerländer und den Mittleren Osten verteilt. Viele ließen sich in Handelszentren und Hafenstädten nieder.

Die Zerstreuung der Juden über die ganze Welt wird Diaspora genannt. Mehrere Jahrhunderte lang wurden sie in den meisten Ländern verfolgt. Erst mit der Gründung des Staates Israel 1948 bekamen die Juden einen eigenen Staat.

Zeittafel

1290–1100 v. Chr.
Die Israeliten fliehen aus Ägypten und lassen sich in Kanaan nieder.

1020 v. Chr.
Saul wird der erste König Israels.

1006 v. Chr.
Saul wird bei einem Gefecht gegen die Philister in Gilboa getötet.

1000 v. Chr.
David (Reg. 1006–952) nimmt Jerusalem ein.

950 v. Chr.
König Salomo (Reg. 965–928) lässt in Jerusalem den Jahwetempel bauen.

928 v. Chr.
Das Reich zerfällt in Israel und Juda.

850 v. Chr.
Die Propheten Elia und Elisa warnen vor heidnischen Einflüssen.

721 v. Chr.
Israel wird assyrische Provinz.

701 v. Chr.
Juda wird assyrische Provinz.

587 v. Chr.
Nebukadnezar II. schickt die Juden in die Babylonische Gefangenschaft.

587–539 v. Chr.
Die zentralen Bücher des Alten Testaments werden während der Babylonischen Gefangenschaft geschrieben.

539 v. Chr.
Babylon wird von Kyros II. erobert, der den Juden die Freiheit gibt.

332–331 v. Chr.
Nachdem Alexander der Große den Mittleren Osten unterworfen hat, wird Palästina ein Teil der griechischen Welt.

142 v. Chr.
Das Königreich Judäa wird gegründet.

63 v. Chr.
Judäa fällt an das Römische Reich.

ca. 6 v. Chr.
Jesus von Nazareth wird geboren.

70–73 n. Chr.
Nachdem die Römer den Zelotenaufstand bei Masada niedergeschlagen haben, werden Tausende von Juden versklavt oder vertrieben.

Das prähistorische Europa

Vor ca. 40 000 Jahren besiedelten die ersten Menschen Europa. Bis vor etwa 8000 Jahren lebten sie als Jäger und Sammler. Um 6000 v. Chr. entwickelten sich in Südosteuropa erste Formen von Ackerbau und Viehzucht, die sich im Lauf der nächsten 3000 Jahre in ganz Europa verbreiteten. Ab der Bronzezeit entstanden größere, kriegerische Gesellschaftsformen: die ersten europäischen Hochkulturen.

Als vor 40 000 Jahren Menschen aus dem Nahen Osten nach Europa vordrangen, war der größte Teil des nördlichen Kontinents von Eis bedeckt und unbewohnbar. So siedelten sie in der Tundra und ernährten sich von der Rentierjagd. Sie suchten in Höhlen Schutz oder bauten sich aus Rentierhäuten und Mammutknochen Hütten. Als sich vor etwa 10 000 Jahren das Inlandeis zurückzog, besiedelten die Menschen auch den Norden. Europa war inzwischen von dichtem Wald bedeckt. Unsere Vorfahren ernährten sich zunehmend von Pflanzen, Fischen und kleinen Säugetieren.

Vor ca. 8500 Jahren entstanden in Südosteuropa die ersten Bauernkulturen. Auf dem Balkan und im heutigen Griechenland begannen die Menschen damit, Getreide und Bohnen anzubauen und Schafe, Ziegen und Rinder zu halten. Getreidesorten wie Emmer (eine Weizenart) und Gerste waren aus dem Nahen Osten nach Südeuropa gelangt; anderswo scheint sich der Anbau eigenständig entwickelt zu haben.

Im Lauf der nächsten 3500 Jahre breiteten sich die Bauernkulturen in ganz Europa aus – zuerst in Südfrankreich und Spanien, später (um 4000 v. Chr.) auch im Norden bis zu den Britischen Inseln und in Skandinavien. Im eisigen Norden blieben die Menschen länger Jäger. Erst in der christlichen Zeit ging man dort von der Rentierjagd auf die Rentierhaltung über.

Oben *Glockenbecher aus der frühen Bronzezeit. Solche Trinkgefäße waren in ganz Europa verbreitet.*

Erste Bauernkulturen

Die ersten bäuerlichen Gemeinschaften hatten nicht mehr als 40 bis 60 Mitglieder. Da ihre Behausungen vorwiegend aus organischen Materialien gebaut waren, blieb nicht viel von ihnen erhalten. In einigen Teilen Westeuropas bestatteten die Menschen ihre Toten in Dolmen (Steintisch-Gräbern)

Die Entdeckung des „Ötzi“

Als Wanderer 1991 am Fuße eines Gletschers in den Ötztaler Alpen einen Toten entdeckten, hielten sie die gefrorene Leiche zunächst für einen Bergsteiger, der bei einem Absturz ums Leben gekommen war. Laboruntersuchungen ergaben jedoch, dass die gut erhaltene Leiche wesentlich älter sein musste. Mit Hilfe der Radiokarbonmethode wurde festgestellt, dass „Ötzi“ um 3350–3300 v. Chr. gelebt haben muss. Geschwächt von mehreren Rippenbrüchen ist er wohl erfroren und von Schnee begraben worden. Er war mit Fellen und einem Umhang aus Bast bekleidet. Als Waffen trug er einen Langbogen, 14 Pfeile, ein Messer aus Feuerstein und eine kleine Kupferaxt bei sich. Vor dieser Entdeckung hatten die Archäologen angenommen, dass Metalle in dieser Region erst viele hundert Jahre später verwendet worden wären.

Rechts *Der 5000 Jahre alte Körper von „Ötzi“*

8000–200 v. Chr.

aus riesigen Steinen (Megalithen), die mit Erde und Gras bedeckt wurden. In solchen Gräbern fanden Archäologen zahlreiche menschliche Überreste. Man nimmt an, dass dort auch Gemeinschaftszeremonien stattfanden. Rangunterschiede kannte man wahrscheinlich noch nicht. Später bauten einige Stämme in Nordwesteuropa große Steinkreise *(siehe Karte oben)*. Man weiß bis heute nicht, welchem Zweck sie dienten. Vermutlich hatten sie eine rituelle Funktion. Nur ein sehr mächtiger Stammesführer hatte die Möglichkeit, ein riesiges Bauwerk wie die Steinformationen von Stonehenge bauen zu lassen *(siehe S. 20–21)*.

Die Bronzezeit

Um 4800 v. Chr. begannen die Menschen in Europa mit der Herstellung von Werkzeugen und Schmuck aus Kupfer und Gold. Ausgangspunkt dieser Entwicklung war der Balkan. 1500 Jahre später war auch in Südspanien die Metallverarbeitung bekannt.

Die frühen Metallgegenstände wurden wegen ihrer Schönheit sehr geschätzt, hatten aber kaum einen praktischen Nutzen, da sie noch sehr weich waren. Das änderte sich erst, als die Menschen lernten, kleine Mengen Arsen oder Zinn mit Kupfer zu mischen. Daraus ergab sich eine harte

Legierung: Bronze. Aus Bronze ließen sich nun stabile, scharfkantige Werkzeuge fertigen. Die Kenntnis der Bronzeherstellung gelangte wohl um 2300 v. Chr. vom Nahen Osten nach Südosteuropa. Bald lösten Metallwerkzeuge die alten Steingeräte ab.

Die Bronze- und Goldschmiede waren äußerst geschickte Handwerker. Sie fertigten scharf geschliffene Waffen, Ess- und Trinkgefäße und eleganten Schmuck an. Da die Erze, die man zur Bronzegewinnung benötigte, nur an wenigen Orten vorkamen, wurde der Tauschhandel immer wichtiger. Der Streit um die wertvollen Metalle führte zu ersten Kriegen. Auf Hügeln gelegene Befestigungsanlagen, die man in ganz Europa findet, lassen darauf schließen.

Durch den Tauschhandel kamen die Völker Europas immer stärker in Kontakt. Erfindungen und Neuheiten verbreiteten sich rasch. Gebirge und Flüsse stellten kein Hindernis mehr für den Austausch von Gütern dar. Den frühesten Nachweis (etwa 1350 v. Chr.) der Urnenfelder-Kultur (die Angehörigen setzten die Asche ihrer Toten in tönernen Urnen auf großen Friedhöfen, den Urnenfeldern, bei) fand man in Ungarn. Über die nächsten 400 Jahre verbreitete sie sich in ganz Europa.

Der Handel war es auch, der die ersten beiden europäischen Hochkultur hervorbrachte: Die minoische Kultur entstand um etwa 2000 v. Chr. auf der im östlichen Mittelmeer gelegenen Insel Kreta *(siehe S. 38)*. Ihr Einfluss reichte bis nach Ägypten. Etwas später bildete sich auf dem griechischen Festland die kriegerische Kultur der Mykener heraus *(siehe auch S. 40)*. Beide Kulturen gingen allerdings um 1200 v. Chr. wieder unter.

Die Eisenzeit in Europa

Das Aufkommen der Eisenverarbeitung zwischen 1000 und 750 v. Chr. in Europa brachte große Veränderungen. Werkzeuge und Waffen aus Eisen waren härter als Geräte aus Bronze. Außerdem gab es viel mehr Eisenerz als Kupfer oder Zinn. In der frühen Eisenzeit erlebten die Kulturen in Griechenland und in der Ägäis eine neue Blütezeit. Zum Teil führte auch der Einfluss griechischer und phönikischer Händler und Siedler dazu, dass sich in Italien und Südspanien Hochkulturen entwickelten. Von großer Bedeutung sind die Etrusker, die in Norditalien einen Stadtstaat gründeten *(siehe S. 50)*.

Oben *Dieser keltische Halsring aus Silber drückte vermutlich den gesellschaftlichen Rang seines Trägers aus.*

Links *Ein Hügelbefestigung in Wales, England. Solche Festungen waren in der Bronze- und Eisenzeit weit verbreitet. Einige waren der Sitz eines Stammesfürsten oder Anführers, andere dienten den Bauern der Umgebung in Kriegszeiten als Zufluchtsort.*

Rechts *In Hallstatt im österreichischen Salzkammergut entdeckte man im 19. Jahrhundert ein riesiges Grabfeld aus der Eisenzeit.*

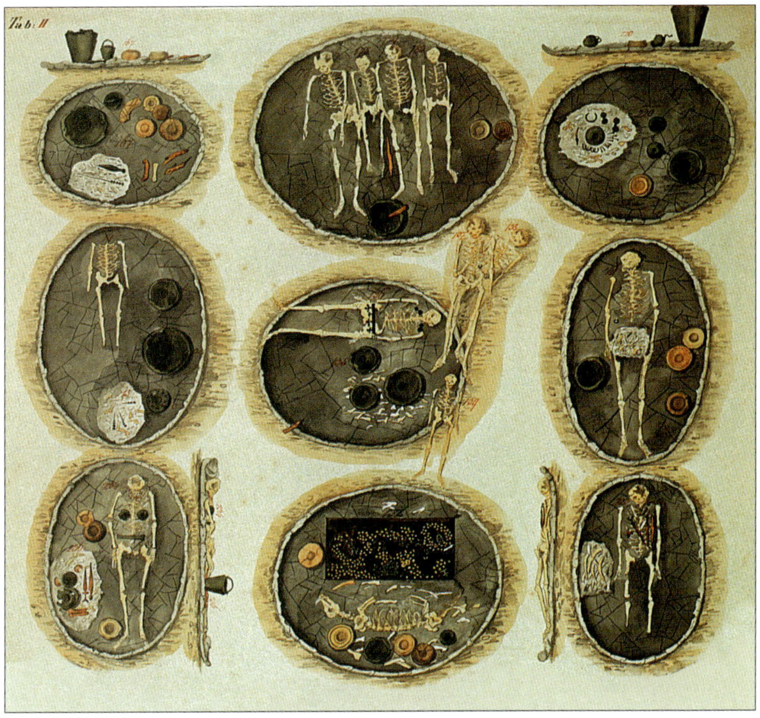

Die vorherrschende Kultur in West- und Mitteleuropa schuf ein Volk, das die alten Griechen Kelten und die Römer Gallier nannten. Aus den nördlichen Alpen kommend breiteten sie sich um 700 v. Chr. in Europa aus. Zeugnisse der Hallstatt-Kultur (benannt nach einem Gräberfeld bei Hallstatt im Salzkammergut) fand man in ganz Westeuropa, auch auf den Britischen Inseln. Um 450 v. Chr. entstand die La-Tène-Kultur, die Gegenstände mit Tiermotiven und aufwändigen geometrischen Mustern verzierte.

Ab dem 5. Jahrhundert v. Chr. fielen die Kelten in Südeuropa, vor allem in Italien und Griechenland, ein. Was man über sie weiß, stammt hauptsächlich aus den Aufzeichnungen der Griechen und Römer, die sie Barbaren nannten. Sie beschreiben die Kelten als rohe, ungebildete Wilde, die aus den Schädeln ihrer Feinde Bier tranken. Die keltischen Stämme wurde von einer Kriegerschicht angeführt. Einige der Stammeszentren waren bereits Städte mit mehreren tausend Einwohnern.

Die keltischen Priester, die Druiden, hatten eine sehr große Bedeutung. Die Kelten verehrten ihre zahlreichen Götter auf heiligen Kultplätzen, oft bei einer Quelle oder einem Baum. Vermutlich als eine Art Opfergabe warfen sie Waffen und andere wertvolle Gegenstände in Sümpfe und Flüsse. Auch Menschenopfer waren verbreitet.

Niedergang der Kelten

Das Gebiet der Kelten lag genau in der Mitte zwischen zwei expandierenden Kulturen und so wurden die Kelten mehr und mehr verdrängt. Die Stämme westlich des Rheins und südlich der Donau wurden zwischen 225 v. Chr. und 79 n. Chr. von den Römern besiegt, die ihr Reich nach Norden ausdehnten. Zur gleichen Zeit drangen germanische Stämme in das Gebiet östlich des Rheins und nördlich der Donau ein, wo sie die dort lebenden keltischen Stämme vertrieben. Nur in Irland und im Norden Großbritanniens blieben die Kelten unbesiegt.

Links *Keltengott auf einem Kessel (2. Jh. v. Chr.), der in einem Sumpf in Dänemark gefunden wurde.*

Zeittafel

ca. 8000 v. Chr.
Ende der Eiszeit

ca. 6500 v. Chr.
Getreideanbau in Südosteuropa; Rinder und Schafe werden gehalten.

ca. 4500 v. Chr.
Erste Kupferminen und -schmelzen auf dem Balkan

ca. 4500 v. Chr.
Mit der Erfindung des Pfluges entstehen die ersten Bauernkulturen.

ca. 4300 v. Chr.
In England und im Nordwesten Frankreichs werden die ersten Riesensteingräber errichtet.

ca. 3500–2400 v. Chr.
Bei Tarxien auf Malta wird der erste Tempel Europas errichtet.

ca. 3300 v. Chr.
Der „Ötzi" kommt bei der Jagd in den Ötztaler Alpen um. Seine Leiche wird über 5000 Jahre später entdeckt.

ca. 3000 v. Chr.
Bau der Megalithanlage Stonehenge. 2000 v. Chr. steht der zentrale Steinkreis.

ca. 2300–1500 v. Chr.
Bronzezeit in Europa

ca. 2000 v. Chr.
Auf Kreta beginnt die minoische Zeit der ersten („älteren") unbefestigten Paläste.

ca. 2000 v. Chr.
Ein ausgedehnter Handel mit Bernstein und Metallen beginnt in Europa.

ca. 1350–800 v. Chr.
Ausbreitung der Urnenfelder-Kultur

ca. 750–450 v. Chr.
Verbreitung der Hallstatt-Kulturen in Mittel- und Westeuropa

ab 800 v. Chr.
Eisenzeit in Europa

ca. 390 v. Chr.
Die Gallier (Kelten) plündern Rom.

58–51 v. Chr.
Der römische Feldherr Julius Cäsar besiegt die Kelten in Gallien (Frankreich).

ab 43 v. Chr.
Cäsar versucht das keltisch besiedelte Großbritannien in das Römische Reich einzubeziehen.

Die minoische Kultur & Mykene

Die Kultur der Minoer entstand um 2000 v. Chr. auf der ägäischen Insel Kreta. Etwa 400 Jahre später entwickelte sich auf dem griechischen Festland eine zweite Hochkultur: Mykene. Die Mykener lösten die Minoer ab, wurden aber um 1200 v. Chr. selbst von Eindringlingen besiegt. In der griechischen Mythologie werden diesen beiden Kulturen der Bronzezeit häufig erwähnt. Heute können die Archäologen ihre Existenz anhand zahlreicher Funde nachweisen.

Links *Dieses Wandbild zeigt Knaben beim Boxkampf. Es wurde bei Ausgrabungen in Akrotiri freigelegt – 3000 Jahre nachdem die Stadt durch einen Vulkanausbruch völlig verschüttet worden war. Die Minoer liebten vermutlich sportliche Wettkämpfe aller Art.*

Die minoische Kultur wurde nach König Minos von Kreta benannt, der griechischen Berichten zufolge mit seiner Seestreitmacht die gesamte Ägäis beherrschte. Trotz der kargen Berglandschaft verdankte Kreta seinen Reichtum der Landwirtschaft. In den fruchtbaren Tälern wurde Weizen angebaut. An den Berghängen legte man Weinberge und Olivenhaine an. Die Minoer tauschten Wein und Oliven gegen Produkte ein, die es auf Kreta nicht gab, wie etwa Kupfer. Schafe lieferten Wolle, die zu feinem Tuch verarbeitet und nach Ägypten verkauft wurde. Die kunstvoll bemalte minoische Töpferware war begehrt.

Um 2000 v. Chr. war Kreta sehr wohlhabend. In Knossos, Phaistos, Mallia und Khania stießen Archäologen bei Ausgrabungen auf vier große Paläste. Jeder Palast bildete wahrscheinlich das Zentrum eines kleinen Königreichs. In den Vorratslagern der Paläste wurden Getreide, Wein, Öl und andere Produkte aufbewahrt, die als Steuerabgaben entrichtet wurden. Die königlichen Beamten verteilten diese Lebensmittel an Stadtbewohner, die nicht in der Landwirtschaft tätig waren: Handwerker, Schriftgelehrte oder Kaufleute.

Die Minoer waren erfahrene Seeleute. Ihre Schiffe belieferten den gesamten Mittelmeerraum mit Luxusartikeln. Sie gründeten Handelskolonien auf den benachbarten Inseln und sogar in Ägypten. Bis heute kennt man die Sprache der Minoer nicht, obwohl man in den Palästen Tontafeln mit Schriftzeichen gefunden hat. Es handelt sich dabei wahrscheinlich um Warenlisten, doch niemandem ist es bisher gelungen, diese Schrift zu entziffern, die Fachleute als Linear-A-Schrift bezeichnen.

Links *Zu Beginn des 20. Jahrhunderts entdeckte der britische Archäologe Arthur Evans den Palast von Knossos und ließ ihn teilweise restaurieren. Er war der größte minoische Palast. Zahlreiche mehrstöckige Gebäude konzentrierten sich um seinen Innenhof. Die prächtigen königlichen Gemächer waren reich verziert.*

Feuer & Zerstörung

Um 1700 v. Chr. wurden die Paläste auf Kreta von einem verheerenden Brand zerstört. Man baute sie wieder auf, doch nur der Palast von Knossos erlangte seine ursprüngliche Pracht wieder. Es wird angenommen, dass zwischen den Königreichen ein Krieg um die Vorherrschaft über die Insel ausgebrochen war, aus dem Knossos als Sieger hervorging. Die anderen Paläste wurden vermutlich zu lokalen Regierungszentren degradiert.

Kurz darauf, 1626 v. Chr., zerstörte ein gewaltiger Vulkanausbruch die nahe gelegene Insel Thera (Santorin). Die minoische Stadt Akrotiri wurde vollständig unter Lava und Asche begraben. Erst in den 1960er-Jahren wurde sie von Archäologen wieder freigelegt. Dabei entdeckte man Häuser mit vollständig erhaltenen Wandfresken. Die abgebildeten Motive lassen darauf schließen, dass die Minoer von der Natur und vom Meer beeindruckt waren. Ähnliche Fresken fand man in Knossos, wie das eines Athleten, der über die Hörner eines Stiers springt – wahrscheinlich die Darstellung einer religiösen Zeremonie. Durch Ausgrabungsfunde aus Knossos weiß man allerdings auch, dass die Minoer den Göttern Kinderopfer dargebracht haben.

Durch den Vulkanausbruch wurden die Paläste auf Kreta schwer beschädigt, da-

2000–1200 v. Chr.

Links *Die Stadt und der Palast von Mykene waren von kyklopischen Burgmauern umgeben. Der Palast konnte nur durch das Löwentor betreten werden.*

Unten *Diese goldene Maske wurde in einem Grab in Mykene gefunden. Lange Zeit hielt man sie für die Totenmaske von König Agamemnon.*

nach jedoch wieder aufgebaut. Die minoische Kultur ging unter, nachdem 1450 v. Chr. Eindringlinge die Insel erobert und den Palast in Knossos besetzt hatten.

MYKENE

Die neuen Herren auf Kreta führten ihre eigene Schrift ein. Wissenschaftlern gelang es, diese sogenannte Linear-B-Schrift zu entziffern. Sie gilt als Frühform der altgriechischen Schrift. Aufgrund der Bestattungsrituale nehmen die Archäologen an, dass es sich bei den Eroberern Kretas um ein Volk handelte, das um 2000 v. Chr. über den Balkan auf das griechische Festland vorgedrungen war. Um 1600 v. Chr. hatten sie dort bereits mehrere befestigte Städte errichtet. Ihr Name leitet sich von Mykene ab, einer bronzezeitlichen Stadt im Nordosten des Peloponnes. Dort hat man in einigen Gräbern aus der Zeit von 1650 bis 1550 v. Chr. kostbaren Schmuck aus Gold, Silber und Elektrum (eine Legierung aus Gold und Silber) sowie Waffen aus Bronze gefunden. Auf Grund dieser wertvollen Grabbeigaben vermutet man, dass die Mykener damals schon Könige hatten. Das reiche und kriegerische Volk kannte Speere, Schwerter und Dolche. Die Soldaten trugen Rüstungen und Helme aus Bronze, die kunstvoll mit Wildschweinzähnen besetzt waren. Sie fuhren auf Streitwagen in die Schlacht, die von Pferden gezogen wurden. Sie kämpften allerdings noch zu Fuß.

Mykene gehörte zu den bedeutendsten Königreichen in Griechenland. Die mykenischen Herrscher lebten in Palästen, die zwar kleiner waren als die Paläste auf Kreta, jedoch mit Mauern aus riesigen Steinblöcken befestigt waren. Diese waren derart groß, dass die

Griechen später glaubten, sie seien von einäugigen Riesen gebaut worden.

Die Herrscher von Mykene waren sehr reich. Der König von Pylos beschäftigte 400 Bronzeschmiede und besaß mehrere hundert Sklavinnen, die als Weberinnen arbeiteten. Mykenische Handelsschiffe befuhren den gesamten östlichen Mittelmeerraum und stießen in westlicher Richtung bis nach Italien, Sizilien und Malta vor. Taucher entdeckten ein königliches Schiff, das wohl im 14. Jahrhundert v. Chr. vor der türkischen Küste gesunken ist. Es hatte Schmuck, Kupfer, Elfenbein, Ebenholz und afrikanische Straußeneier an Bord.

Die Legende von Troja

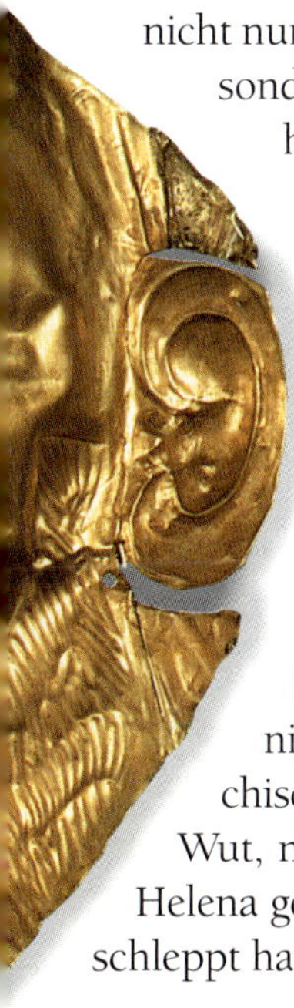

Sehr wahrscheinlich trieben die Mykener nicht nur Handel mit anderen Völkern, sondern griffen diese auch an. Sie hatten ja bereits Kreta erobert, warum also nicht auch Troja? Die mächtige Stadt an der türkischen Küste kontrollierte den Zugang zum Schwarzen Meer. Die Aufzeichnungen des griechischen Dichters Homer sind noch heute spannend zu lesen: über die zehnjährige Belagerung Trojas durch König Agamemnon und sein griechisches Heer, über Menelaus' Wut, nachdem Paris ihm seine Frau Helena geraubt und sie nach Troja verschleppt hatte, über den Kampf zwischen Achilles und Hektor, über das Trojanische Pferd, mit dem griechische Soldaten in die Stadt gelangen wollten, und über die Abenteuer des Odysseus. Die Ereignisse, die Homer beschrieb, lagen schon zu seiner Zeit viele Jahrhunderte zurück. Archäologen gelang es jedoch, nachzuweisen, dass Troja zu mykenischer Zeit tatsächlich zweimal angegriffen wurde. Das beweist, dass die Heldensagen auf wahren mündlichen Überlieferungen beruhen.

Die Seevölker

Im 14. und 13. Jahrhundert v. Chr. wurde die mykenische Kultur mehrmals von Eindringlingen aus dem Norden bedroht. Viele Städte, darunter auch Mykene, ließen ihre Befestigungsanlagen verstärken. Zusätzlich bauten die Mykener eine Mauer durch den engen Isthmus von Korinth. Doch um 1200 v. Chr. gelang es den Seevölkern dennoch, alle bedeutenden Machtzentren der Mykener zu zerstören. Bis heute weiß man nur wenig über dieses geheimnisvolle Volk, das vermutlich aus der nördlichen Ägäis kam. Einige ihrer Stämme ließen sich in Kanaan nieder, wo sie als Philister bekannt wurden *(siehe S. 30)*.

In Griechenland waren die Verwüstungen, die die Seevölker anrichteten, besonders groß. Die mykenische Kultur sollte sich nie wieder von ihnen erholen. Viele Städte wurden aufgegeben. Die Menschen verlernten sogar ihre Schrift. Es dauerte mehrere Jahrhunderte, bis Griechenland wieder zu neuer Blüte erwachte.

Zeittafel

ca. 6000 v. Chr.
Kreta wird besiedelt.

ca. 2300 v. Chr.
In der Ägäis werden Werkzeuge und Waffen aus Bronze hergestellt.

ca. 2000 v. Chr.
Auf Kreta entstehen die ersten Paläste; eine Linearschrift ist in Gebrauch.

ca. 1700 v. Chr.
Alle Paläste auf Kreta werden zerstört. Der Palast von Knossos wird erneuert.

1626 v. Chr.
Ein gewaltiger Vulkanausbruch zerstört beinahe alles Leben auf Kreta.

ca. 1600 v. Chr.
Prächtige Gräber beweisen, dass Mykene von einer großen Dynastie regiert wird.

ca. 1450 v. Chr.
In Mykene werden die ersten Paläste gebaut; eine Schrift wird entwickelt.

ca. 1450 v. Chr.
Das minoische Kreta geht unter; die neuen Herren stammen aus Mykene.

ca. 1400 v. Chr.
In der mykenischen Zeit werden monumentale Steinburgen errichtet.

ca. 1200 v. Chr.
Seevölker überfallen Mykene und andere griechische Hochburgen.

ca. 1200–800 v. Chr.
Vorläufiger Niedergang der Stadtkulturen und der Schriftkunst in Griechenland.

Verehrung der Muttergottheiten

Muttergöttinnen hatten im alten Griechenland und auf den Ägäischen Inseln eine lange Tradition. Das zeigen die zahlreichen, viele tausend Jahre alten Frauenstatuen aus Stein und Ton, die man hier gefunden hat. Manche haben eine sehr einfache, geometrische Form, andere sind nahezu lebensechte Darstellungen. Oft zeigen sie die Frauen beim Stillen. Wahrscheinlich waren sie Fruchtbarkeitssymbole, die die frühen Bauern verehrten, um eine gute Ernte zu erzielen.

Viele der Göttinnen der späteren griechischen Mythologie wie Gäa, Hera, Rhea, Demeter und Sybille lassen sich auf die Verehrung der göttlichen Mutter und die Idole dieser frühen Kulturen zurückführen.

Die minoischen und mykenischen Frauenfiguren wurden häufig mit erhobenen Armen und nackten Brüsten dargestellt. Oft halten sie Schlangen oder andere Gegenstände in ihren Händen. Vielleicht stellen sie auch Göttinnen oder Priesterinnen dar. Ohne Zweifel hatten sie eine wichtige religiöse Funktion.

Rechts *Diese Figuren stillender Muttergottheiten stammen aus Zypern und Mykene.*

Das Land der Griechen

Die Kultur des antiken Griechenland war wegweisend. Ihr Einfluss auf Politik, Kunst, Literatur und Philosophie ist auch heute noch gross. Obwohl die griechischen Stadtstaaten häufig Kriege gegeneinander führten, entwickelten sie sich zu kulturellen Hochburgen.

Im 9. Jahrhundert v. Chr. erholte sich Griechenland allmählich vom Untergang der mykenischen Kultur. Neue Einwanderer, die Dorer, hatten die Eisenverarbeitung eingeführt, was den griechischen Städten zu neuer Blüte verhalf. Kleine Städte entwickelten sich zu unabhängigen Stadtstaaten, die zunächst von Königen regiert wurden. Mit dem zunehmenden Fernhandel schickten viele Stadtstaaten ihre Bürger in fremde Länder, um dort Handelskolonien zu gründen. Gleichzeitig wurde so das Problem der Überbevölkerung gelöst, denn in Griechenland gab es inzwischen zu wenig Ackerland, um alle Menschen zu ernähren.

Um 500 v. Chr. entstanden an der Küste Kleinasiens, an der Schwarzmeerküste, in Sizilien, Italien und im Süden Spaniens griechische Städte. Die einzigen Gegner der Griechen waren die Phönizier. Von ihren Häfen im Libanon und in Syrien aus gründeten sie Kolonien auf Sizilien und Sardinien sowie entlang der nordafrikanischen und spanischen Küste.

Im 7. Jahrhundert v. Chr. wurden die meisten griechischen Stadtstaaten von einer adeligen Oberschicht regiert. Nur Sparta und Argos blieben Monarchien. Gegen die Aristokraten regte sich bald der Widerstand der Bürger, die Mitspracherechte in Regierungsfragen forderten. In vielen Städten versuchten sie, sich, angeführt von Tyrannen, vom Adel zu befreien. Die Tyrannen wurden zunächst unterstützt, weil sie den Armen Land versprachen. Sie erwiesen sich jedoch bald als grausame Herrscher und wurden ihrerseits wieder gestürzt.

Demokratie in Athen

In Athen hatten die Bürger das größte Mitspracherecht. Gegen Ende des 6. Jahrhunderts v. Chr. führten politische Reformen zur Einführung der Demokratie („Volksherrschaft“). Die Bürger waren an allen wichtigen Entscheidungen beteiligt und konnten z. B. darüber abstimmen, ob Kriege geführt oder wofür die Steuern eingesetzt werden sollten. Außerdem wählten sie die Beamten und die Generäle und konn-

Oben Mit solchen Marken stimmte die Volksversammlung ab.

Links Der große Tempel des Parthenon auf der Akropolis in Athen. Er wurde im 5. Jahrhundert v. Chr. während der Blütezeit der Stadt errichtet.

Links *Diese Marmorstatue stammt aus dem 6. Jahrhundert v. Chr. Das Gewand ist bereits fein herausgearbeitet. Später wurden die Skulpturen immer naturalistischer. Der griechische Stil hat bis heute einen großen Einfluss auf die Kunst.*

ten jene, die zu mächtig wurden, verbannen. Unsere modernen Demokratien orientieren sich an dem griechischen Modell. Doch in keinem Land der Welt haben die Bürger heute so viel Macht wie damals in Athen. Als Bürger von Athen galten aber nur freie Männer über 20 Jahre, die in Athen geboren und deren Eltern ebenfalls Athener waren. Alle anderen, ob Frauen, Sklaven oder Fremde, die sich in Athen niedergelassen hatten, waren vom Bürgerrecht ausgeschlossen. Die große Mehrheit der Bevölkerung hatte also keine Stimme in der Volksversammlung.

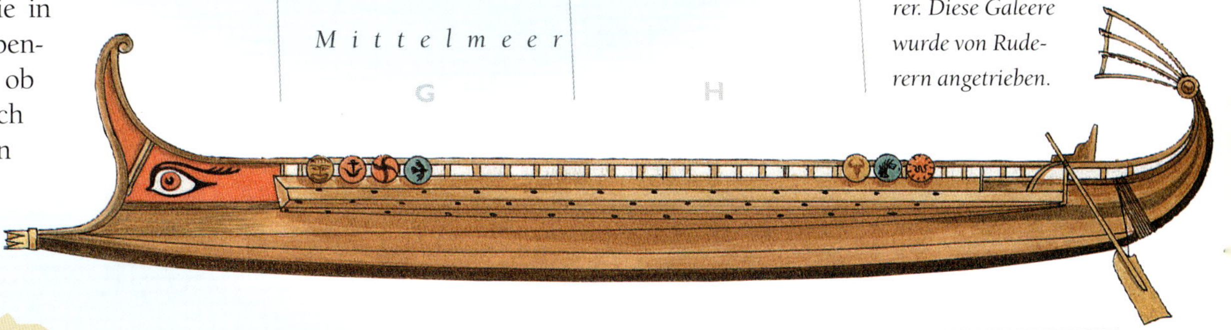

Unten *Die Griechen waren gute Seefahrer. Diese Galeere wurde von Ruderern angetrieben.*

Sparta & Athen

Die Griechen kämpften um die Vorherrschaft auf dem Festland und in der Ägäis. Ihre Soldaten waren zäh und diszipliniert. Mit Speeren bewaffnet kämpften sie zu Fuß in einer engen Kampfformation, der Phalanx. Von allen gesunden, kräftigen Bürgern, die sich Waffen und eine Rüstung leisten konnten, wurde erwartet, dass sie für ihre Stadt in den Krieg zogen.

Die besten Soldaten Griechenlands kamen aus Sparta. Im Alter von sieben Jahren mussten die Knaben ihr Elternhaus verlassen und wurden vom Staat erzogen. Die Ausbildung beschränkte sich auf Sport und das Kriegshandwerk. Mit 20 Jahren konnte ein junger Mann Bürger werden und sich einer Militäreinheit anschließen oder heiraten. Doch erst mit 30 Jahren durfte er mit seiner Familie zusammenleben, musste aber noch täglich mit seinen Kampfgenossen zusammen essen.

Die harte Militärausbildung kam den Griechen zugute, als das mächtige Perserreich dreimal versuchte, Griechenland zu erobern. 492 v. Chr. mussten sich die Perser dem Wettergott geschlagen geben. Zwei Jahre später siegten die Griechen bei der Schlacht von Marathon. Beim dritten Mal (480–479 v. Chr.) wurde die Streitmacht (200 000 Soldaten und 1000 Schiffe) des Xerxes von den zahlenmäßig weit unterlegenen Streitkräften von Athen und Sparta in die Flucht geschlagen.

Oben *Bronzehelm mit Kampfspuren; griechische Soldaten zogen in einer Rüstung in den Krieg.*

Die Einigkeit war jedoch nur von kurzer Dauer. Sowohl Sparta als auch Athen strebten die Vorherrschaft über Griechenland an. Die Rivalitäten nahmen zu, als die Parteien versuchten, möglichst viele Stadtstaaten als Vasallen zu gewinnen. Aus dem Peleponnesischen Krieg (431–404 v. Chr.) ging Sparta schließlich als Sieger hervor, konnte seine Stellung aber nicht lange behaupten. Der makedonische König Philipp II. brachte bis 338 v. Chr. alle griechischen Stadtstaaten – selbst Athen – unter seine Kontrolle. Damit war das Ende der klassischen griechischen Kultur besiegelt.

Die griechische Kultur

Zwischen dem 6. und 4. Jahrhundert v. Chr. war Griechenland das kulturelle Zentrum der Antike. Die griechischen Bildhauer und Maler schufen Kunstwerke von besonderer Schönheit. Die Architektur der griechischen Säulentempel ist einzigartig. Die Griechen erfanden das Drama und das Theater. Ihre Literatur, ihre Mythen und Legenden beeinflussen noch heute Künstler, Filmemacher und Autoren. Die Philosophen Sokrates, Plato und Aristoteles entwickelten die Grundlagen der europäischen Philosophie. Aus Griechenland stammen die ersten historischen Berichte, hier wurde die Mathematik und die Geometrie weiterentwickelt und auch die Medizin wie eine Wissenschaft betrieben.

Ohne eine einfache Schrift wäre das alles nicht möglich gewesen. Viele antike Schriften enthielten mehr als 100 Zeichen, das griechische Alphabet dagegen kam mit nur 20 Buchstaben aus, war also leicht zu erlernen. Bildung spielte in der griechischen Demokratie eine wichtige Rolle. Die Politiker mussten die Bürger durch Argumente überzeugen. In Rhetorikschulen wurde die Kunst der Rede studiert. Da die meisten Griechen lesen konnten, verbreitete sich neues Gedankengut rasch. Auch der Sport hatte einen hohen Stellenwert, vor allem Leichtathletik, Ringen und Boxen. Für die Olympischen Spiele wurden selbst Kriege zwischen rivalisierenden Stadtstaaten unterbrochen, damit die Wettkämpfer und die Zuschauer sicher anreisen konnten.

Griechische Mythen & Legenden

Die Griechen verehrten viele Götter und Göttinnen. Die bedeutendsten Götter, so glaubte man, lebten auf dem Olymp, einem Berg im Norden Griechenlands. Der höchste griechische Gott war Zeus. Daneben gab es seine Frau Hera, seine Tochter Athene, die Göttin der Weisheit, Hermes, den Götterboten, Apollo, den Sonnengott, und Aphrodite, die Göttin der Liebe. Für die Griechen waren die Götter mächtige Wesen mit menschlichen Gefühlen, die sich in das Leben der Menschen einmischten. Wer sie beleidigt hatte, musste mit göttlichen Strafen rechnen. Wem sie wohlgesinnt waren, dem griffen sie hilfreich unter die Arme. Die höchste göttliche Belohnung, die einem Menschen zuteil werden konnte, war die Unsterblichkeit. Herkules z. B., der mit übermenschlichen Kräften zahlreiche Heldentaten vollbrachte, war ein sterblicher Mensch, bevor er zu einem Gott erhoben wurde. Jeder Stadtstaat besaß zudem seine eigene Schutzgottheit. Manchmal waren sich die Götter nicht ganz einig, für wen sie Partei ergreifen sollten. So schlug sich Apollo während des Trojanischen Krieges auf die Seite der Trojaner, während Athene die Griechen unterstützte. Hunderte von Mythen und Legenden ranken sich um die Götter. Alle Griechen kannten diese Geschichten und wussten genau, welche Gottheit ein bestimmtes Gemälde oder eine Statue darstellte. Diese Mythen bildeten die Grundlage für zahlreiche literarische Werke wie Homers Heldenepen und die Theaterstücke der Athener Bühnendichter Aischylos, Sophokles und Euripides.

Links *Athene schlichtet den Streit um die Rüstung des getöteten Achill; griechische Vasenmalerei.*

Zeittafel

900–800 v. Chr.
Griechenland erholt sich vom Niedergang; Stadtstaaten entstehen.

800–600 v. Chr.
Rund um das Mittelmeer und das Schwarze Meer entstehen griechische Kolonien.

776 v. Chr.
In Olympia werden die ersten Spiele zu Ehren des Zeus ausgetragen. Sie finden alle vier Jahre statt.

ca. 750 v. Chr.
Das griechische Alphabet ist eingeführt. Homer verfasst die *Illias* und die *Odyssee*, zwei Epen über den Trojanischen Krieg.

ca. 600 v. Chr.
Erstes Münzgeld in Griechenland

ca. 540 v. Chr.
Zu Ehren des Gottes Dionysos werden die ersten Tragödien aufgeführt.

509–507 v. Chr.
Athen wird eine Demokratie.

490 v. Chr.
Sieg Athens gegen die persische Flotte in der Schlacht von Marathon

480–479 v. Chr.
Die Armeen von Sparta und Athen verhindern die Eroberung durch Xerxes.

461–429 v. Chr.
Perikles vollendet die Demokratie; Bau des Parthenon; Aischylos und Sophokles schreiben ihre großen Tragödien.

441–404 v. Chr.
Mit Spartas Sieg über Athen endet der Peloponnesische Krieg.

430 v. Chr.
Erstes Geschichtsbuch von Herodot

399 v. Chr.
Sokrates wird angeklagt, die Jugend verführt zu haben, und zum Tod durch den Schierlingsbecher (Gift) verurteilt.

ca. 385 v. Chr.
Platon gründet eine Akademie (Schule), in der Philosophie unterrichtet wird.

343 v. Chr.
Der Philosoph Aristoteles wird Lehrer von Alexander dem Großen.

338 v. Chr.
Nach der Schlacht von Chaironeia fallen die griechischen Städte unter makedonische Herrschaft.

Alexander der Grosse & die Diadochen

Alexander der Grosse war ein genialer Feldherr. Nur acht Jahre nach seiner Krönung zum König von Makedonien hatte er das gesamte Perserreich erobert und die griechische Kultur bis nach Indien verbreitet. Nach seinem Tod zerfiel sein Weltreich wieder.

Mit 18 Jahren, nach der Ermordung seines Vaters Philipp II. 336 v. Chr., wurde Alexander König von Makedonien. Er war gebildet (der griechische Philosoph Aristoteles war sein Lehrer), mutig und kämpferisch. Schon als Knabe soll er davon geträumt haben, es den griechischen Helden Herkules und Achill gleichzutun. Seine „Kriegstüchtigkeit“ stellte er bereits als Jugendlicher in der Armee seines Vaters unter Beweis. Als starke Persönlichkeit konnte er seine Männer immer wieder zu den gefährlichsten Abenteuern überreden.

Sieg über die Perser

Kurz vor seinem Tod hatte Philipp II. geplant, das Perserreich zu erobern. Sein Sohn Alexander wollte den Plan umsetzen, musste aber zunächst noch einen Aufstand im eigenen Land niederschlagen. 150 Jahre waren vergangen, seit die Perser ihren letzten fehlgeschlagenen Feldzug gegen die Griechen geführt hatten. Seitdem war ihr Reich immer schwächer geworden. Dareios III., der König des Perserreiches, das sich vom Mittelmeer bis zum Indus erstreckte, verfügte dennoch über eine große Armee.

Die Größe des persischen Reiches hatte aber auch Nachteile. So dauerte es Wochen, bis Nachrichten von einem Ende zum anderen gelangten, und Monate, bis die Soldaten aus den verschiedenen Provinzen eintrafen. Außerdem ließ sich ein großes Heer nur schwer kommandieren. Alexanders Armee dagegen war gut bewaffnet, diszipliniert und kampferprobt. Alexander war ein brillanter, kühner Stratege, Dareios hingegen zaudernd und fantasielos.

334 v. Chr. drang Alexander der Große in Anatolien ein und befreite die griechischen Küstenstädte aus persischer Herrschaft. Er besaß nur eine kleine Seestreitmacht und befürchtete, Dareios könnte mit einer großen Flotte inzwischen Griechenland angreifen. Daher stieß er nicht weiter in das Perserreich vor, sondern zog Richtung Süden durch Syrien, entlang der Mittelmeerküste nach Phönizien, wo das Gros der persischen Flotte vor Anker lag. Auf seinem Weg besiegte er zwei persische Heere, eines von Dareios persönlich angeführt.

Links *Philipp II., Alexanders Vater, machte Makedonien zur stärksten Macht in Griechenland. Er wurde heimtückisch ermordet.*

Bei seinem Siegeszug erfuhr Alexander nur wenig Widerstand. Städte und Provinzen, die sich freiwillig unterwarfen, ließ er weder plündern noch besteuern – eine weise Entscheidung, denn so stieg die Bereitschaft, sich zu ergeben, anstatt den Kampf oder eine Belagerung in Kauf zu nehmen.

Die bedeutende phönizische Hafenstadt Tyrus aber wollte nicht kampflos kapitulieren. Alexander ließ die Stadt acht Monate lang belagern, bis sie schließlich fiel. 8000 Menschen kamen dabei ums Leben, 30 000 Einwohner wurden in die Sklaverei

Rechts *Auf seinem Zug nach Indien erlebte Alexander 326 v. Chr. Kampfelefanten. Die Griechen versuchten ebenfalls, Elefanten einzusetzen, doch die Tiere gerieten leicht in Panik und überrannten die eigenen Leute. Römischer Teller aus dem 3. Jahrhundert v. Chr.*

Links *Durch seinen Siegeszug wurde Aleaander schon zu Lebzeiten zur Legende. Dieses Relief zeigt ihn bei der Jagd. Es stammt aus dem Fries eines Monuments, das der König von Sidon (Phönizien) errichten ließ. Auf dem Fries sind zahlreiche Heldentaten dargestellt, die Alexander zugeschrieben werden – offensichtlich sollte er auch als ermutigendes Beispiel für andere dienen.*

verkauft. Diese drastischen Maßnahmen waren in damaliger Zeit durchaus üblich.

Nach dem Sieg über Tyrus zog Alexander nach Ägypten weiter, das er 332 v. Chr. eroberte. In der Oase Siwa wurde er von ägyptischen Priestern als Sohn des Gottes Amun und damit als Nachfolger der Pharaonen anerkannt. Wegen seiner großen Erfolge glaubten viele – nicht nur Alexander selbst –, dass er tatsächlich ein Gott sei.

Im Jahr 331 v. Chr. stieß er von Ägypten aus erneut in das Perserreich vor. Bei Gaugamela in Assyrien schlug er Dareios III. ein zweites Mal. Anschließend eroberte er die Stadt Babylon. Kurz danach drang er in Persepolis ein, den Wohnsitz und dieHauptstadt der persischen Könige, und ließ die Stadt niederbrennen. Jeder Hoffnung beraubt floh Dareios III. aus der Stadt. Nur kurze Zeit später wurde er im Nordiran ermordet.

Die letzten Feldzüge

In den folgenden drei Jahren setzten Alexanders Armeen ihren Siegeszug durch das Perserreich fort. 327 v. Chr. war es endgültig erobert und Alexander wollte nach Nordindien ziehen. 326 v. Chr. gewann er am Hydaspes eine Schlacht gegen einen indischen König. Doch nun hatten seine Soldaten genug und meuterten. Alexander blieb nichts anderes übrig als den Heimweg anzutreten. Das Heer zog am Indus entlang zum Arabischen Meer. Babylon erreichte es nach einem verlustreichen Marsch durch die Wüste erst 324 v. Chr.

Ein Feldzug nach Arabien scheiterte, als Alexander 323 v. Chr. im Alter von 33 Jahren plötzlich starb. Man vermutet, dass er Alkoholiker war. Es war ihm nicht mehr gelungen, sein Reich zu einer stabilen Einheit zu formen. Auch für seine Nachfolge hatte er nicht gesorgt. Nach seinem Tod zerfiel das Weltreich. Seine Erben, Alexanders Bruder und sein Sohn, wurden ermordet. Die Diadochen (Nachfolger), Generäle, die Alexander zu Statthaltern der eroberten Provinzen ernannt hatte, teilten das riesige Reich nach langen Kämpfen untereinander auf. Nach 280 v. Chr. bildeten sich drei hellenistische Reiche heraus: Makedonien unter den Antigoniden, Ägypten unter den Ptolemäern und das Seleukidenreich (Syrien, Mesopotamien, Iran).

Der Hellenismus

Durch den Alexanderzug wurde die griechische Kultur weit nach Osten bis ins Industal am Fuß des Himalaja getragen. Viele Griechen wanderten in die neuen Städte aus, die in den eroberten Gebieten gegründet und häufig Alexandria genannt wurden. Alexanders Soldaten hatten sich an der persischen Kriegsbeute bereichert.

Die Zeit der griechischen Herrschaft im Mittelmeerraum und im Nahen Osten bezeichnet man als „Zeitalter des Hellenismus". Griechenland lag aber nicht mehr im Zentrum der hellenistischen Welt. Unter den Ptolemäern löste das ägyptische Alexandria Athen als kulturelles Zentrum ab. Die Herrscher der hellenistischen Reiche waren unbeschreiblich wohlhabend. Sie ließen sagenhafte Bauwerke errichten wie den Leuchtturm von Alexandria, eines der sieben Weltwunder der Antike. In der Kunst entwickelten sich neue Stilrichtungen, Wissenschaftler und Philosophen wie die Mathematiker Archimedes und Euklid oder der Astronom Eratosthenes wurden gefördert.

Allmählich wurde der Hellenismus jedoch von einer neuen, aufstrebenden Macht verdrängt – Rom. In der Mitte des 2. Jahrhunderts v. Chr. eroberten die Römer Makedonien und ganz Griechenland. Das Reich der Ptolemäer und das Seleukidenreich hielten gegen die Römer länger stand, fielen aber 30 v. Chr. ebenfalls unter römische Herrschaft. Die Römer hatten große Achtung vor der griechischen Kultur und übernahmen viele Elemente ihrer Architektur, Naturwissenschaften, Literatur und Mythologie.

Oben *Die Ruinen der Stadt Persepolis (Iran), der Hauptstadt des riesigen Perserreichs*

Links *Statue eines sterbenden Galliers; für König Pergamon im 2. Jahrhundert v. Chr. gefertigt*

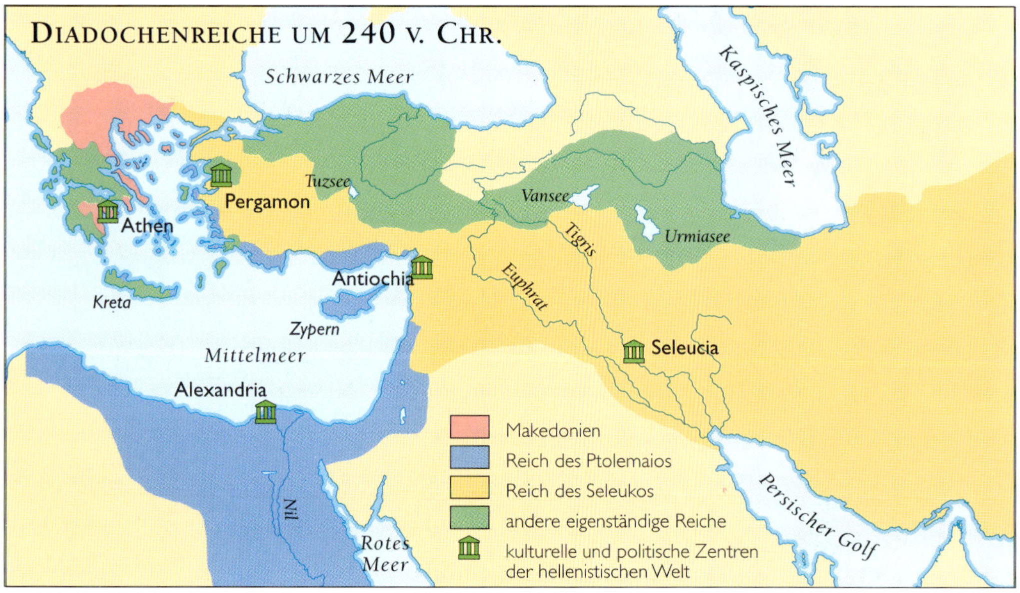

ZEITTAFEL

352–338 v. Chr.
Philipp II. von Makedonien erobert Griechenland.

336 v. Chr.
Philipp II. wird ermordet; sein Sohn Alexander wird König von Makedonien.

334 v. Chr.
Alexander fällt in Anatolien ein und besiegt am Granikos eine persische Armee.

333 v. Chr.
In der Schlacht bei Issos (Syrien) besiegt Alexander die Perser unter Dareios III.

332 v. Chr.
Alexander der Große erobert Ägypten und gründet die Stadt Alexandria.

331–330 v. Chr.
Rückkehr Alexanders nach Persien. Dareios flieht nach der Schlacht von Gaugamela: Die Perser sind besiegt. Persepolis wird niedergebrannt.

330–326 v. Chr.
Alexander unternimmt weitere Feldzüge in Zentralasien. Er gewinnt seine letzte Schlacht am Hydaspes in Indien.

323 v. Chr.
Alexander stirbt in Babylon am Fieber.

321–316 v. Chr.
Alexander hinterlässt einen unmündigen Sohn. Unter den Diadochen zerfällt das Reich in mehrere Herrschaftsbereiche.

312 v. Chr.
Nach der Eroberung Babylons fallen Mesopotamien, Persien und Kleinasien unter die Herrschaft der Seleukiden.

305 v. Chr.
Ptolemaios I. erklärt sich zum König von Ägypten und regiert wie ein Pharao.

275 v. Chr.
Bei Alexandria (Ägypten) wird ein Leuchtturm errichtet.

190 v. Chr.
In der Schlacht von Magnesia besiegen die Römer den Seleukiden Antiochos III.

148–146 v. Chr.
Rom annektiert Makedonien und Griechenland.

83 v. Chr.
Untergang des Seleukidenreichs

30 v. Chr.
Nach dem Tod von Kleopatra wird Ägypten römische Provinz.

KLEOPATRA – DIE LETZTE DER PTOLEMÄER

Kleopatra, die letzte Herrscherin aus dem Geschlecht der Ptolemäer, war nach historischer Überlieferung die Geliebte der römischen Generäle Julius Cäsar und Mark Anton. Sie folgte dabei nicht nur ihrem Herzen. Diese Beziehungen waren auch eine politische Notwendigkeit, die ihr das eigene Überleben sicherte.

*Als Kleopatra 51 v. Chr. 18-jährig den Thron bestieg, beherrschte Rom fast den gesamten Mittelmeerraum und wollte sich auch Ägypten einverleiben. Ohne Unterstützung konnte es Kleopatra nicht gelingen, an der Macht zu bleiben, und so sah sie ihre Chance in den römischen Bürgerkriegen (**siehe S. 53**). Cäsar und Mark Anton hofften, durch Kleopatra an Ägyptens Reichtümer zu gelangen. Als Mark Anton 31 v. Chr. eine Schlacht verlor, beging Kleopatra Selbstmord. Mit ihr starb die Dynastie, die Ägypten 300 Jahre lang regiert hatte, aus und das Reich am Nil fiel endgültig an Rom.*

Oben *Kleopatra in ägyptischer Tracht*

Der Aufstieg Roms

Nach der Legende wurde Rom 753 v. Chr. gegründet. Zunächst wurde die Stadt von Königen regiert. Erst 509 v. Chr. kam es zur Gründung der Römischen Republik. Im 2. Jahrhundert v. Chr. war dann aus dem kleinen Stadtstaat bereits die vorherrschende Macht der damaligen Welt geworden.

Archäologen haben entdeckt, dass die Gegend um Rom bereits während der Eisenzeit (10. Jahrhundert v. Chr.) von Bauern besiedelt war. Im 8. Jahrhundert v. Chr. entwickelte sich dort eine erste städtische Kultur. Bald wuchs der Ort zur größten Stadt Italiens heran. Neben den Römern lebten aber noch einige andere Völker in Italien, die allerdings bald der militärischen Übermacht Roms weichen mussten. Um die Mitte des 3. Jahrhunderts v. Chr. herrschten die Römer über fast ganz Italien.

Der Mittelmeerraum

Stärkste Macht im westlichen Mittelmeer war Karthago, eine reiche Handelsstadt in Nordafrika, die die Phönizier gegründet hatten. Nachdem Rom die griechischen Kolonialstädte in Süditalien erobert hatte, stritt es mit Karthago in den Punischen Kriegen um Sizilien. Aus dem ersten Punischen Krieg (264–241 v. Chr.) ging Rom als Sieger hervor und eroberte Sizilien, Sardinien und Korsika. Als die Römer Spanien erobern wollten, kam es zum zweiten Punischen Krieg (218–202 v. Chr). Der Karthager Hannibal zog mit einer riesigen Armee, Pferden und Kriegselefanten von Spanien nach Frankreich und über die Alpen nach Italien. Trotz zahlreicher Siege gelang es ihm nicht, die Römer in die Knie zu zwingen. Ein römisches Heer unter dem Oberbefehl von Scipius Africanus schlug die karthagische Streitmacht in Spanien und stieß von dort aus nach Nordafrika vor. Daraufhin brach Hannibal seinen Feldzug in

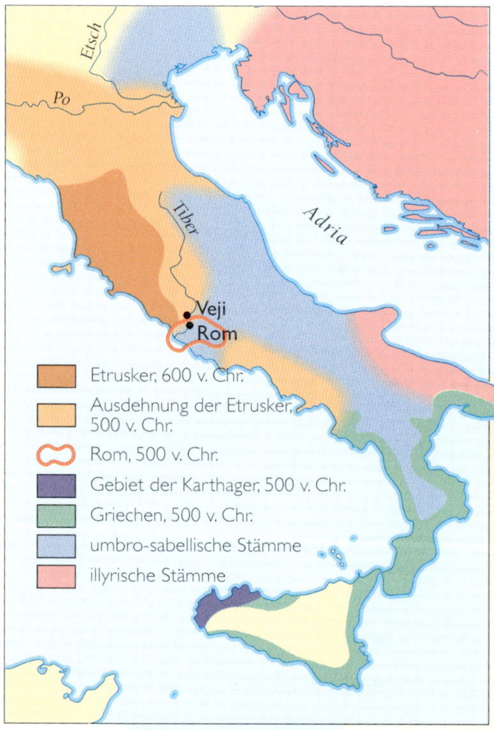

Italien vor den Römern

Vor dem Aufstieg Roms waren die Etrusker – ein Volk, das in der Gegend der heutigen Toskana lebte – die stärkste Macht Italiens. Um 800 v. Chr. hatten sie die ersten Städte in Westeuropa gegründet. Als Seefahrer und Kaufleute standen sie in engem Kontakt mit den Griechen. Sie übernahmen auch deren Alphabet. Ihre Inschriften sind dennoch schwer zu entziffern, da ihre Sprache mit keiner anderen europäischen Sprache verwandt war. Die Kenntnisse über die Etrusker stammten aus Grabfunden. Ihre Grabfelder gleichen unterirdischen Städten. Jedes Grab enthielt prunkvolle Grabbeigaben, die Wände wurden mit kunstvollen Fresken bemalt.

Im Zentrum der italienischen Halbinsel lebte das Volk der Italiker, zu dem um 500 v. Chr. zahlreiche Stämme gehörten, darunter die Latiner, Sabiner und Samniter. Die Latiner gründeten schon bald einige Stadtstaaten, darunter auch Rom. Als Rom die Vormachtstellung auf der italienischen Halbinsel errungen hatte, wurden die übrigen italienischen Sprachen und Kulturen allmählich verdrängt.

Oben *Grabstein eines etruskischen Ehepaars*

750 v. Chr.–14 n. Chr.

Rechts Der Sage nach wurden die Waisenzwillinge Romulus und Remus von einer Wölfin gesäugt. Romulus soll später die Stadt Rom gegründet haben. Dieser Wolfskopf gehört zu einer Bronzestatue, die wahrscheinlich 2500 Jahre alt ist.

Italien ab und segelte nach Karthago zurück. 202 v. Chr. wurde er bei Zama endgültig geschlagen. 146 v. Chr. zerstören die Römer die Stadt Karthago.

Nachdem Rom den westlichen Mittelmeerraum beherrschte, wollte es seinen Einflussbereich weiter nach Osten ausdehnen. Bereits 197 v. Chr. waren römische Truppen in Griechenland eingedrungen, als Vergeltung gegen Philipp V., der Karthago während der Punischen Kriege unterstützt hatte. 146 v. Chr. wurde Griechenland römische Provinz. Mit der Eroberung der anatolischen Stadt Pergamon 133 v. Chr. besaßen die Römer einen Stützpunkt in Asien. Nach und nach verleibten sie sich alle Reiche ein, die Alexanders Nachfolger (Diadochen) gegründet hatten *(siehe S. 48)*. 30 v. Chr. fiel Ägypten an Rom. Nun besaß es die uneingeschränkte Herrschaft über den gesamten Mittelmeerraum und den Nahen Osten.

Oben *Schon in den Anfängen der Republik besaß jeder Bürger das Recht, sich an das römische Volk zu wenden, wenn er sich ungerecht behandelt fühlte. Auf dieser römischen Münze aus dem 2. Jahrhundert v. Chr. ist das Wort „PROVOCO" („Ich appelliere") eingeprägt. Dargestellt ist ein Römer, der sich an seine Mitbürger wendet.*

Die Politik in Rom

Rom verdankt seinen Aufstieg nicht zuletzt seinem einzigartigen Regierungssystem. Die Stadt wurde von gewählten Vertretern, den Magistraten, regiert. Ihnen stand der Senat, aus ehemaligen Magistraten, zur Seite, der die Regierungsentscheidungen fällte. Die meisten Politiker gehörten der Oberschicht, den *Patriziern*, an. Aber auch einfache Bürger, *Plebejer*, konnten Magistrate oder Senatoren werden. Über Gesetze, die der Senat erließ, stimmte die Volksversammlung der römischen Bürger ab. Das Stimmrecht wurde zugunsten der reicheren Oberschicht ausgelegt, doch auch die Plebejer verfügten über eine Versammlung und wählten zur Vertretung ihrer Interessen ihre eigenen Abgeordneten, die so genannten Volkstribunen. Diese waren jedoch meist wohlhabend und nutzten ihre Position zum Aufstieg in hohe Ämter. Deshalb hatten sie kaum die Absicht, die bestehende Ordnung zu verändern! Das römische Regierungssystem stellte sicher, dass alle politischen Entscheidungen vom römischen Volk unterstützt wurden. Außerdem trug es zur Einheit der Bürgerschaft in den Jahrhunderten des Aufstiegs bei.

Soldaten & Bürger

Auch die Kriegsführung spielte für den Aufstieg Roms eine wichtige Rolle. Den Reichen brachten militärische Erfolge Ansehen und politischen Machtgewinn. Die Armen lockte die Aussicht auf Kriegsbeute und ein Stück Land. Nur römische Bürger durften im Heer kämpfen. Zu Beginn mussten sie noch eigenen Landbesitz nachweisen, doch das wurde 105 v. Chr. abgeschafft. Deshalb waren die Römer das erste Volk der Antike, das über gut ausgebildete, disziplinierte Berufssoldaten verfügte.

Oben *Das Forum Romanum war das Zentrum des offiziellen Lebens der Stadt Rom. Dort befanden sich die heiligsten Tempel, wie beispielsweise der Tempel der Vesta, der Göttin der ewigen Flamme, die das Herz des römischen Volkes symbolisierte. Auch der Senat und andere wichtige Gebäude lagen hier. In der spätrepublikanischen Zeit wetteiferten ehrgeizige Politiker um die Gunst der Wähler, indem sie Pläne für prunkvolle Bauten auf dem Gelände des Forums präsentierten.*

Auch das römische Bürgerrecht hatte wesentlichen Anteil am Aufstieg Roms. In Griechenland durften nur gebürtige Griechen Bürger werden. Das bedeutete, dass in den griechischen Stadtstaaten nur wenige Menschen aktiv am politischen Leben teilnehmen konnten. Das römische Bürgerrecht dagegen erhielt jedermann mit Wohnsitz in Rom. Auch Einwanderer und sogar freigelassene Sklaven konnten Bürger werden. So wuchs die Zahl der römischen Bürger stetig – und damit auch die Zahl der Soldaten des römischen Heeres. Später gingen die Römer dazu über, den Menschen besiegter Völker das Bürgerrecht mit allen Privilegien zu gewähren, sofern sie sich als loyal erwiesen und bereit waren, für Rom zu kämpfen. Die römische Staatsbürgerschaft beschränkte sich nicht mehr nur auf die Stadt Rom. So wurden ehemalige Feinde in das römische Regierungssystem eingegliedert und zu treuen Bürgern.

Das Ende der Republik

Die schnelle Ausdehnung über Italiens Grenzen hinaus machte Rom zwar reich, schwächte aber auch die Republik. Einige Politiker und Generäle versuchten sich an den Provinzen zu bereichern: Korruption machte sich breit. Durch die vielen Eroberungen lebten bald Tausende von Sklaven in Rom, sodass viele römische Bauern und Arbeiter keine Beschäftigung mehr fanden. Als der Tribun Tiberius Gracchus 133 v. Chr. Reformen einführen wollte, wurde er ermordet. Ehrgeizige Generäle wollten weitere Provinzen erobern und deren Reichtümer an sich reißen. Mit dem so gewonnenen Vermögen konnten sie Söldner anwerben und ihre Macht steigern. Bald führten die rivalisierenden Generäle Krieg gegeneinander. 44 v. Chr. errang der Feldherr Gaius Julius Cäsar die Macht, schaffte die Republik ab und wurde Diktator auf Lebenszeit. Wegen seiner willkürlichen Vorgehensweise kam es zu einer Verschwörung. Am 15. März 44 v. Chr. wurde er ermordet.

Cäsars Tod löste einen Bürgerkrieg aus, aus dem sein Großneffe und Adoptivsohn Octavian als Sieger hervorging. 31 v. Chr. wurde er Alleinherrscher des römischen Reiches. 27 v. Chr. verlieh der Römische Senat Oktavian den Ehrentitel Augustus („der Erhabene"). Durch das Prinzipat, das er selbst eingeführt hatte, wurde er Oberbefehlshaber aller Streitkräfte, konnte Gesetze erlassen und Entscheidungen des Senats zurückweisen. Sein offizieller Titel lautete *Princeps* („Erster Bürger"), doch er herrschte wie ein König. Unter Augustus erlangte das Römische Reich wieder Frieden und Stabilität. Nach seinem Tod 14 v. Chr. wurde sein Stiefsohn Tiberius *Imperator* („Kaiser"). Diesen Titel sollten alle künftigen Herrscher Roms tragen.

Gaius Julius Cäsar

Julius Cäsar begann seine politische Karriere als Volkstribun und sicherte sich damit, entgegen seiner Abstammung, die Anerkennung der unteren Klassen. Er war ein erfolgreicher Feldherr, der sich der Unterstützung seiner Soldaten sicher sein konnte. Seine Eroberungen, dazu zählte auch Gallien, machten ihn reich. Nachdem er im Bürgerkrieg 48–45 v. Chr. seine Feinde besiegt hatte, ernannte er sich zum Diktator und schaffte die Republik ab. Mit seinen Reformen verbesserte er die Situation der ärmeren Römer, zog sich aber den Hass des Senats zu. Konservative Republikaner ließen ihn schließlich ermorden.

Links *Cäsar, römischer Staatsmann und Feldherr*

Zeittafel

ca. 900 v. Chr.
Erste Siedlungen bei Rom

753 v. Chr.
Nach der Legende gründet Romulus die Stadt Rom.

509 v. Chr.
Rom überwindet die Monarchie und wird Republik.

390 v. Chr.
Die Gallier (Kelten) plündern Rom.

272 v. Chr.
Nach der Übergabe Tarents ist Roms Herrschaft in Unteritalien gesichert.

264–241 v. Chr.
1. Punischer Krieg zwischen Rom und Karthago

218–202 v. Chr.
2. Punischer Krieg. Die Schlacht von Cannae (216) ist die schwerste Niederlage in der römischen Geschichte.

ca. 200 v. Chr.
In der römischen Kunst werden griechische Einflüsse sichtbar.

146 v. Chr.
Die Römer zerstören Karthago, das später römische Provinz wird.

146 v. Chr.
Griechenland wird römische Provinz.

105–101 v. Chr.
Marius reformiert das römische Heer.

73–71 v. Chr.
Spartacus, ein Gladiator, führt den Sklavenaufstand an. Er scheitert und 6000 Sklaven werden gekreuzigt.

46 v. Chr.
Julius Cäsar wird Diktator von Rom.

44 v. Chr.
Julius Cäsar wird ermordet: Ein Bürgerkrieg bricht aus.

31 v. Chr.
Octavian (Augustus) gewinnt die Schlacht bei Actium gegen Mark Anton und wird Herrscher der Stadt Rom.

30–19 v. Chr.
Der Dichter Vergil (70–19 v. Chr.) verfasst die *Äneis*. Livius vervollständigt die Geschichte der Stadt Rom.

27 v. Chr.
Augustus festigt seine Macht.

Die Hochkulturen Indiens

Der indische Subkontinent hat eine lange Geschichte. Schon in frühester Zeit waren Einwanderer und Siedler aus Zentralasien über die Pässe des Himalaja, des höchsten Gebirges der Welt, nach Nordindien vorgestossen und hatten sich im fruchtbaren Indus-Tal niedergelassen. Bald bildeten sich erste Formen landwirtschaftlicher Nutzung und die ersten Hochkulturen heraus. Zwei bedeutende Weltreligionen, der Buddhismus und der Hinduismus, haben ihren Ursprung in Nordindien.

Links *Kleine Büste aus Mohenjo Daro. Vermutlich stellt sie einen Priester oder einen König dar, denn die entblößte Schulter, das Stirnband, das Armband und das Kleeblattmuster gelten als traditionelle indische Zeichen für Macht und religiöse Würde.*

UTTARAPAT

Die erste Hochkultur Südasiens entstand in den Überschwemmungsgebieten des Indus-Tals im heutigen Pakistan. Die Umweltbedingungen waren hier ähnlich wie in Mesopotamien *(siehe S. 22)*: Das Klima war heiß und trocken, der Boden fruchtbar, und der Indus lieferte das nötige Wasser. So entstanden bald erste Bauernkulturen. Bereits um 2600 v. Chr. waren in der Ebene des Indus-Tals viele Bauerndörfer entstanden. Vereinzelt gab es erste Städte.

Die Harappa-Kultur

Um 1920 begann man mit den ersten archäologischen Ausgrabungen im Indus-Tal. An zwei Stellen wurden die Fachleute fündig, bei Mohenjo Daro und Harappa. Alles wies darauf hin, dass hier vor über 4000 Jahren eine städtische Hochkultur existiert haben musste, die ebenso weit fortgeschritten war wie jene in Mesopotamien und am Nil. Die Ansiedlungen Mohenjo Daro und Harappa waren wesentlich größer als andere Siedlungen in der Region; man vermutet, dass sie die Hauptstädte von Königreichen bildeten.

Aus den Ausgrabungen ging klar hervor, dass man im Indus-Tal bereits viel von Stadtplanung verstand. Die Städte wurden nach einem schachbrettartigen Grundriss angelegt. Für jeden Lebensbereich, z. B. Wohnen, Handwerk oder Handel, und jede Klasse, also Arme und Reiche, gab es ein eigenes Viertel. Die Häuser wurden zum Schutz vor dem Hochwasser des Indus auf Fundamenten aus Tonziegeln errichtet. Ein

Unten *Die Stadt Mohenjo Daro lag auf einem Hügel mit Blick auf das Indus-Tal. In der aus Backstein errichteten Stadt lebten 30 000 – 40 000 Menschen. Damit war sie eine der größten Städte der Bronzezeit.*

1500 v. Chr.–100 n. Chr.

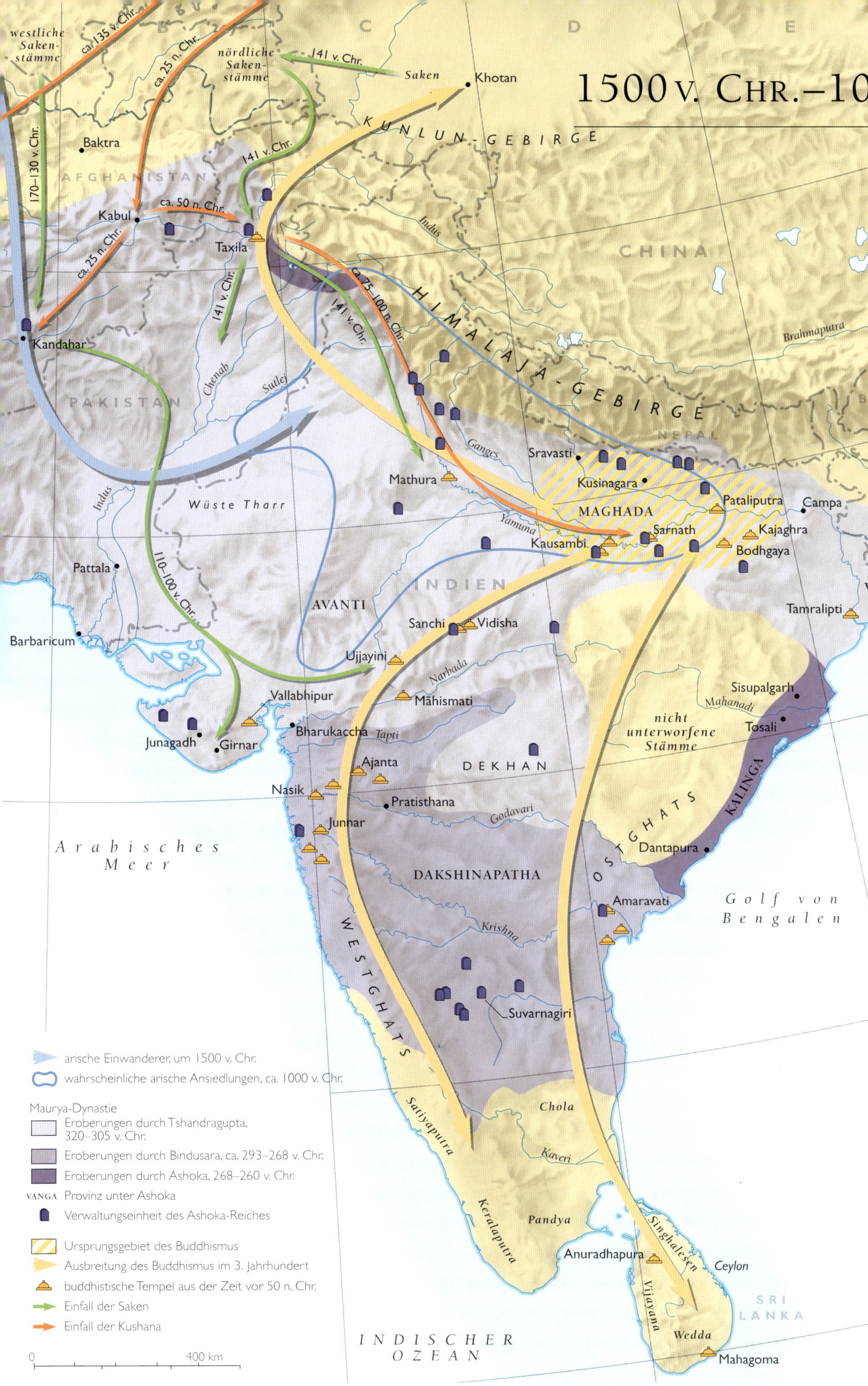

Oben *Dieses von vier majestätischen Löwen gekrönte Kapitell stand einst auf einer 15 m hohen Säule. Kaiser Aschoka ließ sie um 250 v. Chr. in Sarnath errichten, einem Ort, an dem Buddha seine erste Predigt gehalten hatte.*

ausgefeiltes Bewässerungs- und Kanalsystem war ebenfalls schon bekannt.

Man weiß bis heute nur wenig über die Menschen, die diese Städte bauten. Es wurden Steintafeln mit Bildzeichen gefunden, aus denen hervorgeht, dass die Indusvölker ein Schriftsystem besaßen. Doch bisher ist es nicht gelungen, die Schriftzeichen zu entziffern. Deshalb ist uns auch die Sprache dieser Hochkultur völlig unbekannt. Sicher ist jedoch, dass sie bis weit in den indischen Subkontinent hinein und über den Persischen Golf bis nach Mesopotamien Handelsbeziehungen unterhielt.

Die vedische Zeit

Um 1500 v. Chr. wanderten Arier aus Zentralasien nach Nordindien ein. Diese Nomaden, die mit Rinderherden umherzogen, ließen sich um 1000 v. Chr. als Reisbauern in der fruchtbaren Gangesebene nieder, die sich im Norden des Subkontinents über eine Breite von 3000 km erstreckt. Dort lebten sie in kleinen Dörfern, die zu lockeren Stammesverbänden zusammengefasst waren. Sie kannten bereits Werkzeuge und Waffen aus Eisen, die sie offenbar selbstständig – ohne den Einfluss anderer Kulturen – entwickelt hatten.

Die meisten der heute in Indien gesprochenen Sprachen basieren auf dem Sanskrit, der Sprache der Arier. Der Hinduismus – die größte indische Religion – entwickelte sich aus dem arischen Glaubenssystem. Auch die religiösen Schriften des Hinduismus, die Veden, stammen von den Ariern. Sie beschreiben ihre Wanderung und ihre Kriege unter der Führung ihres Gottes Indra. Die alten mündlichen Überlieferungen wurden erst im 6. Jahrhundert v. Chr. aufgezeichnet. Das Kastensystem ist ein wesentliches Element des Hinduismus. Es entwickelte sich aus den vier *Varnas*, den vier gesellschaftlichen Klassen der Arier. Die beiden höchsten Klassen waren die Brahmanen (die Priester) und die Kschatrijas, die Krieger. Danach folgten die Waischjas (Bauern und Kaufleute) und zuletzt die Schudras, Arbeiter und Sklaven. Die Könige gehörten immer der Krieger-Kaste an, hatten aber auch bedeutende religiöse Pflichten zu erfüllen. So waren sie für die Fruchtbarkeitsrituale zuständig, mit deren Hilfe sich die Menschen reiche Ernten und fruchtbare Böden erhofften.

Neue Religionen

Bis 500 v. Chr. hatte sich der Hinduismus auf dem indischen Subkontinent verbreitet, in dessen Zentrum der Glaube an die Wiedergeburt steht. Die Unzufriedenheit mit der zunehmenden Macht der Brahmanen führte zur Gründung neuer Religionen wie den Buddhismus und den Dschainismus. Der Dschainismus hat heute noch 3,7 Millionen Anhänger. Gründer des Buddhismus war Siddhartha Gautama Buddha (ca. 563–483 v. Chr.). Seine Lehren verbreiteten sich zunächst im Gangestal, wo er zeit seines Lebens wirkte, gewannen aber erst unter der Herrschaft des Kaisers Aschoka (268–233 v. Chr.) größere Bedeutung.

Unten *Stupa, buddhistischer Reliquienschrein*

Buddha

Alles, was wir über Siddhartha Gautama Buddha („der Erleuchtete") wissen, steht in Schriften, die lange nach seinem Tod verfasst wurden. Er kam als Prinz in einem kleinen Königreich in Nordindien zur Welt. Mit 29 Jahren verließ er zum ersten Mal den Palast seines Vaters. Das Leid der einfachen Menschen erschütterte ihn so, dass er sein Luxusleben aufgab. Er fristete sieben Jahre in freiwilliger Armut, fastete und meditierte, bis er schließlich erleuchtet wurde. Im Mittelpunkt von Gautamas Lehre steht die Vorstellung, dass man über den „Achtfachen Pfad" des rechten Denkens und Handelns das Nirwana erreicht, den Zustand der Glückseligkeit, in dem alles Leiden und der ständige Zyklus der Wiedergeburt ein Ende haben.

Links *Buddhastatue aus Gandhara. Sie zeigt deutliche Einflüsse der griechischen Kunst, die durch Alexander den Großen nach Indien kam.*

König Aschoka

Aschoka, dessen Großvater Tschandragupta (322– ca. 300 v. Chr.) die Dynastie der Maurya gegründet hatte, errichtete das erste indische Großreich. Der große Staatsmann und Stratege Tschandragupta lebte zu der Zeit, als Alexander der Große in den Nordwesten Indiens einzudringen versuchte (*siehe S. 46*). Er schuf in Magadha, das damals das bedeutendste Reich in der Gangesebene war, eine zentralistische Regierung und ließ Straßen und Bewässerungssysteme bauen. Sein Sohn Bindusara dehnte das Maurya-Reich bis in die Hochebene Dakhan in Zentralindien aus.

Aschoka eroberte Kalinga in Ostindien, wo die begehrten Kriegselefanten herkamen. Erschüttert von dem Elend, das Kriege über alle Lebewesen bringen, trat er zum Buddhismus über und war bestrebt, die buddhistische Lehre der Gewaltlosigkeit und des Mitgefühls für alle Lebewesen umzusetzen. Er ließ den Herrschern der Nachbarstaaten mitteilen, dass er sie nicht mehr angreifen würde, gab die Jagd auf und aß kein Fleisch mehr.

Aschoka hinterließ zahlreiche buddhistische Fels- und Säuleninschriften und schickte Missionare nach Ceylon, Indonesien und Zentralasien sowie nach Syrien, Ägypten und Anatolien. Der Buddhismus war auf dem besten Weg, eine Weltreligion zu werden. Doch Aschoka übte zugleich auch religiöse Toleranz. Obwohl viele Menschen in Indien seinem Beispiel folgten und zum Buddhismus übertraten, konnte die Mehrheit weiterhin ihren hinduistischen Glauben ausüben.

Mit Aschokas Tod begann der Niedergang der Maurya-Dynastie. Um 185 v. Chr. war das Großreich in mehrere unabhängige Staaten zerfallen, die allein auf sich gestellt nicht stark genug waren, um sich der neuen Eindringlinge aus Zentralasien, der Sakas (ein Stamm der Skyther), zu erwehren. Auf diese folgten die Kuschaner, die ein Netzwerk von Staaten in Nordindien errichteten und ausgedehnte Handelsbeziehungen mit China, Persien und Rom unterhielten. Die Kuschaner übernahmen die Sprachen und Religionen der Völker, die sie erobert hatten, und integrierten sich vollständig in die indische Kultur. Mit der zunehmenden Ausweitung des Seehandels entstanden zahlreiche blühende Hafenstädte und unabhängige Königreiche im Süden des indischen Subkontinents.

Zeittafel

ca. 4000–3000 v. Chr.
Bauern besiedeln die fruchtbaren Ebenen entlang des Indus.

ca. 2600 v. Chr.
Stadtgründungen im Indus-Tal

ca. 2350 v. Chr.
Auf sumerischen Schrifttafeln wird vom Kupferhandel mit dem Indus-Tal berichtet.

ca. 2000 v. Chr.
Gebrauch von Werkzeugen und Waffen aus Bronze in Indien

ca. 1800 v. Chr.
Die Harappa-Kultur wird verdrängt.

ca. 1500 v. Chr.
Die Arier wandern aus Zentralasien in den indischen Subkontinent ein.

ca. 1100 v. Chr.
Beginn der Eisenzeit in Indien

ca. 1000 v. Chr.
Die Arier lassen sich als Reisbauern in der Gangesebene nieder.

1000–550 v. Chr.
Ausbildung der Kastenordnung. Die *Veden* (relig. Schriften) werden verfasst.

563–483 v. Chr.
Leben und Wirken des Religionsstifters Siddhartha Gautama Buddha

321 v. Chr.
Tschandragupta begründet die Maurya-Dynastie.

268–233 v. Chr.
Aschoka (Maurya-Dynastie) gründet das 1. Indische Großreich.

ca. 260 v. Chr.
Aschoka tritt zum Buddhismus über.

ca. 250 v. Chr.
Aschoka sendet buddhistische Missionare nach Sri Lanka.

ca. 185 v. Chr.
Verfall des Maurya-Reiches

ca. 141 v. Chr.
Die Sakas fallen in Indien ein.

50–75 n. Chr.
Im Nordwesten Indiens entsteht das Kushana-Reich.

Die frühen Dynastien in China

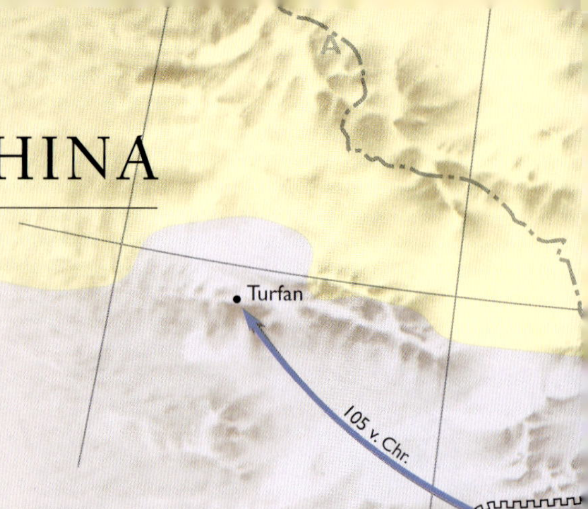

Schon vor ca. 8000 Jahren besiedelten Bauern das Tal des Gelben Flusses. Um 3000 v. Chr. wurden die Überschwemmungsgebiete für den Reisanbau genutzt. 1766 v. Chr. entstand hier die Hochkultur der Shang-Dynastie. Die folgenden Dynastien dehnten den chinesischen Staat immer weiter nach Süden und Westen aus.

Mit dem Fortschritt in der Landwirtschaft stieg auch die Bevölkerungszahl an, und im Tal des Gelben Flusses (Hwang-ho) wurden die ersten Städte und Festungen gegründet. Nach alten Sagen soll Kaiser Huang Di 2698 v. Chr. die chinesische Kultur begründet haben. Es gibt aber keine wissenschaftlichen Beweise dafür, dass vor der Shang-Dynastie (ca.1766–1122 v. Chr.) schon eine andere Dynastie geherrscht hat.

Links *Die chinesischen Handwerker besaßen Gussformen, die aus mehreren Einzelteilen bestanden, und konnten so sehr feine Bronzearbeiten herstellen. Mit dieser Bronzeschale der Chou-Zeit brachten die Chinesen ihren Göttern Speisen und Getränke als Opfergaben dar.*

Damals entstanden Städte und jene Piktogrammschrift, die als Vorläuferin der heutigen chinesischen Schrift gilt. Die Könige der Shang-Dynastie traten über ein Knochenorakel mit ihren Vorfahren in Verbindung. Sie schrieben ihre Fragen auf Knochen, die dann mit einem glühenden Eisen berührt wurden. Aus dem Muster der dabei entstandenen Risse wurde die „Antwort" der Ahnen gedeutet. Die Könige waren darauf bedacht, bei Entscheidungen deren Zustimmung einzuholen.

Die Shang-Dynastie verbreitete sich über Nordchina. Wenn ein Shang-Herrscher starb, wurden Hunderte seiner Soldaten und Diener geopfert und mit ihm bestattet, damit er auch nach seinem Tod bewacht und versorgt war.

Die Chou-Dynastie

Die Shang-Dynastie wurde 1122 v. Chr. von Wu, König von Chuo, gestürzt, der die langlebigste Dynastie der chinesischen Geschichte begründete. Das Beobachten und Auslegen der Gestirne gehörte damals zu den Aufgaben der chinesischen Herrscher. Die Könige der Chou-Dynastie begründeten ihre Macht auf dem „Mandat des Himmels". Die Sterne konnten aber auch den Niedergang einer Dynastie vorhersagen. Alle zukünftigen chinesischen Kaiser beriefen sich auf dieses „Himmelsmandat".

Die Zeit der Chou-Dynastie wird als das goldene Zeitalter betrachtet. 770 v. Chr. drangen Nomaden aus dem Westen in das Chou-Reich ein und die Hauptstadt wurde von Hao nach Lo-Yang verlegt. In der Frühling-und-Herbst-Periode (770–480 v. Chr.) zerfiel das Reich in mehr oder weniger unabhängige Staaten. In der darauf folgenden „Zeit der kämpfenden Staaten" (480–221 v. Chr.) nahm der Einfluss der Chou-Könige noch weiter ab.

Trotz der fast ständig tobenden Kriege fanden bedeutende Veränderungen statt. Um 600 v. Chr. entstand eine frühe Eisenverarbeitung, doch erst im 2. Jahrhundert v. Chr. wurden auch die Bronzewaffen durch Eisenwaffen ersetzt. Literatur und Philosophie erlebten eine Blütezeit. Die Lehre des Konfuzius (Konfuzianismus) wurde zum grundlegenden ethischen Glaubenssystem der Chinesen. Konfuzius (551–479 v. Chr.) wurde in Qufu in der Provinz Lu als Sohn einer verarmten Adelsfamilie geboren. Er arbeitete als Regierungsbeamter, bevor er als Lehrer und Weiser durchs Land zog.

1766 v. Chr.–220 n. Chr.

Ganz oben *Felder im Tal des Gelben Flusses. Von den Anfängen der Shang-Kultur bis zur Han-Dynastie bildete diese fruchtbare Region den Mittelpunkt des alten China.*

Oben *Pferde aus Südrussland waren eine begehrte Beute der Chinesen, die sie bei ihren Eroberungszügen in den Westen reichlich machten. Die bronzene Reiterstatue aus Gansu stammt aus der Zeit der Han-Dynastie.*

Seine Lehren verlangten die Achtung der Autorität, der Familie und der Traditionen. Er rief die Herrscher dazu auf, ehrenhaft zu regieren, um ihren Untertanen als gutes Beispiel voranzugehen.

Die Ch'in-Dynastie

Aus der „Zeit der kämpfenden Staaten" ging die westliche Provinz Ch'in als stärkste Macht hervor. Gebirgsgrenzen schützten sie vor Angriffen und so konnte sie sich seit etwa 350 v. Chr. immer weiter nach Westen ausdehnen. Zwischen 230 und 221 v. Chr. eroberte Cheng, König von Ch'in, in Blitzkriegen die rivalisierenden Staaten. Aufgrund seiner Erfolge nannte er sich Shi Huangdi, „Erhabener Kaiser des Anfangs".

Zur Verteidigung gegen Hunnenstürme aus dem Norden ließ Shi Huangdi die bereits vorhandenen Grenzbefestigungen zur „Großen Mauer", einem Erdwall, ausbauen, der sich über 1600 km erstreckte. Auf diesem Fundament wurde in der Ming-Dynastie (15. Jahrhundert n. Chr.) die Chinesische Mauer (6250 km) errichtet.

Die Terrakotta-Armee

Bei Brunnenbauarbeiten nahe der alten Hauptstadt des Ch'in-Reichs Xian-Yang stießen Bauern 1974 auf mehrere tausend lebensgroße Statuen aus Terrakotta. Sie bewachen den Leichnam von Shi Huangdi, der in 1,5 km Entfernung ruht. Zeitgenössischen Schriften zufolge sollen mehr als 700 000 Menschen zum Bau des Grabmals gezwungen worden sein.

Die Terrakotta-Armee besteht aus über 7000 Soldaten mit ihren Pferden und Streitwagen. Die Figuren sind naturgetreue Nachbildungen. Kein Soldat, ob Bogenschütze, Infanterist oder Kavallerist, gleicht dem anderen. Jeder einzelne hat einen eigenen Gesichtsausdruck und eine andere Haartracht. Der sensationelle Fund lieferte Archäologen und Historikern wertvolle Hinweise auf die frühchinesische Rüstungs- und Waffentechnik.

Rechts Die Terrakotta-Armee von Shi Huangdi

Shi Huangdi einte sein Reich gewaltsam. Ortsübliche Bräuche wurden verboten. Alle mussten denselben Gesetzen Folge leisten. Maße, Münzen, Gewichte und die Schrift wurden vereinheitlicht. Sogar der Achsenabstand der Fuhrwerke wurde vorgeschrieben. Der Kaiser ernannte die Beamten. Widerstand wurde mit dem Tode bestraft.

Der Kaiser, der viele Menschenleben auf dem Gewissen hatte, fürchtete selbst nichts mehr als den eigenen Tod. Er beauftragte Ärzte damit, nach einem Medikament zu forschen, das ihn unsterblich machen sollte. Natürlich gelang ihnen das nicht und Shi Huangdi starb 210 v. Chr. Die Kosten seiner Politik waren beträchtlich. Die Bauern mussten nicht nur hohe Steuern zahlen, sondern auch Militärdienst leisten, und wurden gezwungen, sich an diversen Bauprojekten zu beteiligen (Zwangsarbeit). 206 v. Chr. kam es zu einem Volksaufstand, bei dem die Kaiserfamilie getötet wurde.

Die Han-Dynastie

Trotz des Bürgerkriegs, der nach dem Fall der Ch'in-Dynastie aufflammte, zerfiel das Reich nicht. Als Sieger ging Gaozu hervor, der erste Kaiser der Han-Dynastie (202 v. Chr.–220 n. Chr.). Gaozu erkannte, dass die Ch'in gestürzt worden waren, weil sie allzu brutal regiert hatten. Er ließ daher die Steuern senken, gab den Bauern Land und veranlasste Reformen zur Förderung des allgemeinen Wohlstands. Die Rechtssprechung wurde milder und die Todesstrafe nur noch selten ausgesprochen.

Unter der Han-Dynastie wurde China um große Gebiete im Süden und auf der koreanischen Halbinsel erweitert. Im Westen öffnete die Eroberung des Gansu-Korridors den Weg nach Zentralasien, wo ein Protektorat eingerichtet wurde. Die Hsiung-Nu (Hunnen) aus dem Norden, die mehrmals nach China eingedrungen waren, wurden 36 v. Chr. endgültig in die Flucht geschlagen. Die Kriege der Han-Dynastie führten zu einer wirtschaftlichen Krise. 9 n. Chr. wurde sie von dem Rebellen Wang Mang gestürzt.

Zwar gelang es ihr 14 Jahre später, den Thron zurückzuerobern, doch ihre Macht war endgültig gebrochen. Die Kaiser waren isoliert. Die Regierungsgewalt lag in den Händen ihrer Generäle und Regierungsbeamten. 220 n. Chr. wurde der letzte Han-Kaiser abgesetzt und China zerbrach in drei Reiche.

Zeittafel

ca. 6500 v. Chr.
Beginn des Reisanbaus im Yangtse-Tal

ca. 3000 v. Chr.
Reisanbau an den Ufern des Gelben Flusses (Hwangho)

ca. 1900 v. Chr.
Erste Bronzearbeiten entstehen in Erlitou, im Tal des Gelben Flusses.

ca. 1766 v. Chr.
König Tang begründet die Shang-Dynastie.

ca. 1350 v. Chr.
Gebrauch des Streitwagens

ca. 1300 v. Chr.
Eine Piktogramm-Schrift entsteht.

1122 v. Chr.
Wu, Gründer der Chou-Dynastie, unterwirft den Shang-König.

770–481 v. Chr.
Frühling-und-Herbst-Periode: Die Chou-Dynastie verliert an Einfluss.

551–479 v. Chr.
Wirken des Philosophen Konfuzius

ca. 500 v. Chr.
Sun Tzu schreibt das erste Buch über militärische Kriegsführung.

481–221 v. Chr.
Zeit der kämpfenden Reiche: Aufteilung Chinas in Einzelstaaten

ca. 350 v. Chr.
In China wird die Armbrust erfunden.

ca. 230–221 v. Chr.
Cheng, König von Ch'in, vereint ganz China und nennt sich Shi Huangdi („Erhabener Kaiser des Anfangs").

209–202 v. Chr.
Bürgerkrieg: Machtübernahme der Han

117–115 v. Chr.
Die Han erobern den Gansu-Korridor und fallen in Zentralasien ein.

36 v. Chr.
Die Han schlagen die Hsiung-Nu.

100 n. Chr.
Aufkommen des Buddhismus in China

189–190 n. Chr.
Heerführer erobern Lu-Yang und setzen einen Marionettenkönig ein.

220 n. Chr.
Der letzte Han-Herrscher dankt ab.

Shi Huangdi einte sein Reich gewaltsam. Ortsübliche Bräuche wurden verboten. Alle mussten denselben Gesetzen Folge leisten. Maße, Münzen, Gewichte und die Schrift wurden vereinheitlicht. Sogar der Achsenabstand der Fuhrwerke wurde vorgeschrieben. Der Kaiser ernannte die Beamten. Widerstand wurde mit dem Tode bestraft.

Der Kaiser, der viele Menschenleben auf dem Gewissen hatte, fürchtete selbst nichts mehr als den eigenen Tod. Er beauftragte Ärzte damit, nach einem Medikament zu forschen, das ihn unsterblich machen sollte. Natürlich gelang ihnen das nicht und Shi Huangdi starb 210 v. Chr. Die Kosten seiner Politik waren beträchtlich. Die Bauern mussten nicht nur hohe Steuern zahlen, sondern auch Militärdienst leisten, und wurden gezwungen, sich an diversen Bauprojekten zu beteiligen (Zwangsarbeit). 206 v. Chr. kam es zu einem Volksaufstand, bei dem die Kaiserfamilie getötet wurde.

Die Han-Dynastie

Trotz des Bürgerkriegs, der nach dem Fall der Ch'in-Dynastie aufflammte, zerfiel das Reich nicht. Als Sieger ging Gaozu hervor, der erste Kaiser der Han-Dynastie (202 v. Chr.–220 n. Chr.). Gaozu erkannte, dass die Ch'in gestürzt worden waren, weil sie allzu brutal regiert hatten. Er ließ daher die Steuern senken, gab den Bauern Land und veranlasste Reformen zur Förderung des allgemeinen Wohlstands. Die Rechtssprechung wurde milder und die Todesstrafe nur noch selten ausgesprochen.

Unter der Han-Dynastie wurde China um große Gebiete im Süden und auf der koreanischen Halbinsel erweitert. Im Westen öffnete die Eroberung des Gansu-Korridors den Weg nach Zentralasien, wo ein Protektorat eingerichtet wurde. Die Hsiung-Nu (Hunnen) aus dem Norden, die mehrmals nach China eingedrungen waren, wurden 36 v. Chr. endgültig in die Flucht geschlagen. Die Kriege der Han-Dynastie führten zu einer wirtschaftlichen Krise. 9 n. Chr. wurde sie von dem Rebellen Wang Mang gestürzt.

Zwar gelang es ihr 14 Jahre später, den Thron zurückzuerobern, doch ihre Macht war endgültig gebrochen. Die Kaiser waren isoliert. Die Regierungsgewalt lag in den Händen ihrer Generäle und Regierungsbeamten. 220 n. Chr. wurde der letzte Han-Kaiser abgesetzt und China zerbrach in drei Reiche.

Zeittafel

ca. 6500 v. Chr.
Beginn des Reisanbaus im Yangtse-Tal

ca. 3000 v. Chr.
Reisanbau an den Ufern des Gelben Flusses (Hwangho)

ca. 1900 v. Chr.
Erste Bronzearbeiten entstehen in Erlitou, im Tal des Gelben Flusses.

ca. 1766 v. Chr.
König Tang begründet die Shang-Dynastie.

ca. 1350 v. Chr.
Gebrauch des Streitwagens

ca. 1300 v. Chr.
Eine Piktogramm-Schrift entsteht.

1122 v. Chr.
Wu, Gründer der Chou-Dynastie, unterwirft den Shang-König.

770–481 v. Chr.
Frühling-und-Herbst-Periode: Die Chou-Dynastie verliert an Einfluss.

551–479 v. Chr.
Wirken des Philosophen Konfuzius

ca. 500 v. Chr.
Sun Tzu schreibt das erste Buch über militärische Kriegsführung.

481–221 v. Chr.
Zeit der kämpfenden Reiche: Aufteilung Chinas in Einzelstaaten

ca. 350 v. Chr.
In China wird die Armbrust erfunden.

ca. 230–221 v. Chr.
Cheng, König von Ch'in, vereint ganz China und nennt sich Shi Huangdi („Erhabener Kaiser des Anfangs").

209–202 v. Chr.
Bürgerkrieg: Machtübernahme der Han

117–115 v. Chr.
Die Han erobern den Gansu-Korridor und fallen in Zentralasien ein.

36 v. Chr.
Die Han schlagen die Hsiung-Nu.

100 n. Chr.
Aufkommen des Buddhismus in China

189–190 n. Chr.
Heerführer erobern Lu-Yang und setzen einen Marionettenkönig ein.

220 n. Chr.
Der letzte Han-Herrscher dankt ab.

Das Mittelalter

Die 1500 Jahre zwischen der Geburt Christi und der Entdeckung Amerikas durch Christopher Kolumbus im Jahr 1492 begannen in Europa mit der Vollendung der Antike und endeten mit dem Aufbruch in die Neuzeit. Auch Entstehung und Ausbreitung der neuen Weltreligionen Christentum und Islam fallen in diese Periode.

Im ersten Jahrhundert nach Christus befand sich das römische Imperium auf dem Höhepunkt seiner Macht. Doch die Völkerwanderungen seit 375 n. Chr. leiteten den Niedergang des Weströmischen Reiches ein. Nach dessen Zusammenbruch 476 n. Chr. entstanden in Europa zahlreiche germanische Reiche, die die römische Kultur und Religion übernahmen. Zu Beginn des Hohen Mittelalters, ca. 1000 n. Chr., war nahezu ganz Europa christianisiert.

Seit dem 7. Jahrhundert breitete sich der Islam vom Mittleren Osten über Nordafrika und Spanien bis nach Zentralasien und Indien aus. Die islamische Kultur (Literatur, Wissenschaft und Philosophie) war weitaus höher entwickelt als die Kultur Europas im Frühen Mittelalter. Nur China konnte mit der Vielfalt und dem hohen Niveau des islamischen Kulturlebens mithalten. Technologisch war es in der damaligen Zeit führend: Papierherstellung, Buchdruck, Schießpulver und der Magnetkompass wurden hier entwickelt, lange bevor sie in Europa bekannt waren.

Im 13. Jahrhundert schufen die Mongolen ein riesiges Weltreich. Das kriegerische Nomadenvolk aus Zentralasien unterwarf und zerstörte zahlreiche islamische und chinesische Staaten. Im Späten Mittelalter übten die arabischen und asiatischen Kulturen großen Einfluss auf Kunst, Architektur und Wissenschaften in Europa aus. Der Fernhandel nahm rasch zu. Mitte des 15. Jahrhunderts segelten die Europäer entlang der afrikanischen Küste nach Indien. Als die ersten Seefahrer den Atlantik überquerten, entdeckten sie einen neuen Kontinent – Amerika.

Diese „Neue Welt" war nicht unbewohnt: In Mittelamerika stießen die Europäer auf hoch entwickelte Gesellschaften, die prächtige Städte und Kultstätten errichtet hatten und über großes mathematisches und astronomisches Wissen verfügten. Ihr Reichtum an Gold, Silber und Kupfer weckte die Begehrlichkeit der Europäer. Innerhalb kurzer Zeit wurden die Reiche der Inka und Azteken zerstört und geplündert. Doch damit hatte der Zugriff der Europäer auf den Rest der Welt erst seinen Anfang genommen.

Links *Glasfenster in der Kathedrale von Chartres, Frankreich, ca. 1200 n. Chr.*

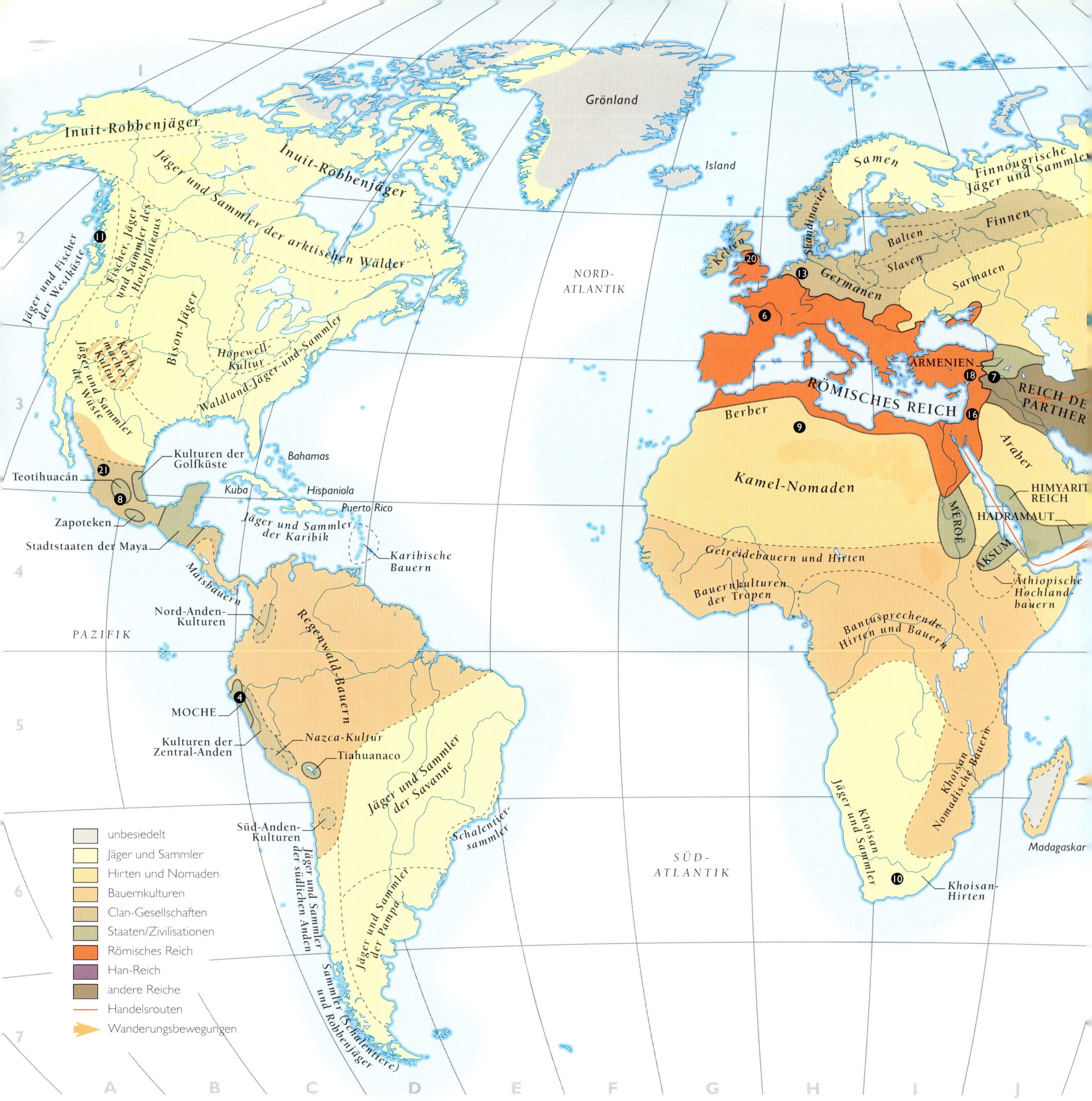

❶ **ca. 140–94 v. Chr.** Ein Teil des Nomadenvolks der Saken aus Zentralasien dringt in Nordwest-Indien ein.

❷ **128–36 v. Chr.** Unter den Han in China werden die Xiongnu-Nomaden unterworfen.

❸ **113 v. Chr.** Die Chinesen ziehen nach Vietnam.

❹ **ca. 100 v. Chr.** Der erste südamerikanische Staat entsteht im Moche-Tal von Peru.

❺ **57 v. Chr.** Der Überlieferung nach wird in Korea der erste Staat gegründet: Silla.

❻ **ca. 58–51 v. Chr.** Der römische Feldherr Julius Cäsar erobert Gallien (Frankreich).

❼ **ca. 53 v. Chr.** Bei Carrhae schlagen die Parther ein römisches Heer vernichtend.

❽ **31 v. Chr.** In Mesoamerika wurde, wohl von den Tolteken, der älteste bekannte Kalender (ewiger Kalender) erfunden.

❾ **ca. 1–100 n. Chr.** In der Sahara werden Kamele aus Asien eingeführt; es entstehen Handelsrouten.

❿ **ca. 1–100 n. Chr.** Die Koisa-Nomaden in Südafrika halten Schafherden.

⓫ **ca. 1–100 n. Chr.** Die Jäger und Sammler an der Pazifikküste von Nordamerika entwickeln komplexe Gesellschaftsstrukturen.

⓬ **ca. 1–100 n. Chr.** In Polynesien (Fidschi, Samoa, Tonga) geht die Töpferkultur unter.

⓭ **9 n. Chr.** Im Teutoburger Wald wird eine römische Armee geschlagen. Das Römische Reich erstreckt sich bis zum Rhein.

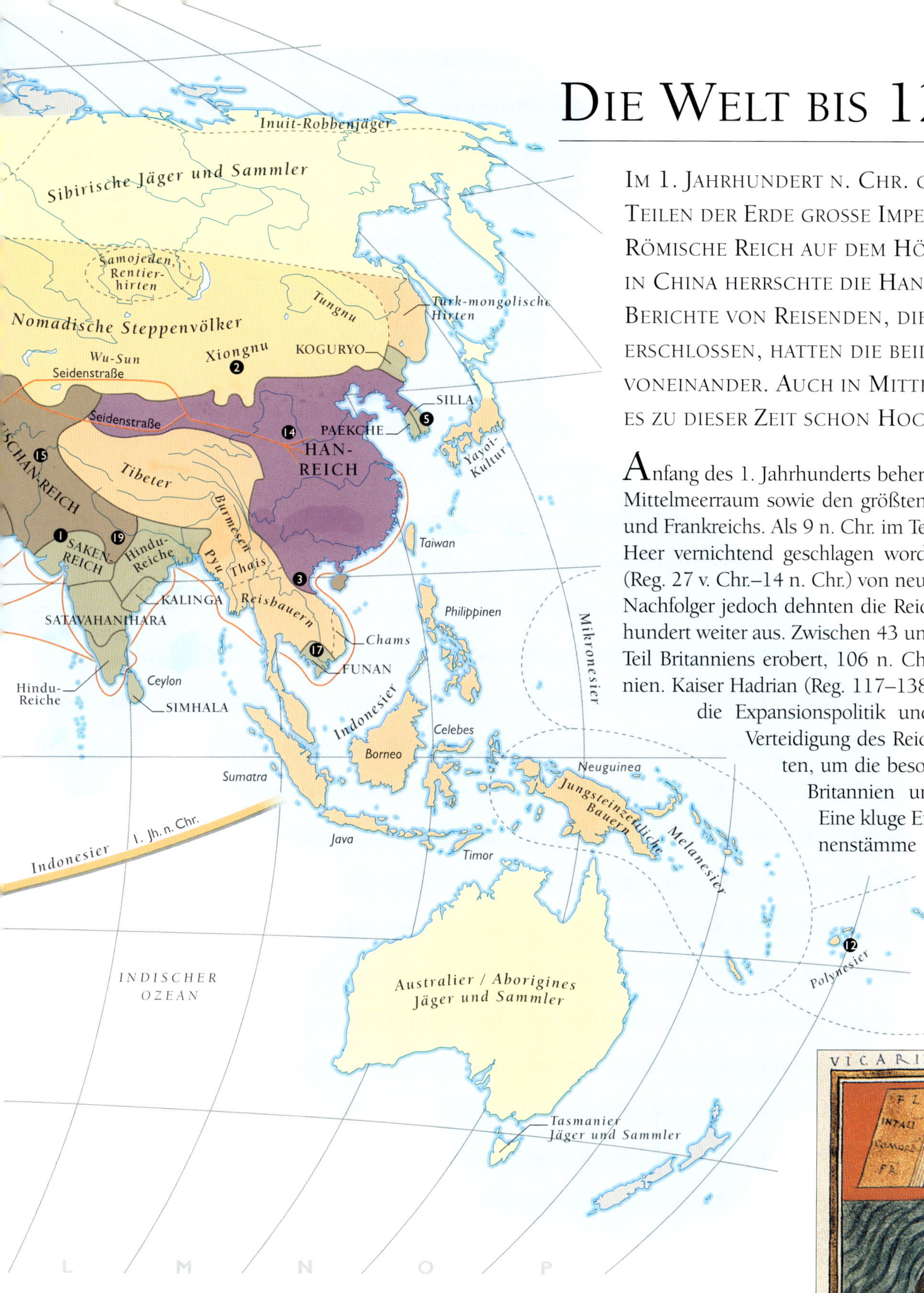

Die Welt bis 120 n. Chr.

Im 1. Jahrhundert n. Chr. gab es in verschiedenen Teilen der Erde grosse Imperien. In Europa war das Römische Reich auf dem Höhepunkt seiner Macht, in China herrschte die Han-Dynastie. Durch Berichte von Reisenden, die neue Handelsrouten erschlossen, hatten die beiden Reiche Kenntnis voneinander. Auch in Mittel- und Südamerika gab es zu dieser Zeit schon Hochkulturen.

Anfang des 1. Jahrhunderts beherrschte Rom fast den gesamten Mittelmeerraum sowie den größten Teil der Iberischen Halbinsel und Frankreichs. Als 9 n. Chr. im Teutoburger Wald ein römisches Heer vernichtend geschlagen worden war, riet Kaiser Augustus (Reg. 27 v. Chr.–14 n. Chr.) von neuen Eroberungszügen ab. Seine Nachfolger jedoch dehnten die Reichsgrenzen im folgenden Jahrhundert weiter aus. Zwischen 43 und 48 n. Chr. wurde der größte Teil Britanniens erobert, 106 n. Chr. Dakien, das heutige Rumänien. Kaiser Hadrian (Reg. 117–138 n. Chr.) beendete schließlich die Expansionspolitik und konzentrierte sich auf die Verteidigung des Reiches. Er ließ Steinwälle errichten, um die besonders gefährdeten Grenzen in Britannien und Germanien zu schützen. Eine kluge Entscheidung, denn die Germanenstämme jenseits des Rheins und der

Unten Die Provinz Britannien, der nördlichste Teil des Reiches, auf einem spätrömischen Dokument

14 **ca. 9–23 n Chr.** Der wirtschaftliche Niedergang führt zur Rebellion in China und zum vorübergehenden Machtverlust der Han.

15 **25–50 n. Chr.** Unter Kujala Kadphises entsteht das Kuschan-Reich.

16 **30 n. Chr.** Jesus von Nazareth wird in Jerusalem gekreuzigt.

17 **50–100 n. Chr.** Am Mekong in Kambodscha entsteht das Reich Fu-Nan, das Seehandel mit China und Indien betreibt.

18 **115–117 n. Chr.** Nach der Eroberung Armeniens und Mesopotamiens erreicht das Römische Reich unter Trajan seine größte Ausdehnung.

19 **ca. 120–130 n. Chr.** Unter König Kanischka erreicht das Kuschan-Reich seine größte Ausdehnung, vom Aralsee bis zum Ganges.

20 **122–128 n. Chr.** Hadrian errichtet eine Befestigungsanlage (Limes) in England.

21 **150 n. Chr.** In Teotihuacán (Mexiko) wird die Sonnenpyramide gebaut.

Donau wurden zu einer immer größeren Gefahr für das Römische Reich. Ende des 2. Jahrhunderts fielen sie mehrmals in römisches Gebiet ein, im Jahr 167 stießen sie sogar nach Norditalien vor. Doch vorerst war das Römische Reich noch sicher. Es herrschte Frieden und die Römer erfreuten sich eines größeren Wohlstands als je zuvor.

Der Mittlere Osten

Seit dem Zusammenbruch des Seleukidenreiches vor mehr als 200 Jahren beherrschte Rom den Mittleren Osten. Im 1. Jahrhundert n. Chr. wurde das arabische Königreich dem Imperium Romanum angeschlossen. Zwischen 66 und 70 n. Chr. schlugen die Römer Judenaufstände in Judäa mit brutaler Gewalt nieder. Die Provinzen im Mittleren Osten waren sehr reich, denn sie unterhielten Handelsverbindungen mit Asien. Nur die Parther, die im 2. Jahrhundert v. Chr. Persien und Mesopotamien erobert hatten, bildeten für Rom eine ernste Gefahr. Zunächst hielten die Römer die Parther für Barbaren, doch sie lernten sie fürchten, nachdem sie 53 v. Chr. bei Carrhae von ihnen geschlagen worden waren. Später kam es häufig zu Kriegen zwischen Rom und Parthien, aber keine Seite konnte für längere Zeit die Oberhand gewinnen. Kaiser Trajan (Reg. 97–117) wollte die Parther unterwerfen und eroberte 115 n. Chr. Armenien und Mesopotamien. Sein Nachfolger Hadrian, der die Parther für unbesiegbar hielt, gab diese Gebiete jedoch wieder auf, sobald er Kaiser geworden war.

Südasien

Parthien lag am westlichen Ende der Seidenstraße, die durch Asien nach China führte. Sie durchquerte Gebiete, die von den Kuschan beherrscht wurden, einem Nomadenvolk aus den Steppen Zentralasiens. Gegen Ende des 1. Jahrhunderts n. Chr. hatte der Kuschan-Führer Kadphises I. in Baktrien (heute Afghanistan) ein Königreich errichtet. Von hier aus stieß er nach Indien vor und eroberte den größten Teil des oberen Gangestals. Durch die Kontrolle über die Seidenstraße hatten die Kuschan Wohlstand erlangt. Um 120 n. Chr. erlebte ihr Reich seine Blütezeit. König Kanischka gab Münzen mit chinesischen, parthischen, indischen und römischen Titeln heraus.

Viele Güter, die über die Seidenstraße befördert wurden, waren für Rom bestimmt. Wohlhabende Römer kleideten sich in Seidengewänder und richteten ihre Speisen gerne mit Gewürzen aus Asien an. Doch es missfiel ihnen, dass sie diese Güter von den Parthern kaufen mussten. Deshalb erschlossen römische Kaufleute einen neuen Handelsweg nach Asien, der von Ägypten aus über das Rote Meer und den Indischen Ozean nach Südindien führte.

China

Um 120 n. Chr. war China der größte und einwohnerstärkste Staat der Welt. Die Han-Dynastie herrschte seit 206 v. Chr. Zunächst hatten die Han die Steuern gesenkt, und die Menschen kamen zu Wohlstand. Im 1. Jahrhundert v. Chr. konnten die Xiongnu-Nomaden, die immer wieder nach Nordchina vorstießen, unterworfen werden. Die Han dehnten ihre Herrschaft bis in den Norden der koreanischen Halbinsel aus. Auch im Westen und Süden eroberten sie größere Gebiete und drangen nach Vietnam vor. Doch die hohen Kosten dieser Eroberungszüge führten zu Aufständen und zum Sturz der Dynastie (9–23 n. Chr.). Später gelangten die Han wieder an die Macht, aber da sie nichts gegen die Ausbeutung der Bauern durch Grundbesitzer unternahmen, breitete sich Unmut aus.

Links *Die antike Seidenstraße war über 6400 km lang und führte quer durch Asien. Die Kaufleute bereisten sie aber nicht auf der ganzen Länge – die Güter wurden durch Mittelsmänner befördert, die sich ihre Dienste teuer bezahlen ließen. Auch Kultur verbreitete sich über die Seidenstraße: Auf diesem Weg gelangte im 1. Jahrhundert n. Chr. der Buddhismus von Indien nach China. Bei Bezeklik am Fuße des Tian-Shan-Gebirges erinnern buddhistische Tempel, die in den Fels gehauen sind, an die Zeit, als hier häufig Reisende, Händler und Missionare einkehrten.*

Unten *Karawanen mit vielen, schwer beladenen Kamelen beförderten Güter durch die Wüsten an der Seidenstraße. Die Reisenden übernachteten in Karawansereien (Wirtshäusern).*

Afrika

Um 44 n. Chr. war die Küste Nordafrikas von Ägypten bis Marokko römisch. Die wohlhabende Region versorgte das Reich mit Getreide und Olivenöl. Mit den Kamelen, die um 100 v. Chr. aus Asien eingeführt worden waren, konnten Handelswege durch die Sahara erschlossen werden. Axum am Roten Meer war durch die Ausfuhr von Elfenbein nach Rom zu Reichtum gekommen. Als Bantu sprechende Bauern aus den Regenwäldern Afrikas in die Steppen Zentralafrikas vordrangen, machten sie die dort lebenden nomadischen Jäger und Sammler mit dem Ackerbau und der Verwendung von Eisen bekannt. Im Süden des Kontinents benutzten die Khoisan (Buschmänner), die als Jäger und Sammler lebten, Werkzeuge und Waffen aus Stein. Im 1. Jahrhundert n. Chr. besiedelten Indonesier, wahrscheinlich Händler auf dem Weg nach Ostafrika, die bis dahin unbewohnte Insel Madagaskar.

Amerika

Die Zivilisationen der Alten Welt waren durch Handel und Kriege miteinander verbunden. Amerika und seine Kulturen waren ihnen nicht bekannt. Gegen Ende des 1. Jahrhunderts hatte sich um die Stadt Teotihuacán (Mexiko) eine Hochkultur entwickelt. Sie übte einen starken Einfluss auf ihre Nachbarn aus: die Zapoteken und die Maya. Die Bewohner Teotihuacáns hatten wahrscheinlich bereits eine Schrift. Man weiß, dass die Maya Mathematik und Astronomie kannten und eine Hieroglyphenschrift verwendeten. Der erste organisierte Staat in Südamerika entstand etwa 100 v. Chr. im Moche-Tal in Nordperu; um 120 n. Chr. beherrschte er das Tiefland an der Küste. Die Moche waren geschickt im Umgang mit Gold, Silber und Kupfer und stellten feine Keramik und Textilien her. Sie errichteten große Zeremonienhäuser aus Adobe (ungebrannten Lehmziegeln). Im Süden der peruanischen Küste entfaltete sich die Nazca-Kultur. Sie wurde vor allem durch ihre „Geoglyphen" bekannt. Das sind viele Hunderte Meter große Zeichnungen von geometrischen Formen und Tieren auf dem Boden, die vermutlich der Kontaktaufnahme mit den Göttern dienten.

Das Römische Reich

Das Römische Reich befand sich im 2. Jahrhundert n. Chr. auf dem Höhepunkt. Es reichte von Britannien bis nach Arabien und vereinigte viele Völker, Kulturen und Religionen. Und obwohl es durch Kriege und Eroberungen geschaffen worden war, brachte es seinen Einwohnern Frieden, Stabilität und Wohlstand. Doch zunehmender Druck von Völkern ausserhalb des Reiches schwächte es und führte schliesslich zu seinem Zerfall.

Kaiser Augustus (Reg. 23 v. Chr.–14 n. Chr.) befriedete das Römische Reich nach einem langen Bürgerkrieg und schuf eine starke Reichsverwaltung. Sie trug in den folgenden zwei Jahrhunderten zum Wachstum und zur Stabilität des Reiches bei. Doch die Autorität der Kaiser wurde durch die Skandale während der Regierung Caligulas (37–41) und die tyrannische Herrschaft Neros (54–68) geschwächt. Nero wurde durch eine Rebellion in der Armee gestürzt, wodurch das Militär entscheidenden Einfluss auf die Kaiserwahl gewann. Häufig gab es einem Berufssoldaten den Vorzug vor einem Mitglied des römischen Adels. Das Reich erlebte im 2. Jahrhundert seine Blütezeit, als es durch eine Reihe sehr kluger und fähiger Kaiser regiert wurde: den aus Spanien stammenden Trajan (Reg. 97–117), Hadrian (Reg. 117–138), Antoninus Pius (Reg. 138–161) und Marc Aurel (Reg.161–180).

Das riesige Imperium

Das ausgedehnte Römische Reich war in Provinzen mit eigenen Verwaltungen unterteilt. Man versuchte angesehene Persönlichkeiten aus den Provinzen zur Mitarbeit in der kommunalen Verwaltung zu gewinnen. Dafür erhielten sie das römische Bürgerrecht. Es gab eine Staatsreligion, aber die verschiedenen Völker innerhalb des Reiches verehrten zahlreiche eigene Gottheiten. Die Römer tolerierten jede Religion, sofern sie keine Menschenopfer verlangte. Alle Bürger mussten den offiziellen Kaiserkult pflegen und den römischen Göttern Opfer darbringen. Weil die Juden und die Christen sich dagegen sträubten, wurden sie immer wieder verfolgt.

Einflüsse aus dem Osten

Im 1. Jahrhundert n. Chr. verbreiteten sich im Römischen Reich Mysterienkulte aus dem östlichen Mittelmeerraum, selbst bei den Soldaten am Hadrians-Wall im Norden Britanniens. Dazu gehörte der Kult um den griechischen Weingott Dionysos (bei den Römern hieß er Bacchus), der durch wilde Trinkgelage und Tänze geprägt war. Die Behörden betrachteten ihn als eine Gefahr für die Ordnung, aber seine Anhänger versammelten sich heimlich, was zweifellos zu seiner Attraktivität beitrug. Viele Freunde fand auch der Kult um die ägyptische Muttergottheit Isis. Zur Aufnahme mussten Neulinge fasten. Häufig erschien ihnen dabei die Göttin Isis, was als Vorgeschmack auf die Freuden des Jenseits gedeutet wurde.

Der Kult um den persischen Sonnengott Mithras war Männern vorbehalten. Mithras hatte den Bullen, das erste Tier der Schöpfung, erschlagen und symbolisierte den Sieg über den Tod und das Böse. Er war bei Soldaten beliebt, denn er verkörperte Werte wie Ergebenheit, Opferbereitschaft und Mut.

Diese Kulte wurden im 4. Jahrhundert vom Christentum verdrängt, einer Religion, die ebenfalls im östlichen Mittelmeerraum entstanden war.

Links *Wandmalerei aus dem Isis-Tempel in Pompeji; sie zeigt eine mythische Szene des Isis-Kultes.*

1 v. Chr. – 476 n. Chr.

Alle Völker des Römischen Reichs sollten die römische Lebensweise annehmen. In Germanien, Palästina und Nordafrika – überall wurden Städte nach römischem Vorbild gebaut, mit Aquädukten zur Wasserversorgung, Bädern, Theatern und allen Annehmlichkeiten, die für die Römer ein zivilisiertes Leben ausmachten. Auch die Armee verbreitete die römische Lebensart. Die Einwohner der Provinzen konnten sich „Hilfsregimentern" anschließen. Wer im Heer Dienst tat, lernte Latein, die Amtssprache des Reiches, und erhielt nach dem Ausscheiden das römische Bürgerrecht. So betrachtete er sich schließlich nicht mehr als Unterworfener, sondern als Römer. Allen freien Bewohnern des Imperiums wurde 212 n. Chr. das Bürgerrecht gewährt. Latein ersetzte im Westen die meisten lokalen Sprachen (in Britannien aber konnte sich das Keltische halten, in den Pyrenäen das Baskische). Alle romanischen Sprachen

(Italienisch, Französisch, Spanisch, Katalanisch, Portugiesisch und Rumänisch) sind aus lateinischen Dialekten entstanden. In den östlichen Provinzen konnte sich Latein nicht durchsetzen; hier blieb Griechisch die wichtigste Sprache.

Wirtschaft & Militär

Innerhalb der Reichsgrenzen florierte der Handel, weil er weder durch Kriege noch durch Piraten gefährdet wurde; das römische Münzsystem bildete die Grundlage der Geschäfte. Das Reich konnte sich mit allen wichtigen Gütern versorgen. Der riesige Agrarsektor belieferte die Städte mit Nahrungsmitteln. Rom, die größte Stadt des Reiches, führte jährlich 400 000 Tonnen Getreide aus Ägypten, Afrika und Sizilien ein. Die Armee verbrauchte mehr als 100 000 Tonnen Getreide im Jahr. Man benötigte die Häute von 54 000 Kälbern, um eine Legion mit Zelten zu versorgen. Das römische Straßennetz, das vor allem militärischen Zwecken diente, war das am besten entwickelte der Antike und hatte eine Länge von mehr als 88 500 Kilometern. Da der Transport auf Straßen langsam und teuer war, wurden viele Güter auf dem Wasser befördert. Die meisten Untertanen waren Bauern, die Werkzeuge, Tongefäße, Körbe und Alltagskleidung selbst herstellten oder bei örtlichen Handwerkern kauften. Luxusgüter wie Gewürze, Seide, Parfüm, Elfenbein und Edelsteine wurden aus China, Indien und Ostafrika eingeführt.

Oben *Die Römerstraßen mussten bei jedem Wetter Soldaten und schwer beladenen Wagen standhalten.*

Links *Die römischen Legionäre waren gute Ingenieure. Hier überquert eine Legion die Donau auf einer „schwimmenden" Brücke.*

Im 3. Jahrhundert begann der Niedergang des Römischen Reiches. Die Römer mussten die Grenzen befestigen. Um die Armee zu finanzieren wurde der Silbergehalt der Münzen reduziert. Die Händler verkauften ihre Waren teurer: Inflation war die Folge. Hatte ein Kaiser keinen Erfolg auf dem Schlachtfeld, ließen sich seine Soldaten leicht dafür gewinnen, ihn zu stürzen und hinzurichten. Später wählten Heere in verschiedenen Teilen des Reiches rivalisierende Kaiser als Nachfolger und es kam zu

Bürgerkriegen. Germanen und Perser konnten ungehindert vordringen. Von den 26 Kaisern zwischen 235 und 284 wurden alle bis auf einen ermordet.

Links *Konstantin der Große war überzeugt, dass Gott ihm in der Schlacht an der Milvianischen Brücke 312 beigestanden hatte. Er erließ das Toleranzedikt von Mailand, das den Christen volle Religionsfreiheit gewährte.*

Teilung des Reichs

Das Reich wurde durch Diokletian (Reg. 284–305) gerettet, der erkannt hatte, dass es zu groß war, um von einem Mann allein regiert zu werden. Er teilte es in eine westliche und eine östliche Hälfte mit jeweils einem Kaiser und zwei Hauptstädten: Rom im Westen, Konstantinopel im Osten. Diokletian verdoppelte die Armee. Um sie bezahlen zu können erhöhte er die Steuern, was zu neuen Problemen führte: In vielen Teilen des Reiches drückte die Steuerlast die Bauern unter das Existenzminimum. Als die Zahl der Soldaten zurückging, mussten germanische Söldner rekrutiert werden.

Im Jahr 313 beschloss Konstantin der Große (Reg. 306–337) die Tolerierung der Christen. Obwohl er erst getauft wurde, als er schon im Sterben lag, ließ er in vielen Teilen des Reiches Kirchen bauen. Das Christentum beeinflusste das Leben in Rom immer stärker. Kaiser Theodosius (Reg. 379–395) machte 391 mit der traditionellen Götterverehrung Schluss und erhob das Christentum zur Staatsreligion.

Ende des 4. Jahrhunderts drangen die Hunnen nach Osteuropa vor. Sie lösten unter den germanischen Stämmen eine Fluchtwelle ins Römische Reich aus. Einige der Flüchtlinge erhielten Land, mussten sich dafür aber zum Kriegsdienst verpflichten. Sie erwiesen sich allerdings als wenig zuverlässige Verbündete. Das Weströmische Reich, das ärmer und dünner besiedelt war als Ostrom, konnte den Überfällen auf Gallien, Spanien und Nordafrika nicht standhalten. Unter Attila (Reg. 434–453) unternahmen die Hunnen weitere Vorstöße, bis sie von einem römisch-germanischen Heer auf den Katalaunischen Feldern geschlagen wurden. Doch das Westrom war nicht mehr zu retten; es zerfiel, nachdem sein letzter Kaiser 476 gestürzt worden war. Der östliche Teil wurde zum Byzantinischen Reich (*siehe S. 76–78*).

Invasion der Barbaren

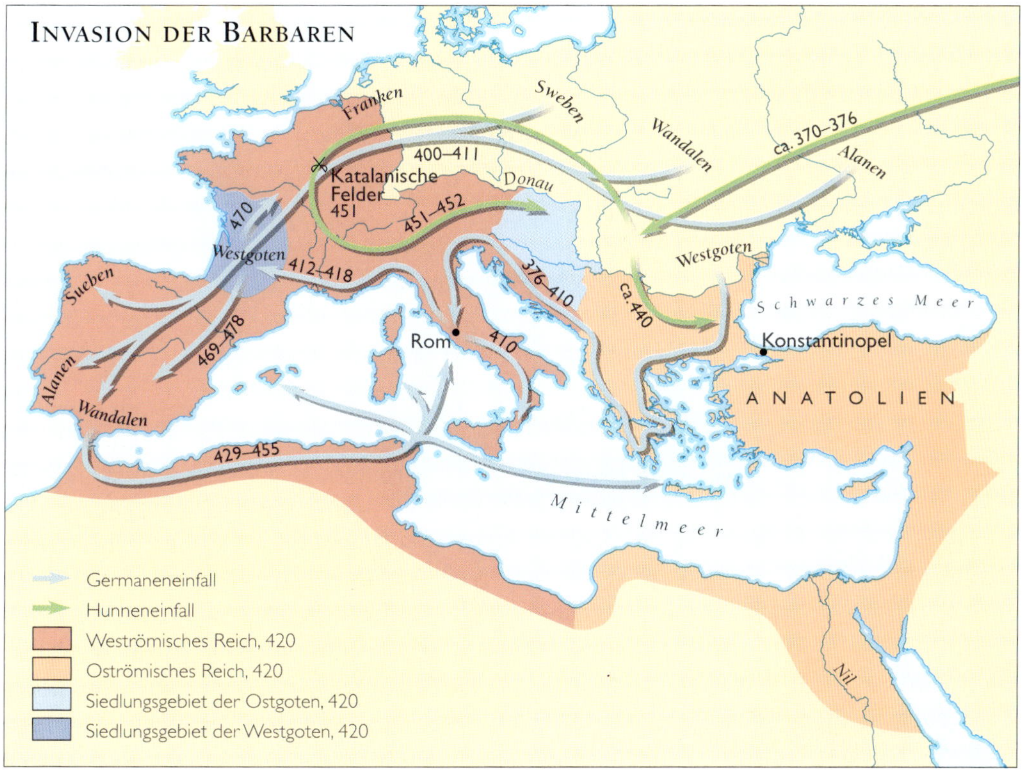

Zeittafel

14
Nach Augustus' Tod tritt sein Adoptivsohn Tiberius die Nachfolge an.

43
Claudius beginnt mit der Eroberung Großbritanniens.

64
Nero bezichtigt die Christen der Zerstörung Roms (Feuersbrunst) und ordnet eine Massenhinrichtung an.

68–69
Der Bürgerkrieg während des 1. Vierkaiserjahres endet mit dem Regierungsantritt des Vepasian.

115–117
Trajan erobert Armenien und Mesopotamien. Größte Ausdehnung des Römischen Reiches.

133
Hadrian lässt in England einen Grenzwall (Limes) errichten.

212
Verleihung des römischen Vollbürgerrechts an alle freien Bewohner des Römischen Reiches

235–284
Bürgerkrieg, Überfälle und wirtschaftliche Krisen erschüttern das Römische Reich.

286
Diokletian teilt das Römische Reich in eine Ost- und eine Westhälfte.

313
Konstantin d. Gr. toleriert die Christen.

324
Unter Konstantin wird Byzanz in Konstantinopel umbenannt und Hauptstadt seines Reiches.

410
Unter Alarich plündert eine westgotische Armee Rom.

453
Nach dem Tod Attilas dehnen die Hunnen ihr Reich nicht weiter aus.

455
Die Wandalen greifen Rom an.

476
Mit der Absetzung des Romulus Augustulus durch den Germanen Odowaker erlischt das Weströmische Reich.

Europa im Frühen Mittelater

Nach dem Untergang des Weströmischen Reiches setzte in Europa eine Zeit des Niedergangs ein. Erst mit den Franken kam die Wende. Der fränkische König Karl der Grosse herrschte zu Beginn des 9. Jahrhunderts über den grössten Teil Westeuropas. Nach seinem Tod zerfiel sein Reich jedoch wieder. Bis Ende des 10. Jahrhunderts lag die Macht in den Händen deutscher Kaiser.

Links *Dieser Helm aus Sutton Hoo in England gehörte einem König aus dem 7. Jahrhundert. Er wurde mit reichen Grabbeigaben in einem Schiff bestattet: einer Rüstung, Gold- und Silberschmuck sowie einem Beutel mit Münzen. Einige der Funde waren angelsächsischer Herkunft, andere stammten aus Byzanz.*

Nach dem Untergang des Weströmischen Reiches fiel Westeuropa in primitive Lebensweisen zurück. Der Handel flaute ab und viele Städte verkamen zur Bedeutungslosigkeit. Die Macht lag bei lokalen Herrschern, die sich bemühten, die Ordnung aufrechtzuerhalten. Armut breitete sich aus. Anstelle eines stehenden Heeres hielten die neuen Herrscher Söldnertruppen in ihren Diensten, die sie bezahlen mussten. War ein Krieg erfolgreich, dann wurden sie mit der Kriegsbeute entlohnt. Die kleinen Bauern suchten bei den mächtigen Grundherren Schutz und verzichteten dafür auf ihre persönliche Freiheit, auf den Besitz des Landes, das sie bewirtschafteten, und auf einen Teil ihrer Ernte. Leibeigenschaft entstand.

Christliche Erneuerung

Außer den Geistlichen konnte kaum jemand lesen und schreiben. Die Kirche war in Diözesen gegliedert, die jeweils von einem Bischof geleitet wurden. Vielerorts überlebte diese Organisationsform das Ende des Römischen Reiches. Obwohl Rom eine Ruinenstadt war, blieb es der Sitz des Papstes, der in Westeuropa als Führer der Kirche anerkannt wurde.

Die Herrscher der deutschen Königreiche waren fast ausnahmslos Christen, hingen jedoch dem Arianismus an, einer Strömung, die von vielen ihrer katholischen Untertanen als ketzerisch betrachtet wurde. Die Franken bildeten eine Ausnahme. Sie hatten sich im heutigen Belgien niedergelassen und waren Christen geworden, nachdem sich ihr Führer Chlodwig (Reg. 481–511) 503 hatte taufen lassen. So wurde er von seinen neuen Untertanen anerkannt und konnte die Grenzen seines Reiches weiter nach Süden ausdehnen. Um 600 waren die Franken die stärkste Macht in Westeuropa.

Die Völker Nordeuropas, die außerhalb der Grenzen des früheren Römischen Reiches lebten, waren noch immer heidnisch. Im 5. Jahrhundert zogen die Angeln, Jüten und Sachsen aus Dänemark und dem Norden Deutschlands nach Britannien und siedelten überall dort, wo sie fruchtbares Land vorfanden. Die einheimischen Kelten wurden in die Berge und nach Norden und Westen verdrängt. Im 7. Jahrhundert ließen sich die Angelsachsen von Missionaren aus Rom und von keltischen Mönchen aus Irland zum Christentum bekehren. Die Iren waren bereits seit dem 5. Jahrhundert Christen.

Eine neue Bedrohung tauchte 711 in Europa auf, als die Araber und Berber aus Nordafrika nach Spanien vorstießen und das Reich der Westgoten überrannten. Bis auf das christliche Königreich Asturien wurde die gesamte Iberische Halbinsel von den Kalifen der Omaijaden-Dynastie unterworfen *(siehe S. 80–83)*.

CA. 500–1000 N. CHR.

Oben *Könige und Kriegsherren unterhielten Söldnertrupps, die für sie kämpften. Aus diesen höfischen Soldaten entwickelten sich im Mittelalter die Ritter. Dieses Steinrelief entstand im 7. Jahrhundert in Deutschland.*

Das klösterliche Leben

Die katholischen Klöster waren Zentren der Bildung und der Kultur im Mittelalter. Im Westen wurde das Klosterleben von der Regel des Heiligen Benedikt (ca. 480–546) geprägt, eines Adligen, der sich für ein Leben in religiöser Abgeschiedenheit entschieden und im italienischen Monte Cassino ein Kloster für Gleichgesinnte gegründet hatte. Seine Regel gliederte den Tag in Zeiten der Arbeit, des Studiums und des Gebets. Die Mönche mussten dem Abt gehorchen, durften kein Eigentum haben und nicht heiraten. Die meisten Abteien besaßen Schulen, in denen die Mönche unterrichtet, die Bibel und andere heilige Schriften abgeschrieben und Chroniken verfasst wurden. Diese Manuskripte wurden zunehmend kunstvoll verziert und mit goldenen, manchmal juwelenbesetzten Einbänden versehen.

Im Lauf der Zeit lockerten sich die klösterlichen Sitten. Eine Abtei, die 910 im französischen Cluny gegründet wurde, setzte sich für eine Rückkehr zur strikten Benediktinerregel ein. Diese Reformbewegung verbreitete sich rasch und führte im folgenden Jahrhundert zu einer geistigen Erneuerung des Mönchtums.

Links *Die reich verzierte Seite aus einem Gesangsbuch des 9. Jahrhunderts*

Karl der Grosse

Der bedeutendste Frankenkönig war Karl der Große (Reg. 768–814). Er stoppte das Vordringen der Muslime in Spanien und verdoppelte in den drei Jahrzehnten seiner Herrschaft die Ausdehnung des Fränkischen Reiches. Karl der Große glaubte das „goldene Zeitalter" des Römischen Reiches wiederhergestellt zu haben und wurde am Weihnachtstag des Jahres 800 in Rom vom Papst zum Kaiser gekrönt.

Karl war ein gläubiger Christ. Er war überzeugt, Gott würde ihn für das Verhalten seiner Untertanen persönlich verantwortlich machen. So erließ er Gesetze, die sie zwingen sollten, ein gottgefälliges Leben zu führen. Er unterstützte die Ausbildung der Geistlichkeit und förderte die klösterliche Bildung. Die Kenntnis der klassischen römischen Literatur verdankt man zum großen Teil den Abschriften fränkischer Mönche. Außerdem ließ er die Sachsen im Norden des Reiches bekehren.

Die Wikinger

Unter der Herrschaft Karls des Großen blühte Westeuropa wieder auf und auch der Seehandel kam in Schwung. Doch in den 790er-Jahren tauchten plündernde Wikinger aus Dänemark und Norwegen vor den Küsten des Frankenreiches und Britan-

Oben *Portät Karls des Großen, der zur Rechten Gottes sitzt, auf einem französischen Medaillon*

Links *Dieser Kopf eines Wikingers schmückt den Wagen eines Königsbegräbnisses. Die Wikinger waren nicht nur Räuber, sondern auch Bauern und Händler. Handwerker stellten kunstvoll verzierte Gegenstände aus Holz und Metall her. Bei Festen trugen Hofdichter Geschichten und Gedichte vor.*

niens auf. Wohlhabende Klöster waren die Hauptziele ihrer Überfälle. Ihre Attacken steigerten sich während der Bürgerkriege in den 830er-Jahren. Mit ihren Langbooten waren sie sehr schnell. Bis ein Heer gegen sie in Marsch gesetzt werden konnte, waren sie schon unterwegs zu ihrem nächstes Ziel.

Ende des 9. Jahrhunderts ließen sich die Wikinger in Britannien, Irland und Nordwest-Frankreich nieder. Auf ihren Fahrten nach Westen besiedelten sie die Färöer-Inseln, Island und Grönland. Um 1000 erreichten sie Nordamerika, wo sie jedoch keine dauerhafte Siedlung gründeten. Schwedische Wikinger erschlossen Handelswege über die Flüsse Osteuropas und kamen bis zum Schwarzen Meer und nach Konstantinopel. Diese „Rus“ genannten Wikinger gründeten die Dynastie von Kiew.

In England hielt Wessex unter König Alfred dem Großen (Reg. 871–899) die Wikinger auf. Doch 954 vertrieben sie Alfreds Nachfolger und England wurde unter einer Krone vereinigt. Das Fränkische Reich erlangte nie mehr seine einstige Stärke. Um 889 zerfiel es. Frankreich und Deutschland gingen als größte Königreiche aus ihm hervor.

Nun sah sich Europa von den Magyaren (Ungarn) bedroht, einem kriegerischen Reitervolk aus Zentraleuropa. Ihre Überfälle richteten im Osten großen Schaden an, bis sie in der Schlacht auf dem Lechfeld (955) von König Otto I. (Reg. 936–973) geschlagen wurden. Otto annektierte 961 Norditalien und stieg zum mächtigsten Mann Europas auf. Im Jahr 962 wurde er zum Kaiser des Heiligen Römischen Reichs gekrönt.

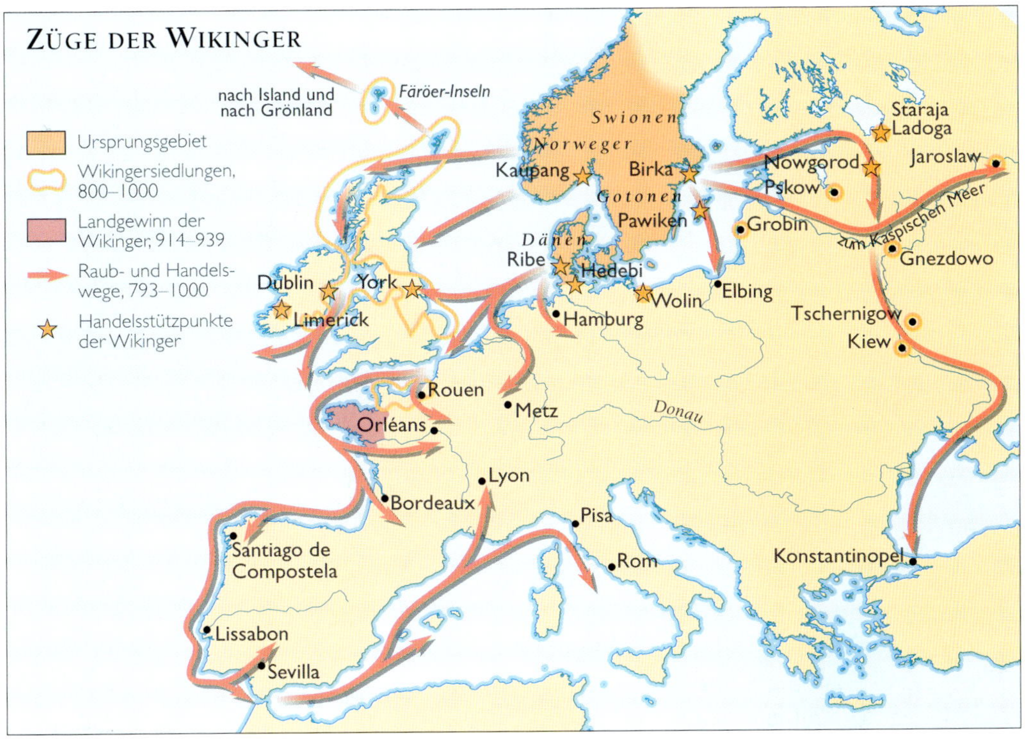

Zeittafel

503
Chlodwig, der König der Franken, tritt zum Christentum über.

596–597
Papst Gregor I. entsendet Missionare zur Christianisierung der Angelsachsen.

711–713
Muslime aus Nordafrika erobern das Reich der Westgoten in Spanien.

732
Bei Poitiers (Frankreich) wehren die Franken einen muslimischen Überfall ab.

793
Wikinger plündern das Kloster Lindisfarne in Nordumbrien, England.

800
Kaiserkrönung Karls des Großen an Weihnachten

843
Vertrag von Verdun: Karls Nachfolger teilen das Frankenreich in drei Teile.

856–857
Die Wikinger plündern Paris, Frankreich.

882
Kiew wird Hauptstadt des ersten russischen Reiches

889
Karl III. der Dicke stirbt, das Reich Karls des Großen zerfällt endgültig.

911
Gründung der Abtei von Cluny, Frankreich, die Vorkämpferin der Kirchenreform wird

911
Die Wikinger dürfen sich in der Normandie, Nordfrankreich, ansiedeln.

927
Aethelstan, König von Wessex, vereint die Angelsachsen und gründet das Königreich England.

955
Sieg Ottos I. (König der Sachsen) über die Ungarn auf dem Lechfeld.

987
Hugo Capet wird König der Franken. Die Kapetinger regieren Frankreich bis 1598.

ca. 1000
Wikinger aus Grönland siedeln für kurze Zeit auf Neufundland.

Das Reich von Byzanz

Das Byzantinische Reich mit seiner Hauptstadt Konstantinopel war der direkte Nachfolger des Oströmischen Reiches. Im 5. Jahrhundert umfasste es Griechenland, Anatolien, Syrien, Palästina und Ägypten. Byzanz überdauerte den Zerfall des Weströmischen Reiches um mehr als 1000 Jahre, ging aber ebenfalls unter, als Konstantinopel 1453 von den Türken erobert wurde.

Im Jahre 324 erklärte Konstantin der Große (Reg. 306–337) Byzanz, die griechische Hafenstadt am Bosporus, zu seiner neuen Hauptstadt im Osten und nannte sie Konstantinopel. Aufgrund der günstigen Schifffahrtsverbindungen Konstantinopels zum Mittelmeer und zum Schwarzen Meer blühte der Handel auf und die Stadt wuchs rasch. Sie war an drei Seiten von Wasser umgeben und auf der Landseite seit dem 5. Jahrhundert durch eine starke Festungsmauer geschützt.

Unten *Die Hagia Sophia in Konstantinopel wurde im 6. Jahrhundert unter Justinian erbaut. Heute ist die ehemalige Kathedrale eine Moschee. Der Patriarch von Konstantinopel war das Oberhaupt der christlich-orthodoxen Kirche im Osten.*

Das Oströmische Reich war wohlhabender als der Westen und konnte sich besser gegen die germanische Völkerwanderung schützen (*siehe S. 71*). Justinian (Reg. 527–565) gelang es sogar, Gebiete in Nordafrika, Italien und Südspanien zurückzuerobern. Ende des 6. Jahrhunderts wurde das Reich durch Überfälle der Slawen und der Awaren geschwächt. Im Osten überrannten die persischen Sassaniden Syrien, Palästina und Ägypten, wurden aber 627 von Kaiser Herakleios (Reg. 610–641) geschlagen. Er rettete das Reich vor dem Zusammenbruch und leitete dringende Reformen ein.

Ein griechisches Reich

Mit Herakleios wird gewöhnlich die Gründung des Byzantinischen Reiches verbunden. Da man im Osten griechisch sprach, ließ er Latein durch Griechisch als Amtssprache ersetzen. Dennoch bezeichneten sich die byzantinischen Kaiser als Römer. Die wichtigste Reform des Herakleios war die Einführung militärischer Rekrutierungsbezirke, so genannter Theme. Die Soldaten wurden als freie Bauern auf eigenem Land angesiedelt und zahlten Steuern an den Staat. In Kriegszeiten bildeten die Soldaten jedes Themas eine militärische Einheit. Durch dieses System wurde die Verteidigung des Reiches verbessert, denn es sorgte dafür, dass die Truppen jederzeit mobilisiert werden konnten.

Im Jahr 633 wurde Byzanz, das noch von einem Krieg gegen Persien geschwächt war, von den Arabern angegriffen (*siehe S. 24–27*). Sie überrannten Syrien und eroberten nach einem Sieg am Fluss Jarmuk (636) Palästina, Ägypten und den größten Teil Nordafrikas. Um 679 überquerten die Bulgaren die Donau und errichteten auf byzantinischem Boden einen Staat. Doch dank der Reformen des Herakleios konnte sich das Reich halten und trotz der Gebietsverluste seine militärische Stärke wieder zurückgewinnen. 1014 schlug Basileios II. (Reg. 976–1025) die Bulgaren bei Balathista und verlegte die Grenze wieder zurück an die Donau. Nun war Byzanz die stärkste Macht im Mittleren Osten und Europa.

Im Lauf des 11. Jahrhunderts eroberten die Seldschuken einen großen Teil des arabischen Reiches und traten zum Islam über. Im Jahr 1071 drangen sie in das Byzantinische Reich ein. Basileios' Nachfolger hatten die Armee vernachlässigt und die

Links *Ikonen dienten dem Gebet und der Besinnung. In jeder orthodoxen Kirche waren sie an der Chorschranke befestigt, die das Volk von den Priestern im Altarraum trennte. Die stilisierten Haltungen der Figuren sollten geistige Gelassenheit darstellen. Die Heilige Jungfrau auf dieser Ikone blickt dem Betrachter mit wachsamer Ruhe entgegen.*

Byzantiner erlitten in der Schlacht von Manzikert eine vernichtende Niederlage. Die Eroberung Anatoliens durch die Seldschuken war ein schwerer Schlag, denn dieser bevölkerungsreichste Teil des Reiches stellte die meisten Soldaten. Byzanz war als Großmacht am Ende. Jetzt bat Kaiser Alexios I. Komnenos (Reg. 1081–1118) den Westen um Unterstützung bei der Rückgewinnung der verlorenen Gebiete. Papst Urban II. rief daraufhin die Christen im Westen zu einem Kreuzzug auf, um das Heilige Land von den Arabern zu befreien.

Die Kreuzzüge

Urbans Reaktion war überraschend. Seit Jahrhunderten hatten sich die katholische und die orthodoxe Kirche entfremdet. Aus Misstrauen war Feindseligkeit geworden, da beide um Einfluss in Osteuropa kämpften. Missionare aus Konstantinopel gewannen die Slawen, die Bulgaren und die Russen für den orthodoxen Glauben, während Ungarn und Polen katholisch wurden. 1054 verfestigte sich der Bruch, als sich der Papst und der Patriarch gegenseitig exkommunizierten. Die byzantinischen Kaiser betrachteten sich als legitime Herrscher des Weströmischen Reiches. Süditalien und Sizilien blieben in der byzantinischen Einflusssphäre, bis Ende des 11. Jahrhunderts normannische Abenteurer hier einen unabhängigen Staat errichteten.

Nach Urbans Aufruf zum Kreuzzug (*siehe S. 30*) machten sich Tausende Ritter auf ins Heilige Land. Im Jahr 1099 wurde Jerusalem von einem Kreuzfahrerheer eingenommen. Doch im Gefolge der Kreuzzüge verschlechterten sich die Beziehungen zwischen Byzanz und dem Westen. Nachdem sie einige Gebiete in Anatolien erobert hatten, wollten die Byzantiner den Kreuzrittern nicht mehr nach Palästina folgen. Dies hielt man im Westen für einen Mangel an religiöser Überzeugung und viele Kreuzfahrer bezweifelten, dass ihre griechischen Verbündeten wahre Christen seien. Sie weigerten sich, den Byzantinern die Gebiete zurückzugeben, die sie in Syrien und Palästina den Seldschuken abgenommen hatten, und gründeten eigene unabhängige Staaten. Die Häfenstädte Genua und Venedig, die vom Handel mit den Kreuzfahrerstaaten profitierten, übernahmen die Kontrolle über den Mittelmeerhandel.

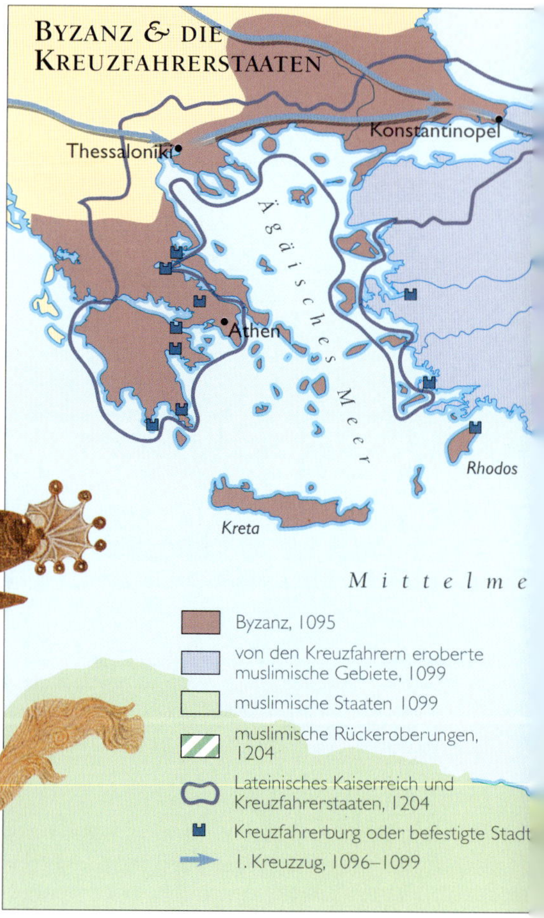

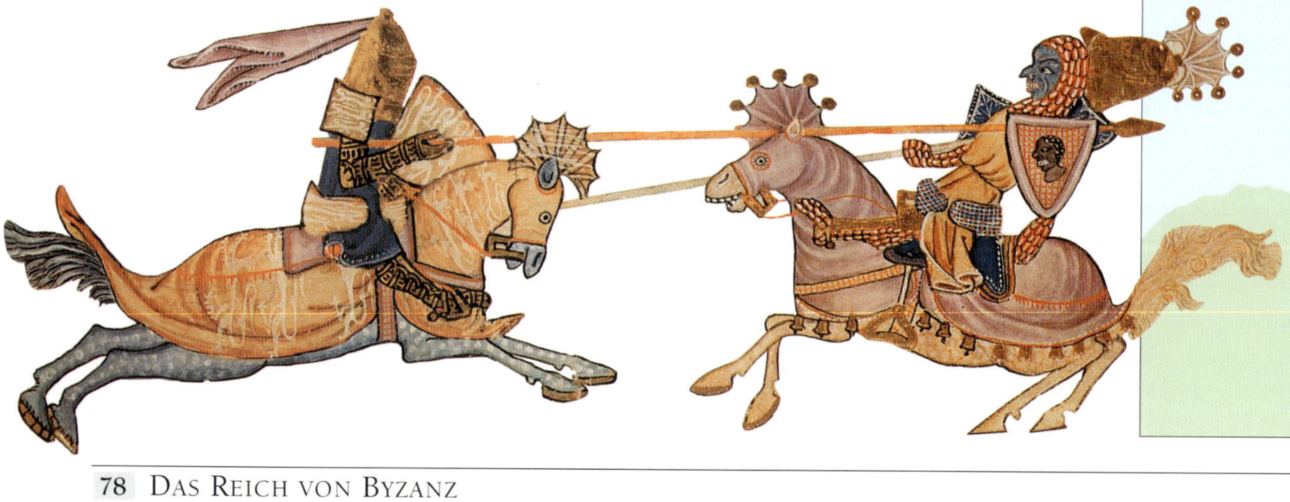

Unten links *Saladin, der islamische Krieger, und König Richard Löwenherz, der Anführer des 3. Kreuzzugs, treffen in der Schlacht aufeinander – hier die zeitgenössische Darstellung eine englischen Künstlers.*

Russische Christen

Wladimir, der Herrscher von Kiew, stammte von den Wikingern ab, die den ersten russischen Staat gegründet hatten. Sowohl die Byzantiner als auch die Germanen, die die Slawen missionieren wollten, versuchten ihn für sich zu gewinnen. 988 bot Kaiser Basileios II. Wladimir seine Tochter Anna zur Heirat an, falls er den orthodoxen Glauben annehme. Wladimir war einverstanden und befahl, alle Götterbilder in Kiew und Nowgorod in den Dnjepr zu werfen. Hier die Darstellung seiner Taufe aus einer alten Chronik.

Später wurden weitere Kreuzzüge ins Heilige Land unternommen. Doch viele Gebiete, auch Jerusalem, fielen nach der Niederlage bei Hattin (1187) wieder an die Araber. 1204 saßen die Teilnehmer des 4. Kreuzzugs in Konstantinopel fest, weil erst noch Geld für den Vorstoß nach Osten beschafft werden musste. Als dies misslang, plünderten die Kreuzritter die Stadt und errichteten einen lateinischen Staat in Griechenland. Erst 1261 konnten die Byzantiner ihr Reich zurückgewinnen. Doch 30 Jahre später zerstörten die Türken den letzten Kreuzfahrerstaat in Palästina.

Im 14. Jahrhundert eroberten sie Anatolien und drängten Byzanz allmählich bis auf die Region um Konstantinopel zurück. Im Jahr 1453 nahmen sie die Stadt endgültig ein und besiegelten das Ende des Byzantinischen Reiches.

Das Erbe von Byzanz

Trotz seines lang währenden Zerfalls hinterließ Byzanz ein reiches Erbe, denn es bewahrte die römischen Traditionen in Kunst, Musik, Literatur und Architektur und führte sie weiter. Die Mosaiken in den Kirchen waren berühmt für ihre Farbenpracht. In einem Bericht heißt es, Fürst Wladimir von Kiew (*siehe Kasten*) habe sich entschlossen, den orthodoxen Glauben anzunehmen, nachdem ihm sein Botschafter berichtet hatte, dass keine andere Kirche der Hagia Sophia an Schönheit gleichkomme.

Die byzantinische Kultur wurde durch die griechischen Missionare verbreitet, die die Slawen bekehrten. Das kyrillische Alphabet, das von den Brüdern Kyrillus und Methodius geschaffen wurde, ist die Grundlage der russischen und aller übrigen slawischen Schriften. Nach dem Fall Konstantinopels versuchte der russische Großfürst Iwan III. (Reg. 1462–1505) die Traditionen des Römischen Reiches weiter zu pflegen. Zum Zeichen dafür übernahm er 1472 den Doppeladler.

Zeittafel

324
Konstantinopel wird Hauptstadt des Oströmischen Reichs.

610–641
Kaiser Heraklios reformiert das Oströmische Reich und gründet Byzanz.

635–698
Die Araber überfallen Byzanz und erobern Syrien, Palästina, Ägypten und Nordafrika.

716–717
Ein arabisches Heer belagert Konstantinopel und wird abgewehrt.

860
Schwedische Wikinger (Rus) greifen Konstantinopel vom Schwarzen Meer aus an, werden aber abgedrängt.

863
Konstantin (Kyrillus) und Methodius beginnen mit der Christianisierung der Slawen.

903
Bau von Klöstern auf dem Berg Athos, Griechenland: ein Zentrum des orthodoxen Klosterlebens

988
Die Fürsten des Kiewer Reiches erkennen die orthodoxe Kirche an.

1018
Basileios II. unterwirft die Bulgaren.

1054
Der Papst exkommuniziert den Patriarchen von Konstantinopel.

1071
Die Seldschuken schlagen ein byz. Heer bei Mantzikert und besetzen Anatolien.

1180
Auf dem Balkan befreien sich die Serben von der byzantinischen Vorherrschaft.

1204
Die Kreuzritter plündern Konstantinopel und errichten das lateinische Kaisertum auf dem Balkan und in Griechenland.

1261
Die Byzantiner erobern Konstantinopel zurück.

1453
Nach langer Belagerung fällt Konstantinopel an den osmanischen Herrscher Sultan Mehmet II.

Die Ausbreitung des Islam

Im 7. Jahrhundert strömten arabische Heere aus der Wüste. Sie brachten eine neue Religion mit – den Islam. Seine Anhänger nennt man heute Muslime. In weniger als einem Jahrhundert eroberten die Araber ein ausgedehntes Reich, das sich von Spanien bis Zentralasien erstreckte. Später kontrollierten die Türken einen grossen Teil dieses Reiches. Auch sie nahmen den Islam als Religion an.

Der Islam (arabisch für „Ergebung") wurde von dem Propheten Mohammed (ca. 570–632) begründet. Mohammed war ein Kaufmann aus der Stadt Mekka. Nach einer Vision in den Bergen vor der Stadt begann er zu predigen und verkündete, dass es nur einen Gott gebe und er sein Prophet sei. Zu dieser Zeit verehrten die Araber noch zahlreiche unterschiedliche Götter und Mekka war ein wichtiges Kultzentrum. Die Bewohner Mekkas fürchteten, eine neue Religion könnte ihren Wohlstand und ihr Ansehen gefährden. Deshalb vertrieben sie Mohammed und seine Anhänger im Jahr 622 nach Medina.

Mohammed nutzte Medina als Stützpunkt für Überfälle auf die Handelskarawanen seiner Feinde in Mekka. Nachdem er mehrere Schlachten gewonnen hatte, kehrte er 630 im Triumphzug nach Mekka zurück und erklärte die Kaaba, die Kultstätte der Stadt, zum Heiligtum des Islam.

Das Wort Gottes

Mohammeds Lehren sind im Koran zusammengefasst, der heiligen Schrift des Islam. Ein Muslim hat demzufolge fünf Hauptpflichten: anzuerkennen, dass es nur einen Gott gibt und Mohammed sein Prophet ist; fünfmal am Tag Richtung Mekka zu beten; den Armen Almosen zu geben; die Fastenzeit des Ramadan einzuhalten; einmal im Leben nach Mekka zu pilgern, vorausgesetzt, er kann es sich leisten und ist gesundheitlich dazu in der Lage. Da figürliche Darstellungen verboten waren, versuchten die islamischen Künstler durch Kalligrafie (Schönschreibekunst) und aufwändige Muster ihrer Ergebenheit Ausdruck zu verleihen.

Rechts *Reich verzierte Seite aus dem Koran*

Oben *Arabische Soldaten, wie dieser nordafrikanische Beduine, waren bereit, für den Islam zu sterben.*

Mohammed war nicht nur ein religiöser, sondern auch ein politischer Führer. Sein Ziel bestand darin, alle Muslime zu einer Gemeinschaft (Umma) zu vereinen, die von den Gesetzen des Islam bestimmt wurde. In seinen beiden letzten Lebensjahren gewann er viele weitere arabische Stämme für den Islam. Der Erfolg dieser Religion beruht zum Teil darauf, dass Mohammeds Lehren einfach und leicht verständlich sind (*siehe Kasten*).

Arabische Eroberungen

Da Mohammed keine männlichen Nachkommen hatte, wählten seine Anhänger seinen Schwiegervater Abu Bekr (Reg. 633–644) zu seinem Nachfolger (Kalifen). Er vollendete die Bekehrung der arabischen Stämme. Der Krieg spielte traditionell eine wichtige Rolle bei den Arabern, denn er gab dem Einzelnen die Möglichkeit, Ruhm zu erlangen. Doch Mohammed hatte die Araber unter der gemeinsamen Sache des Islam vereinigt und den Stammeskonflikten ein Ende bereitet. Er lehrte, es sei die heilige Pflicht eines jeden Mannes, an einem Dschihad („heiliger Krieg“) teilzunehmen. Jeder, der im Kampf für den Islam sterbe, werde sofort ins Paradies kommen. Als geeintes Volk konnten die Araber viel größere Heere aufbieten als zuvor. Während der Herrschaft der beiden folgenden Kalifen, Omar (634–644) und Othman (644–656), begannen sie nach Norden vorzudringen. Ihre Vorstöße waren sehr erfolgreich.

Persien und Byzanz wurden von dem riesigen, gut organisierten arabischen Heer, das um 630 aus der Wüste vorrückte, vollkommen überrascht. Sie hatten gerade einen 20-jährigen Krieg gegeneinander beendet *(siehe S. 21)* und besaßen nicht mehr die Kraft, sich einem starken Feind zu widersetzen. In nur zwei Jahrzehnten wurden Palästina, Ägypten, Syrien und Persien unterworfen. Gegen Ende des 7. Jahrhunderts drangen die Araber auch nach Nordafrika (670–698), nach Spanien (711–718), zum Indus und nach Zentralasien vor. Nach Niederlagen gegen die Byzantiner vor den Toren Konstantinopels (716/717) und gegen die Franken in Poitiers (732) wurde ihr Vormarsch in Europa jedoch gestoppt.

Rechts *Die islamische Wissenschaft war hoch entwickelt. Hier arbeitet ein Astronom mit einem Stechzirkel, ein anderer mit einem Sextanten, zwei weitere beschäftigen sich mit einem Astrolabium, das zur Bestimmung der Position von Planeten und Sternen diente.*

Links *Im Zentrum der islamischen Gemeinschaft steht die Moschee, wo das Freitagsgebet stattfindet. Sie dient auch als Schule und Versammlungsraum. Die islamischen Herrscher ließen prächtige Moscheen bauen. Diese Moschee in Isfahan wurde unter dem Seldschuken Malik Shah um 1085 errichtet.*

Innere Spannungen in Byzanz kamen den Arabern zugute. Der orthodoxe Glaube war zwar Staatsreligion, aber die meisten Bewohner Syriens, Palästinas und Ägyptens hingen einer christlichen Sekte an, die bestritt, dass Jesus Christus Mensch und Gott zugleich gewesen sei. Da sie deshalb verfolgt wurden, hießen sie die Araber als Befreier willkommen. Die Könige der Westgoten in Spanien waren Arianer, ihre Untertanen dagegen Katholiken *(siehe S. 72)*. Dadurch hatte sich eine große Kluft zwischen den Herrschenden und dem Volk aufgetan und der Islam stieß kaum auf Widerstand, als die Könige gestürzt waren.

Doch bald traten auch in der islamischen Gemeinschaft Konflikte auf. Unzufriedenheit mit dem Kalifen Othman führte zu seiner Ermordung. Sein Nachfolger wurde Muawija (Reg. 661–680). Nach dessen Tod war die Überzeugung weit verbreitet, dass Hussein, Mohammeds Enkel, mehr Anrecht auf seine Nachfolge habe als Jazid, Muawijas Sohn (Reg. 680–683). Es kam zu einem Bürgerkrieg, in dem Hussein getötet wurde. Seine Anhänger betrachteten ihn als Märtyrer. Sie spalteten sich von der Mehrheit des Islam, den Sunniten, ab und bildeten die Gruppe der Schiiten. Diese Trennung existiert noch heute im Islam.

Die islamische Kultur

Muawija begründete die Dynastie der Omaijaden. Sie lehnten die Verwaltung des Reiches an das byzantinische System an und verlegten die Hauptstadt von Medina nach Damaskus in Syrien. Die Völker, die die Araber eroberten, wurden zwar nicht gezwungen, den Islam anzunehmen, aber Steuergesetze und die sozialen Vorteile veranlassten viele dazu. Die arabische Religion, Sprache und Kultur verbreiteten sich. Auch die Araber wurden stark von den Kulturen beeinflusst, die sie unterworfen hatten. Aus Wüstenbewohnern wurden gebildete Städter. Von den Persern übernahmen sie Literatur, Ornamentik, Musik und

Gartenbau. Die byzantinische und persische Architektur beeinflusste den Baustil. Schreibfertigkeit und Bildung wurden hoch geschätzt, während sie zur selben Zeit in Europa völlig in den Hintergrund traten. Arabische Gelehrte bewahrten das geografische, mathematische und medizinische Wissen des Altertums und führten es fort.

Das Ende der Kalifate

Der Konflikt zwischen den Sunniten und Schiiten untergrub die Autorität der Omaijaden. Im Jahr 750 wurden sie von den Abbassiden gestürzt, die von Bagdad aus über das islamische Reich herrschten. Alle Mitglieder der Omaijaden-Familie wurden ermordet, bis auf Abd ar-Rahman I. (Reg. 756–788). Er floh nach Spanien, wo er ein Emirat mit der Hauptstadt Cordoba errichtete. Unter seinen Nachfolgern wurde es Kalifat und beanspruchte Nordafrika.

Das Ideal einer geeinten muslimischen Welt unter einem Kalifen war gescheitert. Die Macht der abbassidischen Kalifen zerfiel, als sich eine Provinz nach der anderen gegen sie erhob. Um 1000 waren sie nur noch geistliche Führer, die nicht einmal mehr Bagdad kontrollierten. Die politische Macht lag in den Händen der Seldschuken – ein Volk aus Zentralasien, das den Islam angenommen hatte und als Söldner in die Dienste der Abbassiden getreten war. Ende des 11. Jahrhunderts beherrschten sie den größten Teil des arabischen Reiches und entrissen Byzanz Anatolien *(siehe S. 78)*.

Handel und Kriege förderten die Ausbreitung des Islam. Um 1000 war er in Westafrika eingeführt. Im 12. und 13. Jahrhundert unterwarfen Muslime aus Afghanistan einen großen Teil des indischen Subkontinents. Im 15. Jahrhundert dehnte sich der Islam nach Südostasien aus. Inzwischen waren die osmanischen Türken nach Südosteuropa vorgedrungen und schickten sich an, Byzanz zu zerstören.

Zeittafel

622
Mohammed flieht von Mekka nach Medina. Das Jahr der *Hedschra* (Flucht) wird zum Jahr 1 der muslimischen Zeitrechnung.

632
Nach Mohammeds Tod wird Abu Bakr der erste Kalif des Propheten.

635–638
Die Araber schlagen Byzanz am Jordan und erobern Syrien und Palästina.

637–642
Die Araber überrennen das Persische Reich.

656
Der Koran wird fertig gestellt.

698
Karthago, die letzte byzantinische Bastion in Nordafrika, fällt an die Araber.

711
Die Mauren fallen in Spanien ein.

750
Das Kalifat der Omaijaden wird von den Abbasiden gestürzt.

786–809
Unter Kalif Harun al-Rashid erreicht das abbasidische Reich seinen Höhepunkt.

ca. 970
Die Seldschuken aus Zentralasien treten zum Islam über.

1055
Die Seldschuken erobern Bagdad.

1175–1200
Nordindien wird von Muslimen aus dem Nordwesten Afghanistans erobert.

1258
Mongolen zerstören Bagdad und ermorden den letzten abbasidischen Kalifen.

1389
Ein osmanisches Heer schlägt die Serben im Kosovo vernichtend.

1453
Mit dem Fall Konstantinopels haben die Osmanen ganz Byzanz erobert.

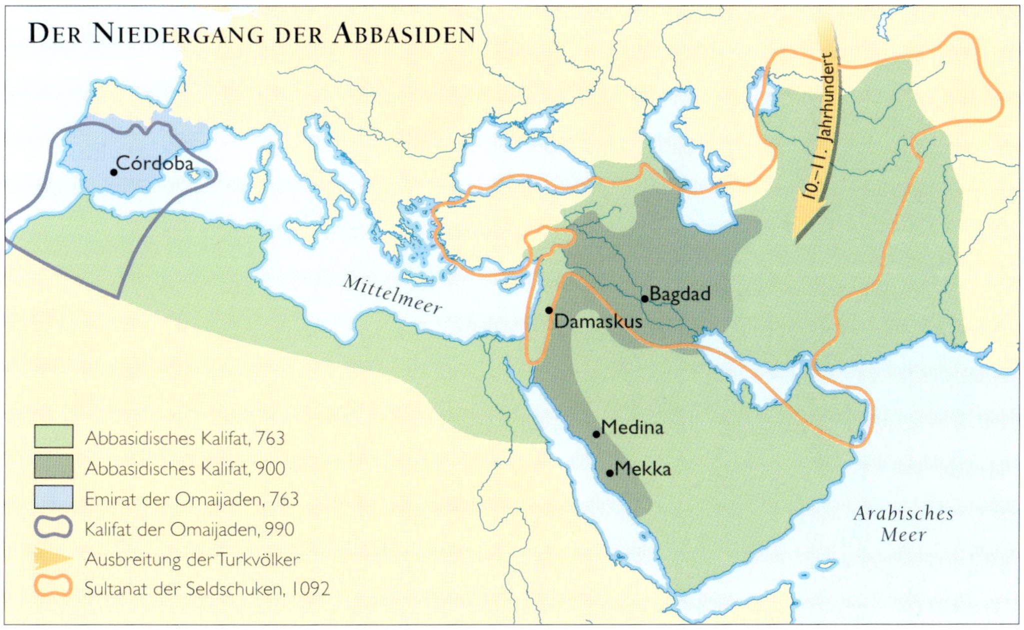

Das Hohe Mittelalter

Als die Wirren des frühen Mittelalters beendet waren, kehrten Stabilität und Wohlstand nach Westeuropa zurück. Der Feudalismus verlieh den Herrschern neue Autorität. Es entstanden starke Herzogtümer und Königreiche. Die Religion und das geistige Leben blühten auf und auch die Bevölkerungszahl stieg an. Durch den zunehmenden Handel wuchsen die Städte schnell.

Im mittelalterlichen Europa regierten viele Könige als feudale Monarchen: Ihre Macht beruhte darauf, dass sie Lehen, also Ländereien, an die Adligen vergaben. Die Adligen wurden Vasallen des Königs und gelobten ihm Treue. Damit waren sie verpflichtet, für den König zu kämpfen – entweder persönlich oder indem sie Ritter stellten, die sie selbst unterhalten mussten. Auch der Adel entlohnte seine Untertanen durch Landzuteilungen. Die Beziehung zwischen König, Adel und den Rittern war durch einen Verhaltenskodex geregelt, der auf Ehre und Tapferkeit beruhte. Dazu gehörten unter anderem die Minne und die Bereitschaft, die christliche Kirche zu verteidigen.

Häufig fiel es den Königen schwer, die selbstbewussten Vasallen unter Kontrolle zu halten. Dies galt vor allem für die Herrscher des Heiligen Römischen Reiches Deutscher Nation. Adelsgeschlechter wie die bayerischen Welfen verfügten über riesige Ländereien, und es kam vor, dass sie sich dem Wunsch des Kaisers widersetzten. Durch Bündnisse mit den Bischöfen versuchten die Kaiser die Macht der Herzöge zu beschneiden. Im 11. Jahrhundert führte eine Reformbewegung (die die Kaisern zunächst unterstützten) dazu, dass der Papst mehr Einfluss bekam: Nicht mehr der Kaiser, sondern der Papst setzte

Links Die mittelalterlichen Abteien und Kathedralen ragten hoch in den Himmel. Durch bunte Glasfenster strömte das Licht in die luftigen Innenräume. Die gotische Architektur, die in Frankreich entstanden war und sich im 12. und 13. Jahrhundert in ganz Europa durchsetzte, ist Ausdruck der geistigen Haltung dieser Zeit.

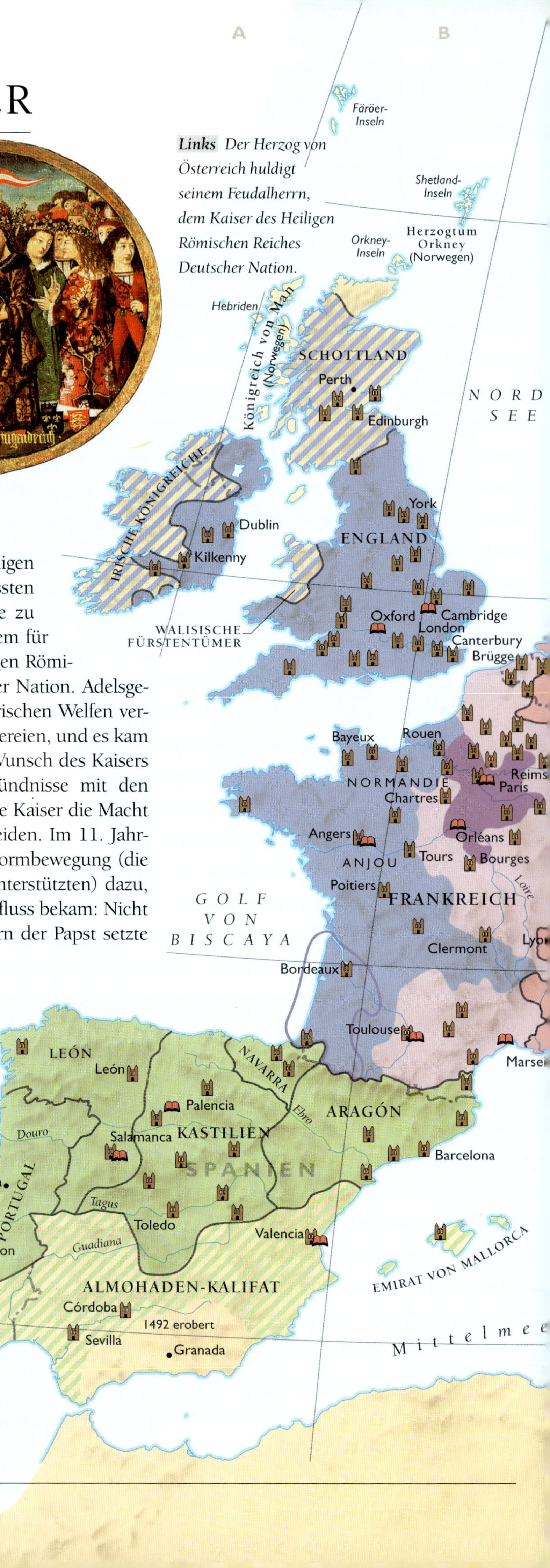

Links Der Herzog von Österreich huldigt seinem Feudalherrn, dem Kaiser des Heiligen Römischen Reiches Deutscher Nation.

1050–1500

die Bischöfe ein. Das Ende dieses Investiturstreits verhalf den Päpsten des 12. Jahrhunderts zu großer Macht.

Die deutschen Kaiser gingen aus diesem Streit deutlich geschwächt hervor, vor allem in Norditalien (dem reichsten Teil des Reiches), wo sich verbündete Stadtstaaten zweimal gegen die kaiserliche Herrschaft erhoben. Sie wurden von den Päpsten unterstützt, die sich eine eigene territoriale Basis in Italien schaffen wollten. Im 13. Jahrhundert begann das Reich, in eine Föderation halbunabhängiger Königreiche, Herzogtümer, Stadtstaaten und Bistümer zu zerfallen. Dennoch dehnte es seinen Einfluss beständig nach Osten aus. So gründeten deutsche Siedler in Polen und Ungarn Dörfer und Handelsstädte.

Frankreich & England

Anfang des 11. Jahrhunderts beherrschte der französische König nur ein kleines Gebiet um Paris; viele seiner Vasallen waren mächtiger als er. Wilhelm der Eroberer, der Herzog der Normandie, besiegte 1066 den englischen König Harald in der Schlacht von Hastings und eroberte den englischen Thron. Etwa zur selben Zeit errichteten landlose Abenteurer aus der Normandie in Sizilien und Süditalien ein Königreich.

Mitte des 12. Jahrhunderts war der Graf von Anjou der größte Grundbesitzer Frankreichs. Er erbte 1154 den Thron Englands. Als Heinrich II. (Reg. 1154–1189) wurde er zum mächtigsten Monarchen in Europa. Doch die Besitzungen der englischen Krone

Unten Im Mittelalter wurde die Arbeit in der Landwirtschaft von Leibeigenen erledigt, die auf einem Herrensitz (Landgut) ein zugewiesenes Stück Land bewirtschafteten. Einen Teil ihrer Ernte mussten sie an den Grundherrn abtreten, einen weiteren Teil an die Kirche. Dafür bot ihnen der Grundherr Schutz und regelte Rechtsstreitigkeiten. Das Leben war hart, aber der Lebensstandard der Bauern wuchs. Mit dem Pflug und der Dreifelderwirtschaft stiegen die Erträge, die auf lokalen Märkten verkauft wurden.

in Frankreich gingen bis 1214 verloren, und die Niederlage des deutschen Kaisers in der Schlacht bei Bouvines festigte Frankreichs Stellung in Europa. Die englischen Könige gaben nie die Hoffnung auf, ihre französischen Besitztümer zurückzugewinnen. Indessen stärkten die französischen Könige ihre Macht über ihre Vasallen im Süden und Osten Frankreichs.

Im 12. Jahrhundert wurde Irland von England erobert, im 13. Jahrhundert Wales und Schottland. Doch unter William Wallace (ca. 1274–1305) und Robert Bruce (Reg. 1306–1329) gewannen die Schotten ihre Unabhängigkeit zurück.

Zeit der Keuzzüge

Papst Urban II. rief die abendländische Christenheit 1096 dazu auf, das Heilige Land zu befreien (*siehe S. 78*). Die Kreuzzüge waren auch Ausdruck für die religiöse Begeisterung dieser Zeit, wurden aber von einigen zur persönlichen Bereicherung missbraucht. Dieselben Motive steckten hinter den Feldzügen gegen die Araber in Spanien, die zur allmählichen Rückeroberung der Iberischen Halbinsel und der Gründung christlicher Königreiche in Aragón, Kastilien und Portugal führten. Durch den Kampf gegen die als Ketzer geschmähten Albigenser in Südfrankreich versuchten der französische König und der nordfranzösische Adel, ihren Einfluss im Süden auszuweiten. Der Deutsche Orden wollte die Slawen und die Bewohner des Baltikums zum Christentum bekehren.

In Europa förderte der Handel das Wachstum der Städte. Vor allem das Recht, Märkte abzuhalten, führte zum wirtschaftlichen Aufschwung. Kathedralen wurden errichtet und Schulen und Universitäten entwickelten sich zu Zentren der Bildung.

Links Beerdigungen waren an der Tagesordnung, als der Schwarze Tod in Europa wütete. Die Pest wurde durch die Flöhe der Ratten übertragen. Erstmals trat die Epidemie in den 1330er-Jahren in Ostasien auf, verbreitete sich über die Seidenstraße und erreichte Ende 1346 Kaffa, einen Hafen am Schwarzen Meer. Schiffsratten trugen sie nach Venedig, Genua und Marseille, von wo sie sich über die wichtigsten Handelsrouten rasch weiter ausbreitete. Die Opfer litten unter fürchterlichen Schwellungen und inneren Blutungen, die ihre Haut schwarz werden ließen.

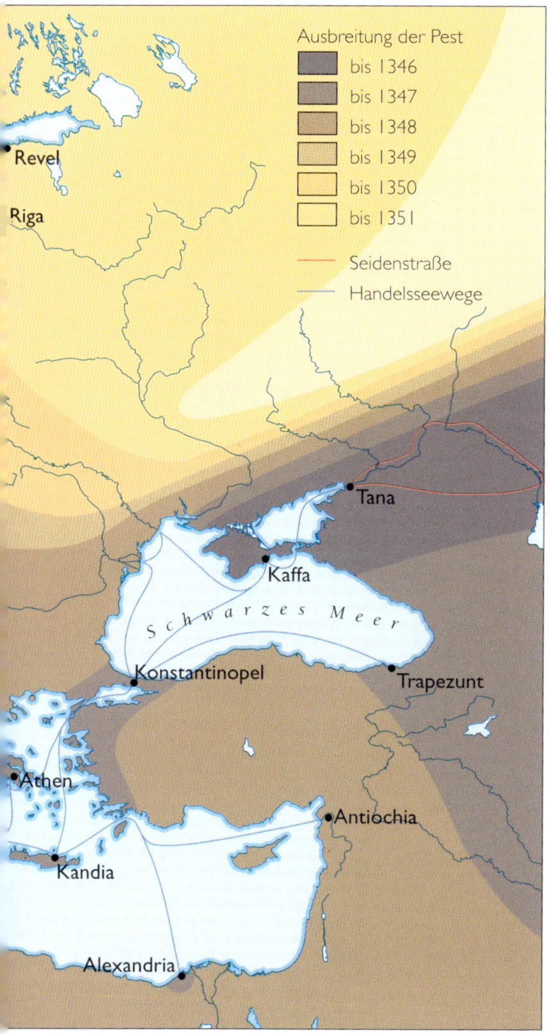

Trotz des Wachstums der Städte lebten 95 Prozent der Bevölkerung auf dem Land. Die meisten Bauern waren Leibeigene und durften ohne Erlaubnis ihres Grundherrn ihr Dorf nicht verlassen. Mitte des 14. Jahrhunderts brach in Europa die Pest aus, der im Lauf von vier Jahren ein Drittel der Bevölkerung zum Opfer fiel.

Ganze Landstriche wurden entvölkert. In manchen Regionen herrschte so großer Mangel an Arbeitskräften, dass die Löhne stiegen. Die Leibeigenen konnten ihr Land verlassen, um eine bezahlte Arbeit anzunehmen, oder Pächter werden. Doch da es kaum noch Abnehmer für die erzeugten Produkte gab, sanken die Preise wieder. Die Landbesitzer kürzten die Löhne und erlegten ihren Pächtern harte Bedingungen auf. Es kam zu Bauernaufständen wie 1381 in England. Der Klerus wurde wegen seines pompösen Lebensstils angefeindet. Ketzerische Bewegungen gewannen Zulauf. Sie wurden zwar niedergeworfen, aber die Kirche hatte nicht den Mut zu weitreichenden Reformen und bot weiterhin Zündstoff.

Die Renaissance

Die freien Stadtstaaten Norditaliens, wie Florenz und Mailand, waren damals die reichsten Regionen Europas. Ihr Wohlstand beruhte auf dem Fernhandel und dem Bankwesen. Als das Interesse an der Literatur, der Kunst, der Architektur und den Wissenschaften der griechischen und römischen Antike wieder erwachte, entstand hier im 14. Jahrhundert die kulturelle Bewegung der Renaissance.

Die Herrscher der italienischen Stadtstaaten wetteiferten um die besten Künstler, Musiker und Architekten der damaligen Zeit. Im 15. Jahrhundert wurde Florenz unter der Bankiersfamilie Medici zum kulturellen Zentrum Europas. Durch den Buchdruck, der um 1450 in Deutschland erfunden wurde, konnten Schriften breiteren Kreisen zugänglich gemacht werden. Gegen Ende des 15. Jahrhunderts begann sich die Kunst der Renaissance von Italien aus in ganz Europa zu verbreiten.

Zeittafel

1066
Wilhelm der Eroberer, Herzog der Normandie, erobert England.

ca. 1088
In Bologna, Italien, entsteht die erste Universität Europas.

ca. 1140
Die Abtei St. Denise nahe Paris ist das erste gotische Bauwerk.

1156
Friedrich Barbarossa, Kaiser des Heiligen Römischen Reiches, gründet das Herzogtum Österreich, um die Macht der Welfen in Bayern zu brechen.

1209
Papst Innozenz III. billigt die Bruderschaft (Orden) des Franz von Assisi.

1212
Durch den Sieg einer christl. Armee bei Las Navas de Tolosa wird die Macht der Mauren in Spanien gebrochen.

1215
König Johann ohne Land unterzeichnet die Magna Carta.

1250
Der Tod Kaiser Friedrichs II. markiert das Ende der deutschen Macht in Italien.

1326
In Europa wird mit Kanonen geschossen.

1455
Die Gutenberg-Bibel wird gedruckt.

1492
Mit Granada fällt die letzte Bastion der Mauren in Spanien. Christoph Kolumbus entdeckt Amerika.

Johanna, die Jungfrau von Orléans

Um 1420 stand Frankreich in dem Hundertjährigen Krieg gegen England (1337–1453) auf der Verliererseite. Die Engländer beanspruchten den französischen Thron und besetzten einen großen Teil Nordfrankreichs. Doch ein Bauernmädchen namens Johanna von Orléans wendete das Blatt. Sie sagte, die Heiligen Michael, Katharina und Margarete hätten sie beauftragt, ihr Heimatland zu retten. Ihre Botschaft erfüllte die französischen Soldaten mit neuer Hoffnung und Energie. Bekleidet mit einer Rüstung führte sie ein Heer an, das die Engländer 1429 bei Orléans besiegte. Kronprinz Karl wurde in Reims zum König von Frankreich gekrönt und bis 1453 wurden die Engländer weitgehend aus Frankreich vertrieben. Doch Johanna wurde gefangen genommen und 1430 als Ketzerin verbrannt. Später wurde sie die Nationalheilige Frankreichs.

Rechts *Johannas Ankunft vor Schloss Chinon*

Tang- & Sung-China

Die Tang-Dynastie war eine der erfolgreichsten Chinas. Sie dehnte das Reich weit nach Zentralasien aus. Der Handel und die Kunst blühten unter ihrer Herrschaft auf. Später verloren die Tang ihre Macht und wurden von der Sung-Dynastie abgelöst. China war reich und technologisch weit entwickelt, bis es von den Mongolen unterworfen wurde.

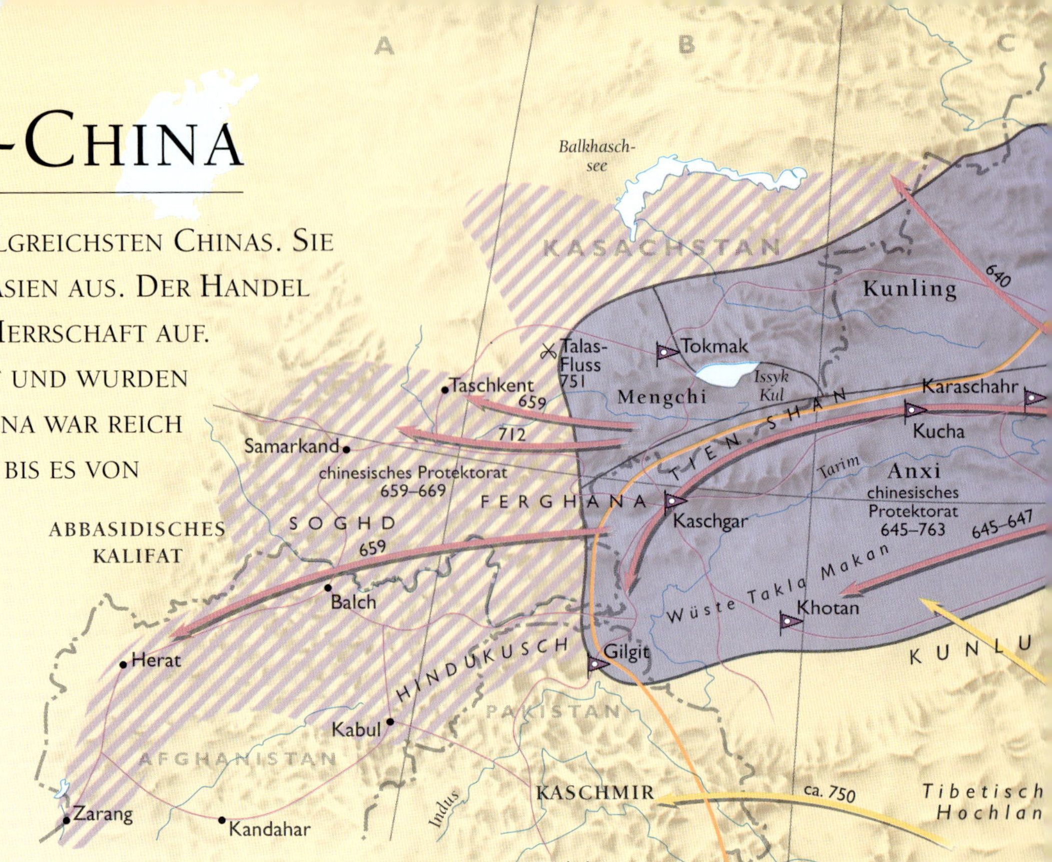

Die Tang-Dynastie (618–907) wurde von dem General Li Yuan begründet, der die Macht ergriff, um China vor dem Zusammenbruch zu bewahren. Sein ehrgeiziger Sohn Tai-tsung (Reg. 626–649) zwang ihn später dazu abzudanken. Tai-tsung war einer der begabtesten Führer Chinas. Als er an die Macht kam, war China erst seit drei Jahrzehnten wieder vereinigt. Nach dem Sturz der Han (202 v. Chr.–220 n. Chr.) war das Reich durch Bürgerkriege, die vier Jahrhunderte andauerten, geschwächt worden.

Tai-tsungs größte Leistung war die Einführung eines effizienten Regierungssystems. An der Spitze stand der Kaiser, ihm untergeordnet waren: das Kaiserliche Sekretariat, das Kaiserliche Kanzleramt und das Amt für Staatsangelegenheiten, das die einzelnen Ministerien beaufsichtigte, die für Verwaltung, Finanzen, Religion, Justiz, Militär und öffentliche Arbeiten zuständig waren. Das Reich war in 15 Verwaltungsbezirke unterteilt. Bereits die Han-Kaiser hatten angeordnet, dass die Beamten durch Prüfungen ausgewählt werden sollten. Jeder konnte Beamter werden, aber nur die reichen Grundbesitzer waren in der Lage, sich die Bildung anzueignen, die nötig war, um die Prüfungen zu bestehen.

Tai-tsung wies den Armen Land zu und senkte die Steuern. Die Landwirtschaft und das Handwerk nahmen einen kräftigen Auf-

Buddhismus in Tibet

In Tibet entstand unter dem buddhistischen Herrscher Sronbtsan-sgampo (Reg. 608–650) erstmals ein mächtiges Königreich. Es drang nach Zentralasien vor, wo es mit den territorialen Ambitionen der chinesischen Tang in Konflikt geriet, bis es im 9. Jahrhundert schließlich zerfiel.

Der indische Missionar Atisa sorgte im 11. Jahrhundert in Tibet für eine Wiederbelebung des Buddhismus, der bald alle Aspekte des tibetischen Lebens prägte. Es entstanden zahlreiche Sekten und viele Klöster. Die Mongolen, die Tibet 1247 eroberten, setzten mächtige Priester ein, die Tibet regierten. Sie wurden Lamas genannt.

Links *Das tibetische Kloster Shalu (ca. 1040)*

618–1287

Unten *Das Modell einer chinesischen Dschunke. Mit solchen Segelschiffen wurden in der Sung-Zeit weite Reisen über das Meer unternommen.*

schwung, ebenso der Binnenhandel. Den Gelben Fluss und den Jangtse verbanden Kanäle. China exportierte Töpferwaren und Seide. Das Porzellan, Kanalsperren und das Schießpulver wurden erfunden.

Die Tang unternahmen erfolgreiche Feldzüge und errichteten ein Protektorat über die Nomaden an der Westgrenze. Dadurch kamen sie in Kontakt mit dem jungen Königreich Tibet, das sich ebenfalls nach Zentralasien ausdehnte. Zeitweilig reichte die Macht der Tang bis Ferghana und Soghd an der Ostgrenze zu Arabien. Doch wegen der großen Entfernungen war das zentralasiatische Reich nur schwer zu verteidigen.

Am Fluss Talas bei Samarkand erlitten die Chinesen 751 eine schwere Niederlage. Die Niederlage gegen die Tibeter bei Tingchou, 40 Jahre später, führte zum Verlust der Kontrolle über den Gansu-Korridor und leitete den Zusammenbruch des Reiches in Zentralasien ein. Auch Gebietsgewinne in Korea ließen sich nicht halten. Zwar konnte in Koguryo im Norden ein Protektorat errichtet werden, aber zwischen 668 und 676 wurden die Chinesen von Silla, einem Reich im Süden, aus Korea vertrieben.

Ein von General An Lushan angeführter Aufstand (755–763) trug zum Verlust Zentralasiens bei, denn zu seiner Niederschlagung mussten Truppen aus dem Nordwesten abgezogen werden. Danach verfiel die Autorität der Tang, und in den Provinzen ergriffen Militärkommandeure die Macht. Die Tang-Dynastie wurde 907 gestürzt. China zerfiel in ein Dutzend Königreiche, die sich bekämpften.

Die Sung-Dynastie

Von den Brüdern Sung Tai-tsu (Reg. 960–976) und Sung Tai-tsung (Reg. 976–997) wurde China wieder vereinigt. Sie stießen kaum auf Widerstand, da sich in der Tang-Zeit im Volk die Meinung verbreitet hatte, dass China unter einem Kaiser vereint bleiben solle. In der Zwischenzeit aber waren im Norden und Westen mächtige Reiche entstanden, die die Sung an der Eroberung der Grenzgebiete hinderten, die früher zum Tang-Reich gehört hatten.

Die Sung-Dynastie teilt sich in zwei Perioden: die Nördliche Sung-Dynastie mit der Hauptstadt Kaifeng im Tal des Gelben Flusses (960–1127) und die Südliche Sung-Dynastie (1127–1279). Kaifeng wurde 1127 von den Juchen aus der Mandschurei erobert, die den Norden Chinas unterwarfen und ein Reich unter der Chin-Dynastie errichteten. Die Sung-Kaiser verlegten ihre Hauptstadt nach Hangchou im Süden. Der Süden hatte sich inzwischen zum reichsten und am dichtesten bevölkerten Teil Chinas entwickelt.

Im 13. Jahrhundert drangen die Mongolen, die unter Dschingis Khan vereint worden waren (*siehe S. 92–95*), aus den Steppen Zentralasiens vor. Zunächst diente das Chin-Reich als Pufferzone zwischen den

Unten *Das Bild aus der Tang-Zeit zeigt den kaiserlichen Hof auf der Flucht vor einer Revolte der Lushan.*

Links In der Zeit der Tang- und Sung-Dynastie war der Buddhismus schon weit verbreitet. Er hatte in allen Bereichen der chinesischen Gesellschaft Fuß gefasst und sich mit überlieferten religiösen Traditionen vermischt. Der Buddhismus übte starken Einfluss auf die chinesische Kunst aus. Diese Figur stellt die buddhistische Gottheit Kuan-yin dar, die Mitleid und Güte verkörpert und in China sehr verehrt wurde.

Mongolen und den Sung, die die Mongolen sogar mit Soldaten unterstützten. Doch nach dem Fall der Chin 1234 sahen sich auch die Sung den Angriffen der Mongolen ausgesetzt. China wurde schließlich 1279 unterworfen und war fast ein Jahrhundert lang Teil des Mongolenreiches.

Zeit der Erfindungen

Das Sung-Reich war zwar das kleinste in der Geschichte Chinas, zeichnete sich aber durch beachtliche Leistungen aus. Die Sung-Herrscher waren human und begabt. China kam unter ihnen zur Blüte. Die Bevölkerung nahm rasch zu. Dank schnell wachsender Reissorten, die aus Vietnam eingeführt worden waren, konnte zweimal im Jahr geerntet werden. Die Menge an verfügbaren Nahrungsmitteln wurde fast verdoppelt. Zur Finanzierung des Handels wurden Banken eingerichtet. Erstmals in der Geschichte wurde Papiergeld in Umlauf gebracht.

In der Sung-Zeit wurden auch wegweisende Erfindungen gemacht. Dschunken – Segelschiffe mit hohem Heck und vorspringendem Bug – waren mit wasserdichten Schotten versehen, sodass sie auch schwerer See standhielten. Zur Navigation wurde ein Magnetkompass benutzt (bei dem, anders als beim später entwickelten europäischen Kompass, die Nadel nach Süden statt nach Norden zeigte). Flussboote wurden mit Schaufelrädern betrieben. Die Erfindung des Schießpulvers führte zur Entwicklung von Feuerwerkskörpern und Gewehren aus Bambusrohr. Bewegliche Drucklettern waren 200 Jahre früher bekannt als in Europa. Mit Wassermühlen wurden Blasebälge für Webstühle und Öfen betrieben. Viele der Erfindungen fanden ihren Weg nach Europa, wo sie im Mittelalter zum wirtschaftlichen Aufschwung beitrugen.

Rechts Diese Keramikvase wurde während der Mongolenherrschaft in China hergestellt. Ein Hinweis dafür, dass die traditionelle Kunst weiter florierte.

Zeittafel

618
Li Yuan wird der erste Kaiser der Tang-Dynastie.

640–659
Das Tang-Reich wird nach Zentralasien ausgedehnt.

755–763
Der Aufstand des Grenztruppenführers An Lushan schwächt die Tang dauerhaft.

791
Der Sieg der Tibeter bei Tingchou beendet die chinesische Herrschaft in Zentralasien.

ca. 850
Erfindung des Schießpulvers

907–960
Der Tang-Staat zerfällt, China wird geteilt: Zeit der „5 Dynastien" und der zehn Staaten.

936
Die Gründung des Reiches Koryo führt zur Einigung Koreas.

960–979
Sung Tai-tsu, Gründer der Sung-Dynastie, erneuert das Chinesische Reich.

969
Kanonen mit Schießpulver werden erstmals eingesetzt.

1090
Für den Hof der Sung wird eine mit Wasser betriebene Uhr gebaut.

1127
Nachdem die Juchen Kaifeng erobert haben, wird die Sung-Stadt nach Hangchou verlegt.

ca. 1150
Der Magnetkompass ist in China in Gebrauch.

1234
Das Chin-Reich wird von den Mongolen erobert; erste Überfälle der Mongolen auf das Sung-Reich.

1271
Der Mongolenherrscher Kublai Khan begründet die Yüan-Dynastie.

1276
Die Mongolen erobern Hangchou.

1279
Bei der Seeschlacht vor Hainan wird der letzte Sung-Herrscher geschlagen. Die Mongolenherrschaft in China beginnt.

Das Reich der Mongolen

Die Mongolen waren ein nomadisches Reitervolk aus den Steppen Zentralasiens. Im 13. Jahrhundert überrannten sie die Völker Eurasiens zwischen China und Ungarn. Ihr erfolgreichster Führer war Dschingis Khan. Doch schon nach einem Jahrhundert zerfiel ihr Reich in vier Khanate. Ende des 15. Jahrhunderts waren die Mongolen wieder verschwunden.

Die Steppen, ausgedehnte Grasflächen, erstrecken sich über mehr als 5000 Kilometer von der Donauebene in Osteuropa über Russland und Zentralasien bis zur Mandschurei. Ihr Klima ist durch strenge Winter und trockene Sommer gekennzeichnet. Früher lebten hier bäuerliche Nomaden, die auf der Suche nach neuen Weideplätzen mit ihren Pferde-, Schaf- und Rinderherden große Entfernungen zurücklegten. Mit den sesshaften Nachbarvölkern trieben sie Handel.

Hin und wieder überfielen Reiterheere wie das des Hunnenkönigs Attila, der Europa im 5. Jahrhundert in Angst und Schrecken versetzte, die Völker in den angrenzenden Gebieten. Sie verbreiteten große Unruhe, aber ihre Reiche konnten sich nicht lange halten. Die nomadischen Steppenvölker besaßen keine Organisations-

Leben in der Steppe

Dauerhafte Siedlungen kannte man in der Steppe nicht; noch heute wohnen die Nomaden in Jurten. Das Leben war hart: Wer nicht mehr reisen konnte, musste zurückbleiben, wenn die Herden weiterzogen. So entstand ein zäher Menschenschlag. Kriege zwischen den Stämmen waren üblich, vor allem in Trockenzeiten, wenn um die besten Weideplätze gekämpft wurde. Die Krieger hatten Pfeile mit knöchernen Spitzen und konnten dank ihrer schnellen Pferde Überraschungsangriffe starten.

Rechts *Die Jurte eines Nomaden in der Mongolei*

1200 – 1500 n. Chr.

Oben Kublai Khan eroberte China. Mit Pelzen und edlem Schuhwerk bekleidet ist er hier bei der Jagd dargestellt – die Lieblingsbeschäftigung der Mongolen, wenn sie nicht Krieg führten.

formen, um die eroberten Gebiete zu verwalten. Ihre Führer waren nur so lange erfolgreich, wie sie Beute machten und ihre Kämpfer damit entlohnten.

Die Mongolenstürme

Der größte Mongolenkrieger war Temudschin, besser bekannt als Dschingis Khan („Weltherrscher"). Er nahm diesen Titel an, nachdem er die mongolischen Stämme 1206 vereinigt hatte. Dschingis Khan war ein brillanter Heerführer und schuf das schlagkräftigste Reiterheer der Geschichte. Um seine Macht zu festigen, musste er seine Krieger bei Laune halten. Ohne Kriegsbeute hätten sie ihn bald im Stich gelassen. Deshalb wurden ständig neue Feldzüge unternommen: von Nordchina über Zentralasien nach Indien, in den Iran und schließlich ans Schwarze Meer und nach Südrussland. So eroberte Dschingis Khan ein Großreich, das jenes des Makedoniers Alexander bei weitem übertraf.

Kein anderes Heer war der Kampftaktik der Mongolen gewachsen. Sie waren sehr gute Reiter, die in vollem Galopp Bogenschießen und auf große Entfernungen ihr

Links *Die Mongolen erobern eine Burg im Sturm.*

Ziel treffen konnten. Eine Taktik war es, einen Rückzug vorzutäuschen und den Gegner so in einen Hinterhalt zu locken. Am gefährlichsten waren sie in der Weite der Steppe. Die Steppe war ihre Lebensader, denn für ihre großen Pferdeherden brauchten sie viel frisches Weideland.

Die Nachfolger Dschingis Khans waren sein Sohn Ügedai (Reg. 1229–1241), seine Enkel Küyük (Reg. 1241–1248), Möngke (Reg. 1251–1259) und Kublai Khan (Reg. 1260–1294). Ihre Reiter überrannten Tibet, Korea, Persien, den Irak, weite Teile Ungarns und Russlands. Nach zehn Jahren Krieg unterwarf Kublai Khan 1279 Sung-China und die Yuan-Dynastie (*siehe S. 91*): der letzte große Sieg der Mongolen. Kublais Feldzüge nach Südostasien brachten keine dauerhaften Erfolge. Zweimal scheiterte er mit dem Vorstoß nach Japan (*siehe S. 99*).

Die Mongolen verübten bei ihren Eroberungszügen schreckliche Gräueltaten: Bei der Eroberung Bagdads 1251 wurden mehr als 200 000 Gefangene ermordet. Ihr Terror kostete Millionen Menschen das Leben und fügte den beiden fortgeschrittensten Kulturen der damaligen Zeit, der islamischen und der chinesischen, irreparablen Schaden zu. Die zerstörten Handelsstädte Zentralasiens erholten sich nie mehr. Weite Gebiete Nordchinas, Persiens und des Irak wurden entvölkert und Russland blieb fast zwei Jahrhunderte lang von den Entwicklungen in Europa abgeschnitten.

Doch die Herrschaft der Mongolen führte auch zu einer Zunahme des Handels und der kulturellen Kontakte zwischen China und dem Rest der Welt. Die Mongolen verhielten sich den christlichen Europäern gegenüber nicht so feindselig, wie die Muslime, als sie noch die Handelswege durch Zentralasien beherrschten. So konnten europäische Kaufleute wie Marco Polo nach Osten reisen und die Europäer mit der Kultur und den Gütern der Chinesen bekannt machen.

Der Zerfall des Reiches

Karakorum, der bevorzugte Lagerplatz Dschingis Khans in der Mongolei, wurde 1235 Hauptstadt des Mongolenreiches. Doch da sich das weitläufige Reich nicht

Dschingis Khan

Dschingis Khan war der Sohn eines kleinen Klanführers, der nach der Ermordung seines Vaters den Schutz seines Stammes verlor. Doch wegen seiner militärischen Begabung scharte er bald Anhänger um sich. Durch geschicktes Taktieren gelang es ihm, Rivalitäten zwischen den Stämmen auszunutzen und sich zum Führer aller Mongolen aufzuschwingen. Auch als Herrscher über ein Riesenreich gab er das Nomadenleben nie auf. Mehr als 20 Jahre lang befand er sich ständig auf Feldzügen. Er reiste mit großem Gefolge und empfing in seiner reich geschmückten Jurte Botschafter anderer Stämme und Berater.

Links *Die persische Miniatur zeigt Dschingis Khan, der in seiner Jurte Gericht hält.*

mehr von nur einem Ort aus regieren ließ, wurden Khanate zur Verwaltung der im Westen eroberten Gebiete eingerichtet: das Khanat der Goldenen Horde, das Il-Khanat in Persien und das Chagatai-Khanat in der zentralen Steppe. Ihre Führer sollten sich dem Großen Khan unterordnen, hatten sich jedoch alle schon von der Zentralregierung gelöst, als Kublai 1260 Khan wurde. Danach brachten die Mongolen keine herausragenden Khane mehr hervor. Nachdem die Khane die Kontrolle über die Gebiete im Westen verloren hatten, zerfiel das Reich in rivalisierende Stammesgebiete und Staaten. Die Mongolen der Goldenen Horde traten zum Islam über, was sie von ihren christlichen russischen Untertanen entfremdete. Im Osten erlangte Tibet 1294 wieder seine Unabhängigkeit. China wurde zwischen 1356 und 1368 durch einen Bauernaufstand unter Tschü Yün-tschang befreit. Nach der Eroberung Pekings, das seit 1266 Hauptstadt des Großen Khanats gewesen war, ließ er sich zum ersten Kaiser der Ming-Dynastie (1368–1644) ausrufen. Die Macht des Großen Khanats war nun auf das Kernland der Mongolen in der östlichen Steppe beschränkt.

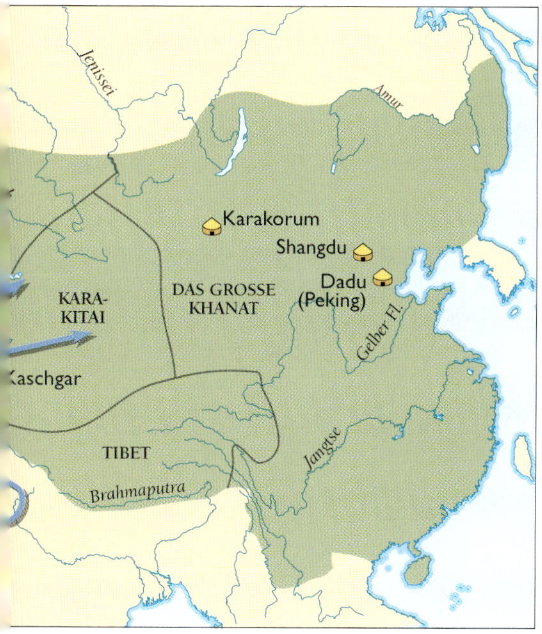

Timurs Feldzüge

Timur (Reg. 1361–1405), der wegen seiner Grausamkeit berüchtigte Emir von Samarkand im Chagatai-Khanat, war der letzte mongolische Eroberer. Er war Muslim und sprach türkisch, betrachtete sich aber auch als Nachfahre Dschingis Khans und verbrachte fast sein ganzes Leben auf Feldzügen in Zentralasien und im Mittleren Osten. Viele Gefangene wurden versklavt und mussten z. B. in Samarkand Moscheen errichten. Timur soll sogar Türme aus den Schädeln seiner Opfer gebaut haben. Nach seinem Tod ging sein Reich jedoch unter. Seine Kriegszüge hatten in der islamischen Welt großen Schaden angerichtet und die westlichen Khanate geschwächt.

Zeittafel

1204–1206
Temudschin vereint die Mongolen und wird zum Dschingis Khan erhoben.

1211
Die Mongolen überfallen das Chin-Reich in Nordchina zum ersten Mal.

1215
Die Mongolen erobern Peking.

1219–1221
Dschingis Khan überfällt Persien.

1227
Tod Dschingis Khans

1237–1241
Die Mongolen verwüsten Russland und Osteuropa.

1241
Das Khanat der Goldenen Horde wird in Russland errichtet.

1260
Sieg der Mamelucken über die Mongolen bei Ain Dschalut (Syrien).

1268–1279
Der Kublai Khan erobert das Sung-Reich in China.

1346
In Kaffa auf der Krim bricht die Pest unter den mongolischen Soldaten aus.

1361–1405
Timur Lenk wird Emir von Samarkand.

1368
Tschu Yün-tschang, der Gründer der Ming-Dynastie, vertreibt die Mongolen aus China.

1382
Die Goldene Horde plündert Moskau.

1480
Die Russen verweigern die Tributzahlung an die Goldene Horde.

1502
Die Krimtataren zerschlagen die Goldene Horde.

1517–1526
Babur, Nachkomme Dschingis Khans und Timurs, gründet das Mogul-Reich in Indien.

1697
Die Chinesen erobern die Mongolei.

Das japanische Inselreich

Die japanische Erbmonarchie wurde von den Yamato-Königen begründet, die das gesamte Land unterwarfen und einen kaiserlichen Hof errichteten. Zunächst war Japan stark von China beeinflusst, bald aber brachte es eine eigene Kultur hervor. Doch die eigentliche Macht lag bei rivalisierenden Stämmen. Um 1500 war Japan in Hunderte kleiner Feudalstaaten zerfallen.

Aufgrund ihrer isolierten Lage lebten die japanischen Stämme noch als Jäger und Sammler, als man auf dem asiatischen Festland schon längst zu Ackerbau und Viehzucht übergegangen war. Bereits sehr früh wurden Tongefäße hergestellt (ca. 5000 v. Chr.), aber Reisanbau, Eisenhandwerk und Textilherstellung kamen erst um 3000 v. Chr. auf, als sich Einwanderer aus Asien auf Kyushu, der südlichsten japanischen Insel, niederließen. Von dort verbreitete sich die Yayoi-Kultur überall in Japan, mit Ausnahme von Hokkaido. Diese gebirgige Insel im Norden, die von den Ainu besiedelt war, blieb bis zum 17. Jahrhundert isoliert.

Die Einigung Japans

Um 300 n. Chr. begannen Stammeshäuptlinge, die an der Inlandsee im Süden Japans lebten, große Gräber anzulegen, in denen man Tongefäße, Juwelen, Waffen, Rüstungen und andere kostbare Dinge fand. Gegen Ende des 4. Jahrhunderts kontrollierten Herrscher eines Reiches in der Yamato-Ebene auf Honshu ein großes Gebiet.

Bis Ende des 6. Jahrhunderts dehnten die Yamato ihre Herrschaft über den größten Teil Japans aus. Kurze Zeit beherrschten sie auch einen Teil der koreanischen Halbinsel. Die chinesische Kultur übte damals großen Einfluss aus. Man verwendete die chinesische Schrift und den chinesischen Kalender in Japan. 604 n. Chr. führte Prinz Shotoku eine Verfassung ein, die an jene des chinesischen Hofes angelehnt war und dem Kaiser absolute Macht über den Adel verlieh. Er holte Handwerker aus China ins Land und förderte die Kunst im chinesischen Stil. 646 n. Chr. wurde aller Grundbesitz, wie in China, dem Kaiser unterstellt. 710 n. Chr. erhob man Nara zur neuen ständigen Hauptstadt des Reiches.

Schließlich wurde der Buddhismus, der um 552 aus Korea nach Japan gekommen war, Staatsreligion. Allmählich gewannen die buddhistischen Mönche immer mehr Einfluss. Trotzdem konnte der Buddhismus die traditionelle polytheistische Shinto-Religion Japans nie ganz verdrängen.

Die Heian-Periode

Kaiser Kammu verlegte 794 die Hauptstadt von Nara nach Heian, um sich vom Einfluss der immer mächtiger werdenden buddhistischen Klöster zu befreien. Heian (seit dem 11. Jahrhundert Kyoto) blieb bis ins 19. Jahrhundert Kaisersitz und Verwaltungshauptstadt und war kulturelles und soziales Zentrum des Landes. Der Lebensstil in der Stadt wurde geprägt vom höfischen Adel, der rund zehn Prozent der ca. 100 000 Einwohner ausmachte. Der Adel betrachtete das höfische Leben selbst als eine Art Kunst. Schöne Handschriften, elegante Kleider und die Begabung, zu dichten oder zu komponieren, wurden für beide Geschlechter der Schlüssel zum Erfolg bei Hofe. Kunst und Literatur – zunächst auf Chinesisch, später auf Japanisch – blühten auf. Viele literarische Werke wurden von Frauen verfasst, darunter auch das

Links Auf diesem Fächer aus dem 12. Jahrhundert sind Diener dargestellt, die die Veranda eines Tempels reinigen; überschrieben mit einem buddhistischen Text. Die Kalligrafie (Kunst des schönen Schreibens), das erlesene Papier und die wunderschöne farbige Bemalung sind Ausdruck des höfischen Lebensstils in der Heian-Zeit.

Der Weg der Götter

Der Shintoismus, die alte Religion Japans, kannte unzählige Götter und Geister („kami"). Sie waren nicht nur in allen Lebewesen gegenwärtig, wie man glaubte, sondern auch in der Natur, in Wässerfällen, Felsen und Bäumen. Sie waren keine universalen Götter, sondern mit bestimmten Menschen, Geistern von Ahnen oder Orten verbunden. Nach der Einführung des Buddhismus vermischten sich beide Religionen. Die Shinto-Gottheiten galten nun als Schutzgötter und Verkörperungen der buddhistischen Heiligen. Besondere Bedeutung im japanischen Buddhismus hat der Zen, in dessen Mittelpunkt die Meditation steht. Zu diesem Zweck legten die Zen-Mönche wunderschöne Gärten an.

Oben Der Goldpavillon in Kyoto, umgeben von einem Zen-Garten

Links Die Shinto-Schutzgottheit Zao Gongen wehrt das Böse ab.

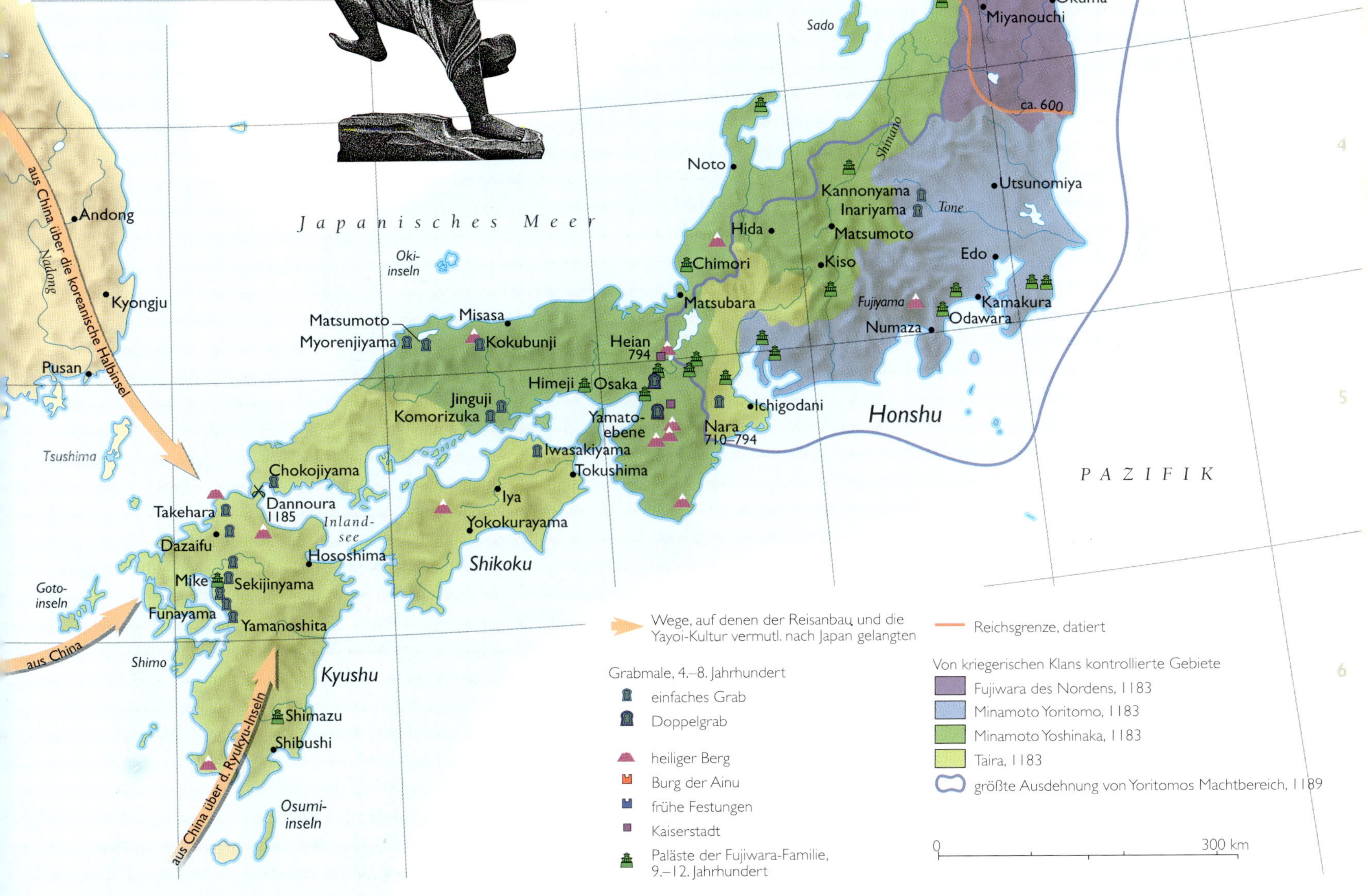

Ginji monogatari, das als erster Roman der Literaturgeschichte gilt. Das Kriegshandwerk dagegen brachte nur wenig Ansehen. Durch komplizierte Rituale, Kleidung und Etikette hob sich die höfische Elite vom gemeinen Volk ab.

Die Heian-Kaiser gerieten zunehmend unter den Einfluss adeliger Familien wie den Fujiwara, die ihre Töchter mit Angehörigen der kaiserlichen Familie verheirateten. Die Adelsfamilien und die buddhistischen Tempel brachten die Kaiser dazu, ihnen als Belohnung für ihre Dienste steuerfreie Ländereien, so genannte *shoen*, zu übertragen. Bald stellten reiche Grundbesitzer und buddhistische Klöster zu ihrem Schutz eigene Krieger in ihre Dienste: die Samurai. Diese entwickelten sich zu einer erblichen Kaste. Für ihre militärischen Dienste bekamen sie Land. Als sich einzelne Gruppen von Samurai immer mehr verselbstständigten, wurde das Land von privaten Kriegen heimgesucht, die sich häufig jahrelang hinzogen.

Die Shogune

Im 12. Jahrhundert mischten sich die Samurai-Geschlechter in die höfische Politik ein. Die Familie Fujiwara verlor ihren Einfluss, als die Familien Taira und Minamoto Machtansprüche erhoben. Es kam zu einem Bürgerkrieg (1180–1185).

Unter Führung von Minamoto Yoritomo besiegte die Minamoto-Familie die Taira in der Schlacht bei Dan-no-ura. Yoritomo, der nun der mächtigste Mann Japans war, erhielt 1192 vom Kaiser den Titel Shogun („Barbarenbesieger").

Yoritomo war ein ausgezeichneter Verwalter. Seine Burg in Kamakura im östlichen Honshu wurde zu einem zweiten Regierungssitz. Um seine Autorität in den Provinzen zu festigen, schuf er das Amt des *Shugo* (lokaler Militärgouverneur). Der kaiserliche Hof blieb in Heian, aber die eigentliche Macht lag beim Shogun; der Kaiser wurde zu einer reinen Repräsentationsfigur. Die Nachfolger Yoritomos wurden seine

Links *Dieses Gemälde zeigt den Heiji-Aufstand 1159, der das Taira-Geschlecht an die Macht brachte. Berittene Samurai liefern sich mit einem Minamoto-Heer eine offene Feldschlacht. Ihre Hauptwaffe ist der Langbogen; das lange, gebogene und tödliche „Tachi“-Schwert – gerühmt als „die Seele des Samurai“ – war noch nicht in Gebrauch.*

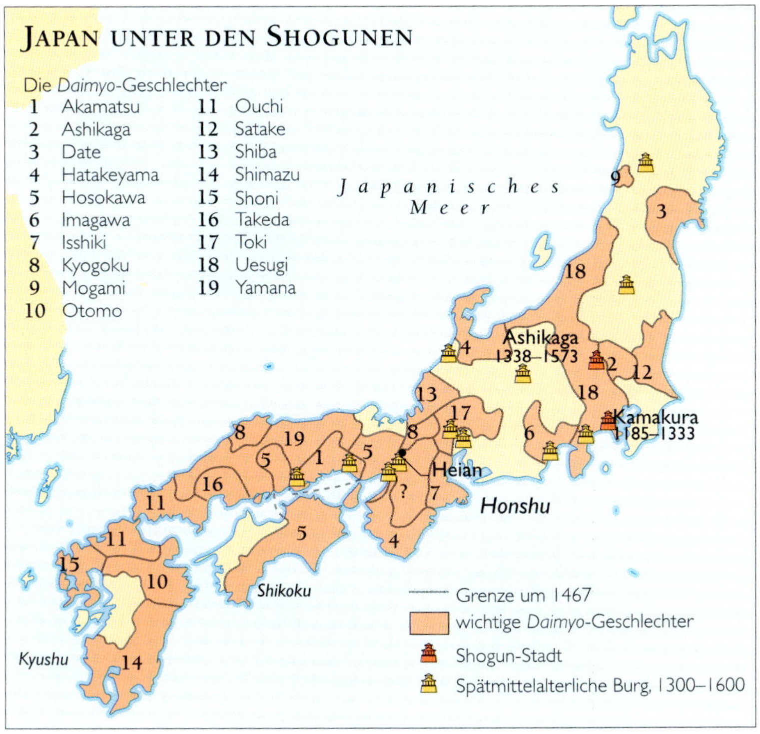

beiden Söhne. Doch als das Geschlecht der Minamoto ausstarb, fiel das Amt des Shogun an die Hojo-Familie. Sie wurde schon bald sehr mächtig und beherrschte alle Bereiche der Gesellschaft.

In den Jahren 1274 und 1281 versuchte der Mongolenführer Kublai Khan *(siehe S. 94)* von Korea aus nach Japan vorzustoßen. Die Hojo-Regierung ergriff eilige Abwehrmaßnahmen. Wie durch ein Wunder wurde die mongolische Invasionsflotte beide Male von Taifunen heimgesucht, bevor es zu einem größeren Schlagabtausch kommen konnte. Die Japaner schrieben diese wundersame Rettung dem Kamikaze („göttlicher Wind“) zu und betrachteten sie als Beweis dafür, dass ihr Land unter dem besonderen Schutz der Götter stehe.

Das Bushido – „Kriegerweg“

Die Samurai lebten nach dem Kodex des Bushido („Kriegerweg“). Als besonders wichtig galten der Umgang mit Waffen, vor allem dem Schwert und dem Bogen, körperliche Fitness und Mut. Ein Samurai musste einfach leben, sich ehrenhaft verhalten und seine Eltern respektieren. Seine Hauptpflicht aber bestand darin, seinem Herrn treu zu dienen und wenn nötig sein Leben für ihn zu opfern. Sich zu ergeben galt als die größte Schmach; es war ehrenhafter, Selbstmord zu begehen als sich gefangen nehmen zu lassen. Aber ein Samurai musste nicht nur das Kriegshandwerk meisterlich beherrschen, er sollte auch Gedichte verfassen können und für menschliche Gefühle empfänglich sein.

Links *Die prächtige Rüstung eines Samurai*

Aufstieg der Daimyo

Nach einem Bürgerkrieg, der durch den Versuch von Kaiser Go-Daigo, die Macht zurückzugewinnen, ausgelöst wurde, übernahmen 1338 die Ashikaga das Shogunat von den Hojo. Inzwischen hatte der *Shugo* mehr Macht als die Shogune, und die Zentralregierung verlor immer mehr an Autorität. Ein weiterer Bürgerkrieg, der Onin-Krieg (1467–1477), führte zu allgemeiner Unzufriedenheit in den Provinzen. So war es einer neuen Schicht feudaler Kriegsherren, den Daimyo („großer Name“), möglich, die Macht zu übernehmen.

Die Daimyo errichteten Heere aus Samurai-Vasallen und führten ständig Krieg. Ihre stark befestigten Burgen zogen viele Kaufleute und Handwerker an. So entstanden Märkte, was zu einem sprunghaften Wachstum der Städte führte. Um 1500 waren die Shogune genauso machtlos wie die Kaiser und Japan war in beinahe 400 eigenständige Kleinstaaten zerfallen.

Zeittafel

ca. 300 v. Chr.
Reisanbau und Eisenverarbeitung kommen von Asien nach Japan.

ca. 300–400 n. Chr.
Das Yamato-Reich entsteht.

369
Nach einer Quelle aus dem 8. Jh. n. Chr. erobert ein japanisches Heer Korea.

552
Aus Korea kommt der Buddhismus nach Japan.

593–622
Prinz Shotoku gründet einen zentralisierten japanischen Staat an Chinas Grenze.

646
Gründung des absoluten Kaisertums

662
Die Japaner werden aus Korea vertrieben.

708
Japan führt das Münzwesen ein.

794
Gründung des Kaiserhofs von Heian (Kyoto)

858
Die Fujiwara-Familie erringt die Macht und verdrängt das absolute Kaisertum.

1010
Frau Murasaki Shikibu schreibt das *Ginji monogatari*.

1156–1159
Die Familie Taira beherrscht den Hof.

1185
Minamoto Yoritomo entmachtet den Taira-Clan und wird Shogun.

1333–1338
Go-Daigo beseitigt das Shogunat und regiert selbst.

ca. 1360
In Japan werden die No-Spiele (Theater) entwickelt.

1467–1477
Der 150-jährige Bürgerkrieg zwischen dem Adel endet mit dem Aufstieg der Daimyo.

1573
Untergang des Ashinkaga-Shogunats

Die afrikanischen Königreiche

Die ersten Königreiche Afrikas entstanden um 3000 v. Chr. im ägyptischen Niltal und um 1700 v. Chr. in Nubien. Südlich der Sahara gab es bis zum 1. Jahrtausend n. Chr. nur wenige organisierte Staaten. Der Ausbau von Handelswegen (Karawanenrouten) durch die Sahara und die Zunahme des Fernhandels über den Indischen Ozean liessen bis 1000 n. Chr. in West- und Ostafrika wohlhabende Städte und Reiche entstehen.

Rechts *Kleine Statue eines Königspaares aus Ife, einem westafrikanischen Königreich, das für Töpfereiwaren und Bronzen bekannt war.*

Jahrtausendelang bildete die Sahara eine unüberwindliche Grenze, die die Bewohner Nordafrikas von den anderen Völkern des Kontinents trennte. Südlich der Sahara waren die meisten Menschen Bauern, nomadische Viehzüchter oder Jäger und Sammler. Um 2000 v. Chr. drangen Bantu-Stämme aus ihren ursprünglichen Gebieten in Südnigeria und Kamerun nach Zentral- und Ostafrika vor und erreichten um 500 n. Chr. auch das südliche Afrika.

Der Kontakt mit nichtafrikanischen Ländern war nur über den Nil, also über Ägypten, und durch Händler möglich, die den Indischen Ozean befuhren und regelmäßig die Ostküste Afrikas aufsuchten, um Töpferware und andere Güter gegen Gold, Elfenbein, Harze und Sklaven zu tauschen. Nachdem um 100 n. Chr. in Nordafrika Kamele eingeführt worden waren, konnten die Händler die Sahara durchqueren. So kam die mediterrane Welt erstmals mit den Völkern südlich der Sahara in Kontakt.

Städte im Sahel

Der Sahel, das trockene Grasland, das den südlichen und westlichen Rand der Sahara säumt, war seit Jahrtausenden von Bauern besiedelt. Es eignete sich ideal für die Viehzucht, während man die Gebiete um die Flüsse, Wasserlöcher und Seen für den Anbau von Pflanzen nutzte. Mit der Intensivierung der Landwirtschaft wuchs die Bevölkerung. Die Kultur der Nok, die um 500 v. Chr. im nördlichen Nigeria entstand, kannte bereits Eisen und stellte kunstvolle Terrakotta-Skulpturen her. Der lokale Handel mit Salz, Metallen und Nahrungsmitteln gewann an Bedeutung und führte zur Entstehung von Handelszentren wie Jenne-jeno im heutigen Mali, das um 400 n. Chr. von einer Schutzmauer umgeben war. Ghana, rund 650 Kilometer nordwestlich des heutigen Staates Ghana gelegen, war eines der ersten Königreiche, die Ende des 1. Jahrtausends im westlichen Sahel entstanden. Seine Herrscher wurden mit kostbaren Grabbeigaben in Erdhügelgräbern bestattet.

Der Islam verbreitete sich im Sahel, nachdem Berber-Händler aus Nordafrika ihn um 1000 n. Chr. eingeführt hatten. Da es keine Steine gab, baute man die großen, bienenkorbförmigen Moscheen aus getrockneten Lehmziegeln. An den westlichen und südlichen Endpunkten der Handelsrouten durch die Sahara wurden Gold, Elfenbein und Sklaven aus den tropischen Regionen Afrikas gegen Salz, Glas und Töpfereiwaren getauscht. Besonders teuer waren Pferde, die man im Sahel nicht züchten konnte.

Rechts *Die Große Moschee von Jenné, Mali, ist das weltweit größte Bauwerk aus Lehm.*

Christi Geburt–1500

Im Gefolge dieses Handels entstand das Königreich Mali (ca. 1200–1500). Seine bewaffneten Reiter beherrschten große Teile des westlichen Sahel. Mali besaß fruchtbares Ackerland entlang des Flusses Niger und kontrollierte den Zugang zu den reichen Goldfeldern Westafrikas. Später wurde es von Songhai unterworfen, während die Nomadendynastie Kanem-Bornu im Zentrum des Sahel ein Reich errichtete.

Bis 1300 entwickelten sich aus den Bauernkulturen in den Regenwäldern Westafrikas ebenfalls Königreiche. In Oyo, Ife und Benin (Nigeria) wurden Skulpturen aus Terrakotta, Eisen und Bronze angefertigt.

Nubien & Aksum

Nubien (ägyptisch „Kusch") lag am oberen Nil im heutigen Sudan. Hier entstand ein Reich, das von Ägypten beeinflusst und später, wegen der Goldvorkommen und zum Sklavenfang, von ihm erobert wurde. Im 8. und 7. Jahrhundert v. Chr. stellte eine nubische Dynastie die ägyptischen Pharaonen. Die Herrscher Nubiens wurden in Pyramiden bestattet. Auch eine Hieroglyphenschrift war bekannt. Die Stadt Meroë besaß zahlreiche Paläste und Tempelanlagen. Im 1. Jahrhundert n. Chr. verlor Nubien den Kontakt zum römischen Ägypten. Um 350 wurde Meroë durch Eindringlinge aus Aksum zerstört. Daraufhin spaltete sich Nubien in drei Nachfolgestaaten: Nobatia, Makkura und Alwa.

Im 1. Jahrhundert n. Chr. gewann das Königreich Aksum an der Küste des Roten Meeres eine Vormachtstellung. Über den Hafen Adulis stand Aksum in engem Kontakt mit Sabäa auf der anderen Seite des Roten Meeres. Sabäa – der heutige Jemen – war das Scheba der Bibel. Die Könige Aksums betrachteten sich als Nachfahren von König Salomo und der Königin von Scheba. Sabäas Reichtum beruhte auf dem Export von Elfenbein, Nashorn-Hörnern, Schildkrötenpanzern, Halbedelsteinen und Harzen, die in Rom sehr geschätzt wurden.

Christen & Muslime

Der Niedergang Aksums begann um 600. Um 975 wurde es zerstört. Granit-Obelisken, von denen der höchste 21 Meter misst, sind das Einzige, was von seiner Hauptstadt geblieben ist. Eine der Inschriften berichtet von der Taufe eines Königs um 350. Sie ist damit das früheste Zeugnis über die Christianisierung südlich der Sahara. Mönche aus Syrien und Ägypten verbreiteten das Christentum zwischen dem 4. und 6. Jahrhundert in Nubien und Aksum. Doch nach der Eroberung Ägyptens durch die Araber *(siehe S. 80–83)* waren die christlichen Gemeinden Afrikas von der christlichen Welt abgeschnitten. Inzwischen war

Gross-Simbabwe

Groß-Simbabwe mit seiner massiven Befestigung gehört zu den meistbesuchten Stätten im südlichen Afrika. Es wurde zwischen 1270 und 1450 erbaut und soll das Zentrum der Shona gewesen sein, die das Weideland zwischen dem Sambesi und dem Limpopo beherrschten.

Deutlich ist die „Große Einfriedung" zu erkennen. Man nimmt an, dass hier junge Frauen und Männer auf ihre Hochzeit vorbereitet wurden. In der Nähe lag ein heiliger Platz, an dem der König die Geister der Ahnen der Shona anrief. Der Königspalast umfasste mehrere Innenhöfe, in denen der König seinen Reichtum zur Schau stellen konnte. Seine Frauen lebten in einem eigenen Bereich; nach Schätzungen besaß ein König 300 Frauen, was auf seinen Wohlstand und seinen hohen Status hinweist. Die einfachen Menschen lebten in der angrenzenden Stadt; der gesamte Komplex beherbergte rund 18 000 Personen. Ausgrabungsfunde belegen, dass Groß-Simbabwe mit den islamischen Städten an der Ostküste Afrikas Handel trieb, darüber hinaus auch mit dem Mittleren Osten und sogar mit China.

Links *Die Mauerreste der „Großen Einfriedung"*

Links *So sahen die Schiffe aus, mit denen die Portugiesen die Küsten Afrikas erkundeten.*

im südlichen Bergland um Lalibela ein Nachfolgestaat von Aksum entstanden, der für seine in den Fels gehauenen Kirchen berühmt wurde. Im 12. Jahrhundert wurde hier das Königreich Äthiopien gegründet, das im 15. Jahrhundert fast das gesamte äthiopische Hochland kontrollierte. Die äthiopische Kirche war von den übrigen christlichen Gemeinden isoliert und entwickelte sich eigenständig.

Die Araber, die den Handel über den Indischen Ozean kontrollierten, islamisierten die Küstenregion des Roten Meeres bis zum Horn von Afrika. Weiter südlich entwickelten sich viele Handelsplätze, die stark islamisch geprägt waren.

Kontakt mit Europa

Das islamische Monopol im Handel mit Indien und dem Fernen Osten veranlasste europäische Seefahrer, nach neuen Seewegen zum Indischen Ozean zu suchen. Sie hatten sich an der Westküste Afrikas nie weit vorgewagt, weil die vorherrschenden Nordwinde die Rückkehr gefährdeten. Zu Beginn des 15. Jahrhunderts entdeckten die Portugiesen, dass weit draußen auf dem Atlantik Südwinde herrschten, die die Rückkehr der Schiffe begünstigten. So segelten sie weiter nach Süden und hinterließen Steinsäulen mit dem Datum ihrer Landung. 1487 umrundete das erste portugiesische Schiff das Kap der Guten Hoffnung und erreichte den Indischen Ozean. Die Portugiesen begannen damit, Sklaven aus Westafrika zu verkaufen, und errichteten dafür eigene Handelsstützpunkte.

Zeittafel

Christi Geburt –100
Am Roten Meer entwickelt sich das Königreich von Aksum.

ca. 350
Syrische Mönche bekehren König Ezana von Aksum zum Christentum.

ca. 400
Bei Jenne-jeno in Westafrika werden Grenzwälle errichtet.

ca. 540
Die Nubier werden christianisiert.

ca. 700
Das alte Königreich von Ghana dehnt sich in den Westen der Sahara aus.

738
Die Araber versklaven Westafrikaner.

ca. 800
An der ostafrikanischen Küste entstehen Handelsstädte.

ca. 1250
In Westafrika wird das Königreich Benin gegründet.

ca. 1250
Mali ist das stärkste Königreich in Westafrika.

ca. 1260–1277
Mansa Uli, König von Mali, unternimmt eine Pilgerfahrt nach Mekka.

ca. 1270
In Groß-Simbabwe wird die „Große Einfriedung“ errichtet.

1270
In Äthiopien übernimmt die salomonische Dynastie die Macht (bis 1777 n. Chr.).

1432
Portugiesische Seefahrer erschließen die Westküste Afrikas.

1450–1500
Songhai verdrängt Mali als Hauptmacht in der westlichen Sahelzone.

1487
Bartolomeu Dias umrundet das Kap der Guten Hoffnung und segelt in den Indischen Ozean.

1490
Häuptling Nzinga Nkuwu, Kongo, wird von den Portugiesen zum Christentum bekehrt.

Die Maya & die Azteken

Fast 2000 Jahre lang gab es in Mittelamerika Hochkulturen. Sie errichteten aufwändige Steinpyramiden für religiöse Rituale und entwickelten eine Schrift. Tenochtitlán, die Hauptstadt des mächtigen Azteken-Reiches, war grösser und reicher als jede europäische Stadt des 15. Jahrhunderts. Diese bemerkenswerte Kultur wurde um 1520 von den Spaniern vernichtet.

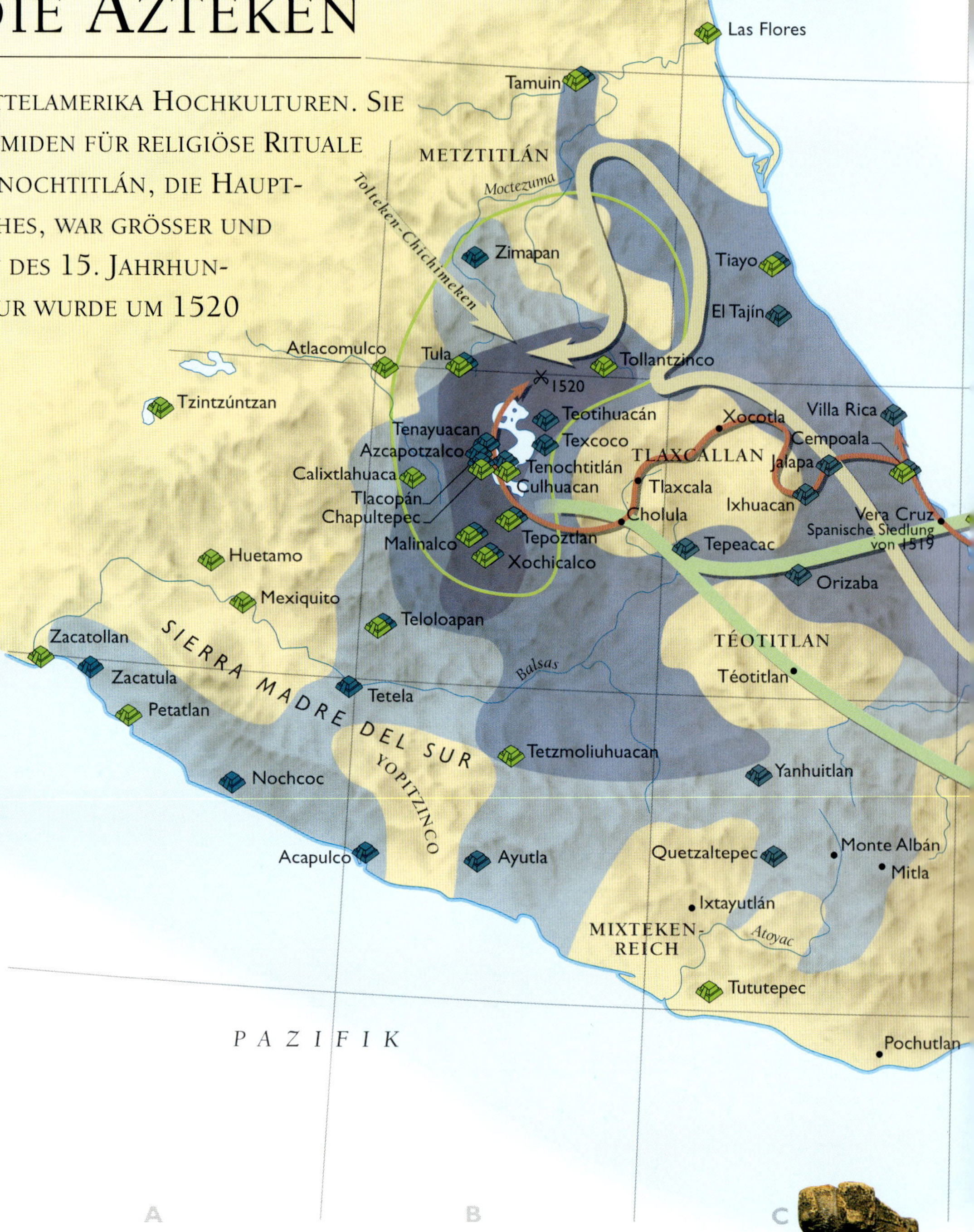

Die Einführung des Maisanbaus um 2700 v. Chr. schuf die Grundlagen für die Entwicklung der mittelamerikanischen Kulturen. Regelmäßige Niederschläge und ein ganzjährig warmes Klima ermöglichten es, in den Flussebenen im Südosten Mexikos viermal im Jahr zu ernten. Bis 1250 v. Chr. entstanden erste Staaten unter den Olmeken, die Kultstätten mit pyramidenförmigen Erdhügeln und monumentalen Steinskulpturen errichteten; später schufen sie die ersten astronomischen Kalender. Auch die Zapoteken im Oaxaca-Tal kannten komplexe Sozialgefüge. Hier entstand um 800 v. Chr. die erste Schrift Amerikas, die auf Piktogrammen beruhte. Hauptzentrum war Monte Albán, das zwischen 400 v. Chr. und 700 n. Chr. seine Blütezeit erlebte.

Im 1. Jahrhundert n. Chr. entstand bei Teotihuacán im Tal von Mexiko eine größere Stadt. Mit einer Fläche von 20 Quadratkilometern war sie größer als das antike Rom, hatte aber weniger Einwohner. Die Stadt verfügte über ein Straßensystem, Kultstätten, Paläste, einen großen Wohnbezirk, Werkstätten und ein Viertel für ausländische Händler. Die Sonnenpyramide, erbaut um 150, war das höchste Bauwerk im vorkolumbischen Amerika. Teotihuacán wurde um 750 geplündert.

Die Maya stammten aus dem Hochland von Guatemala. Um 1000 v. Chr. wanderten sie in das Tiefland auf der Halbinsel Yucatán ein, wo sie die Sümpfe mit Kanälen trockenlegten um Pflanzen anzubauen. Im 7. Jahrhundert v. Chr. begannen sie, monumentale Tempelpyramiden zu errichten. Es entstanden kleine Stadtstaaten. Die Schrift, den Kalender und das rituelle Ballspiel übernahmen sie wahrscheinlich von den Olmeken und den Zapoteken, mit denen sie durch den Handel in Kontakt kamen.

Erste Staaten in Mesoamerika

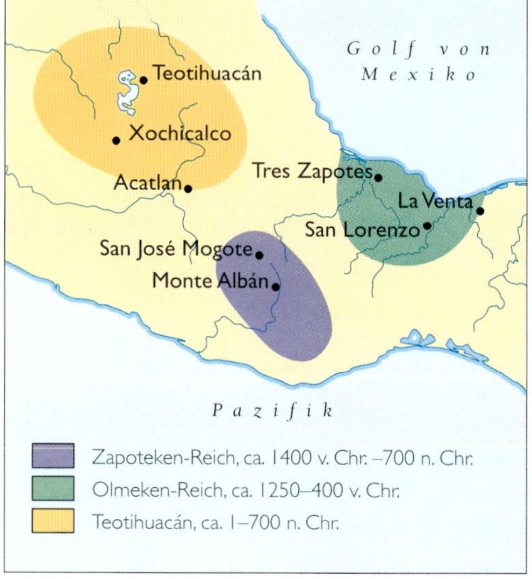

Unten *Eine Jade-Maske aus der Maya-Stadt Palenque; sie stellt vermutlich Pacal dar, einen Herrscher aus dem 7. Jahrhundert, und wurde bei Bestattungszeremonien verwendet.*

Links *Eine Schale auf dem Bauch dieses steinernen Kriegers bei Chichén Itzá enthielt Opfergaben.*

Menschenopfer

Um 300 n. Chr. begannen die Maya, die im Gebiet um Petén lebten, Steinmonumente, so genannte Stelen, zu errichten, auf denen sie die Leistungen ihrer Könige verzeichneten und wichtiger Ereignisse gedachten. Viele dieser Stelen blieben erhalten, überwuchert von der Vegetation des Regenwalds. Die Archäologen konnten ihre Inschriften entschlüsseln, die in einer Bilderschrift abgefasst sind. Daraus ging hervor, dass sich die Stadtstaaten der Maya, wie Tikal und Palenque, praktisch ständig bekriegten.

Kriege waren nötig, um Gefangene für die Menschenopfer zu machen. Ihr Götterglaube verlangte es, an bestimmten Tagen

Oben *Der Dame Wak Tun erscheint eine Schlange in Trance – Szene auf einem Relief der Maya.*

oder zu Ereignissen wie der Bestattung eines Königs Menschenopfer darzubringen. Die Opfer wurden gefoltert, bevor man ihnen das Herz herausschnitt. Auch die Maya-Könige mussten sich schmerzhaften Ritualen unterziehen; so wurden ihre Zungen mit dem Stachel eines Rochens durchbohrt, damit sie sich mit den Geistern der Ahnen verständigen konnten.

Die Maya besaßen einen sehr genauen Kalender, der auf präzisen astronomischen Beobachtungen beruhte, und sie schrieben Bücher, die sie mit Bildern verzierten.

Kriege und Hungersnöte, die wahrscheinlich durch eine zu starke Nutzung des Bodens entstanden, führten nach 800 zum raschen Verfall und zur Entvölkerung der Maya-Städte im Tiefland. Die Städte des Hochlandes konnten sich länger halten und wurden erst Ende des 16. Jahrhunderts von den Spaniern unterworfen.

Die Tolteken

Zu Beginn des 10. Jahrhunderts errichteten die Tolteken, zwei Stämme, die nach dem Fall Teotihuacáns nach Zentralmexiko eingewandert waren, ihre Hauptstadt in Tula. Von dort dehnte sich ihr Einfluss über das Tal von Mexiko aus. Man nimmt an, dass toltekische Abenteurer um 987 nach Yucatán vorstießen und dort eine Dynastie begründeten, die etwa 200 Jahre über die Maya-Stadt Chichén Itzá herrschte – viele Gebäude waren jenen von Tula nachempfunden. Ende des 12. Jahrhunderts wurde Tula zerstört und das Volk der Tolteken zerstreute sich. Heute zeugen nur die großen Tempelpyramiden und steinerne Kriegerstatuen von ihrer früheren Existenz.

Die Azteken

Die Azteken waren die letzte Hochkultur in Zentralmexiko. Sie betrachteten sich als Nachkommen der Tolteken, die sie bewunderten, weil sie beeindruckende Steinmonumente geschaffen hatten. Sie übernahmen viele Elemente ihrer Kultur, auch die Verehrung zahlreicher Götter wie Quetzalcoatl, die gefiederte Schlange. Nach dem Niedergang des Toltekenreiches wanderten die Azteken in das Tal von Mexiko ein. 1325 ließen sie sich bei Tenochtitlán auf einer Insel im Tetzcoco-See nieder und verdingten sich als Söldner, bevor sie unter König Itzcoatl (Reg. 1427–1440) ein eigenes Reich errichteten. Unter Montezuma II. (Reg. 1502–1520) erlebte das Reich seinen Höhepunkt. Wie die Maya mussten auch die Azteken ständig Krieg führen, denn auch ihre Religion verlangte Menschenopfer. Dabei löschten sie ihre Nachbarvölker, z. B. die Tlaxcallan, nie ganz aus, da sie ja weiterhin Opfer brauchten.

Die Azteken besaßen ein strenges Klassensystem: Der Status einer Person war an der Haartracht und an der Kleidung erkennbar. An der Spitze stand der König, der den Titel „Großer Verkünder" trug. Ihm folgte der Adel, der sich als Nachfahre des ersten Königs der Azteken betrachtete. Die gewöhnlichen Menschen wurden aufgrund ihrer Geburt einer von 20 Sippen zugeordnet, die jeweils in einem eigenen Viertel Tenochtitláns lebten sowie eigene Tempel und Schulen besuchten. Die Mitglieder einer Sippe bearbeiteten ein Stück Land,

Den Göttern opfern

Menschenopfer standen im Zentrum der aztekischen Religion. Am Großen Tempel von Tenochtitlán brachten die Priester täglich Menschenopfer dar. Ihre Herzen wurden dem Kriegsgott Huitzilopochtli geopfert, damit er den Mächten der Finsternis entgegentreten konnte. Auch wäre die Sonne ohne dieses Opfer am nächsten Tag nicht aufgegangen. Die Götter verlangten grausame Opfer. Für den Frühlingsgott Xipe Totec wurden Gefangene in Kampfspielen von aztekischen Kriegern getötet. Dann zogen diese ihnen die Haut ab und legten sie an, was einen günstigen Einfluss auf die Maisernte haben sollte.

Links *Diese Steinplastik zeigt Xipe Totec, der die Haut eines geopferten Menschen trägt.*

das allen gemeinsam gehörte. Sogar im Krieg kämpften die Männer einer Sippe in einer Einheit. Die Krieger konnten zu Ruhm gelangen, wenn sie Gefangene machten. Ein Mann galt erst dann als erwachsen, wenn er im Kampf einen Feind gefangen genommen hatte. Am unteren Ende dieser Hierarchie standen die Angehörigen unterworfener Völker, die Landarbeiter, manchmal aber auch Pächter waren. Schließlich gab es Sklaven (Kriegsgefangene und Kriminelle) und Händler, die häufig sehr reich waren, ihren Wohlstand aber auf keinen Fall zur Schau stellen durften.

Das Ende der Azteken

Die Azteken glaubten, ihr Gott Quetzalcoatl werde eines Tages in Menschengestalt aus dem Osten zu ihnen kommen. Als 1519 ein spanisches Heer unter Hernando Cortés an der Ostküste Mexikos landete, verbreitete sich das Gerücht, eben jener blonde und bärtige Gott sei zurückgekehrt. In diesem Fall war der König verpflichtet, ihn mit Ehrerbietung zu behandeln. Montezuma lud den Spanier nach Tenochtitlán ein. Cortés, der sich mit Montezumas Feinden verbündet hatte, nahm den König bei der Gelegenheit gefangen. Die Azteken wehrten sich tapfer, doch den Rüstungen und Gewehren der Spanier hatten sie nichts entgegenzusetzen. Und obwohl sie in der Überzahl waren, besiegten die spanischen Konquistadoren sie 1521. Wenige Jahre später waren neun Millionen Azteken an den aus Europa eingeschleppten Krankheiten wie Pocken und Masern gestorben.

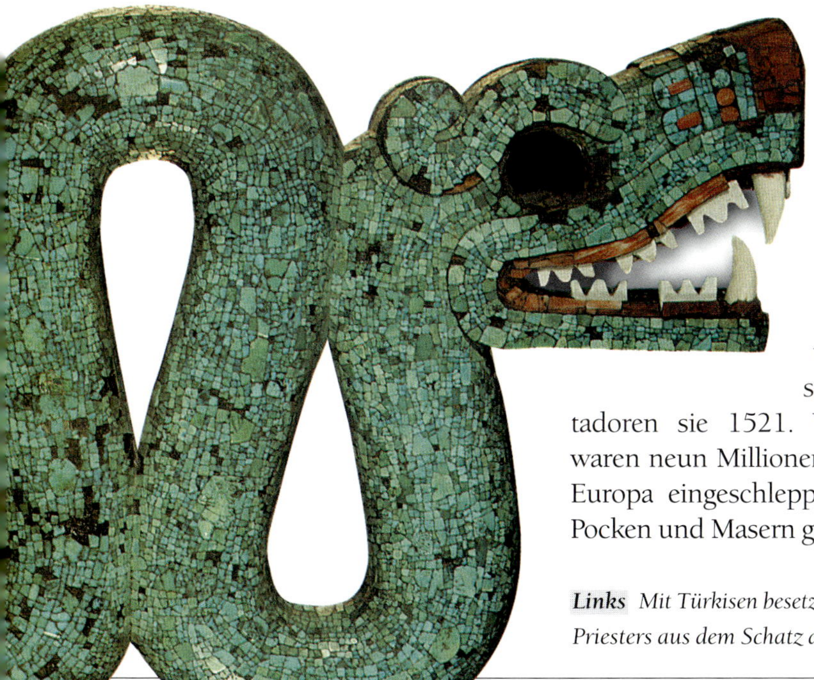

Links *Mit Türkisen besetzte Schlange eines Azteken-Priesters aus dem Schatz des Spaniers Cortés*

Zeittafel

ca. 1400 v. Chr.
Die Olmeken bauen Mais an.

1000–800 v. Chr.
Die Maya besiedeln die Halbinsel Yucatán.

ca. 800 v. Chr.
Ursprung der Schrift der Zapoteken

ca. 36 n. Chr.
Die älteste kalendarische Inschrift stammt aus diesem Jahr.

ca. 150 n. Chr.
Bau der Sonnenpyramide in Teotihuacán

411–457
Tikal ist die größte Stadt der Maya in Petén.

ca. 750
Die Stadt Teotihuacán wird von Unbekannten zerstört.

799–889
Die Maya-Stätten im Tiefland von Petén verfallen und werden aufgegeben.

ca. 900
Die Tolteken gründen die Stadt Tula.

987
Eine Gruppe der Tolteken erobert Chichén Itzá.

1168
Tula wird zerstört; das Toltekenreich geht unter.

ca. 1200–1300
Azteken wandern ins Tal von Mexiko.

1221
Die Tolteken von Chichén Itzá werden von den Maya unter Hunac Ceel entmachtet.

1325
Im Tal von Mexiko gründen die Azteken die Stadt Tenochtitlán (Mexico City).

1428–1440
Unter Führung von Itzcóatl gelangt das Azteken-Reich zur Blüte.

1502–1520
Unter Montezuma II. erreicht das Aztekenreich seine größte Ausdehnung.

1519–1521
Die Spanier unterwerfen die Azteken.

1524–1697
Die Spanier unterwerfen die Maya-Städte im Hochland.

Das Reich der Inka

Die Inka beherrschten ein grosses Reich. Es erstreckte sich über 4800 Kilometer entlang der Anden von Ecuador bis Zentralchile und war durch ein Netz aus Strassen und Hängebrücken erschlossen. Doch trotz seines Reichtums konnte es sich nur ein Jahrhundert lang halten und wurde schliesslich von den Spaniern erobert.

Die Inka knüpften an die Traditionen jener ersten Fischer- und Bauernsiedlungen an, die um 1800 v. Chr. im peruanischen Tiefland entstanden waren. Archäologen haben hier eine Reihe von Kulturen ausgemacht, wie etwa die der Chavín (ca. 850–200 v. Chr.), deren Kunst, zu der vor allem Bilder von Tiergöttern gehören, überall im nördlichen und zentralen Peru anzutreffen ist. Um 100 v. Chr. begannen die Moche einen starken Küstenstaat zu errichten. Sie wurden von Kriegerpriestern regiert und stellten Goldwaren, Schmuck aus Halbedelsteinen, Töpfereiwaren und Textilien her. Um 600 n. Chr. wurden sie von den Huari unterworfen, die auch die Nazca besiegt hatten. Ihr Reich erstreckte sich bis ins Hochland der Anden. Dort grenzte es an das nördlicher gelegene Reich Tiahuanaco, dessen Hauptstadt am Titicacasee lag, 20 000 bis 40 000 Menschen Platz bot und viele Tempel und Paläste beherbergte. Um 1000 gingen beide Reiche unter und zerfielen in zahlreiche Kleinstaaten. Am mächtigsten wurde das Reich der Chimú im Moche-Tal, das um 1200 entstand und ein Gebiet von mehr als 1000 Kilometer Länge an der peruanischen Küste beherrschte.

Die Wurzeln der Inka

Über die Frühgeschichte der Inka ist nur wenig bekannt. Der Legende nach wurden sie von Manco Capac aus Berghöhlen herausgeführt und ließen sich in Cuzco, einem fruchtbaren Hochtal in den Anden, nieder. Man weiß nicht, ob Manco Capac wirklich existiert hat; er soll um 1200 gelebt haben, als der Staat Chimú entstand. Bis zur Herrschaft von Pachacutec (Reg. 1438–1471) und Tupac Yupanqui (Reg. 1471–1493) unterschied sich das Inkareich kaum von den früheren

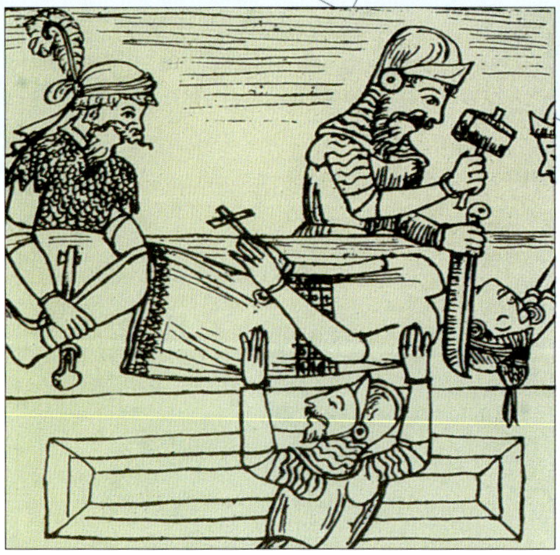

***Links** Spanische Soldaten, die Peru erobert hatten, richteten Atahualpa, den letzten Inka-König, hin.*

CA. 1200–1533

Links *Die Moche wurden von mächtigen Kriegerpriestern regiert, die man in Gewändern aus Gold, Silber und Kupfer gekleidet in prächtigen Gräbern beisetzte. Der Kopfputz, die langen Ohrläppchen und die Ohrringe der Figur auf diesem Porträtkrug der Moche weisen darauf hin, dass es sich um eine hochgestellte Persönlichkeit handelt.*

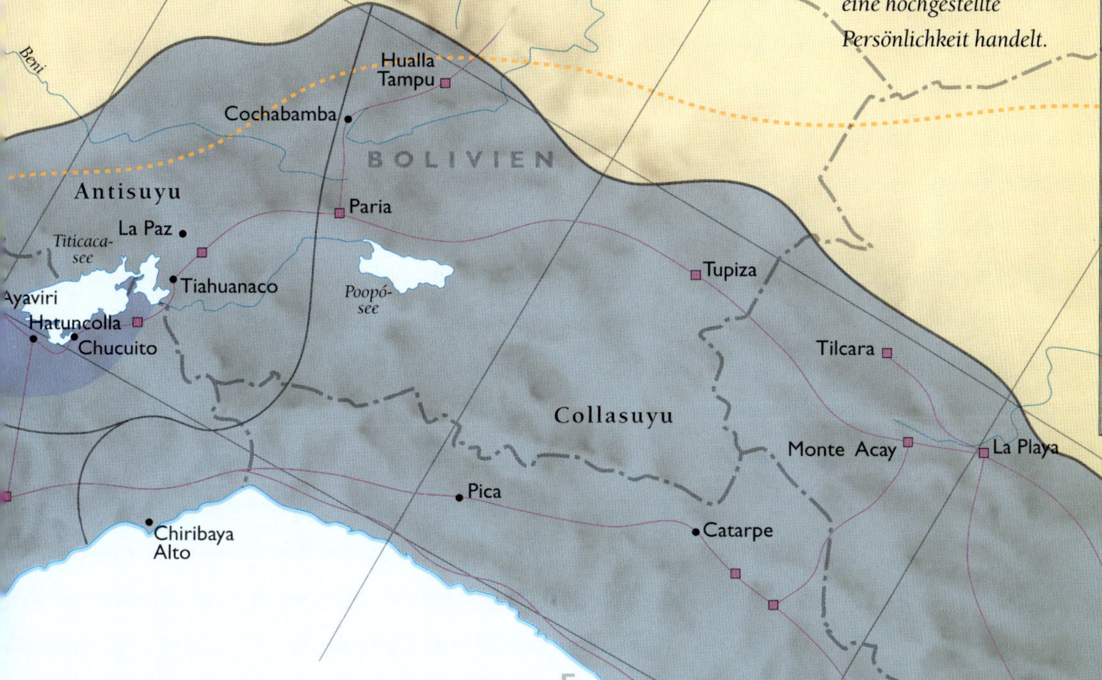

Andenstaaten. Beide Männer führten fast ständig Kriege, um das Inkareich auszudehnen. Bei Tupac Yupanquis Tod hatte es seine natürlichen Grenzen erreicht. Unter Huayna Capac (Reg. 1493–1525) kamen noch weitere Gebiete hinzu. Die Hauptnahrungsmittel der Inka waren Kartoffeln und Mais, die aber weder im Regenwald des Ostens noch in den Anden im äußersten Süden gediehen.

Der Staat der Inka

Die Inka waren hoch organisiert. Der Kaiser (Inka) wurde als Nachfahre des Sonnengottes Inti verehrt und verfügte über absolute Macht. Seine Hauptstadt Cuzco galt als der Mittelpunkt der Erde. Unter ihm standen die Präfekten der „Vier Bezirke", der Hauptverwaltungsgebiete des Reiches, gefolgt von Beamten und so genannten „Vormännern", die jeder zehn Familien vorstanden. Das Reich war in Inka-, Tempel- und Gemeindeland eingeteilt. Alle Männer und Frauen zahlten „Steuern", indem sie auf dem Land arbeiteten, das dem Staat und den Göttern zugeteilt war. Männer wurden außerdem zum Bau von Straßen, Festungen, Terrassen

und Bewässerungskanälen herangezogen. Dieses System erlaubte es auch, eine große Streitmacht unter Waffen zu halten, die den Staat schützte. Frauen mussten Handarbeiten verrichten, z. B. Weben. Schöne Textilien waren sehr teuer und von höherem Wert als Gold. Die Inka kamen ohne Schriftsystem aus. Zur Registrierung der Steuern und Abgaben verwendete man das Quipu: Kordeln in verschiedenen Farben symbolisierten die unterschiedlichen Waren, während die Anzahl der Knoten in der Kordel bestimmte Mengen markierte.

Das 20 000 Kilometer lange Straßennetz der Inka ermöglichte es dem Heer und den Boten, schnell in alle Teile des Reiches zu gelangen. Tiefe Schluchten wurden mit Hilfe von Hängebrücken überquert. Sogar Tunnels wurden in die Felsen geschlagen. Da die Inka das Rad noch nicht kannten, beförderten sie Lasten auf dem Rücken von Lamas und Alpakas. Den Reisenden standen Herbergen zur Verfügung.

Unterworfene Völker wurden gezwungen, die Lebensweise und die Sprache der Inka, Quechua, anzunehmen, das in den Anden auch heute noch weit verbreitet ist. Aufständische wurden in das Innere des Reiches verschleppt, um ihren Widerstand zu brechen. Ihr Land wurde an neue Siedler vergeben.

Im Mittelpunkt der Inka-Religion stand die Verehrung des Sonnengottes Inti. Sein Tempel in Cuzco war vollständig mit Gold aus-

Rechts *Eine goldene Grabmaske der Chimú als Symbol der Macht. Nach der Unterwerfung durch die Inka arbeiteten die Goldschmiede der Chimú in Cuzco.*

Links *Die Festung Machu Picchu liegt auf einem schmalen Kamm zwischen zwei Tälern. Die Spanier hatten sie übersehen und sie wurde erst 1911 entdeckt. Ihre Trockensteinmauern und Terrassen sind durch über 3000 Stufen miteinander verbunden. Eine Überlieferung der Inka lautet, dass Gott den Menschen aus Stein erschaffen hat. Eine andere erzählt, dass die Inka von vier Brüdern und vier Schwestern abstammen, die auf einer Insel im Titicacasee aus einer Tür aus Stein heraustraten. Bearbeitete heilige Steine („huaca“) wurden von den Inka verehrt. Viele dieser Steine finden sich in Machu Picchu.*

gekleidet, das die Sonne symbolisierte. Auch die Göttin Mama Cocha („Mutter Erde“), die Quelle der Fruchtbarkeit, und der Gott Viracocha, der die Welt erschaffen hatte, wurden angebetet. Die Inka kannten zahlreiche religiöse Feste.

Das Ende der Inka

Nach dem Tode von Huayna Capac führten seine Söhne Atahualpa und Huáscar ein erbitterten Bürgerkrieg. Atahualpa besiegte 1532 seinen Bruder, aber das Reich war stark geschwächt. Doch es sollte noch schlimmer kommen. Der spanische Konquistador Francisco Pizarro, der ein Jahr zuvor von Panama aus aufgebrochen war, landete an der Küste Perus. Er konnte Atahualpa gefangen nehmen, obwohl er nur 180 Männer bei sich hatte. Ohne seinen Führer war das Inka-Reich orientierungslos. Atahualpa zahlte viel Gold für seine Freilassung, dennoch ließ Pizarro ihn hinrichten. 1536 fiel Cuzco an die Spanier.

In den Bergregionen wurde noch einige Jahre Widerstand geleistet, aber die Pocken und andere Zivilisationskrankheiten kosteten tausende Inka das Leben, viele andere wurden versklavt. Die Spanier plünderten und zerstörten die Inka-Tempel und zwangen die Einheimischen zum Christentum überzutreten. Doch die Bewohner der Anden behielten viele der alten Bräuche bei und ihre Götter haben heute einen festen Platz in ihren christlichen Riten.

Zeittafel

ca. 100 v. Chr.
An der Nordküste Perus entsteht der Staat der Moche-Kultur.

375–700 n. Chr.
Tiahuanaco ist die dominierende Kultur in den südlichen Anden.

ca. 850
Der Chimú-Staat wird gegründet.

ca. 1200–1230
Gründung der Inka-Hauptstadt Cuzco

1438
Pachacutic dehnt das Reich der Inka aus.

1470
Die Inka zerschlagen das Chimú-Reich.

1525
Höhepunkt des Inka-Reiches; Tod von Huayna Capac.

1525–1532
Thronkämpfe zwischen den Brüdern Atahualpa und Huascar

1532
Francisco Pizarro fällt im Inka-Reich ein und nimmt Atahualpa mit List gefangen.

1533
Pizarro ermordet Atahualpa.

1572
Die Spanier unterwerfen die letzte Inka-Stadt.

Die Kindermumien der Anden

Oben *Diese Mumie eines achtjährigen Kindes wurde auf einem Berg in Chile gefunden.*

Die Spanier berichteten von Kinderopfern der Inka. So würden in den Dörfern hübsche Jungen und Mädchen ausgewählt und nach Cuzco gebracht, wo man sie mit dem Inka „vermählte“, was Gesundheit und Fruchtbarkeit versprach. Dann sollen sie auf einen heiligen Berg geschleppt worden sein, wo man sie betrunken machte und bei lebendigem Leibe beerdigte. Bis zur Entdeckung einer Kindermumie auf einem Berg in Chile 1994 galt dies als weiße Propaganda, um die Vernichtung der Inka-Religion zu rechtfertigen. Der Berg war einer Inka-Gottheit geweiht, die für Regen und Fruchtbarkeit zuständig war. Die mumifizierte Leiche eines Mädchens wurde in 6000 Meter Höhe gefunden. Ihre Haare waren zu einem Zopf geflochten, der mit Alpakawolle am Gürtel befestigt war. Sie trug Federschmuck und Lederschuhe. Ihr Umhang wurde von silbernen Nadeln zusammengehalten, an denen eine Schachtel und zwei Trinkgefäße hingen. Später entdeckte man zwei weitere Kinder auf diesem Berg; sie trugen kleinen Puppen und winzige Lama- und Alpakafiguren aus Silber bei sich – vielleicht ein Junge und ein Mädchen, die zusammen geopfert wurden. Dieser Brauch könnte die Beziehung zwischen dem Inka und der Erde symbolisiert haben.

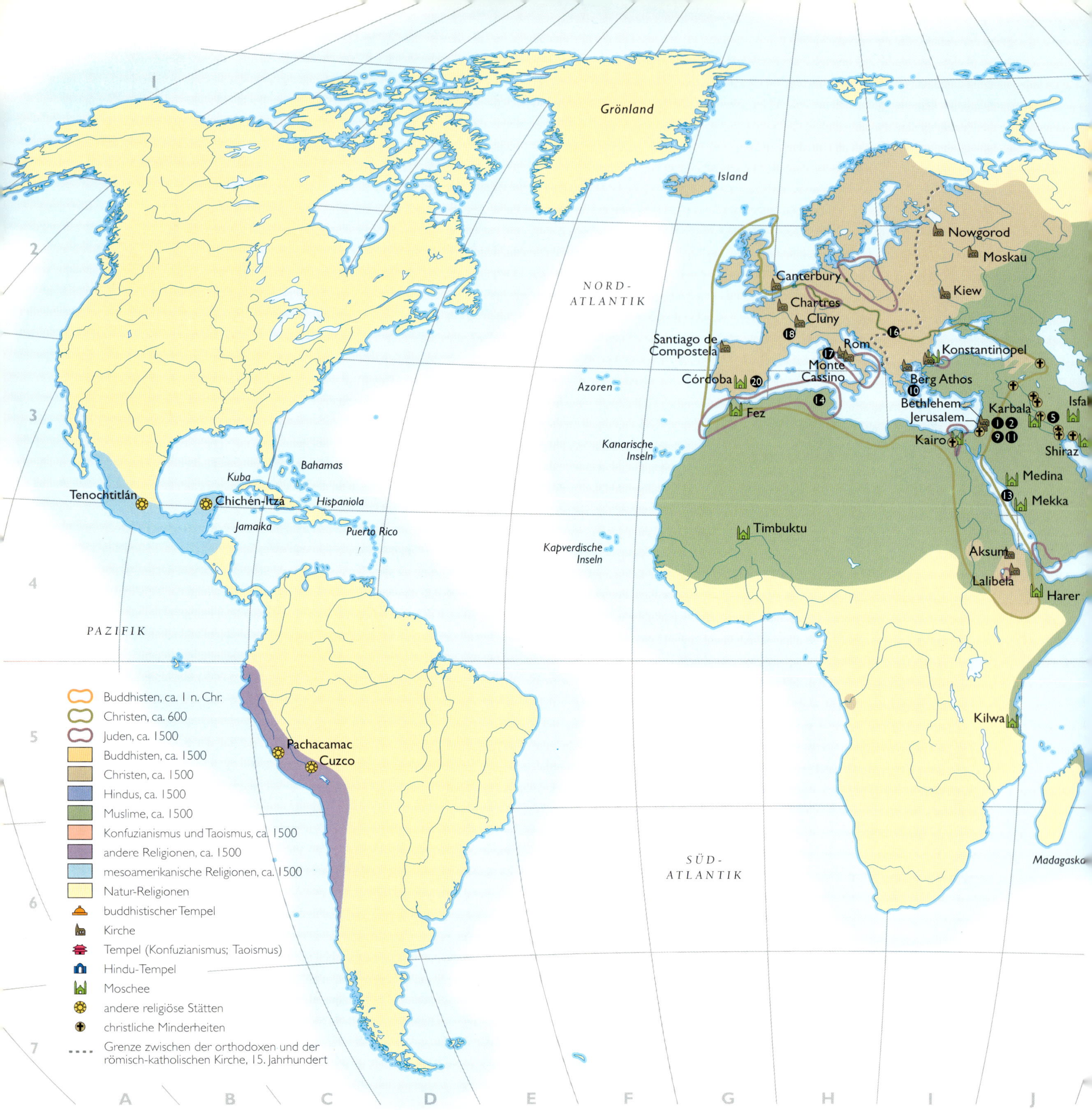

❶ **ca. 1220–1100 v. Chr.** Das jüdische Volk lässt sich im Land Kanaan nieder.

❷ **ca. 1000 n. Chr.** Unter König David wird Jerusalem die Hauptstadt Israels.

❸ **ca. 600 v. Chr.** Die 18 Bücher des Sanskritepos *Mahabharata* werden fertig gestellt.

❹ **ca. 630–553 v. Chr.** Wirken des Propheten Zarathustra, Begründer des Parsismus.

❺ **ca. 587 v. Chr.** Nebukadnezar II. schickt die Juden in die Babylonische Gefangenschaft.

❻ **ca. 551–579 v. Chr.** Wirken des Konfuzius, chinesischer Gelehrter und Philosoph.

❼ **ca. 528–461 v. Chr.** Wirken des Siddhartha Gautama, Gründer des Buddhismus.

❽ **ca. 260 v. Chr.** Die ersten buddhistischen Missionare treffen auf Ceylon ein.

❾ **ca. 6 v. Chr. –30 n. Chr.** Leben Jesus von Nazareth, Stifter des Christentums.

❿ **44–62 n. Chr.** Paulus unternimmt Missionsreisen nach Kleinasien, Griechenland und Rom.

⓫ 66–74 Als die Römer ihren Aufstand niedergeschlagen hatten, zerstreuten sich die Juden im Mittelmeerraum und im Mittleren Osten.

⓬ ca. 100 Der Buddhismus erreicht China.

⓭ ca. 570–632 Wirken des Propheten Mohammed, Gründer des Islam.

⓮ 632–750 Die arabischen Eroberer bringen den Islam nach Spanien und Persien.

⓯ 791 In Tibet wird der Buddhismus zur Staatsreligion.

Die Religionen der Welt

Bis 1500 verbreiteten sich die fünf Weltreligionen – Hinduismus, Buddhismus, Judentum, Christentum und Islam – in Asien, Europa und im grössten Teil Nordafrikas, wo sie häufig neben den lokalen Traditionen existierten oder sich mit ihnen vermischten. Doch weite Teile der Welt liegen noch heute ausserhalb ihres Einflussbereiches.

Seit dem Beginn der Menschheit haben wohl alle Gemeinschaften Religionen entwickelt. Es gibt Hinweise dafür, dass schon unsere frühesten Vorfahren, etwa die Neandertaler, Bestattungsrituale kannten. Die Jäger und Sammler und die ersten Bauernkulturen entwickelten Glaubensvorstellungen, in denen eine enge Beziehung zwischen ihrer Umgebung und dem Übernatürlichen hergestellt wurde: Sie hielten die Natur von Göttern, von bösen und guten Geistern bevölkert, oft auch von den Ahnen oder von Tieren, die das Leben der Menschen beeinflussten. Sie konnten Tod, Krankheiten und Hunger über die Menschen bringen, aber auch Glück und Erfolg. Heilige Männer, Schamanen oder Medizinmänner, besaßen die Fähigkeit, mit den Geistern Verbindung aufzunehmen oder sie durch traditionelle Riten zu beeinflussen. Oft beseelten die Götter oder Geister bestimmte Plätze, etwa einen Wasserfall oder einen Baum. Wenn man ihnen Nahrung oder andere Gaben darbrachte, sorgten sie für Fruchtbarkeit oder eine gute Ernte. Solche Glaubenssysteme findet man überall auf der Erde. Sie unterscheiden sich stark in ihren Bräuchen und werden als animistische oder Natur-Religionen bezeichnet.

16 1054 Kirchenspaltung: Die katholische Kirche trennt sich von der orthodoxen Kirche.

17 1095 Papst Urban II. ruft zum 1. Kreuzzug auf; heiliger Krieg gegen die Heiden (Muslime).

18 1378–1417 Großes Schisma: Papst im Exil von Avignon, Frankreich; Gegenpapst in Rom.

19 1469–1538 Wirken des indischen Gurus Nanak, Begründer der Religion der Sikhs.

20 1492 Eroberung Granadas, der letzten islamischen Bastion in Spanien; Judenvertreibung.

Rechts *Der Hinduismus, das Christentum und der Islam kennen Pilgerfahrten, bei denen die Gläubigen nach langer Wanderschaft heilige Stätten aufsuchen. Dieses Bild zeigt den heiligen Jakob auf einer Pilgerreise.*

Im Laufe der Geschichte nahm der Einfluss der Religionen zu. Herrscher ließen Tempel oder Schreine errichten. Sie hatten häufig ein religiöses Amt inne, das die Grundlage ihrer Macht bildete. Oft waren sie es, die wichtige Rituale ausführten und für Schutz sorgten. Dadurch banden sie ihre Untertanen an sich. Häufig wurden mehrere Gottheiten verehrt, manche waren Schutzgottheiten einer Stadt oder eines Schreins. Solche Religionen entstanden in den frühen Bauernkulturen Europas und Asiens. Um 1500 hatten sie auch bei den sesshaften Bauern in Mittelamerika und den Anden Einzug gehalten.

Die Weltreligionen

Einige Religionen entwickelten einen universellen Anspruch. Mit dem Argument, ihre Lehren seien für alle Menschen von Bedeutung, begannen sie Andersgläubige zu missionieren. Diese Religionen entwickelten sich in Gesellschaften, in denen viele Menschen lesen konnten. Es entstanden heilige Schriften, die die Offenbarung Gottes und präzise Verhaltensregeln enthielten. Manche Religionen verbeiteten sich auch deshalb stark, weil ihre Anhänger in alle Welt zerstreut wurden.

Um 1500 waren die „Weltreligionen" in Asien und Europa etabliert. Doch die älteren Glaubensvorstellungen verschwanden nicht. Häufig wurden Lokalgottheiten oder heilige Plätze in die neue Religion integriert (man nennt das Synkretismus). Daneben gab es viele kleinere Religionen wie den Zarathustra-Glauben, dessen Anhänger sich nach ihrer Vertreibung aus Persien in Westindien niederließen.

Ein Gott für alle

Drei Weltreligionen – das Judentum, das Christentum und der Islam – kennen nur einen einzigen Gott, verehren ihn aber nicht auf dieselbe Weise. Diese Religionen nennt man monotheistisch. Die älteste ist das Judentum, das im Altertum bei den Juden entstand. Sie glaubten, dass Gott ihnen das Land Kanaan verheißen habe (heute Israel und Libanon). Ihre komplexen Gesetze und Glaubensvorstellungen, die im Alten Testament der Bibel aufgeschrieben sind, unterschieden sie von den Anhängern anderer Religionen. Sie gaben ihnen das Gefühl kultureller und ethnischer Zusammengehörigkeit, obwohl sie durch Vertreibungen in viele Länder verstreut wurden. Im Mittelmeerraum entstanden viele jüdische Gemeinschaften. Oft aber wurden die Juden verfolgt, vor allem von Christen. Im Mittelalter nahm die Judenverfolgung zu. 1492 wurde die heilige Inquisition gegen die spanischen Juden eingesetzt, und alle, die sich weigerten, zum Christentum überzutreten, wurden aus ihrer Heimat Spanien ausgewiesen.

Das Christentum ging aus dem Judentum hervor. Sein Gründer, Jesus von Nazareth, war ein jüdischer Wanderprediger, der von den Römern gekreuzigt wurde. Seine Anhänger nannte man Christen. Schon bald versuchten die Christen des Mittelmeerraumes, andere Menschen von ihrem Glauben zu überzeugen. Die Römer verfolgten die frühen Christen, doch nachdem das Christentum 391 zur Staatsreligion des Reiches erhoben worden war, verbreitete es sich rasch. Um 1500 war es überall in Europa anerkannt – wenn es auch seit 1054 in die römisch-katholische und die orthodoxe Kirche geteilt ist. Die Kreuzzüge gegen die Araber in Spanien und im Heiligen Land führten zur Kluft zwischen dem Christentum und dem Islam.

Der Islam entstand ebenfalls im Nahen Osten. Auch er kennt nur einen Gott und eine heilige Schrift: den Koran, die Offenbarungen des Propheten Mohammed. Durch Eroberungen und die Ausweitung des Handels verbreitete sich der Islam im 7. Jahrhundert vom Nahen und Mittleren Osten über Nordafrika bis nach Zentral- und Südostasien. Um 1500 war der Islam die erfolgreichste Weltreligion, sowohl was die Zahl seiner Anhänger als auch die geografische Verbreitung betraf.

Oben *Angkor Wat in Nordkambodscha, ein Hindu-Tempel aus dem 12. Jahrhundert, war dem Shiva-Kult geweiht. Erbaut durch den Herrscher des Khmer-Reiches zeigt er den starken kulturellen Einfluss Indiens in Südostasien.*

DIE ÖSTLICHEN RELIGIONEN

Der Hinduismus, die Hauptreligion des indischen Subkontinents, reicht mindestens 3000 Jahre zurück, bis zu den Veden und anderen heiligen Schriften. Er besitzt ein dichtes System aus Mythen und Riten, kennt aber keine starren Regeln. Im Zentrum steht der Glaube an die Reinkarnation (Wiedergeburt). Es werden zahlreiche Gottheiten und Geistwesen verehrt. Häufig pilgern die Anhänger zu heiligen Stätten wie dem Ganges. Der Hinduismus verbreitete sich zunächst in Südostasien, doch um 1500 wurde er hier zunehmend verdrängt, außer auf Bali.

Der Buddhismus wurde von Siddharta Gautama (Buddha) begründet. Er lehrt den Menschen den Weg zum Nirwana, einem Zustand, der frei ist von Leiden und Begierden. Seit dem 5. Jahrhundert v. Chr. verbreitete er sich in Indien. Missionare brachten ihn nach Ostasien. Um 300 n. Chr. entstanden zwei buddhistische Strömungen: Der Tantrische Buddhismus, der in Tibet, China, Korea und Japan praktiziert wird, glaubt an die Existenz übernatürlicher Gottheiten, der Theravada-Buddhismus in Südostasien dagegen nicht.

In China verbanden sich die buddhistischen Vorstellungen mit dem Taoismus, einer philosophischen Lehre. Auch der alte Ahnenkult lebte fort, ebenso der traditionelle Moralkodex, der aus den Lehren von Konfuzius (551–479 v. Chr.) hervorging. Der japanische Buddhismus verband sich mit dem Shinto-Glauben, der von der heiligen Kraft der *kami* ausgeht, Göttern und Geistern, die Felsen, Bäume und Flüsse beseelen.

Links *Shiva ist der mächtigste Hindu-Gott. Er ist widersprüchlicher Natur, denn er gilt als Retter der Welt, aber er kann sie auch zerstören. Hier wird er als Herr des Tanzes dargestellt, der in einem Feuerring den Teufel der Unwissenheit mit den Füßen tritt.*

Zeitalter der Entdeckungen

In den drei Jahrhunderten nach 1492, seit Kolumbus amerikanischen Boden betrat, bis zum Wiener Kongress 1815 bemächtigten sich die Europäer der neuen Kontinente und teilten die Welt unter sich auf: Europäische Seeleute und Forscher erkundeten die Weltmeere und Küstenlinien und kartografierten umfassend die Kontinente und die wichtigsten Inselgruppen. Gleichzeitig fand eine Veränderung der globalen Machtverhältnisse statt.

Bevor sich die Spanier die Neue Welt Untertan machten, hatte Europa noch im Schatten der Völker des Mittleren Ostens und Asiens gestanden, die den Fernhandel dominierten. Das Gold und das Silber, das nun in riesigen Mengen aus Amerika nach Europa gebracht wurde, machte die Europäer reich und unabhängig. Die neuen Seewege versetzten die europäischen Händler in die Lage, Waren in Südostasien und China einzukaufen und auf Schiffen nach Europa zu transportieren. Sie waren nun nicht mehr auf die Landrouten angewiesen. Ende des 18. Jahrhunderts kontrollierten die Europäer den Seehandel in Asien. Damals wurden jedoch nicht nur Waren, sondern auch Sklaven gehandelt.

Die Epoche zwischen 1492 und 1815 war außerdem von gewaltigen religiösen und sozialen Umwälzungen geprägt. Die Reformation spaltete Europa in ein katholisches und ein protestantisches Lager. Im Zuge der zunehmenden Rivalitäten im Kolonialhandel kam es zu zahlreichen Kriegen. Die Französische Revolution 1789 erschütterte Europa. Napoleon nutzte die politischen Wirren und krönte sich selbst zum Kaiser der Franzosen. Sein Versuch, ein europäisches Großreich zu schaffen, scheiterte jedoch 1815 endgültig. Im Jahr 1776 wurden die dreizehn britischen Kolonien in Nordamerika von Großbritannien unabhängig, und auch Lateinamerika strebte nach Eigenständigkeit.

Doch war Europa um 1815 keineswegs die bedeutendste Region der Welt. Die meisten Menschen in Asien, Afrika und im Pazifik hatten Europäer weder gesehen noch von ihnen gehört. Das Riesenreich China kontrollierte viele Nachbarstaaten in Zentral- und Ostasien. Ebenso wie Japan hatte auch China den Kontakt zu Europa abgebrochen. Das Osmanische Reich war nach wie vor eine starke Macht in Europa, auch wenn sich sein Niedergang bereits ankündigte. Doch die Fortschritte in Wissenschaft und Technik leiteten für Europa ein neues Zeitalter ein. In Großbritannien entstand die moderne Industrieproduktion und bis zum Beginn des 19. Jahrhunderts hatte die Industrialisierung ganz Europa und die Vereinigten Staaten erfasst.

Links *Flämisches Stillleben aus dem 17. Jahrhundert*

❶ 1492 Christoph Kolumbus erreicht Hispanola und Kuba in der Karibik.

❷ 1494 Der Vertrag von Tordesillas teilt die Neue Welt in ein spanisches und ein portugiesisches Kolonialreich auf.

❸ 1497–1498 Vasco da Gama segelt als Erster von Portugal nach Indien und wieder zurück.

❹ 1500 Pedro Alvarez Cabral segelt nach Indien und entdeckt Brasilien für die Krone Spaniens.

❺ 1501 Die Safawiden herrschen in Persien.

❻ 1508 Spanien beginnt mit der Eroberung der Karibik und Mittelamerikas.

❼ 1511 Die Portugiesen erobern Malacca.

❽ 1514 Osmanische Türken schlagen die Safawiden in der Schlacht von Chaldiran.

❾ 1516 In der Schlacht von Marj Dabiq besiegen die osmanischen Türken die Mamelucken.

❿ 1517 Martin Luther veröffentlicht seine 95 Thesen in Wittenberg, Deutschland, und leitet damit die Reformation ein.

⓫ 1519 Karl von Habsburg (seit 1516 König von Spanien) wird nach dem Tod seines Großvaters Kaiser des Heiligen Römischen Reichs.

⓬ 1519 Der Spanier Hernán Cortés beginnt mit der Eroberung des Azteken-Reichs.

⓭ 1520 Süleiman I. wird regierender Sultan des Osmanischen Reichs.

⓮ 1521 Die Portugiesen kolonialisieren Brasilien.

⓯ 1521–1525 Das Reich der Inka in Peru erreicht seine größte Ausdehnung.

Die Welt um 1530

Die bedeutendsten Kulturen im späten 15. Jahrhundert gab es in Asien; Europa war im Vergleich zu ihnen unterentwickelt. Doch schon um 1530 beherrschten die Europäer den Indischen Ozean und begannen mit der Eroberung Nord- und Südamerikas. Ferdinand Magellan unternahm die erste Weltumsegelung. Diese Reisen spielten für die Weltgeschichte eine bedeutende Rolle.

Der Hauptgrund für die Reisen der europäischen Entdecker war der Handel mit Textilien, Edelsteinen und Gewürzen aus Asien. Solche Luxusgüter waren in Europa sehr begehrt. Die Händler aus dem Westen hatten jedoch keinen freien Zugang zu den wichtigen Märkten in Asien – feindliche islamische Staaten versperrten ihnen den Landweg. Um 1530 beherrschten die Osmanen das Schwarze Meer und die Häfen im östlichen Mittelmeer, also den Handelsweg nach China und Indien; sie kontrollierten außerdem die Route vom Indischen Ozean zum Roten Meer und nach Ägypten.

Im 15. Jahrhundert begannen europäische Seefahrer mit der Erkundung neuer Seewege nach Asien. Eine wichtige Rolle spielten dabei die Portugiesen. Sie konnten Schiffe bauen, die sich für lange Seereisen entlang der afrikanischen Küste eigneten. In den Jahren 1497–1498 segelte Vasco da Gama von Portugal um das Kap der Guten Hoffnung nach Indien und wieder zurück. Christoph Kolumbus wagte sich noch weiter, als er 1492 nach Indien

- 16 1522 Magellans Weltumsegelung (sie begann 1519) wird von Sebastian del Cano beendet.
- 17 1525 Bei der Schlacht von Pavia in Norditalien wird Franz I. von Frankreich von den Spaniern gefangen genommen.
- 18 1526 Babur besiegt den Sultan von Delhi in der Schlacht von Panipat und erobert Nord-Indien.
- 19 1526 Ein osmanisches Heer besiegt die Ungarn bei Mohacs.
- 20 1529 Die Türken belagern Wien.

Rechts *Die „Santa Maria“, das Schiff, mit dem Kolumbus 1492 nach Amerika segelte. Die Überquerung des Atlantiks von den Kanarischen Inseln bis nach San Salvador (Bahamas) dauerte fast sechs Wochen.*

segeln wollte, den Atlantik überquerte und einen neuen Kontinent entdeckte – Amerika! Wenige Jahre später segelte John Cabot von England nach Neufundland. Im Jahr 1520 umsegelte Ferdinand Magellan die Spitze Südamerikas und erreichte den Pazifik. Er selbst starb auf der Reise, doch seine Mannschaft kehrte nach der ersten Umsegelung der Welt nach Europa zurück.

Europa

Um 1530 war Spanien das wohlhabendste Königreich Europas. Dies verdankte es dem Gold, das die spanischen Eroberer aus Amerika mitgebracht hatten. Der spanische König wurde 1519 als Karl V. zum Kaiser des Heiligen Römischen Reichs Deutscher Nation ernannt. Er herrschte nun über Spanien, Deutschland, die Niederlande und weite Teile Italiens und legte den Grundstein für die Habsburger Großmacht. Der einzige Gegner Spaniens war Frankreich. Seit Anfang des Jahrhunderts führten beide einen langen Krieg um die reichen Stadtstaaten in Norditalien. Um 1530 war klar, dass Spanien siegen würde.

In der ersten Hälfte des 16. Jahrhunderts kam es zum Religionsstreit in Europa. Viele Christen störten sich an der Bestechlichkeit des Klerus und der Päpste. Der deutsche Mönch Martin Luther setzte 1517 eine Protestbewegung gegen die Missstände in der katholischen Kirche in Gang. In Deutschland brachen Unruhen aus, die die Reformation einleiteten. Sie sollte Europa rund 150 Jahre lang in zwei Lager spalten. Um 1530 breitete sich die Reformation bis nach Schweden aus und erreichte bald auch England und Schottland.

Der Nahe Osten

Um 1530 beherrschten die Osmanen den Nahen Osten. Schon im 13. und 14. Jahrhundert waren sie aus Anatolien auf die Balkanhalbinsel vorgedrungen; Konstantinopel eroberten sie 1453. Im Jahr 1514 entrissen sie Mesopotamien den Händen der persischen Safawiden-Dynastie. Zwei Jahre später unterwarfen sie Ägypten und ebneten sich so den Weg für eine weitere Ausbreitung in Nordafrika und Arabien. Die Osmanen drangen aber auch in Europa ein. Nach dem Sieg über die Ungarn 1526 erreichten sie 1529 Wien – eine der führenden Städte Europas und Sitz der Habsburger. Es gelang ihnen nicht, die Stadt einzunehmen, doch glaubte niemand, dass die Gefahr für Europa nun vorbei sei. Um 1530 war Sultan Süleiman I. (der „Prächtige") der mächtigste Mann der Welt.

Afrika

Vor der Entdeckung Amerikas durch die Europäer war das tropische Westafrika die wichtigste Goldquelle Europas und des Nahen Ostens. Das Gold wurde durch die Sahara zu den Häfen an der nordafrikanischen Küste transportiert. Den Handel durch die Sahara beherrschte das Königreich der Songhai. Als die Portugiesen Ende des 15. Jahrhunderts Handelsstützpunkte an der westafrikanischen Küste einrichteten, waren die Karawanenrouten durch die Sahara nicht mehr wichtig. Die Songhai wurden 1517 von den Hausa vernichtet.

Portugiesische Händler brachten seit 1502 afrikanische Sklaven nach Amerika. Mit ihren Kriegsschiffen griffen sie arabische Kaufleute an, die den Handel im Indi-

Links Das Gemälde von Giovanni Bellini zeigt den Empfang eines venezianischen Gesandten bei den Osmanen. Venedig war einst die einflussreichste See- und Handelsmacht im Mittelmeerraum, doch diese Zeiten waren nun vorbei. Die Osmanen hatten viele ihrer Inselfestungen eingenommen. Wegen seiner neuen Handelswege über die Ozeane nahm nun Antwerpen den Platz als größter europäischer Markt für den Gewürzhandel ein.

schen Ozean beherrschten, und dehnten ihren Einfluss auf die muslimischen Hafenstädte an der ostafrikanischen Küste aus. Die Portugiesen unterstützten auch das christliche Königreich Äthiopien im Kampf gegen die muslimischen Nachbarstaaten.

Süd- & Ostasien

Im 16. Jahrhundert war China der größte Staat der Welt. Seit 1368 wurde es von der Ming-Dynastie regiert, die nach einem Jahrhundert der Mongolenherrschaft an die Macht gekommen war. Die Ming-Herrscher widersetzten sich fremden Einflüssen und dem Handel mit dem Ausland – China verlor seinen technologischen Vorsprung.

In Zentralasien drängte die wachsende Macht der Osmanen und der Russen die nomadischen Steppenvölker immer weiter nach Osten zurück. Babur, ein nomadischer Stammesführer, eroberte 1504 Kabul in Afghanistan und zog nach Indien weiter. Im Jahr 1526 besiegte er den Sultan von Delhi und gründete das Mogul-Reich, das bis ins 18. Jahrhundert weite Teile Indiens beherrschte.

Die Portugiesen gründeten 1510 einen Handelsstützpunkt im indischen Goa. Ein Jahr später eroberten sie den malaiischen Hafen Malacca und legten den Grundstein für ihre Entwicklung zur größten Handelsmacht im Indischen Ozean.

Nord- & Südamerika

Die Ankunft der Europäer in Mittel- und Südamerika hatte verheerende Folgen für die indianische Bevölkerung. Die Konquistadoren, die Kolumbus nachfolgten, waren gierig nach Gold und rissen die Reichtümer des Azteken-Reiches an sich. Als Francisco Pizarro um 1530 von der spanischen Kolonie Panama aus den Einmarsch in das Inka-Reich vorbereitete, war beinahe ganz Mittelamerika erobert. Bis 1533 waren auch die Inka unterworfen.

Die Spanier hatten kein Interesse an diesen alten Kulturen. Voller Abscheu über die Menschenopfer der Einheimischen unterdrückten sie deren Religionen und zwangen ihnen das Christentum auf. Durch die Krankheiten, die die Europäer eingeschleppt hatten, starben auf den karibischen Inseln und auf dem amerikanischen Festland ganze Völker aus. Die Überlebenden wurden zur Arbeit in Bergwerken und in den von Europäern gegründeten Plantagen gezwungen.

Unten Dieses silberne Alpaka diente den Inkas als rituelle Opfergabe. Südamerika war vor der Ankunft der Europäer reich an Natur- und Bodenschätzen. In den Anden weideten zahllose Alpaka-Herden – diese Tiere gaben dicke, weiche Wolle – und Lamas, die Nahrung, Wolle und Häute lieferten. Doch die europäischen Eroberer konnten den Gold- und Silbervorkommen Perus nicht widerstehen.

Das spanische Kolonialreich

Im Jahr 1492 segelte der Italiener Christoph Kolumbus westwärts über den Atlantik, um im Auftrag der spanischen Königin Isabella einen neuen Seeweg nach China zu finden. Schliesslich erreichte er eine Insel in der Karibik. Nach den Wikingern war er der erste Europäer, der amerikanischen Boden betrat. Als sich die Nachricht von der Entdeckung des neuen Kontinents verbreitete, machten sich viele europäische Abenteurer auf den Weg nach Amerika.

Kolumbus segelte insgesamt viermal in die Karibik. Alle Inseln, die er besuchte, nahm er für die spanische Krone in Besitz. Auf Hispaniola gründete er die erste Siedlung. Im Jahr 1499 erkundeten spanische Schiffe die Küste Südamerikas. Einer der Kapitäne, Amerigo Vespucci, kartografierte das bis dahin unbekannte Land. Sein Vorname (lateinisch *Americus*) lieferte den Namen des neuen Kontinents .

Amerika bot den Europäern eine einzigartige Gelegenheit, sich zu bereichern und neue Länder zu erobern. Spanische Konquistadoren folgten den Spuren der ersten Entdecker. Nach Berichten über den unermesslichen Reichtum der Azteken in Mexiko eroberte 1519–1524 Hernán Cortés mit einigen hundert Soldaten das Aztekenreich. Mit einer noch viel kleineren Armee unterwarf Francisco Pizarro 1531–1535 das viel größere Inka-Reich in den Anden. Sie raubten das Gold der Inka und Azteken und verschifften es nach Europa. Mit den Schätzen gelangte auch die Legende von einer unvorstellbar reichen, im Dschungel verborgenen Stadt namens El Dorado („Die Goldene") in die alte Welt. Zahlreiche Expeditionen wurden ausgesandt, um nach der sagenhaften Stadt zu suchen – allerdings ohne Erfolg. Krankheiten, Hunger und die Gegenwehr der Ureinwohner forderten viele Opfer unter den Expeditionsteilnehmern. Dennoch gelang es ihnen, weite Teile Amerikas zu erforschen und auf Landkarten einzutragen.

Oben *Ein Dominikaner-Mönch unterweist eine Inka-Frau am Webstuhl.*

Folgen der Entdeckung

Der Kontakt mit den Spaniern endete für viele Ureinwohner tödlich. Die meisten kamen jedoch nicht bei Kämpfen ums Leben, sondern durch Krankheiten. Sie besaßen keine Abwehrkräfte gegen Krankheiten wie z. B. Windpocken. Die Kariben und die Arawak aus der Karibik waren um 1550 durch die Eroberer fast ausgelöscht. Die Zahl der Azteken, Inkas und anderer südamerikanischer Völker hatte sich bis 1600 halbiert und nahm weiter ab. Die Spanier holten afrikanische Sklaven in die Karibik, weil sie neue Arbeitskräfte für die riesigen Zuckerplantagen brauchten. Die Indianer Mittel- und Südamerikas wurden unter den unmenschlichsten Bedingungen zur Arbeit in den Silberbergwerken Mexikos und Perus gezwungen.

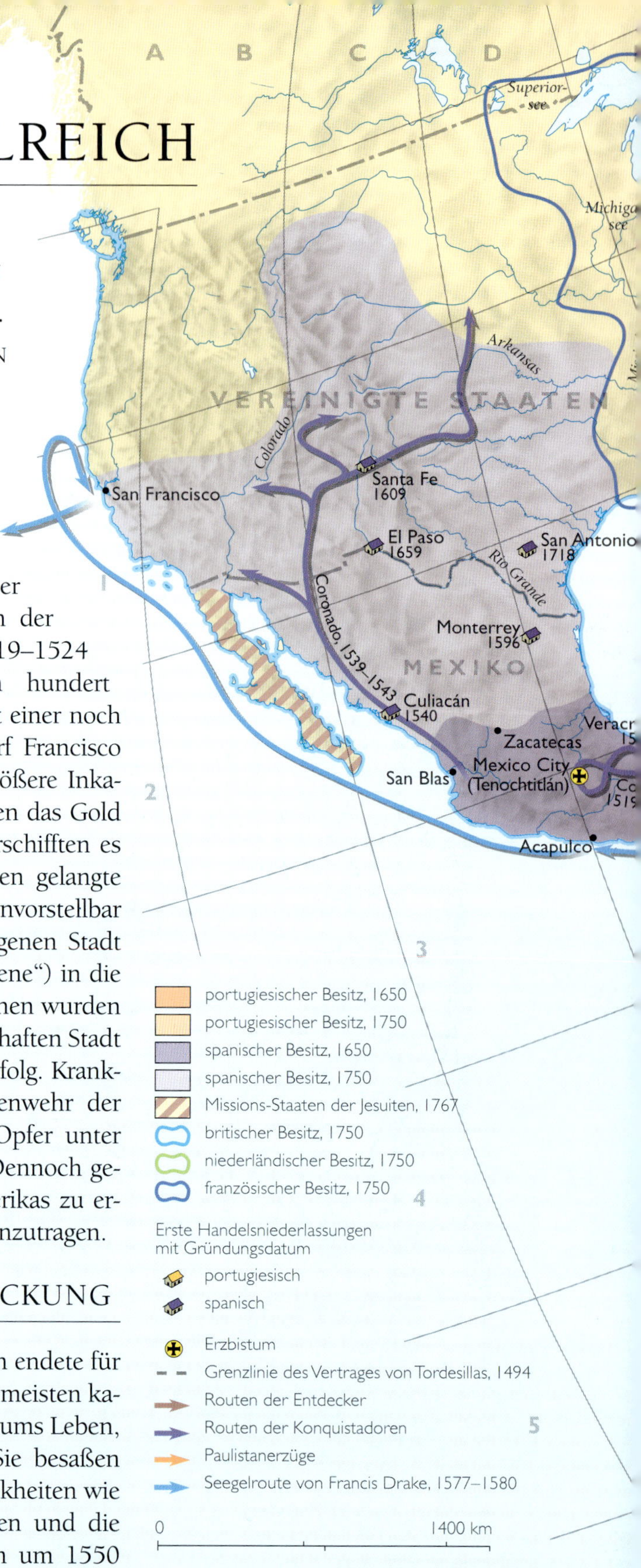

Die Spanier hielten es für ihre Pflicht, die Indianer zum Christentum zu bekehren. Sie ließen die Bräuche der Einheimischen verbieten und beraubten die Ureinwohner damit ihrer kulturellen Traditionen. Dominikaner- und Franziskanermönche gründeten Schulen und brachten den Indianern europäische Ackerbau- und Handwerksmethoden bei. Sie boten ihnen außerdem einen gewissen Schutz vor den Grausamkei-

1492–1815

ten der Konquistadoren. Später gründeten die Jesuiten eigene Missionsstationen. Spanisch wurde allmählich zur Landessprache.

Ganz Mittelamerika wurde zum Vizekönigreich Neu-Spanien. Nach Pizarros Eroberung wurde auch das Vizekönigreich Peru ausgerufen. Die Kolonialreiche dehnten sich noch weiter aus, als neue Siedlungen in Kalifornien, Texas und Florida sowie östlich der Anden gegründet wurden.

Oben *Viele afrikanische Sklaven wurden nach Amerika verschleppt. Den bewaffneten „Mulatten“, wie man afrikanisch-europäische Mischlinge auch nennt, zeichnete ein Brasilienbesucher in den 1630er-Jahren.*

Oben Das Leben in den Kolonien Lateinamerikas wurde von den Europäern geprägt. Städte wurden im europäischen Stil erbaut. Auf dem Marktplatz dieser brasilianischen Stadt aus dem 17. Jahrhundert werden Sklaven verkauft: Plantagenbesitzer begutachten die neu eingetroffenen Afrikaner. In den spanischen Kolonien wurde der Sklavenhandel in den 1820er-Jahren verboten. In Brasilien, das zu Portugal gehörte, arbeiteten noch bis weit ins 19. Jahrhundert hinein Sklaven auf den großen Kaffeeplantagen.

Die Konquistadoren erhielten Ländereien. Jeder *encomendero* (Landbesitzer) hatte das Recht, Steuern zu erheben und Einheimische zur Arbeit heranzuziehen, aber er musste auch Soldaten zur Verteidigung der Kolonie stellen. Es entstanden große Haziendas. Nachdem Spanien die Quote für die Auswanderung im 17. Jahrhundert auf jährlich 2000 beschränkt hatte, um die Abwanderung aus dem Mutterland zu bremsen, herrschte Mangel an neuen Siedlern. Die spanischen Landbesitzer in Südamerika lebten selbst nicht auf den Haziendas, sondern in den Städten oder in Europa. Die Indianer mussten ihr Land verlassen und wurden in den Haziendas als Lohnarbeiter eingesetzt. Dieses System ist in einigen mittel- und südamerikanischen Ländern noch heute anzutreffen.

Europäische Rivalen

Die Kolonie in Amerika machte Spanien zur stärksten Macht in Europa. Mit dem Silber aus Amerika finanzierte Spanien seine Kriege. Das Silber sorgte in ganz Europa für wirtschaftlichen Aufschwung. Andere europäische Länder wollten ebenfalls an den Reichtümern der Neuen Welt teilhaben. Mit dem Vertrag von Tordesillas

wurde 1494 eine Grenzlinie gezogen, die den Atlantik westlich der Kapverdischen Inseln teilte: Die Portugiesen durften alle östlich der Linie gelegenen Länder besiedeln, die Spanier alle, die westlich davon lagen. Die Besitzungen der Portugiesen wurden dadurch auf die brasilianische Küste beschränkt, die in den 1530er-Jahren erschlossen wurde. *Paulistas*, portugiesische Sklavenhändler, griffen immer wieder Missionsstationen der spanischen Jesuiten im brasilianischen Urwald an. Um einen Krieg mit Spanien zu verhindern, ging Portugal scharf gegen die Übergriffe der *paulistas* vor und stellte die Versklavung der indianischen Bevölkerung unter Strafe. Seither mussten Afrikaner aus Angola als Sklaven in den Bergwerken und Plantagen arbeiten.

Lange beschränkten Niederländer, Engländer und Franzosen ihre Aktivitäten in der Neuen Welt auf Überfälle auf spanische Schiffe oder Küstenorte. Seeräuberei und Schmuggel waren alltäglich. Freibeuter kaperten im Namen ihres jeweiligen Königs die Handelsschiffe anderer Nationen. Der englische Freibeuter Sir Francis Drake war wegen seiner Kriegszüge in der Karibik gefürchtet. Doch auch ihm gelang es nicht, die schwer bewachte Flotte zu besiegen, die jedes Jahr große Mengen an amerikanischem Silber nach Spanien transportierte. Sie wurde nur einmal überwältigt – 1628 vom niederländischen Admiral Piet Heyn.

Spaniens Niedergang

Im 17. Jahrhundert brach die Wirtschaft in der spanischen Kolonie zusammen. Der Arbeitskräftemangel, den der Rückgang der indianischen Bevölkerung hervorgerufen hatte, war eine Ursache. England, Frankreich und die Niederlande nutzten die Situation und errichteten Kolonien in Mittel- und Südamerika. Und auch das spanische Territorium in Nordamerika war durch die Erfolge französischer und englischer Kolonisten in Gefahr *(siehe S. 126–129)*. Ende des Siebenjährigen Kriegs (1756–1763) tauschte Großbritannien Havanna gegen Florida ein, verlor es aber 1783 wieder.

Trotz der Verluste waren die spanischen und portugiesischen Kolonialreiche Ende des 18. Jahrhunderts weitgehend unversehrt. Im Zuge der Amerikanischen und Französischen Revolution entstanden Unabhängigkeitsbewegungen in Lateinamerika. Die Napoleonischen Kriege in Europa, bei denen Spanien und Portugal von Frankreich besetzt wurden *(siehe S. 138–141)*, beschleunigten diese Entwicklung. Der Unabhängigkeitskampf setzte 1810 in Mexiko ein. Seit 1811 führte General Simón Bolívar (der „Befreier“) den Befreiungskampf Südamerikas gegen die spanische Herrschaft an. Nach 15 Jahren war das spanische Kolonialreich aufgelöst und auch Brasilien wurde unabhängig.

Zeittafel

1492
Christoph Kolumbus landet auf Hispaniola.

1496
Santo Domingo auf Hispaniola wird als erste europäische Siedlung auf amerikanischem Boden gegründet.

1513
Vasco Núñez de Balboa erblickt als erster Europäer den Pazifik.

1517
Die ersten afrikanischen Sklaven treffen in Amerika ein.

1531–1535
Francisco Pizarro erobert das Inka-Reich in Peru.

1539–1543
Francisco Vázquez de Coronado erkundet den Westen Nordamerikas.

1545
Bei Potosí in den Anden wird die ergiebigste Silbermine der Welt entdeckt.

1630
Die Niederländer besetzen den Osten Brasiliens.

1655
Die Engländer erobern Jamaica.

1697
Tayasal, der letzte unabhängige Maya-Staat, fällt an Spanien.

1708/1709
Portugal unterdrückt die Sklavenjagden der *paulistas*.

1716
Spanien besetzt Texas.

1762
Großbritannien erobert Havanna. Spanien tritt Florida nur scheinbar ab.

1780/1781
Während der Amerikanischen Revolution erobert Spanien West-Florida zurück.

1810/1811
Miguel Hidalgo führt eine Revolte in Mexiko an – ohne Erfolg.

1817–1824
Simón Bolívar und José de San Martín führen den Unbabhängigkeitskrieg an.

1823
Die USA erkennen die jungen unabhängigen Staaten Südamerikas an.

Das katholische Erbe

Obwohl der katholische Glaube gewaltsam eingeführt wurde, ist er in der Bevölkerung Lateinamerikas tief verwurzelt. Heute lebt hier die Hälfte aller Katholiken der Welt. Viele traditionelle Mythen finden sich im lateinamerikanischen Katholizismus wieder. In den Anden wurde den Heiligen geopfert um die Berggötter zu besänftigen. Christus wurde mit dem Sonnengott in Verbindung gebracht und die Heilige Jungfrau Maria mit Mama Cocha, der Erdgöttin der Inkas. In Mexiko glaubt man weiterhin an die Heiligkeit der Vorfahren und feiert bis heute am Tag der Toten, dem 1. November (Allerheiligen), fröhliche Feste.

Rechts *Prozession zur Feier des heiligen Thomas in einem Dorf in Guatemala*

KOLONIEN IN NORDAMERIKA

UM 1500 LEBTEN IN NORDAMERIKA VIELE EINGEBORENENSTÄMME. DIE INDIANER BETRIEBEN LANDWIRTSCHAFT ODER WAREN SAMMLER UND JÄGER. NOCH UNTERSCHÄTZTEN DIE EUROPÄER DIE GRÖSSE DES KONTINENTS. DA DIE SPANIER KEINE NENNENSWERTEN GOLD- ODER SILBERVORKOMMEN ENTDECKT HATTEN, WAREN SIE AN EINER KOLONISATION DES LANDES NICHT INTERESSIERT. SIE BLIEB DEN NORDEUROPÄISCHEN NATIONEN VORBEHALTEN.

Giovanni Caboto, ein italienischer Seefahrer, der unter englischer Flagge segelte, überquerte 1497 von Bristol aus den Atlantik. Er suchte einen neuen Seeweg nach China, landete jedoch in Neufundland. Seit die Wikinger dort 500 Jahre zuvor eine Siedlung errichtet hatten, war er der erste Europäer, der nordamerikanischen Boden betrat. Caboto entdeckte reiche Kabeljaugründe, die seither von englischen Fischern aufgesucht wurden. Doch erst 1610 wurde eine Siedlung gegründet.

Giovanni da Verrazano kreuzte 1524 vor der amerikanischen Küste. Der Franzose Jacques Cartier segelte in den Jahren 1535/36 den Sankt-Lorenz-Strom hinauf. Er wollte den nördlichen Kontinent durchqueren, während andere versuchten, Nordamerika zu umsegeln.

Die ersten Besucher berichteten von riesigen Wäldern und feindseligen Ureinwohnern. Englische Siedler ließen sich 1607 in Jamestown (Virginia) nieder, nachdem frühere Siedlungsversuche gescheitert waren. Ein Jahr später gründeten französische Siedler Quebec. Im Jahr 1650 gab es bereits eine ganze Reihe von Kolonien an der Ostküste, darunter schwedische und holländische.

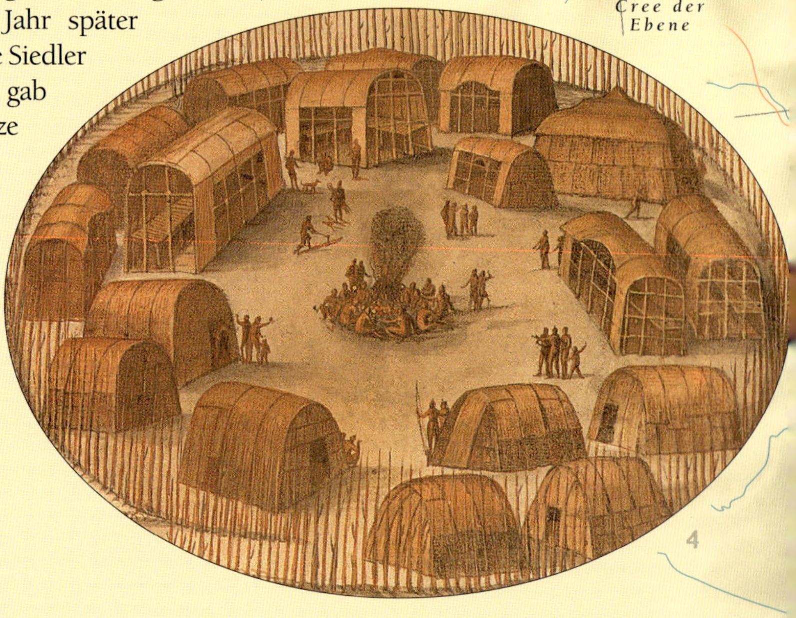

Oben *Der Künstler John White beteiligte sich an mehreren Expeditionen nach Nordamerika. 1587 war er Gouverneur der von Sir Walter Raleigh gegründeten Kolonie auf der Insel Roanoke. Seine Gemälde zählen zu den ältesten Darstellungen des Lebens der Indianer. Dieses Bild zeigt ein umzäuntes Dorf der Pomeiock-Indianer. Ihre Langhäuser waren mit Baumrinden verkleidet.*

HANDEL & KOEXISTENZ

Die ersten französischen Siedler in Nordamerika waren Pelztierjäger. Sie betrieben Handel mit den Indianern, indem sie Werkzeuge, Schusswaffen und Alkohol gegen Felle tauschten. Die Nachfrage nach amerikanischen Fellen war groß in Europa; Biberfelle standen bei den Hutmachern hoch im Kurs. Französische Entdeckungsreisende fuhren den Sankt-Lorenz-Strom bis zu den Großen Seen hinauf. Sie brachen ins Landesinnere auf und kamen über den Mississippi bis zum Golf von Mexiko.

Die meisten europäischen Siedler aber waren Bauern, die die Wälder entlang der Atlantikküste rodeten, um Ackerland zu gewinnen. Bald entstand eine am europäischen Vorbild ausgerichtete Agrargesell-

1497–1763

1497–1763
Hudson-bai
Coats-insel
Mansel-insel
Belcher-inseln
Inuit
Naskapi
Montagnais
östliche Cree
Cree
Ojibwa
Huron
Irokesen
Winnebago
Ottawa
Miami
Wyandot
Delaware
Shawnee
Kaintuck
Tuscarora
Cherokee
Chickasaw
Choctaw
Creek
Alabama
Natchez
Yamassee
Gros Ventre
Mandan
Sioux
Rupert's Land
(Hudson Bay Company)
KANADA
VEREINIGTE STAATEN
Neufrankreich
Neuschottland
Neufundland
Louisiana
Florida
APPALACHEN
Fort Churchill
Port Nelson
Fort York
Fort Severn
Fort Albany
Moose Factory
Fort Rupert
Tadoussac
Québec
Trois Riviéres
Montréal
Sankt-Lorenz-Strom
Fort La Tourette
Fort Népigon
Fort Maurepas
Fort La Reine
Fort St. Charles
Fort St. Pierre
Fort Kaministiquia
Fort Michipicton
Sault St. Marie
Oberer See
Huronsee
Michigansee
Eriesee
Ontariosee
Winnipegsee
Fort St. Croix
Fort Beauharnais
Mississippi
Missouri
Ohio
Fort Frontenac
Fort Oswego
Fort Ontario
Fort Rouillé
Fort Niagara
Fort St. Joseph
Fort Pontchartrain
Fort Presqu'isle
Fort Duquesne (Fort Pitt)
Fort Necessity
Fort Pickawillany
Fort St. Louis
Fort Crevecœur
Fort Vincennes
Fort Orléans
Fort Chartres
Fort Prudhomme
Fort Rosalie
Fort Condé
Pensacola
New Orleans
Golf von Mexiko
Crown Point
Ticonderoga
Fort William Henry
Fort George
Albany
New York
New York City
New Haven
Portsmouth
Boston
Plymouth
Providence
New Hampshire
Massachusetts
Connecticut
New Jersey
Pennsylvania
Philadelphia
Delaware
Baltimore
Annapolis
Maryland
Virginia
Richmond
Williamsburg
Jamestown
North Carolina
New Bern
Wilmington
South Carolina
Georgetown
Charleston
Fort Augusta
Savannah
Fort King George
Georgia
St. Augustine
St. John's
Ile Royale (Kap-Breton-Insel)
Louisbourg
Fort Beauséjour
Halifax
Port Royal
ATLANTIK
Siedlungen oder Handelsposten, die ab 1650 gegründet wurden
britisch
französisch
Ausdehnung der europäischen Siedlungen, 1713
britisch
französisch
spanisch
Ausdehnung der europäischen Siedlungen, 1750
britisch
französisch
spanisch
Der Britisch-Französische Kolonialkrieg, 1754–1763
Fort oder Siedlung, von den Briten erobert
Fort oder Siedlung, von den Franzosen erobert
Forschungsreise von La Salle, 1681–1682
Verkehrswege der Kolonisten
Handelsrouten der Indianer
Ute Indianerstämme
0
600 km

schaft. Die Indianer hießen die ersten Siedler noch willkommen, versuchten jedoch ihr Eindringen ins Landesinnere zu verhindern. Die Appalachen bildeten eine natürliche Barriere. Die ersten Siedler in Neuengland waren Puritaner, strenggläubige Protestanten, die in England verfolgt worden waren und in der Neuen Welt eine gottgefällige Gesellschaft aufbauen wollten. Sie arbeiteten hart und viele hatten bald, sei es als Farmer oder als Gewerbetreibende, ein Auskommen gefunden.

Die Siedlungen in Virginia wurden von englischen Adligen finanziell unterstützt: durch Investition in die neuen Plantagen. Arbeitskräfte gab es genug: arme Siedler, afrikanische Sklaven und Sträflinge, die die Auswanderung nach Amerika einer Haftstrafe vorgezogen hatten. Allerdings fielen viele Siedler dem subtropischen Klima Virginias zum Opfer. Der Anbau von Tabak, einer in Amerika heimischen Pflanze, und sein Export nach Europa machten Virginia bald ebenso reich wie die Hafenstädte Neuenglands.

Erste Konflikte

Von Anfang an waren unter den Siedlern, die sich in Nordamerika eine neue Existenz aufbauen wollten, ganze Familien. Bald waren die Siedler an der Ostküste den Ureinwohnern zahlenmäßig überlegen. Immer mehr Städte und Dörfer wurden gegründet. Der Landbedarf stieg und es kam unweigerlich zu Konflikten. Im Lauf des 17. Jahrhunderts nahmen die Indianerüberfälle auf europäische Siedlungen zu. Die Siedler reagierten mit der Vertreibung der Indianer aus ihren angestammten Gebieten. Wie in Lateinamerika fielen auch hier große Teile der eingeborenen Bevölkerung den aus Europa eingeschleppten Krankheiten zum Opfer, was die ohnehin kleinen Stämme weiter dezimierte.

Wie in Europa kam es auch in Nordamerika zu Gebietsstreitigkeiten zwischen einzelnen Nationen. Neuschweden (Delaware) wurde 1655 von den Holländern erobert, die es aber 1664 an die Engländer abtreten mussten, ebenso wie ihre Kolonie New Amsterdam, die seither New York genannt wird.

Die Ausweitung der englischen Niederlassungen entlang des Sankt-Lorenz-Stroms bis hinauf zu den Großen Seen führten zu Konflikten mit den Franzosen. Seit 1686 kam es zu Plünderungen britischer Handelsstützpunkte an der Hudsonbai und zu Überfällen auf Neuengland. Im Britisch-Französischen-Kolonialkrieg (1754–1763) blockierte die britische Flotte französische Häfen in Nordamerika. Nach der Eroberung von Quebec (1759) und Montreal (1760) beherrschte Großbritannien das gesamte Siedlungsgebiet östlich des Mississippi. Mehr als 60 000 französische Siedler lebten nun unter britischer Herrschaft.

Pocahontas

Legenden ranken sich um das Leben der Indianerin Pocahontas, die dem Stamm der Powhatan-Indianer angehörte. Sie soll sich mit den englischen Siedlern in Jamestown angefreundet und das Leben des Gründers der Kolonie, John Smith, gerettet haben. Sie wurde Christin und heiratete den Engländer John Rolfe. Das Porträt entstand während ihres Aufenthalts in England. Als indianische Prinzessin angekündigt erlangte sie sofort Berühmtheit. 1616 starb sie in England an den Pocken.

Links *Das für Neuengland so typische Landschaftsbild geht auf das Wirken der ersten Siedler zurück. Sie rodeten die Wälder, legten die Sümpfe trocken und schufen zahlreiche kleine Dörfer und Farmen, die noch heute die Landschaft von Neuengland prägen.*

Unten *Dieser Druck aus dem Jahr 1710 zeigt einen bewaffneten, Tabak rauchenden Grenzbewohner aus der Pionierzeit Kanadas. Französische Pelztierjäger waren auf einheimische Führer angewiesen und unterhielten engere Beziehungen zu den amerikanischen Ureinwohnern als die englischen Siedler.*

Die weissen Amerikaner

Die Bevölkerungzahl der 13 Neuengland-Kolonien war 1775 bereits auf 2,25 Millionen gestiegen, das war mehr als ein Viertel der Bevölkerung Großbritanniens. In Virginia hatte sich die Zahl der Sklaven von 15 000 im Jahr 1700 auf 190 000 im Jahr 1775 erhöht, was wiederum fast die Hälfte der Bevölkerung Virginias ausmachte. Sie wurden von den Sklavenhaltern auf brutale Weise unterdrückt.

Die Siedler waren zunächst stark von der englischen Kultur beeinflusst. Doch die Amerikaner wurden zunehmend selbstbewusster. Es gab keine Standesunterschiede und es herrschte Religionsfreiheit. Durch die Zuwanderung von Deutschen, Iren und Schotten, die um 1720 einsetzte, nahm die englische Prägung der Kolonien ab. Mit dem amerikanischen Dialekt formierte sich die eigenständige amerikanische Gesellschaft.

Zeittafel

1497
Giovanni Cabot ist nach den Wikingern der erste Europäer, der nordamerikanischen Boden betritt.

1535–1536
Jacques Cartier erforscht den Sankt-Lorenz-Strom.

1584–1590
Sir Walter Raleigh gründet für kurze Zeit eine Siedlung auf der Insel Roanoke.

1607
In Jamestown, Virginia, entsteht die erste britische Kolonie.

1608
Champlain, der „Gründer Kanadas“, gründet eine Siedlung in Quebec und erforscht den Champlainsee.

1620
Die Pilgerväter, eine puritanische Sekte, landen in Plymouth, Massachusetts.

1622
Indianer töten in Jamestown 350 Kolonisten, die ihr Land besetzt hatten.

1626
Niederländer gründen New Amsterdam.

1636
Gründung der Harvard-Universität

1664
Die Engländer erobern New Amsterdam und nennen es New York.

1675–1676
Der König-Philipp-Krieg wird zwischen Indianern und Kolonisten ausgetragen.

1681–1682
La Salle erforscht den Mississippi.

1732
Als 13. britische Kolonie wird Georgia gegründet.

1754–1763
Britisch-Französischer Kolonialkrieg

1759
In den Plains of Abraham besiegen die Briten die Franzosen; Quebec wird eingenommen.

1763
Die Briten erleiden anfangs Niederlagen durch die Indianer im Pontiac-Krieg.

1763
Friede von Paris: Nordamerika gehört jetzt zu Großbritannien.

Die Amerikanische Revolution

Mit dem Sieg über Frankreich 1763 wurde Grossbritannien zur stärksten Kolonialmacht. Aber nach der Ausschaltung Frankreichs sahen die 13 Kolonien auch keinen Grund mehr, sich Grossbritannien gegenüber loyal zu verhalten. Die Erhebung von Steuern und die Einschränkung des Überseehandels führten zu Konflikten mit der britischen Krone. Im Jahr 1776 erklärten die 13 britischen Kolonien ihre Unabhängigkeit. Nach dem gewonnenen Unabhängigkeitskrieg wurden 1783 die Vereinigten Staaten von Amerika gegründet.

In Großbritannien war man der Auffassung, Kolonien hätten ausschließlich den wirtschaftlichen Interessen des Mutterlandes zu dienen. Sie sollten billige Rohstoffe für die neuen Industrien liefern und als Abnehmer für die produzierten Güter auftreten. So wurde es den britischen Kolonien in Amerika untersagt, mit anderen Ländern Handelsbeziehungen zu unterhalten. Dieses Verbot führte zur Entstehung eines illegalen Handels mit den spanischen, französischen und holländischen Kolonien in der Karibik. Während des Britisch-Französischen Kolonialkrieges transportierten in Neuengland ansässige Kaufleute erstmals Waren auf eigenen Schiffen nach Europa. Schnell versuchten die Briten diesen Handel durch hohe Zölle zu stoppen. Dies führte zu Unmut in den Kolonien. Die Plantagenbesitzer im Süden fürchteten zudem die wachsende Opposition in England gegen die Sklaverei.

Die Unzufriedenheit nahm zu, als die Briten 1763 die Ausdehnung der Siedlungsgebiete über die Appalachen hinaus untersagten, um Zusammenstöße mit den Indianern zu vermeiden, die sich vor den Siedlern dorthin zurückgezogen hatten. Doch der ständige Zustrom neuer Einwanderer und die Übervölkerung der Küstengebiete führten dazu, dass immer mehr Siedler trotz des Verbotes in den Westen, jenseits der Appalachen, zogen.

Oben *Die Boston-Tea-Party – ein denkwürdiges Ereignis in der Geschichte der USA: Wütende Kolonisten, verkleidet als Indianer, schlichen sich auf ein britisches Schiff und warfen die Teeladung in den Bostoner Hafen.*

„Keine Steuern!“

Der Krieg gegen Frankreich hatte viel Geld gekostet und die britische Regierung wollte die leere Staatskasse mit Steuergeldern aus den Kolonien füllen. Mit dem Stempel-Steuer-Gesetz von 1765 wurden Steuern auf Dokumente und Zeitungen erhoben. Die Kolonisten, die nie zuvor Steuern bezahlt hatten, reagierten empört. Britische Waren wurden boykottiert und Vertreter der 13 Kolonien versammelten sich, um weitere Protestmaßnahmen zu diskutieren. „Keine Steuern ohne parlamentarische Vertretung“, wurde ihr Slogan.

Das Stempel-Steuer-Gesetz wurde zwar zurückgezogen, doch erhob England nun Steuern auf Tee, Glas, Blei, Farbe und Papier. Wieder gab die Regierung unter dem Druck von Boykottmaßnahmen nach. Nur die Teesteuer blieb bestehen. Die Proteste verschärften sich. Im Jahr 1770 erschossen britische Soldaten bei einem Krawall in Boston fünf Menschen. Dadurch wurde die antibritische Stimmung weiter angeheizt.

Im Dezember 1773 kam es zur Boston-Tea-Party. Die Briten erließen daraufhin eine Reihe von Strafgesetzen, die in Amerika so genannten „unerträglichen Gesetze“. Nun standen alle Kolonien in Opposition zum Mutterland. Es gab Stimmen, die den sofortigen Bruch mit Großbritannien forderten, andere plädierten dafür, sich diesen Schritt als letztes Mittel vorzubehalten. Im September 1774 trat der Kontinentalkongress in Philadelphia zu Beratungen zusammen.

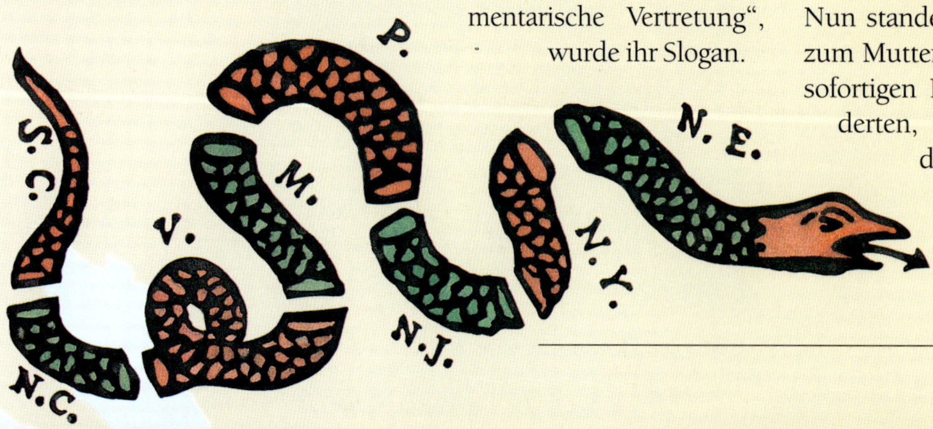

Rechts *Die Zeichnung von Benjamin Franklin warnt vor den Gefahren der Uneinigkeit der Kolonien. Er rief sie zur Geschlossenheit gegen Großbritannien auf.*

1763 – 1803
D
E
F
G
H
Fort Albany
Fort Rupert
Moose Factory
Albany
Harricana
Rupert's Land
(Hudson Bay Company)
KANADA
Québec
1763 gegründet
Neuschottland
Halifax
Fort Népigon
Fort William
Oberer See
Sault St. Marie
Huron-see
Michigansee
Kanada
1774 an Québec
Fort Pontchartrain
Fort Sandusky
Erie-see
Ontario-see
Fort Niagara
Fort Oswego
Fort Stanwix
Oriskany 1777
Québec
Montgomery, 1775
Montréal
Burgoyne, 1777
1775
St. Leger, 1777
Fort Ticonderoga
Arnold, 1775
Falmouth
Bunker Hill 1775
Boston
Lexington 1775
Saratoga 1777
Bennington 1777
Providence
Rochambeau, 1780
White Plains 1776
Long Island 1776
New York
Butler, 1778
Washington, 1777
Trenton 1776
Monmouth 1778
Princeton 1777
Valley Forge
Germantown 1777
Brandywine 1777
Philadelphia
Fort Pitt
Baltimore
Washington, 1781
Lafayette, 1781
William Howe, 1776
William Howe, 1776
Elliam Howe, 1776
Rochambeau, 1780
William Howe, 1777
de Barras, 1781
ATLANTIK
Hamilton, 1778
Yorktown 1781
Chesapeake Kap 1781
Richmond
Petersburg
APPALACHEN
Dreizehn Kolonien
Cornwallis, 1781
de Grasse, 1781
Fort Vincennes
Clark, 1778–1779
Ohio
Boonesborough
Harrodsburg
St. Louis
Cahokia
Kakaskia
Indianergebiet
Guilford Court House 1781
Cornwallis, 1781
Greene, 1781
Wilmington
King's Mountain 1780
Hobkirk's Hill 1781
Camden 1780
Cowpens 1781
Eutaw Springs 1781
Clinton & Cornwallis, 1780
Augusta
Lincoln 1779
Charleston
Campbell, 1778
Savannah
Prevost, 1778–1779
Louisiana
3 von Frankreich an Spanien
Tennessee
Arkansas Post
Mississippi
Alabama
Chattahoochee
St. Augustine
Fort Rosalie
West-Florida
1764 gegründet
Pensacola
Ost-Florida
Baton Rouge
New Orleans
Britische Besitzungen in Nordamerika, 1763
die dreizehn Kolonien
Rupert's Land
Québec
Neuschottland
Indianerland
Florida
andere
britischer Grenzverlauf nach dem Pariser Frieden, 1763
Fort oder Handelsposten
Sieg der Amerikaner
Sieg der Briten
Sieg der Franzosen
amerikanische Angriffe, mit Kommandant
britische Angriffe, mit Kommandant
französische Angriffe, mit Kommandant
Grenze der Vereinigten Staaten, 1783
0
600 km

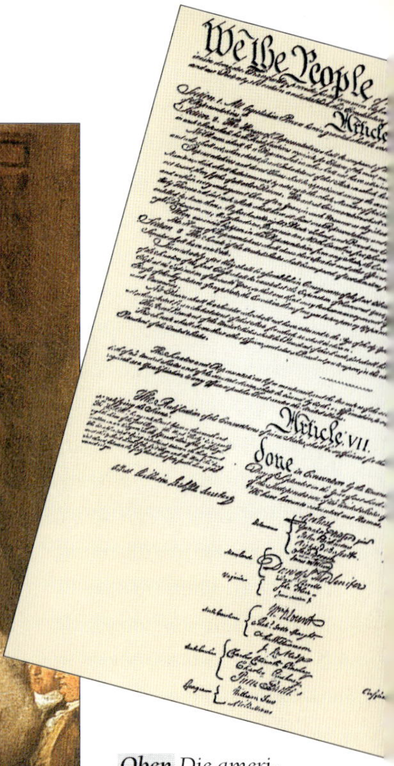

Oben *Die amerikanische Verfassung ist der triumphierende Ausdruck des Prinzips der Volkssouveränität. Die Ideale der Amerikanischen Revolution beeinflussten viele Freiheitsbewegungen, besonders jene in Frankreich.*

Oben *Die Unabhängigkeitserklärung wurde am 4. Juli 1776 in Philadelphia unterzeichnet. Ihr Verfasser, Thomas Jefferson, war ein vermögender Plantagenbesitzer und Kongressabgeordneter des Staates Virginia. In seine Amtszeit als Präsident der USA (1801–1809) fiel der Erwerb von Louisiana, durch den sich das Staatsgebiet der USA fast verdoppelte.*

Krieg gegen England

Zum Ausbruch des Krieges kam es im April 1775 durch Schießereien zwischen Aufständischen und britischen Truppen in Lexington und Concord. Eine allgemeine Rebellion folgte. Am 4. Juli 1776 traten die 55 Delegierten des Zweiten Kontinentalkongresses zusammen und verabschiedeten die Unabhängigkeitserklärung.

In Großbritannien ging man davon aus, dass sich die Mehrheit der Amerikaner loyal verhalten würde und die Auseinandersetzungen bald ein Ende hätten. Aber die britischen Generäle konnten die Übermacht ihrer Truppen nicht gezielt einsetzen. Die Freiwilligenarmeen der Kolonien waren klein, unerfahren und schlecht bezahlt. Doch der Unmut der Amerikaner gegen die Briten wuchs, je länger der Krieg dauerte. Washington führte im Dezember 1776 seine Truppen über den Delaware und überfiel die Garnison in Trenton. Die Briten hatten Probleme, ihre Armee im über 5000 km entfernten Amerika zu unterhalten. Seit 1778 unterstützte Frankreich die Kolonisten. Den Franzosen gelang es 1781, die britische Flotte zu schlagen. Es kam zur Kapitulation der britischen Truppen in Yorktown. Im Frieden von Versailles 1783 erkannte Großbritannien die Unabhängigkeit der Vereinigten Staaten an.

Die Verfassung

Nun begann die Debatte darüber, welches Regierungssystem die Vereinigten Staaten bekommen sollten. Im Sommer 1787 trat in Philadelphia der Verfassungskonvent zusammen, um über diese Fragen zu beraten.

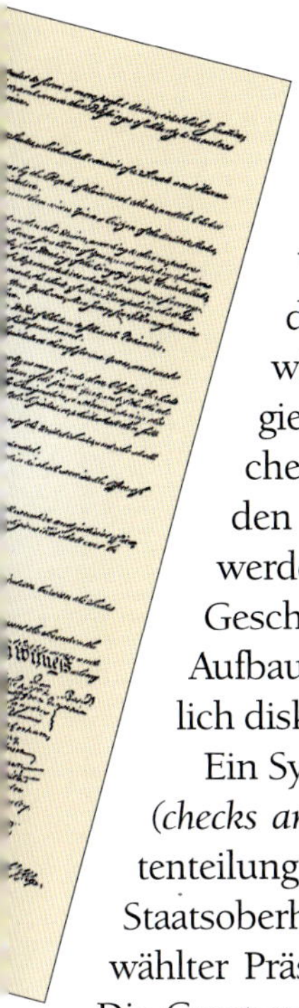

Zu den so genannten Vätern der amerikanischen Verfassung gehörten Benjamin Franklin und George Washington. Im Zentrum der Debatte stand die Frage, wie viel Rechte der Bundesregierung eingeräumt und welche Entscheidungsfreiheiten den Einzelstaaten übertragen werden sollten. Erstmals in der Geschichte wurden Funktion und Aufbau einer Regierung so gründlich diskutiert.

Ein System gegenseitiger Kontrolle (*checks and balances*) und die Gewaltenteilung wurden eingeführt. Das Staatsoberhaupt, ein demokratisch gewählter Präsident, bildet die Exekutive. Die Gesetzgebung (Legislative) geht vom Kongress (Repräsentantenhaus und Senat) aus, der ebenfalls demokratisch gewählt wird. Der Oberste Gerichtshof (Judikative) ist unabhängig von Weisungen der Exekutive und der Legislative.

Die amerikanische Verfassung war eine der ersten schriftlich fixierten Verfassungen. Vier Jahre nach ihrer Verabschiedung wurden zehn Zusatzartikel in die Verfassung aufgenommen, die *Bill of Rights*. Sie führen die Rechte des einzelnen Staatsbürgers auf und begrenzen die Macht der Regierung gegenüber ihren Bürgern. Zum ersten Mal in der Geschichte wurden dem Bürger eines Staates persönliche Freiheiten und Rechtsschutz vor Übergriffen der Regierung auf seine Person eingeräumt. Die Frage, wie weit ein Staat regulierend in die Gesellschaft eingreifen darf, ist noch heute aktuell.

Neue Bundesstaaten

Die Verfassung trat 1789 in Kraft. George Washington wurde der erste Präsident. Bis 1790 waren alle 13 Kolonien dem neuen Staatenbund beigetreten. Die Siedlungsgebiete dehnten sich, dem Flusslauf des Ohio folgend, weiter westwärts aus. Neue Bundesstaaten wurden gegründet. Kentucky trat dem Staatenbund 1792 bei, danach Tennessee. Spanien gab 1800 das Mississippi-Delta an Frankreich ab. 1803 verkaufte Napoléon, der Geld für seine Kriege brauchte (*siehe S. 146–149*), das Gebiet an die Vereinigten Staaten. Durch den Erwerb Louisianas verdoppelten die Vereinigten Staaten ihr Staatsgebiet nahezu.

Der Verlauf der Westgrenze bis 1803

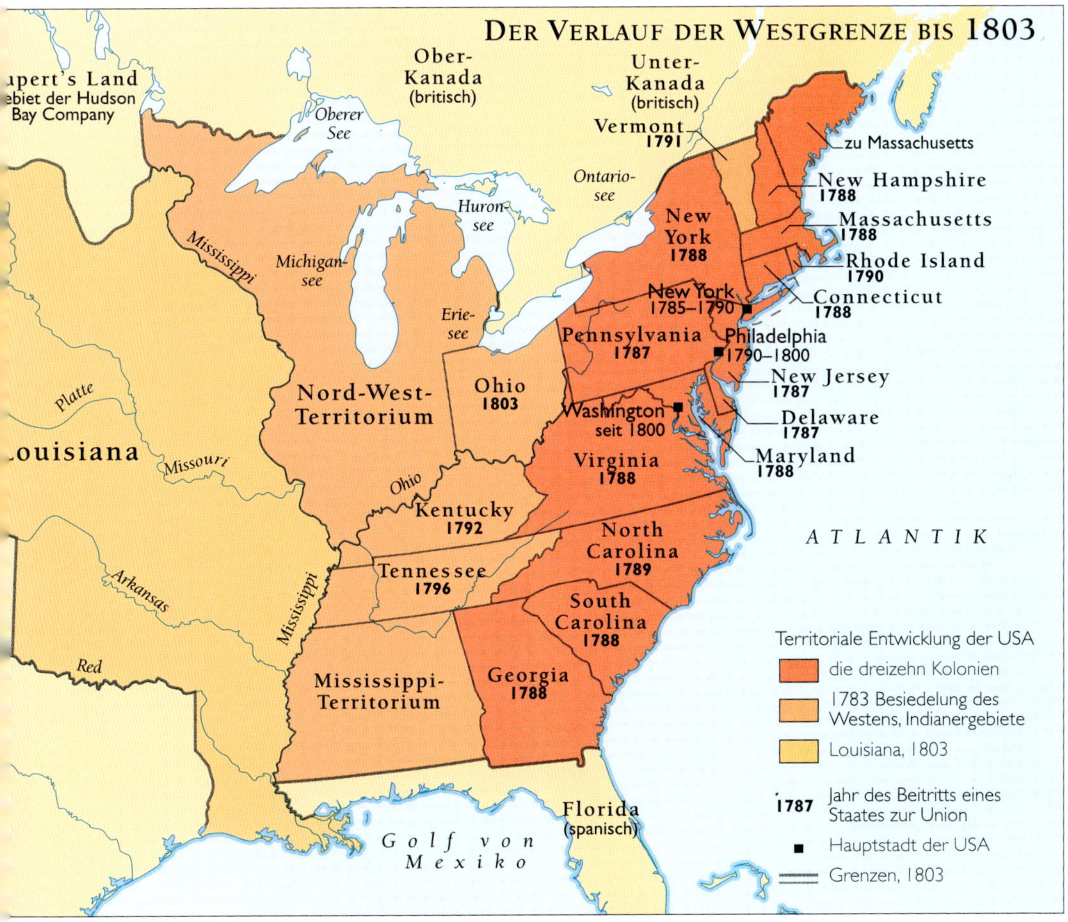

Zeittafel

1765
Stempel-Steuer-Gesetz: England erhebt Steuern in den amerikanischen Kolonien.

1770
Britische Soldaten töten fünf Bürger Bostons während eines Aufstands.

1773
Nach der Boston-Tea-Party wird der Ausnahmezustand verhängt.

1774
In Philadephia findet der erste Kontinental-Kongress statt.

1775
In Lexington und Concord (bei Boston) brechen Kämpfe aus.

4. Juli 1776
Unabhängigkeitserklärung der 13 Vereinigten Staaten

24./25. Dezember 1776
Washington überquert den Delaware und erobert Trenton.

1777
Verabschiedung der Artikel der Konföderation leitet die Unabhängigkeit ein.

1777
Amerikanischer Erfolg bei Saratoga

1777–1778
Washingtons Kontinental-Armee organisiert sich im Valley Forge.

1778
Frankreich erklärt Großbritannien den Krieg und unterstützt die Amerikaner.

1779/80
Spanien erklärt Großbritannien den Krieg und erobert West-Florida zurück.

1781
Erfolg der Amerikaner in Yorktown

1783
Frieden von Versailles: Großbritannien erkennt die Unabhängigkeit der USA an.

1787
Die Verfassung der Vereinigten Staaten wird verabschiedet.

1789
George Washington wird der erste Präsident der Vereinigten Staaten.

1800
Washington D.C. wird Hauptstadt der Vereinigten Staaten.

Die Reformation in Europa

Im 16. Jahrhundert, nach tausend Jahren machtvoller Entwicklung, sah sich die katholische Kirche dem Vorwurf der Korruption ausgesetzt. Reformen wurden angemahnt und mächtige Herrscher stellten die politische Autorität des Papstes in Frage. Die religiösen und politischen Konflikte entzweiten sogar Familien.

Rechts *Ein Dämon spielt auf einem Dudelsack, der dem Kopf von Martin Luther nachempfunden ist, die Musik des Teufels. Zeitgenössische satirische Darstellung.*

Die Herrscher des 16. Jahrhunderts hatten mehr Macht als ihre Vorgänger. Das neu entstandene Berufsbeamtentum erhöhte die Effizienz der königlichen Verwaltungen, während internationale Bankhäuser den Unterhalt stehender Heere ermöglichten, mit deren Hilfe die Monarchen ihre Untertanen in Schach hielten. Das Geistesleben in Europa wandelte sich, als die Humanisten der Renaissance die Glaubensgewissheit der mittelalterlichen Theologie und den Absolutismus in Frage stellten.

Königliche Rivalen

Der mächtigste Mann Europas war damals Karl V. (Karl I. von Spanien). Als Nachfolger seines Großvaters Maximilian I., der 1519 starb, wurde er im Alter von 19 Jahren zum Kaiser des Heiligen Römischen Reiches gewählt. Er herrschte nun außer über Spanien auch über das von Maximilian I. ererbte Weltreich der Habsburger – Österreich, Böhmen, Ungarn, Burgund, die Niederlande und große Teile Italiens. Das spanische Kolonialreich in Peru und Mexiko versorgte ihn mit Gold und Silber.

Oben *Die Ideen der Reformation verbreiteten sich dank des eben erst erfundenen Buchdrucks schnell.*

Die Macht Karls V. war einigen anderen Herrschern in Europa ein Dorn im Auge. Sein größter Widersacher war der französische König Franz I. (Reg.1515–1557). Er war bei den Wahlen zum Kaiser des Heiligen Römischen Reiches erfolglos gegen Karl V. angetreten, und seine Versuche, den französischen Einflussbereich bis nach Norditalien auszudehnen, stießen auf den Widerstand Karls V. Nach der Schlacht von Pavia (1525) war Franz I. für ein Jahr der persönliche Gefangene Karls V. Auch das Verhältnis zwischen Heinrich VIII. von England und Franz I. war nicht frei von Spannungen. Bei einem Treffen der beiden im Jahr 1520 wartete der französische König mit einem Hofstaat auf, der den des englischen Königs an Reichtum und Glanz um ein Vielfaches überbot. Als bedeutender Renaissancefürst ließ Franz I. seine Paläste von italienischen Künstlern und Architekten erbauen und ausschmücken, unter ihnen Leonardo da Vinci.

Religiöse Konflikte

Die größte Bedrohung für Karl V. kam aus seinem eigenen Reich. Er selbst war ein ergebener Katholik, doch bei vielen seiner Untertanen, besonders in Deutschland, war die Kirche in Misskredit geraten. Dem

Klerus warf man Korruption und Raffgier vor. Der Papst war mehr an weltlicher Macht als an geistiger Führerschaft interessiert. Den größten Protest rief der Ablasshandel hervor, der es den Reichen ermöglichte, sich von ihren Sünden freizukaufen. Im Jahr 1517 verfasste der Mönch und Theologe Martin Luther (1483–1546) eine Protestschrift gegen diese Missstände. Er schlug 95 Thesen an das Portal der Schlosskirche zu Wittenberg, damit sie jedermann lesen konnte. Das war eine mutige Tat, denn wer damals die Lehren der Kirche in Frage stellte, konnte als Ketzer bei lebendigem Leibe verbrannt werden. Durch den Buchdruck verbreiteten sich Luthers Thesen sehr schnell. Bald waren die Ideen der Reformation in Deutschland und Europa bekannt. Karl V. ächtete Luther, nachdem er auch vor dem Reichstag in Worms 1521 seine Thesen nicht widerrief, doch die Reformation war nicht mehr aufzuhalten. Andere Reformer griffen die Ideen Luthers auf und entwickelten sie weiter, darunter Johannes Calvin (1509–1564), der Begründer des Kalvinismus.

Bereits 1530 waren zahlreiche deutsche Fürsten zum Protestantismus übergetreten. Ihre Beweggründe waren jedoch meist politischer und nicht religiöser Natur: Mit der Abkehr von der katholischen Kirche demonstrierten sie ihre Unabhängigkeit vom Kaiser, und die Verstaatlichung der Kirchengüter brachte Geld ein. Im Augsburger Religionsfrieden (1555) musste Karl V. den Fürsten die freie Religionsausübung zugestehen. Er zog sich ins Kloster zurück. Sein Sohn Philipp II. herrschte nun über Spanien, die Niederlande, Neapel, Sizilien und Sardinien, sein Bruder Ferdinand I. über Österreich, Ungarn und Böhmen.

Reformationsbewegung

Dass die Autorität des Papstes bröckelte, zeigte sich in der Entschlossenheit vieler europäischer Herrscher, aus Gründen der Staatsräson mit Rom zu brechen. Einer der ersten Abtrünnigen war Gustav I. Eriksson Wasa von Schweden, der 1527 das Kircheneigentum einzog. Heinrich VIII. von England erklärte sich 1534 zum Oberhaupt der anglikanischen Kirche, nachdem der Papst sich geweigert hatte, die Scheidung von seiner ersten Frau anzuerkennen.

Erst auf dem Konzil von Trient 1545 traf die katholische Kirche erste Maßnahmen und leitete die Gegenreformation ein. Die katholische Lehre wurde reformiert, protestantisches Schrifttum verboten und die Inquisition wieder eingeführt. Die Missionare des Jesuitenordens, der 1545 in Spanien gegründet wurde, waren besonders eifrig bei der Bekehrung von Abtrünnigen. Die größten Erfolge konnten sie in Bayern, Österreich und Polen verzeichnen.

Doch der Protestantismus breitete sich weiter aus. In den 1560er-Jahren konnte der Kalvinismus, in seinen Anschauungen radikaler als das Luthertum, in den Niederlanden, in der Schweiz, Schottland und in weiten Teilen Frankreichs (dort nannte man die Protestanten Hugenotten) Fuß fassen. Auch die Lehren der Puritaner in England waren vom Kalvinismus beeinflusst. Die Gegenreformation brauchte also einen mächtigen Vorkämpfer.

Religionskriege

Sie fand ihn in Philipp II. von Spanien (Reg. 1556–1598). Er nahm den Kampf seines Vaters gegen den Protestantismus wieder auf. Seine grausamen Maßnahmen führten zu einer Rebellion in den Niederlanden und 1566–1609 zum niederländischen Unabhängigkeitskampf. Unterstützt wurden die Niederlande von Elisabeth I.

Das Regiment der Frauen

Im 16. Jahrhundert wurden weibliche Herrscher nur zögernd akzeptiert. Die Männer beanspruchten die totale Verfügungsgewalt über die Frau. Den erbittertsten Kampf gegen Frauen mit politischer Macht führte der schottische Kalvinist und Prediger John Knox (1514–1572). In den 1550er-Jahren gab es drei Königinnen – Maria I. Tudor in England, Maria Stuart in Schottland und Katharina von Medici in Frankreich. Alle drei waren katholisch und entschlossen, die Protestanten zu verfolgen. Als Knox seine Schmähschrift „Der erste Fanfarenstoß gegen das abscheuliche Regiment der Frauen“ veröffentlichte, starb Maria I. Tudor. Nun wurde ihre protestantische Schwester Elisabeth I. Königin. Von ihr stammt der berühmte Ausspruch: „Ich weiß, dass ich den Körper einer schwachen und zarten Frau habe, doch ich habe auch den Mut und den Stolz eines Königs.“ Elisabeth war über Knox' Frauenhass so erbost, dass sie ihn lebenslang aus England verbannte.

Links *Königin Elisabeth I. von England, 1588*

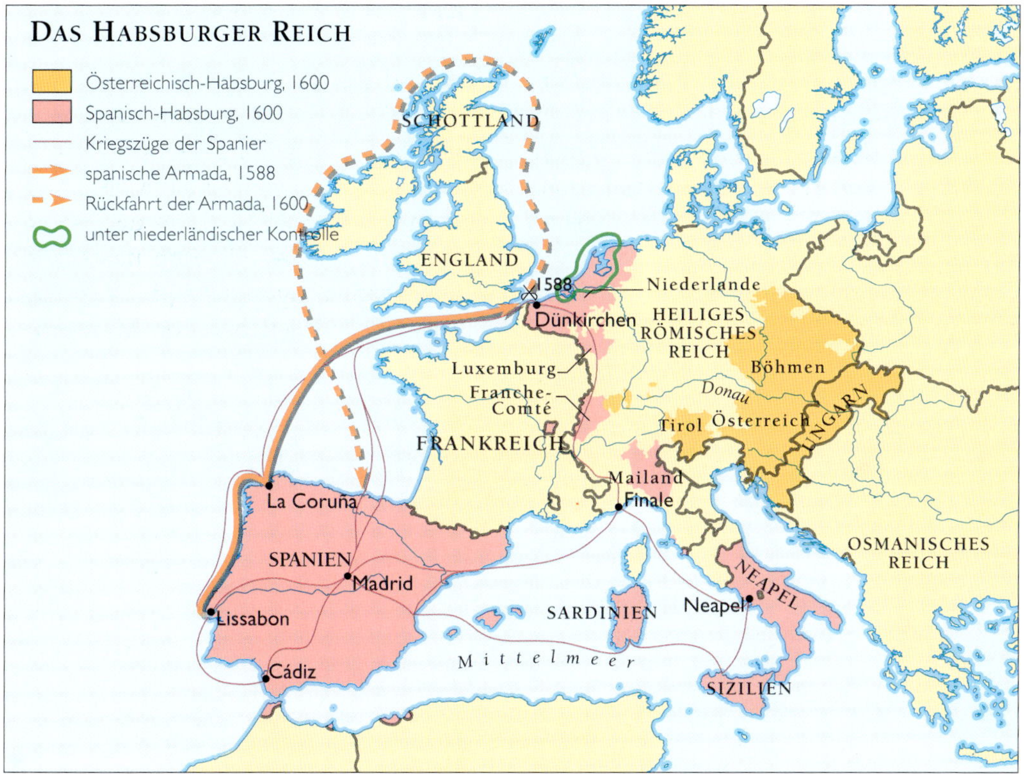

von England (Reg. 1558–1603), die dem Protestantismus in ihrem Land zum Sieg verholfen hatte. Philipp II. ließ 1588 die spanische Armada in See stechen; um England doch noch in die Knie zu zwingen, der Vergeltungsschlag misslang jedoch.

In Frankreich erhoben sich 1562 die Hugenotten. Es kam zu einem langjährigen Bürgerkrieg. Eines der grausamsten Ereignisse während der europäischen Religionskriege war die Bartholomäusnacht 1572, in der 20 000 Hugenotten von französischen Katholiken ermordet wurden. Erst 1598 wurde den Hugenotten mit dem Edikt von Nantes Gewissensfreiheit eingeräumt.

Als Philipp II. 1598 starb, war Spanien bankrott. Ungefähr 40 % der europäischen Bevölkerung war inzwischen protestantisch. In der Seeschlacht bei Lepanto 1571 konnten die Europäer, angeführt von Philipps Halbbruder Don Juan d'Austria, einen spektakulären Sieg über die Türken erringen. Trotzdem stellte das Osmanische Reich weiterhin eine große Bedrohung für Europa dar *(siehe S. 154)*. Drei Jahre später eroberten die Türken Tunis und setzten ihre Angriffe in Osteuropa fort.

Links *In der Bartholomäusnacht wurden allein in Paris 3000 Hugenotten von Katholiken ermordet.*

Zeittafel

1517
Martin Luther schlägt die 95 Thesen an das Portal der Schlosskirche zu Wittenberg.

1519
Der Habsburger Karl, seit 1516 König von Spanien, wird Kaiser des Heiligen Römischen Reichs.

1521
Karl V. ächtet Luther im Wormser Edikt.

1529
Die Belagerung Wiens durch die osmanischen Türken bleibt erfolglos.

1534
Heinrich VIII. ernennt sich zum Oberhaupt der anglikanischen Kirche.

1536
Johannes Calvin veröffentlicht sein Werk *Unterricht im Christentum*.

1545–1563
Das Konzil von Trient legt die Grundlagen für die Gegenreformation.

1555
Nach dem Augsburger Religionsfrieden müssen die Untertanen dem Bekenntnis ihres Landesherrn folgen.

1559
Der Friede von Cateau-Cambrésis beendet den Krieg Frankreichs gegen Spanien.

1572
In der Bartholomäusnacht werden 20 000 Hugenotten von französischen Katholiken ermordet.

1576
Spanische Truppen töten 7000 Menschen bei der Belagerung von Antwerpen.

1580
Philipp II. wird König von Portugal.

1587
Maria Stuart wird auf Befehl von Elisabeth I. von England hingerichtet.

1588
Philipp II. sendet eine spanische Armada gegen England.

1598
Das Edikt von Nantes garantiert den Hugenotten Toleranz in Frankreich.

1609
Zwischen den Niederlanden und Spanien wird ein zwölfjähriger Waffenstillstand vereinbart.

Das Zeitalter des Absolutismus

Religiöse Konflikte waren die Auslöser des Dreissigjährigen Krieges (1618–1648). Gegen Ende des 17. Jahrhunderts verlor die Frage der Religionszugehörigkeit jedoch an Sprengkraft. Unter Ludwig XIV. beherrschte Frankreich Europa mit seiner Politik der Einschüchterung und überzog den Kontinent mit Kriegen.

Anfang des 17. Jahrhunderts beherrschte die Glaubensspaltung das politische Leben in Europa – Katholiken und Protestanten standen sich unversöhnlich gegenüber. Der Augsburger Religionsfriede (1555), der die Grundlage für ein friedliches Miteinander innerhalb des Heiligen Römischen Reiches schaffen sollte, scheiterte an dem beiderseitigen Misstrauen. Unmittelbarer Auslöser für den Dreißigjährigen Krieg waren die gegenreformatorischen Maßnahmen der Habsburger. Böhmen, das zu Österreich und damit zum Hause Habsburg gehörte, sollte wieder katholisch werden. Der Krieg begann 1618 und erschütterte Europa bis 1648.

In der ersten Phase des Krieges besetzte das habsburgische Spanien mit der Pfalz den führenden protestantischen Staat in Deutschland, um Österreich zu stärken. Dänemark griff in den Konflikt ein und kämpfte auf der Seite der deutschen Protestanten, bis es bei Lutter besiegt wurde (1625–1629). Dagegen gelang es Gustav II. Adolph von Schweden, bis in die Kernlande des katholischen Deutschland vorzudringen (1630–1635). In der letzten Kriegsphase (1635–1648) unterstützte Frankreich, das mitten im Habsburgerreich lag, die schwedisch-protestantische Seite, obwohl es die Hugenotten – trotz des Edikts von Nantes – im eigenen Land diskriminierte.

Die Plünderungen im Dreißigjährigen Krieg führten zu Hungersnöten. Als er zu Ende war, lebten nur noch sieben Millionen Menschen im deutschen Kriegsgebiet.

Spaniens Tage waren gezählt, und Frankreich konnte zwar Siege davontragen, war aber wegen innenpolitischer Unruhen nicht in der Lage, seine Macht auszubauen. Nur die Niederlande waren Nutznießer des Krieges. Im Westfälischen Frieden musste Spanien ihre Unabhängigkeit anerkennen. Holländische Schiffe befuhren nun die alten Handelswege der Spanier und Portugiesen. Amsterdam wurde zum Finanzzentrum Europas.

Unten *Scharmützel während des Dreißigjährigen Krieges, der schreckliche Verwüstungen anrichtete*

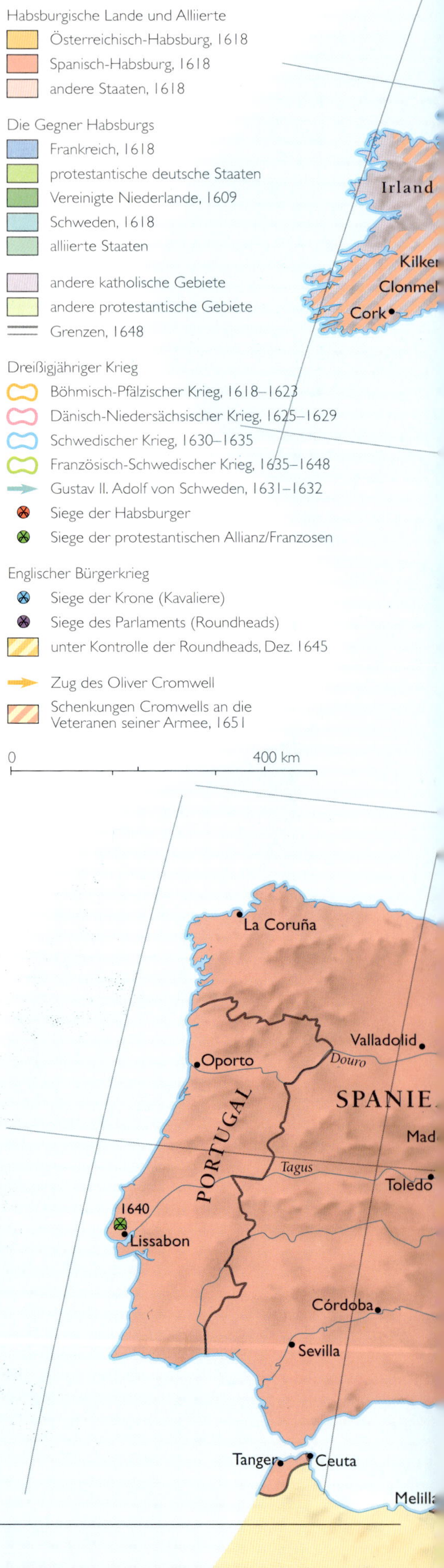

1600–1715
SCHWEDEN
DÄNEMARK-NORWEGEN
Stockholm
Vänersee
Vättersee
Kopenhagen
Ostsee
Nordsee
Schottland
Aberdeen
Edinburgh
Philiphaugh 1645
1650–1651
Belfast
Drogheda
Dublin
Wexford
Marston Moor 1644
York
Hull
England
Nottingham
Naseby 1645
Edgehill 1642
Gloucester
Oxford
Bristol
London
Roundway Down 1643
Newbury 1643
Turnham Green 1643
Lostwithiel 1644
Dünkirchen
Königsberg
PREUSSEN
Danzig
Stralsund
West-pommern
Ostpommern
Holstein
Mecklenburg
Bremen
Elbe
Brandenburg
Frankfurt
Weichsel
VEREINIGTE NIEDERLANDE
Amsterdam
Ravensberg
Westphalen
Lutter 1626
Anhalt
Kleve
Mark
Sachsen
Hessen
Lützen 1632
Breitenfeld 1631
Spanische Niederlande
Brüssel
HEILIGES RÖMISCHES REICH
Oder
POLEN
Weißer Berg 1620
Schlesien
Frankfurt
Bayreuth
Böhmen
Prag
Krakau
Rocroi 1643
TSCHECHISCHE REPUBLIK
Mähren
Rouen
Paris
Kur-pfalz
Rhein
Württemberg
Ansbach
Österreich
Donau
Wien
München
Bayern
ÖSTERREICH
Gran
Budapest
Orléans
Breisach
Nantes
Loire
Bourges
Franche-Comté
SCHWEIZER EIDGENOSSENSCHAFT
Tirol
Salzburg
Steiermark
SIEBENBÜRGEN
Charolais
Kärnten
UNGARN
FRANKREICH
ÖSTERREICHISCH-UNGARN
Genf
Lyon
SAVOYEN
MAILAND
Krain
KROATIEN
Mailand
Mantua
Venedig
Bordeaux
Turin
Po
Rhône
PARMA
MODENA
VENEDIG
Genua
GENUA
KIRCHENSTAAT
Ravenna
OSMANISCHES REICH
Toulouse
Avignon
Florenz
TOSKANA
Montenegro
Bilbao
Marseille
Pamplona
ANDORRA
Perpignan
Roussillon seit 1642 französisch
Ragusa
PIOMBINO
Korsika zu Genua
Rom
ITALIEN
Barcelona
BENEVENTO
NEAPEL
Neapel
ALBANIEN
Palma
Balearen
Valencia
Sardinien
SARDINIEN
Cagliari
Mittelmeer
Palermo
Messina
SIZILIEN
Sizilien
MALTA

Links *Oliver Cromwell schuf keine echte Alternative zur Monarchie, sondern wurde selbst zum Despoten.*

Bürgerkrieg in England

Auch England blieben religiöse und politische Auseinandersetzungen nicht erspart. Karl I. (Reg. 1625–1649) führte ein absolutistisches Regiment. Seine Versuche, am Parlament vorbeizuregieren, befremdeten seine Untertanen; sein politischer Standpunkt in Fragen der Religion war ein Affront gegen die Puritaner Englands und die Kalvinisten Schottlands: Ein Bürgerkrieg brach aus. Karl I. unterlag und wurde 1649 hingerichtet. Unter Oliver Cromwell wurde England eine Republik, die er als Lordprotektor (1653) wie ein Militärdiktator regierte. Zwei Jahre nach seinem Tod 1660 wurde die Monarchie wiederhergestellt, allerdings war Karl II. nun dem Parlament gegenüber zur Rechenschaft verpflichtet.

Die Glorreiche Revolution 1688–1689 verhalf dem Holländer Wilhelm von Oranien auf den englischen Thron und schloss die Katholiken von der Thronfolge aus. Die Macht des Königs wurde weiter eingeschränkt. Durch die Unionsakte wurde aus England und Schottland 1707 das Vereinigte Königreich Großbritannien.

Am Hof des Sonnenkönigs

Ludwig XIV. verdankte seinen Beinamen „Sonnenkönig" der Pracht des Schlosses, das er sich in der Nähe von Paris, in Versailles, bauen ließ. Die Kosten für dieses Meisterwerk der europäischen Architektur nahmen 5 % der jährlichen Staatseinnahmen Frankreichs in Anspruch – insgesamt kostete das Schloss so viel wie der Bau eines modernen Flughafens. Die besten Architekten und Künstler der damaligen Zeit wurden mit seiner Gestaltung beauftragt. Im Park von Versailles gab es über 1400 Springbrunnen. Ballettaufführungen, mondäne Konzerte und Feuerwerke waren Teil der Hofhaltung Ludwigs XIV.

Seit 1682 lebte der König die meiste Zeit des Jahres in Versailles und erwartete das auch vom Adel. Versailles wurde zum Zentrum Frankreichs. Der französische Hochadel stritt sich um das Privileg, bei dem halböffentlichen Ritual des Erwachens und des Zubettgehens des Königs anwesend sein zu dürfen. Es galt als große Ehre, das Hemd des Königs halten zu dürfen. Durch diesen Wettbewerb um die Gunst des Königs konnte Ludwig XIV. die Höflinge gegeneinander ausspielen und allzu mächtige Untertanen in Schach halten. Trotz seines Glanzes fehlte es Versaille an jeglichem Komfort. Die Wohnquartiere waren völlig überfüllt und auch Toiletten gab es nicht.

Rechts *Die Schlossgärten von Versailles sind Glanzleistungen der Landschaftsarchitektur.*

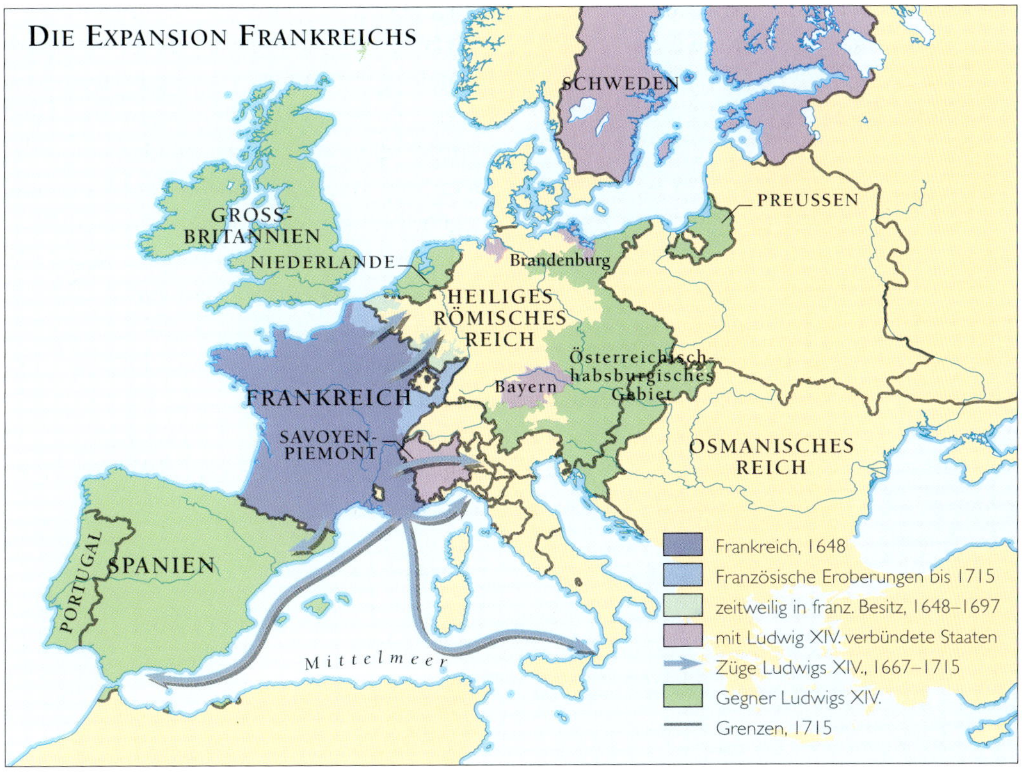

Frankreichs Aufstieg

Im Gegensatz zu England, wo die Macht des Königs eingeschränkt wurde, festigte Ludwig XIV. (Reg. 1643–1715) die Monarchie in Frankreich. Als Ludwig mit vier Jahren den Thron bestieg, herrschten in Frankreich bürgerkriegsähnliche Zustände. Der Adel war in Intrigen verwickelt. Mit seinem absolutistischen Herrschaftsstil bekam Ludwig die Situation unter Kontrolle.

Ludwig XIV. nahm 1661 die Regierungsgeschäfte selbst in die Hand und brachte grundlegende Reformen der Regierung, der Armee und der Marine auf den Weg. Danach führte er zwei erfolgreiche Angriffskriege gegen Spanien und die Niederlande.

Europa war durch das aggressive Auftreten Frankreichs in Alarmbereitschaft. Die Chance auf ein Militärbündnis mit einem protestantischen Land verspielte Ludwig XIV., als er 1685 das Edikt von Nantes aufhob und damit die Hugenotten erneut der Verfolgung aussetzte. Europa blickte mit Sorge nach Frankreich, da man ein neuerliches Aufflackern der Religionskriege fürchtete. Die Wirtschaft Frankreichs erlebte eine Krise, als 200 000 Hugenotten, darunter viele Kaufleute und Handwerker, nach England und in die Niederlande fliehen mussten. Die Steuerlast war hoch und der Unmut in der Bevölkerung wuchs. Doch der König in Versailles, vom Gottesgnadentum seiner Herrschaft überzeugt, nahm davon wenig Notiz. Unter seinen Nachfolgern nahm der Groll weiter zu und entlud sich schließlich in der Französischen Revolution (*siehe S. 142–145*).

Thronstreit in Spanien

Ludwig brachte den kinderlosen König Karl II. von Spanien dazu, seinen Enkel Philipp als Thronerben anzuerkennen. Als Philipp 1700 König von Spanien wurde, weigerte sich Ludwig, ihn von der französischen Thronfolge auszuschließen. Die Befürchtung, dass Frankreich möglicherweise Spanien, das Kolonialreich in Amerika, die spanischen Niederlande sowie große Teile Italiens beherrschen könnte, vereinte fast ganz Europa: Es kam zum Spanischen Erbfolgekrieg (1701–1713). Ludwig XIV. erlitt mehrere Niederlagen und gab sich geschlagen. Der Friede von Utrecht beendete Spaniens Rolle als europäische Großmacht. Philipp wurde als spanischer König bestätigt, musste aber sämtliche Gebiete außerhalb der spanischen Kernlande an Österreich abtreten. Ludwig XIV. musste auf die Vereinigung der spanischen mit der französischen Krone verzichten. Großbritannien übernahm die spanischen und französischen Handelsstützpunkte in der Karibik und konnte die Macht des britischen Empire weiter ausbauen.

Zeittafel

1610
Heinrich IV. von Frankreich wird von einem Fanatiker ermordet.

1618
Beginn des Dreißigjährigen Krieges

1624
Kardinal Richelieu wird leitender Minister Frankreichs.

1632
Gustav II. Adolph von Schweden wird in der Schlacht von Lützen getötet.

1648
Der Westfälische Frieden beendet den Dreißigjährigen Krieg.

1649
Karl I. von England wird vom Parlament zum Tode verurteilt und hingerichtet; die Monarchie wird abgeschafft.

1660
Karl II. wird König von England; die Monarchie ist wiederhergestellt.

1661
Ludwig XIV. übernimmt die Regentschaft.

1666
Ein Feuer zerstört fast ganz London.

1669
Portugal erreicht wieder seine Unabhängigkeit von Spanien.

1672
Wilhelmvon Oranien lässt Dämme und Schleusen öffnen, um die Franzosen aus den Niederlanden zu vertreiben.

1683
Ein polnisches Heer unter John Sobieski beendet die türkische Belagerung Wiens.

1685
Ludwig XIV. widerruft das Edikt von Nantes; Hugenottenverfolgungen.

1699
Österreich befreit Ungarn.

1707
Union von Schottland und England unter dem Namen Großbritannien

1713
Der Friede von Utrecht beendet den Spanischen Erbfolgekrieg.

1715
Ludwig XIV. stirbt, sein 5-jähriger Großneffe Ludwig XV. folgt ihm auf den französischen Thron.

Das Zeitalter der Aufklärung

Das 18. Jahrhundert war von Revolutionen geprägt. Die Französische Revolution führte zu politischen Unruhen und zu Kriegen in Europa. Die Industrielle Revolution in England, die durch moderne Fabriken und die Erfindung neuer Maschinen ausgelöst wurde, brachte soziale Veränderungen, die das Leben der Menschen ebenso prägen sollten wie die Umwälzungen der Französischen Revolution.

Die Aufklärung war auch eine Reaktion auf die religiösen Konflikte des 17. Jahrhunderts. Die Naturphilosophie lieferte den Beweis, dass die Welt von physikalischen und nicht von göttlichen Gesetzen beherrscht wird. Das von der Vernunft geleitete Verständnis der Welt stand im Widerspruch zu Glauben und Religion. Die 1660 in London gegründete Royal Society war die erste Körperschaft zur Förderung der Naturwissenschaften in Europa. Eine ähnliche Einrichtung gab es bald in Paris.

In den 1730er- und 1740er-Jahren war Europa durch Erbfolgekriege entzweit. Österreich, und später Russland, konnten einen Teil der türkisch besetzten Gebiete zurückerobern. Im Siebenjährigen Krieg (1756–1763) schlossen sich Frankreich, Österreich und Russland gegen Großbritannien und Preußen zusammen. Obwohl Frankreich fast alle Kolonien in Amerika an Großbritannien abtreten musste, blieb es dennoch ein Machtfaktor in Europa. Es rächte sich, indem es die amerikanischen Kolonien in ihrem Unabhängigkeitskrieg unterstützte. In Osteuropa verschwand Polen von der politischen Landkarte, es wurde unter den Ländern Preußen, Österreich und Russland aufgeteilt.

Oben *Sansculotten (die „ohne Kniehosen") nannte man die revolutionären Republikaner in Frankreich spöttisch.*

Absolutistische Mächte

Maßgeblich für den Aufstieg Preußens war sein König Friedrich der Große (Reg. 1740–1786). Er war ein großer Feldherr, der für seine Leistungen bewundert und wegen seines Ehrgeizes gehasst wurde. Friedrich II. hatte eine Vorliebe für die schönen Künste, für Musik und Philosophie. Als erster europäischer Herrscher setzte er sich für eine allgemeine Schulbildung und religiöse Toleranz ein. Mit der Aufrechterhaltung des Ständesystems, das es in Preußen wie in anderen europäischen Ländern gab,

Die Industrielle Revolution

Die Industrielle Revolution begann mit der Erfindung der Spinnmaschine. Der Hochofen leitete eine neue Epoche der Eisenherstellung ein. In der Umgebung reicher Kohlevorkommen entstanden industrielle Zentren. Zum Transport der Güter wurden Kanäle gebaut. Die Dampfmaschine beschleunigte die Industrialisierung zusätzlich. Die beginnende Technisierung der Landwirtschaft machte viele Bauern arbeitslos. Diese Entwicklungen führten zu einer radikalen Veränderung der Lebensverhältnisse in Großbritannien und anderen europäischen Ländern, da immer mehr Menschen vom Land in die gerade entstehenden Industriestädte zogen.

Oben *Stahlbrücke von 1779, die über den Fluss Severn in England führt.*

1715–1799
A
B
C
D
E
F
G
H
I
1
2
3
4
5
6
7
Kristiania
Uppsala 1710
Stockholm 1741
SCHWEDEN
Vänersee
Vättersee
Gotland
Reval
Peipus-see
RUSSISCHES REICH
Riga
Düna
Samogitia
Litauen
Minsk
Masowien
Schwarz-russland
WEISSRUSSLAND
POLEN
Warschau
Groß-Polen
Klein-Polen
Weichsel
Polesien
Wolkynien
Rotrussland
Galizien und Lodomerien
Bukowina
Jassy
Ostsee
Nord-see
DÄNEMARK-NORWEGEN
Hamburg
Hannover
Berlin 1700
Göttingen 1736
NIEDERLANDE
Haarlem 1752
Rotterdam 1773
DEUTSCHLAND
HEILIGES RÖMISCHES REICH
Prag
Böhmen
Mähren
Schlesien
Mannheim 1755
Donau
München 1759
Österreich
Wien
Steiermark
Budapest
Ungarn
Siebenbürgen
Tirol
Krain
Küstenland
Kroatien
Slowenien
Save
Banat
RUMÄNIEN
Donau
Falkirk
Edinburgh 1739
Glasgow
GROSSBRITANNIEN & IRLAND
Bolton
Bury
ublin 1731
Cromford
Stahlbrücke
Birmingham 1766
Dudley
London 1660
Plymouth
Jemappe
Amiens 1750
Rouen 1736
Reims 1776
Caen 1705
Paris 1666
Plassey
Brest
Nancy 1736
Orléans 1753
Rhein
Loire
Nantes
FRANKREICH
Dijon 1723
Genf 1776
SCHWEIZER EIDGENOSSENSCHAFT
olf von iscaya
Clermont-Ferrand 1705
Lyon 1700
Mailand
SARDINIEN-PIEMONT
Padua 1779
Venedig
VENEDIG
Bordeaux 1712
Genua
Parma
Venaissin (Kirchenstaat)
Avignon
Toulouse 1782
GENUA
Florenz 1752
Marseille 1726
TOSKANA
KIRCHEN-STAAT
MONTENEGRO
BULGARIEN
RAGUSA
OSMANISCHES REICH
Konstantinopel
ANDORRA
Ebro
ITALIEN
Korsika
Rom
Neapel
ANIEN
Barcelona
Neapel 1779
TÜRKEI
Madrid 1713
SARDINIEN-PIEMONT
Sardinien
KÖNIGREICH BEIDER SIZILIEN
GRIECHENLAND
Valencia
Balearen
Palermo
Sizilien
Kreta
Malta
Mittelmeer
Oran
Melilla (spanisch)
Grenzen, 1789
Kaisertum Österreich, 1789
Frankreich, 1789
Brandenburg-Preußen, 1789
Großbritannien & Hannover, 1789
Osmanisches Reich, 1789
spanisches Erbe, 1789
russisches Reich, 1789
Gebietsgewinne Brandenburg-Preußens bis 1795
russische Eroberungen bis 1795
österreichische Gebietsgewinne bis 1797
Gelehrtenakademien, mit Gründungsdatum
Sternwarte
wichtige Industriestandorte
0
600 km

blieb er jedoch ganz seiner Zeit verhaftet. Der Adel, der neue Mittelstand und die Bauern hatten ihren festen Platz in der Gesellschaft. Der Absolutismus in Europa stand für eine einheitliche Staatsreligion und die Privilegien des Adels. Neue Techniken revolutionierten die Landwirtschaft in Großbritannien und in den Niederlanden, setzten sich aber in den europäischen Ländern, in denen es noch Leibeigenschaft gab, nicht durch.

Die Regierungsform Frankreichs mit einem König und dem Klerus an der Spitze nannte man *Ancien Régime*. Das aufstrebende Bürgertum, dem sich immer mehr Menschen zugehörig fühlten, war von den politischen Entscheidungen in Versailles ausgeschlossen. Die aristokratischen Werte des *Ancien Régime* wurden von den Denkern der Aufklärung, die alle aus dem französischen Bürgertum kamen, kritisch hinterfragt. Führende Intellektuelle wie der große französische Philosoph und Essayist Voltaire legten die Unterdrückungsmechanismen der katholischen Kirche dar und versuchten die Monarchen von der Notwendigkeit fortschrittlicher Reformen zu überzeugen. Dazu zählten sie die Abschaffung der Leibeigenschaft und der Folter.

Der Glaube an die Menschenwürde und an den Menschen als Individuum war ebenfalls ein Merkmal der Aufklärung. Bestärkt wurde dieser Glaube durch die Erfolge der Amerikanischen Revolution. Ihren vollkommensten Ausdruck fanden diese Ideale in den philosophischen und politischen Schriften Jean-Jacques Rousseaus (1712–1778). Mit seinem Erziehungsmodell entstand eine völlig neue Ansicht der Kindheit. Rousseaus politische Abhandlungen, besonders der *Contrat Social* (1762), der die Freiheitsrechte des Einzelnen nachdrücklich betonte, bildeten den geistigen Hintergrund für die Debatten in den revolutionären Kreisen Frankreichs. Seine Naturphilosophie gab der Romantik des 19. Jahrhunderts Impulse.

Französische Revolution

Die Unterstützung der Amerikanischen Revolution kostete Frankreich viel Geld. Die Regierung war bankrott, die Preise schnellten in die Höhe, Lebensmittel wurden knapp, Not und Panik brachen aus. Der Ruf nach politischen Reformen wurde laut. Ludwig XVI. ließ die Generalstände, die seit 1614 nicht mehr zusammengekommen waren, nach Versailles rufen, um höhere Steuern zu erlassen. Sie setzten sich aus Kirche (Erster Stand), Adel (Zweiter Stand) und Besitzbürgertum (Dritter Stand) zusammen. Nach einem Streit über das Stimmengewicht verließ der Dritte Stand Versailles und trat in Paris als Nationalversammlung zusammen.

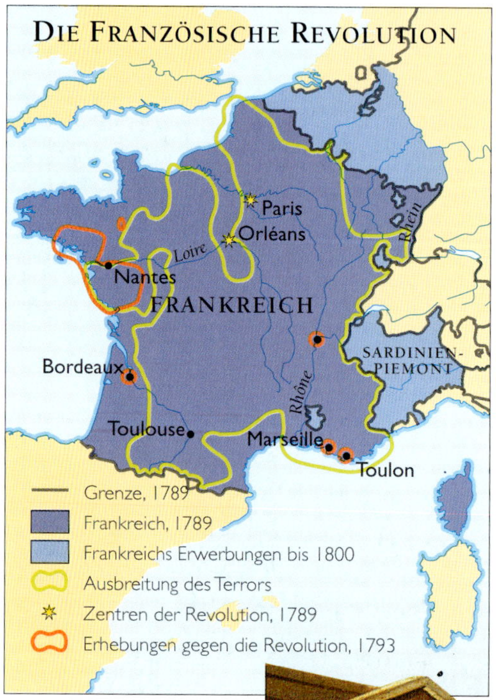

Die Nationalversammlung wurde von der Bevölkerung unterstützt. Nach Gerüchten über einen bevorstehenden Gegenschlag des Königs stürmte am 14. Juli 1789 eine aufgebrachte Menge die Bastille, das französische Staatsgefängnis. Der Sturm auf die Bastille war bald vorüber, aber der Ort wurde zum Zentrum der Aufständischen.

Mit den Worten *Liberté, Égalité, Fraternité* („Freiheit, Gleichheit, Brüderlichkeit") verbreitete sich die Revolution. Auf dem Land kam es zu Bauernaufständen und zur Flucht des Adels (20. Juli–6. August 1789). In Paris verkündete die Nationalversammlung die Erklärung der Menschenrechte und garantierte Gewissensfreiheit, Freiheit des Besitzes und Freiheit der Rede. Die Leibeigenschaft und erbliche Titel wurden abgeschafft, die Kirche enteignet.

Zu Beginn der Revolution versuchte die Nationalversammlung mit dem König zu kooperieren, der weigerte sich jedoch. Gemeinsam mit seiner Frau, Marie Antoinette, versuchte er 1791, das Land zu verlassen. Beide wurden gefasst und nach Paris zurückgebracht. Der französische Adel überredete Preußen und Österreich, Truppen nach Frankreich zu senden. Das Königspaar wur-

Rechts *Hinrichtung von Marie Antoinette, der französischen Königin, im Oktober 1793. Sie führte ein Luxusleben, völlig isoliert von ihren französischen Untertanen. Die Franzosen hassten sie nicht nur wegen ihres verschwenderischen Lebensstils, sondern auch weil sie aus dem Hause Habsburg stammte. Ihre geheimen, gegen die Revolutionäre gerichteten Verhandlungen mit Österreich waren der Hauptgrund für ihre Hinrichtung.*

Oben *Voltaire diktiert einen Brief.*

Voltaire & die Aufklärung

Voltaire, der in Wirklichkeit François-Marie Arouet (1694–1788) hieß, war der Vordenker der Aufklärung. Der französische Schriftsteller kritisierte Tyrannei, Intoleranz und Ungerechtigkeit. Seine spitze Feder brachte ihn oft in Schwierigkeiten; er wurde zweimal in der Bastille gefangen gehalten und verbrachte fast 30 Jahre seines Lebens im Exil. Friedrich der Große gewährte ihm in den 1750er-Jahren Zuflucht auf Schloss Sanssouci und mit der russischen Zarin Katharina der Großen pflegte er einen regen Briefwechsel. Von 1754 bis zu seinem Tod lebte er in der Schweiz. Nach der Revolution wurden seine sterblichen Überreste im Pariser Pantheon beigesetzt.

de des Landesverrats angeklagt. Versuche, ihnen die Todesstrafe zu ersparen, scheiterten. Zusammen mit mehreren Hundert anderen Mitgliedern des Adels wurden sie öffentlich mit der Guillotine hingerichtet.

Im Westen Frankreichs sowie in Teilen Südfrankreichs kam es zu Aufständen royalistischer Kräfte. Sie wurden schnell niedergeschlagen, woraufhin die Revolutionäre untereinander in Streit gerieten. In der Zeit des Terrors zwischen 1793 und 1794 kamen ca. 200 000 Menschen ums Leben, die meisten bei Straßenkämpfen, andere wurden hingerichtet. Zwei prominente Opfer waren Danton und Robespierre, die beiden Führer der radikalen Bewegung der Jakobiner.

Das neue Frankreich

Die europäischen Fürsten formierten sich zum Widerstand gegen das revolutionäre Frankreich, um ein Übergreifen der Revolution auf ihre Länder zu verhindern. Großbritannien, die Niederlande und Spanien traten dem preußisch-österreichischen Militärbündnis bei (Revolutionskriege 1792–1802). Trotz der chaotischen innenpolitischen Zustände konnte Frankreich 1792 die Invasionstruppen besiegen, um dann zum Gegenangriff überzugehen. Höhepunkt mehrerer Siege in den Jahren 1794 und 1795 war die Eroberung der Niederlande (Batavische Republik bis 1806). Nachdem Preußen und Spanien mit Frankreich Frieden geschlossen hatten, setzten Österreich und Großbritannien den Krieg fort. England konnte zwar seine Seehoheit gegenüber Frankreich verteidigen, doch beherrschte Napoleon Bonaparte (*siehe S. 146–149*) nach seinen grandiosen Feldzügen gegen Österreich und Italien seit 1797 die Szenerie.

Zeittafel

1712
Thomas Newcomen erfindet eine Dampfpumpe für den Bergbau.

1721
Robert Walpole wird der erste britische Premierminister (bis 1742).

1733–1735
Der polnische Thronfolgekrieg endet mit dem Protektorat Österreichs und Russlands über Polen.

1740
Friedrich der Große führt religiöse und politische Reformen in Preußen ein.

1740–1748
Österreichischer Erbfolgekrieg; Preußen erhält Schlesien von Österreich.

1751
In Frankreich wird die *Encyclopédie* veröffentlicht, eines der bedeutendsten Werke der Aufklärung.

1756–1763
Frankreich unterstützt Österreich, Spanien und Russland gegen Großbritannien und Preußen im Siebenjährigen Krieg.

1758
Voltaire veröffentlicht *Candide*, seine berühmte satirische Novelle.

1769
Richard Arkwright lässt ein mit Wasser angetriebenes Spinnrad patentieren und gründet die erste Textilfabrik Englands.

1781
Joseph II. schafft die Leibeigenschaft im Habsburger Reich ab.

1789
Mit dem Sturm auf die Bastille beginnt die Französische Revolution.

1791
Der Komponist Wolfgang Amadeus Mozart (*1756) stirbt in Wien.

1793
Ludwig XVI. und Marie Antoinette werden in Paris hingerichtet.

1799
Napoleon Bonaparte wird erster Konsul Frankreichs.

Europa unter Napoleon

Napoleon Bonaparte gilt noch heute manchen als Idealist und Reformer, anderen als rücksichtsloser Tyrann. Durch sein militärisches Geschick wurde Frankreich zur Grossmacht, aber sein grenzenloser Ehrgeiz führte dazu, dass sich viele Länder Europas gegen Frankreich verbündeten. Nach 15 Jahren Krieg war Napoleon besiegt und musste ins Exil gehen. Der Wiener Kongress (1815) ordnete Europa neu. Frankreich verlor seine Kolonien in Übersee.

Links *Napoleon I. Bonaparte, Gemälde von Jacques-Louis David, dem Hofmaler Napoleons. Es erinnert an die erfolgreichen Feldzüge gegen Italien von 1796 bis 1797.*

Napoleon wurde 1769 auf Korsika geboren. Nach dem Abschluss der Militärakademie in Paris trat er einem französischen Artillerieregiment bei. Die Französische Revolution war die Gelegenheit für den jungen Offizier, um Karriere zu machen. Er sympathisierte mit der radikaleren Fraktion der Revolutionäre. Als Kommandant der Artillerie erzwang er bei der Belagerung von Toulon (1793) den Rückzug einer englisch-spanischen Flotte. Bereits mit erst 24 Jahren war Napoleon Brigadegeneral. Doch schon ein Jahr später führte der Sturz von Robespierre, einem Anführer der Radikalen, zu Napoleons kurzzeitiger Verhaftung.

Im Oktober 1795 schlug er in Paris einen Aufstand von Königstreuen nieder und wurde Befehlshaber einer Armee. In mehreren Feldzügen gegen Italien und Österreich (1796–1797) gelang es ihm, die übermächtige österreichische Armee zu besiegen. Nun hatte Frankreich nur noch einen Gegner: Großbritannien. Die Regierung drängte Napoleon, Truppen nach England zu führen, doch stattdessen unternahm er einen Feldzug nach Ägypten. Er wollte von dort aus einen Militärschlag gegen Indien, Englands wichtigste Kolonie, unternehmen. Zwar besiegte er die Mamelucken, doch in der Seeschlacht vor Abukir (1798) versenkte der englische Admiral Lord Nelson einen großen Teil der französischen Flotte. Die Franzosen waren vom Nachschub abgeschnitten und mussten sich geschlagen geben. Trotz dieser Niederlage genoss Napoleon weiterhin hohes Ansehen. Österreich, Russland und die Türkei sahen sich durch das Scheitern Napoleons dazu ermutigt, den Krieg gegen Frankreich wieder aufzunehmen.

Konsul & Kaiser

Die Französische Republik stand auf wackligen Füßen. Das Direktorium, seit 1795 die französische Regierungsbehörde, war schwach und unbeliebt. Im November stürzte Napoleon dieses Gremium und setzte ein aus drei Mitgliedern bestehendes Konsulat ein. Er rechtfertigte diesen Schritt damit, dass nach dem Chaos der Revolutionsjahre eine starke Hand die Geschicke Frankreichs lenken müsse. Als Erster Konsul besaß Napoleon die Befugnisse eines Militärdiktators. Die Verfassung, die 1800 durch eine Volksabstimmung bestätigt wurde, verhüllte seine Machtfülle nur zum Teil.

Nach weiteren Feldzügen in Europa, die in der Niederlage Österreichs bei Marengo (1800) ihren Höhepunkt fanden, waren die Revolutionskriege beendet. Großbritannien

1799–1815

Unten Die Ehrenlegion wurde von Napoleon gegründet. Ihr Orden ist die höchste französische Auszeichnung und wird noch heute verliehen.

Links *Moskau wurde 1812 von den Einwohnern in Brand gesteckt, um Napoleon die Versorgung zu entziehen.*

Unten *Für die Delegierten des Wiener Kongresses (1814–1815) wurden Bälle veranstaltet. Diese Karikatur zeigt, wie Russland, Preußen und Österreich nach dem Kommando des britischen Gesandten (in Rot) tanzen.*

musste den Friedensvertrag von Amiens (1802) unterzeichnen. Napoleon ernannte sich selbst zum Ersten Konsul auf Lebenszeit und krönte sich 1804 zum Kaiser der Franzosen.

Tyrann oder Reformer?

Napoleon kämpfte zwar für die Revolution, doch hielt er wenig von den Massen. Er ignorierte die Parole „Freiheit, Gleichheit, Brüderlichkeit", setzte jedoch Reformen durch, die für Frankreich noch heute bestimmend sind: den Zentralismus, ein neues Steuersystem, die Gründung einer Nationalbank. Die Reform der Justiz, von der Nationalversammlung schon 1790 in die Wege geleitet, wurde abgeschlossen. Der *Code Napoléon* baute auf den Idealen der Französischen Revolution auf – Trennung von Staat und Kirche, Freiheit des Einzelnen, Meinungsfreiheit –, er schrieb aber auch die Besitzstände fest und bot keinen arbeitsrechtlichen Schutz für die Industriearbeiter. Auch die Rechte der Frauen waren eingeschränkt, obwohl sie die Revolution aktiv unterstützt hatten.

Napoleons Europa

Die Revolutionskriege waren kaum beendet, als Napoleon damit begann, den Einfluss Frankreichs in den Niederlanden, der Schweiz und Italien zu verstärken. Außerdem versuchte er die britischen Handelsrechte einzuschränken. England reagierte auf die Expansionpolitik 1803 mit einer Kriegserklärung. Auch Österreich, Schweden und Russland nahmen 1805 den Krieg gegen Frankreich auf, wurden aber geschlagen. Napoleon bildete den Rheinbund und betrieb die Auflösung des Heiligen Römischen Reiches. Auf viele europäische Throne wurden Familienmitglieder Napoleons gesetzt. 1816 ließ er sich von Joséphine scheiden und heiratete die österreichische Kaisertochter Marie Louise, die ihm den erwünschten Sohn gebar.

England stand 1807 alleine im Kampf gegen Frankreich. Die britische Seeherrschaft verhinderte einen direkten Angriff auf England. Napoleon versuchte Großbritannien duch eine Kontinentalsperre am Handel mit den europäischen Ländern zu hindern. Daraufhin wurde der Güterverkehr illegal fortgesetzt und England reagierte mit einer Blockade der europäischen Häfen. Als Portugal sich weigerte, dem Blockadesystem beizutreten, marschierte Napoleon ein. Diese Invasion löste in Spanien eine Rebellion aus. Die Briten landeten zur Unterstützung der Rebellen auf der Iberischen Halbinsel. Wellingtons Soldaten

gelang es, die Franzosen über die Pyrenäen bis nach Toulouse zurückzudrängen. Als sich Russland weigerte, das System der Kontinentalsperre weiter zu unterstützen, marschierte Napoleon mit 60 000 Mann in Russland ein. Sie kamen bis vor die Tore Moskaus, fanden die Stadt aber zerstört vor. Die Armee war ohne jede Versorgung und musste bei Einbruch des Winters den Rückzug antreten. Von 600 000 Männern kamen nur 40 000 in ihre Heimat zurück.

Niederlage & Exil

Napoleon war vielen Europäern willkommen. Man sah in ihm den Befreier, der die Ideale der Französischen Revolution verbreitete, doch die rücksichtslose Ausbeutung der eroberten Gebiete brachte das Volk gegen ihn auf. Steuern, Waren und große Kontingente von Soldaten gingen nach Frankreich. Napoleons Niederlage in Russland ermutigte Preußen, Österreich, Schweden und Spanien, den Kampf gegen Frankreich wieder aufzunehmen. Als die alliierten Streitkräfte kurz vor Paris standen, dankte Napoleon ab und floh nach Elba. Frankreich wurde wieder Monarchie. Der Wiener Kongress ordnete das von Napoleon eroberte Europa neu. Russland konnte mit der Übernahme Polens den größten Gebietsgewinn verbuchen. Aber auch Preußen und Österreich wurden große Gebiete zugesprochen.

Im März 1815 kehrte Napoleon nach Frankreich zurück und riss noch einmal die Macht an sich. Nur drei Monate später wurde er in der Schlacht bei Waterloo endgültig geschlagen. Im Anschluss verbannte man ihn auf die Insel St. Helena, wo er 1821 starb.

Das Elend des Krieges

Als Napoleon 1808 seinen Bruder Joseph zum König von Spanien machte, begann ein sechs Jahre dauernder Kampf gegen die französische Besetzung. Der Ausdruck Guerillakrieg (kleiner Krieg) wurde damals geschaffen. In diesem Krieg kam es auf beiden Seiten zu grausamen Vergeltungsmaßnahmen. Der spanische Maler Francisco Goya (1746–1828) stellte die Schrecken des Krieges in zahlreichen Radierungen mit dem Titel „Das Elend des Krieges“ (1810–1814) dar.

Links *„Ohne Ausweg“, von Francisco Goya*

Zeittafel

1793
Napoleon besiegt die Royalisten bei Toulon und wird Brigadegeneral.

1796–1797
Napoleons Erfolge in Italien und Österreich bringen ihm Ruhm und Ansehen.

1799
Napoleon stürzt das Direktorium und wird Erster Konsul.

1802
Napoleon wird Konsul auf Lebenszeit.

1803
England nimmt den Kampf gegen Frankreich wieder auf. Napoleon droht England anzugreifen.

1804
In Anwesenheit des Papstes krönt sich Napoleon eigenhändig zum Kaiser.

1805
Nelsons Sieg bei Trafalgar sichert die britische Seemacht; Napoleon schlägt Österreich und Russland bei Austerlitz.

1806
Napoleon löst das Heilige Römische Reich auf und errichtet eine Hegemonie über Europa.

1806
Verkündung der Kontinentalsperre

1808
Joseph Bonaparte, der ältere Bruder Napoleons, wird König von Spanien.

1809
Napoleon erobert Wien und schlägt Österreich bei Wagram.

1810
Napoleon heiratet die österreichische Kaisertochter Marie-Louise.

1812
Rückzug Napoleons aus Russland

1813
Napoleon wird bei Leipzig geschlagen; Rückzug mit dem Heer nach Frankreich.

1814
Napoleon dankt ab und geht ins Exil.

1814–1815
Der Wiener Kongress tritt zusammen, um Europa neu zu ordnen.

1815
Niederlage bei Waterloo; Napoleon wird auf St. Helena gefangen gehalten.

Die Expansion Russlands

Ungefähr 240 Jahre lang, von etwa 1240 bis 1480, wurde Russland von den mongolischen Tataren beherrscht. Das änderte sich erst mit Iwan III., dem Großfürsten von Moskau (1462–1505). Er vereinte die russischen Fürstentümer und begann mit der Ausdehnung der russischen Grenzen. Russland blieb jedoch im Vergleich zu den westeuropäischen Ländern rückständig. Das moderne Russland schuf erst Peter der Große gegen Ende des 17. Jahrhunderts.

Zur Zeit der Tatarenherrschaft orientierte sich Moskau nach Persien und Zentralasien. Der orthodoxe Glaube schuf eine Bindung zum Byzantinischen Reich. Nachdem Byzanz 1453 an die Osmanen gefallen war, wurde Moskau als das „Dritte Rom" betrachtet. Mit der Hochzeit von Iwan III. und Zoë, der Nichte des letzten byzantinischen Kaisers, wurde der doppelköpfige Adler zum russischen Reichswappen.

Iwan IV. (Reg. 1533–1584) ernannte sich 1547 selbst zum Zaren. Er verdoppelte das Territorium Russlands, denn er besiegte die Tataren und dehnte die russische Herrschaft bis nach Sibirien aus. Sein Vorstoß in die Ostsee wurde von Schweden und Polen vereitelt. Iwan beschnitt die Macht des Adels und beschlagnahmte dessen Güter. Während seiner Herrschaft wurden Tausende Menschen getötet, weshalb man ihn Iwan den Schrecklichen nannte.

Von 1604–1613 wütete in Russlands Westen ein Bürgerkrieg, der erst mit der Wahl des ersten Zaren aus der Romanow-Dynastie endete. Richtung Osten, entlang der Flüsse, wurde Sibirien immer weiter besiedelt, bis man 1637 den Pazifik erreichte. Handelsniederlassungen wurden gegründet, Pelze wurden zum wertvollsten Ausfuhrgut. Die Größe Russlands war nicht nur von Vorteil; es gab zwar reiche Bodenschätze, doch die Kommunikation und der Transport bereiteten Probleme. Da Arbeitskräfte knapp waren, wurde kurzerhand die Leibeigenschaft eingeführt: Die Bauern verloren ihr altes Recht, den Arbeitgeber zu wechseln, und mussten nun lebenslang einem Grundherrn dienen. Ihr Leben war von Sklaverei kaum zu unterscheiden. Die russischen Adligen ihrerseits waren Leibeigene des Zaren. Im 16. Jahrhundert nahmen der Handel und der kulturelle Austausch mit Europa zu. In Moskau lebte eine Kolonie von „Westlern" – Händler, Handwerker, Künstler, Geistliche und Intellektuelle aus Westeuropa. In wirtschaftlicher und politischer Hinsicht blieb Russland jedoch immer noch weit hinter seinen europäischen Nachbarn zurück.

Peter der Große

Die Herrschaft Peters des Großen (1682–1725) änderte die Geschichte Russlands. Er war nicht der erste Zar, der westliche Errungenschaften einführte (das hatten auch seine drei Vorgänger getan), doch er war der erste, der Russland zu einem modernen europäischen Staat machen wollte – was ihm aufgrund seiner Stärke und Skrupellosigkeit auch gelang. In den Jahren 1697/98 besuchte er Preußen, die Niederlande, England und Österreich, um sich über die westlichen Technologien zu informieren. Der Schiffsbau interessierte ihn besonders.

Oben Peter der Große befahl allen adligen Männern sich zu rasieren.

1480–1815
Barentssee
nach Europa
URAL-GEBIRGE
Obdorsk 1595
Ob
Beresow 1593
Surgut 1594
Archangelsk 1583
Östliche Duna
Jarensk
Perm 1592
Tobolsk 1587
Iltisch
SCHWEDEN
Karelia
Onegasee
Ustjug
Solikamskaja
Workuta 1598
Tjumen 1586
Ischim 1670
Omsk 1716
Finnland
Kargopol
Ladogasee
Olonets
Ingria
St. Petersburg 1703
Wjatka
Jegoschika (Perm)
istiania
Helsinki
Wolograd
Vänersee
Stockholm
Reval
Estland
Narwa
Vättersee
Peipussee
Pskow
Nowgorod
Wolga
Livland
Jaroslawl
Nischni-Nowgorod
Kasan
Ufa 1586
Ischim
Riga
Pskow
Twer
Ostsee
Libau
Moskau
penhagen
Düna
Simbirsk 1648
Witebsk
Smolensk
nach Europa
Tula
Tambow 1636
Orenburg 1743
Danzig
Königsberg Juni–Juli 1697
Minsk
Mogilew
Ural
RUSSLAND
Orel 1564
Weichsel
USSEN
POLEN
Warschau
Woronesch 1586
Saratow 1590
Turgaj
Oder
Ukraine
Kiew
Don
KASACHSTAN
Charkow 1654
Tsaritsjn 1589
CHECHISCHE REPUBLIK
Krakau
Lemberg (Lwow)
UKRAINE
Podolia
Gurjev 1645
Dnjepr
Wien Juni–Juli 1698
Astrachan
Wolga
Aralsee
Jassy
Asow
KAISERREICH ÖSTERREICH
UNGARN
KHANAT DER KRIM
RUMÄNIEN
Kinburn
Kertsch
USBEKISTAN
Save
Kaffa
Amudarja
Donau
Sewastopol 1783
Chiwa
KAUKASUS
Kaspisches Meer
Warna
Schwarzes Meer
Georgien
Derbent
BULGARIEN
Batum
Tiflis
TURKMENISTAN
Baku
Konstantinopel
Jerewan
OSMANISCHES REICH
TÜRKEI
Tabris
Gorgan
Meschhed
IRAK
Teheran
PERSIEN
IRAN
Russland, 1505
Russland um 1689
Russlands Ausdehnung unter Peter dem Großen, 1689–1725
Russlands Ausdehnung nach dem Tod Katharinas II., 1796
Russlands Ausdehnung, 1796–1815
größte Ausdehnung Polens, 1618–1634
Grenzen, 1815
neue russische Stadt, mit Gründungsdatum
Reiseroute Peters des Großen, 1697–1698
wichtige Handelsstraße
0
600 km

Auf englischen und holländischen Werften arbeitete er sogar als Zimmermann. Zurück in Russland, modernisierte er die russische Armee. Im Krieg gegen Schweden 1700 eroberte er einen Teil der Ostseeküste, an der er die Hauptstadt St. Petersburg errichten ließ. Für den Aufbau einer modernen Kriegsflotte holte er englische und niederländische Schiffbauer ins Land. Italienische Baumeister sollten den damals modernen Barockstil in Russland einführen. Im Ural wurden staatliche Kupfer- und Eisenwerke gegründet. Peter nahm auch Einfluss auf das Erscheinungsbild der Russen – seine Höflinge mussten westliche Kleidung tragen, die Adligen hatten ihre traditionellen Bärte abzuschneiden. Wer sich weigerte, musste höhere Steuern zahlen.

Peters Ziel war es, Russland mit dem Westen wettbewerbsfähig zu machen. Er versuchte nicht, die konservative russische Gesellschaft radikal zu modernisieren, aber er führte Kontrollmaßnahmen wie die Zensur der Presse ein. Leibeigene hatten noch weniger Freiheiten als zuvor. Sie wurden vermehrt zur Durchsetzung von Peters Plänen eingesetzt und z. B. zum Bau der neuen Hauptstadt St. Petersburg gezwungen; bei den Bauarbeiten unter unmenschlichen Bedingungen kamen Tausende Arbeiter ums Leben. Die Leibeigenschaft wurde auch auf Fabrikarbeiter ausgedehnt.

Mächtiges Russland

Im 18. Jahrhundert expandierte Russland kaum. Die Türken wurden von der Krim und aus der Ukraine zurückgedrängt. Nach dem Fall von Sewastopol 1783 besaß Russland einen Zugang zum Schwarzen Meer. Russische Pelzhändler gelangten über die Beringsee nach Nordamerika und gründeten 1784 die ersten Siedlungen in Alaska. Der größte Durchbruch gelang jedoch an der Westgrenze: Bereits nach den Polnischen Teilungen (1772–1795) erwarb Russland von Preußen und Österreich große Teile Polens. Nach den Napoleonischen Kriegen *(siehe S. 146–149)* wurde Russland auf dem Wiener Kongress (1815) das restliche Polen zugesprochen.

Viele Gebietsgewinne erfolgten unter der Herrschaft der in Deutschland geborenen Kaiserin Katharina der Großen (1762–1796), die nach dem Tod ihres unbeliebten Mannes Peter III., eines Enkels Peters des Großen, den Thron bestieg. Katharina wurde verdächtigt, an seiner Ermordung beteiligt gewesen zu sein, immerhin war sie für zahlreiche Liebesaffären bekannt. Den-

Sankt Petersburg

Peter der Große wählte als Standort für das „Fenster nach Europa“ ein sumpfiges Gelände an der Mündung der Newa. Den Grundstein für die Peter-und-Paul-Festung legte er 1703 und schon 1712 ernannte er die Stadt zur Hauptstadt. Im Mittelpunkt des strengen Grundrisses lagen das gewaltige Admiralitätsgebäude und die dazugehörigen Werften. Spätere Zaren fügten weitere barocke und neoklassizistische Prachtbauten hinzu, darunter das schöne Winterpalais (die heutige Eremitage). Zu Zeiten der Sowjetunion hieß die Stadt Leningrad. Nach dem Zerfall der UdSSR wurde sie 1991 wieder in St. Petersburg umbenannt.

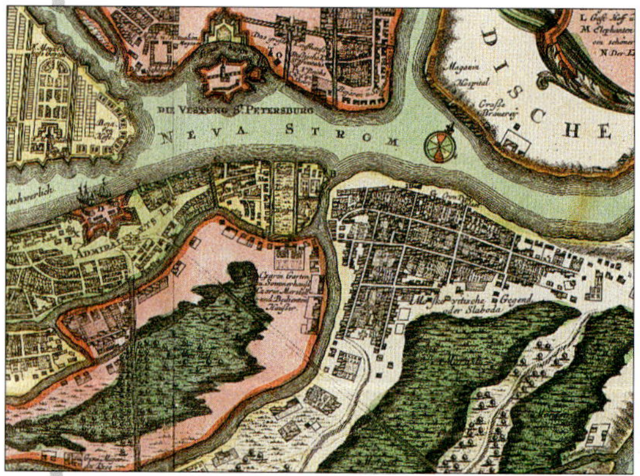

Oben *Stadtplan von St. Petersburg, 1728*
Rechts *Blick von einer Brücke zur selben Zeit*

noch herrschte sie mit starker Hand. Sie regierte Russland diktatorisch, hatte aber auch großes Interesse an Kunst, Musik und Architektur. Ihre Gemäldesammlung ist heute in der Russischen Nationalsammlung, in der St. Petersburger Eremitage, zu bewundern. Viele deutsche Siedler folgten Katharinas Ruf und ließen sich in Russland nieder, vor allem in den Gebieten nördlich des Schwarzen Meeres, wo sie als Bauern das Land kultivierten.

Auch Katharina beunruhigte der Ausbruch der Französischen Revolution 1789. Als sich die Revolution auf ganz Europa auszudehnen drohte, verbündete Russland sich mit Großbritannien, Spanien, Österreich und Preußen (*siehe S. 146–149*).

Katharina wurde von ihrem Sohn Paul I. abgelöst, der allerdings 1801 ermordet wurde. Sein Sohn Alexander I. entriss Finnland aus schwedischer Oberhoheit (1808). Napoleon überfiel Russland 1812, scheiterte aber an der Größe des Landes. Nach dem Rückzug der Franzosen setzte sich Alexander an die Spitze der russischen Armee und marschierte 1814 mit den Alliierten in Paris ein. Nun zählte Russland endgültig zu den Großmächten in Europa.

Oben *Katharina die Große. Ihre expansionistische Außenpolitik brachte Russland Gebietsgewinne.*

Zeittafel

1480
Iwan III., Großfürst von Moskau, erreicht die Unabhängigkeit von den Tataren.

1547
Iwan IV., der Schreckliche, wird zum ersten Zaren Russlands gekrönt.

1564
Ivan IV. zieht sich in ein Kloster zurück und beginnt, den Adel zu unterdrücken.

1604–1613
Der Bürgerkrieg während der „Zeit der Wirren" endet mit der Ernennung Michaels I. zum ersten Romanow-Zaren.

1637
Russische Forscher erreichen die Pazifikküste Sibiriens.

1670
Stenka Razin führt einen Bauern- und Kosaken-Aufstand an, scheitert jedoch.

1697–1698
Peter der Große bereist Europa, um sich über neue Technologien zu informieren.

1709
Peter besiegt Schweden bei Poltawa und gewinnt Land auf dem Baltikum.

1712
Die russische Hauptstadt wird von Moskau nach St. Petersburg verlegt.

1725–1727
Nach Peters Tod wird seine Witwe Katharina I. Zarin von Russland.

1730–1740
Kaiserin Anna, Peters Großnichte, schafft den Rat ab und regiert als absolute Herrscherin.

1762
Nach der Ermordung ihres Ehemannes Zar Peter III. wird Katharina II. (die Große) Kaiserin.

1783
Russland besetzt die Krim und errichtet einen Hafen am Schwarzen Meer.

1801
Bei einer Palastrevolution wird Zar Paul ermordet; sein Sohn Alexander I. wird neuer Zar Russlands.

1812
Napoleons Feldzug nach Russland scheitert unter hohen Verlusten.

Die islamische Welt

Zwischen 1500 und 1800 wurde Asien von drei grossen islamischen Reichen beherrscht: dem Osmanischen Reich im Nahen Osten und auf dem Balkan, dem Reich der Safawiden in Persien und dem Mogul-Reich in Indien. Alle hatten sie die Absicht, ein islamisches Weltreich zu gründen. Gleichzeitig stritten sie untereinander um die Führungsposition innerhalb der islamischen Welt.

Links *Die osmanischen Seestreitkräfte beendeten die venezianische Vorherrschaft auf den Meeren. Mit dem Sieg über die osmanische Flotte in der Schlacht von Lepanto (1571) gewann Europa zwar die Seehoheit zurück, doch das östliche Mittelmeer blieb noch für ein ganzes Jahrhundert fest in türkischer Hand.*

Anfang des 16. Jahrhunderts beherrschten die Osmanen die islamische Welt. Von Anatolien aus hatten sie im 14. Jahrhundert Bulgarien, Griechenland und Serbien erobert. Bis zur Eroberung Konstantinopels durch die Truppen Muhammads II. im Jahr 1453 war Edirne (früher Adrianopel), 225 km nordwestlich von Konstantinopel gelegen, die Hauptstadt des Osmanischen Reichs. Nun wurde die ehemalige Hauptstadt des Oströmischen Reichs und der Sitz des Patriarchen der orthodoxen Kirche zum Regierungssitz und zum Verwaltungszentrum des straff organisierten osmanischen Imperiums. Die Krönungskirche Hagia Sophia wurde zur Moschee.

Von Bedeutung für den Aufstieg der Türken waren ihre Gebiete auf dem Balkan. Ihre christlichen Untertanen mussten dem Sultan jeden fünften Knaben überlassen (Knabentribut). Diese wurden zu Muslimen erzogen und erhielten eine Ausbildung, die sie befähigte, als Regierungsbeamte zu arbeiten oder den Janitscharen, der Leibwache des Sultans, beizutreten. Die Janitscharen waren hoch angesehen. Sie konnten Positionen bekleiden, die mit großer Macht und ebenso großem Reichtum verbunden waren. Konstantinopel war eine weltoffene, tolerante Stadt, in der viele orthodoxe Christen und Juden lebten.

Der erfolgreichste osmanische Herrscher war Selim I. (Reg. 1512–1520). In seiner Regierungszeit wurden Syrien und Kurdistan von den Safawiden erobert und Mekka dem Osmanischen Reich eingegliedert. Süleiman der Prächtige (Reg. 1520–1566) eroberte Ungarn, den Irak und Nordafrika. Seither wuchs das Reich nur noch langsam weiter. Die Macht der Sultane nahm ab. Die Janitscharen waren inzwischen zu einer privilegierten Klasse aufgestiegen, die die Politik mitbestimmte und ihren Status an die Nachkommen vererbte.

Die Osmanen büßten ihre Macht im Handel mit Indien und dem Fernen Osten ein, als Engländer und Niederländer den Handel im Indischen Ozean an sich rissen. Die Erschließung Sibiriens öffnete einen Landweg nach China, der an osmanischem und safawidischem Territorium vorbeiführte. Das Osmanische Reich stand kurz vor dem Niedergang. Der letzte große Feldzug der Türken endete 1683 mit der Niederlage vor Wien. Österreich konnte Ungarn 1699 zurückerobern. Weitere Gebietsverluste folgten. Im Jahr 1800 waren die Territorien auf dem Balkan und in Nordafrika größtenteils verloren.

1512–1815

Safawiden-Reich

Das Safawiden-Reich Persien grenzte im Westen an das Osmanische Reich. Sein Gründer, Schah Ismail I. (Reg. 1501–1524), hatte von Aserbaidschan aus das Gebiet zwischen dem Kaspischen Meer und dem Persischen Golf erobert. Eine Niederlage gegen die Osmanen in der Schlacht bei Chaldiran (1514) machte den Eroberungen ein Ende. Die osmanischen Einfälle in Persien setzten sich fort, bis Schah Abbas der Große (Reg. 1588–1629) das Blatt wendete. Er tauschte die militärische Elite gegen eine Sklavenkaste aus, die aus Konvertiten bestand. Mit ihnen gewann er einen Großteil der osmanisch besetzten Gebiete an der Westgrenze Persiens zurück und eroberte die Provinz Kandahar (Afghanistan). Abbas

Rechts *Süleiman der Prächtige, wie ihn der venezianische Maler Tizian sah. Süleiman wurde von den Türken auch der „Gesetzgeber" genannt.*

machte 1587 Isfahan zur Hauptstadt Persiens. Er förderte den Bau prächtiger Moscheen, die Dichtkunst und die Malerei. Auf ihn folgten weniger erfolgreiche Herrscher, doch das Reich der Safawiden hielt sich bis 1722, als es von Afghanen geplündert und besetzt wurde. Nadir Schah, ein Straßenräuber, der sich an die Spitze der Armee gesetzt hatte, befreite die Perser (1736–1747), eroberte Afghanistan und ließ 1739 Delhi plündern.

Das Mogul-Reich

Muslimische Eroberer aus Afghanistan errichteten im 11. Jahrhundert den ersten islamischen Staat in Indien. Im 14. Jahrhundert herrschte der Sultan von Delhi über weite Teile Nordindiens, im Süden bis in das Hochland von Vorderindien. Babur (Reg. 1501–1530), der Begründer der von den Mongolen abstammenden Mogul-Dynastie, überrannte 1519 Indien. Nach dem Sieg über das Sultanat Delhi in der Schlacht bei Panipat (1526) eroberte Babur weite Teile Nordindiens. Nach Baburs Tod kam es zu zahlreichen Aufständen, doch sein Enkel Akbar (Reg. 1556–1605) dehnte die Mogul-Herrschaft bis nach Dekhan aus.

Akbar war ein kluger Herrscher. Obwohl er ein gläubiger Muslim war, setzte er sich für religiöse Toleranz ein und erreichte so, dass auch die Hindus seine Herrschaft anerkannten. Er schuf ein blühendes, wohlhabendes Reich, dessen Textilindustrie die größte der Welt war. Man gewann hochwertigen Stahl, aus dem damals schon Kanonen hergestellt wurden. Eine Million Soldaten standen unter Waffen.

Das Mogulimperium erreichte seine größte Ausdehnung unter Aurangzeb (Reg. 1658–1707), der fast den ganzen indischen Subkontinent in seine Gewalt brachte. Mit der religiösen Toleranz war es unter Aurangzeb vorbei. Die Tempel und andere heilige Stätten der Hindus wurden zerstört.

Oben *Taj Mahal, Grabmal der Lieblingsfrau des Mogulkaisers Shah Jahan, erbaut 1632–1654*

Das Zentrum des Widerstandes gegen das Mogul-Reich lag seit der Mitte des 17. Jahrhunderts in der Maratha-Konföderation, einem militärisch organisierten, hinduistischen Staat im Westen des Dekhan. Nach Arangzabs Tod zerfiel die Macht der Mogul-Dynastie. Den Marathen gelang es, das Hochland von Dekhan zu befreien und mehrere Angriffe gegen den Norden zu starten. Verwalter einzelner Landesteile begannen wie Fürsten zu herrschen. Auch Nadir, der Schah von Persien, nutzte 1739 die Schwäche der Mogul-Dynastie und eroberte Delhi. Der Pfauenthron der Mogul-Herrscher war nun in persischem Besitz.

Der Handel mit dem Westen führte zur Errichtung mehrerer europäischer Handelsstützpunkte an der indischen Küste. Die Inder exportierten Gewürze, Seide, Baumwolle sowie Farben und mehrten dadurch zunächst ihren Reichtum. Bald hatten die europäischen Handelsgesellschaften die Schwäche der Mogul-Herrscher erkannt. Der Siebenjährige Krieg (1756–1763) stärkte die Position der britischen Ostindischen Kompanie. Diese verfügte über eine eigene Armee und Kriegsschiffe und hielt die indische Opposition in Schach. Im Jahr 1765 hatten die Briten die Kontrolle über den Handel mit bengalischer Baumwolle gewonnen; 1815 beherrschten sie Indien.

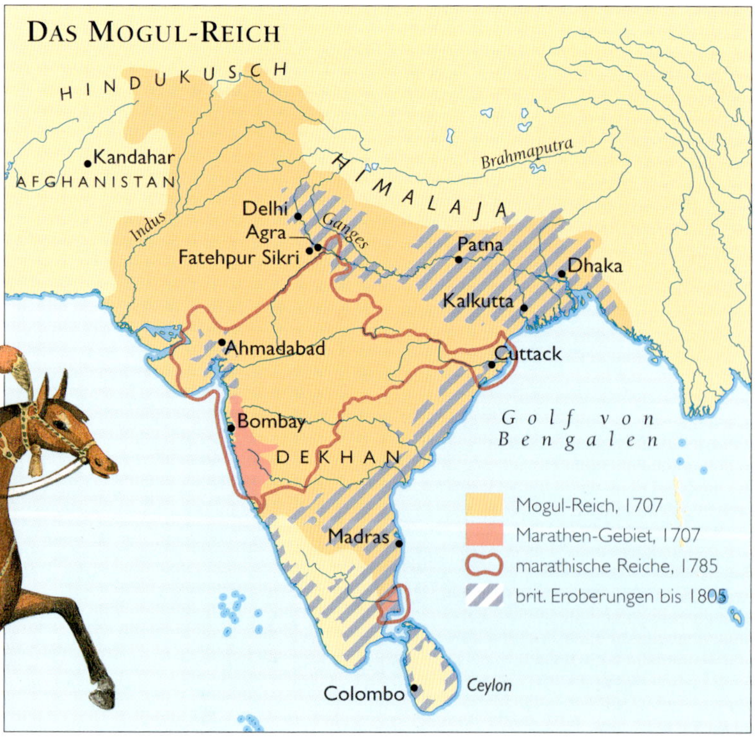

Unten *Der persische Heerführer Nadir Schah überfiel 1739 das geschwächte Mogul-Reich.*

Die indische Kunst in der Mogul-Zeit

Die Mogulkaiser waren großzügige Mäzene. Sie holten Künstler aus Persien an ihren Hof, wo sie große Werkstätten unterhielten. Die Perser waren für ihre reich bebilderten Bücher berühmt. Der traditionelle Stil der Zeichnungen und Miniaturmalereien zeichnet sich vor allem durch leuchtkräftige Farben aus. Künstler aus Indien, Muslime und Hindus, wurden ausgebildet. Sie übernahmen den Stil ihrer persischen Lehrer, erweiterten ihn jedoch mit typisch indischen Elementen. Einfühlsame Porträts und naturalistische Geschichtsdarstellungen entstanden – zwei Genres, die die safawidischen Künstler nicht gepflegt hatten.

Unter dem Kaiser und Mäzen Jahangir (Reg. 1605–1627) erreichte die Malerei der Mogul-Zeit ihren Höhepunkt. Er legte besonders auf den individuellen Ausdruck eines Künstlers Wert. Abu'l Hasan, einem Maler von Naturszenen, verlieh er den Titel „Wunder des Zeitalters".

Architektur und Gartenbau genossen großes Ansehen. Kaiser Babur war selbst ein begeisterter Gärtner – ein Interesse, das er aus Zentralasien nach Indien mitbrachte. Das bedeutendste architektonische Vermächtnis hinterließ Kaiser Shah Jahan (Reg. 1628–1666). In seiner Zeit entstand der Pfauenthron, er ließ die Städte Lahore und Agra wieder aufbauen, machte Delhi zur Hauptstadt seines Reiches und errichtete das Taj Mahal.

Unten *Shah Jahan auf dem Pfauenthron*

Zeittafel

1512
Selim I. wird Sultan des Osmanischen Reiches.

1514
Die Osmanen besiegen die Safawiden bei Chaldiran.

1517
Der *Sharif* von Mekka unterwirft sich Selim I.

1526
Babur gründet das Mogul-Reich in Indien. Ungarn fällt in der Schlacht von Mohac an die Türken.

1536
Süleiman der Prächtige verbündet sich mit Franz I., König von Frankreich.

1566
Süleiman fällt bei Kämpfen in Ungarn.

1571
Seeschlacht bei Lepanto (Griechenland): Die Seemacht der Türken ist gebrochen.

1598
Die Mogulen errichten eine neue Hauptstadt in Agra.

1603–1623
Abbas der Große erobert safawidisches Territorium von den Türken zurück.

1639
Der von den Osmanen erhobene Knabentribut wird wieder abgeschafft.

1669
Die Osmanen erobern Kreta nach einem 25-jährigen Krieg mit Venedig.

1683
Ende der türkischen Belagerung Wiens

1707
Nach dem Tod von Aurangzeb beginnt die Auflösung des Mogul-Reiches.

1720er-Jahre
Die Marathen dehnen ihren Einfluss in Nordindien aus.

1722
Die Afghanen stürzen die Safawiden-Dynastie in Persien.

1818
Die Briten besiegen die Marathen; Indien wird britische Kolonie.

1805
Ägypten befreit sich von der osmanischen Herrschaft.

China unter den Mandschu

China hatte immer mit Eindringlingen aus dem Norden zu kämpfen. Während der Herrschaft der Ming-Dynastie (1368–1644) wurden die Mongolen vertrieben und die Chinesische Mauer fertig gestellt, die die Grenze schützen sollte. Doch während eines Bürgerkriegs gelang es Kriegern aus der Mandschurei 1644, in das Reich einzudringen und Peking zu erobern. Die Mandschu wurden als Ch'ing-Dynastie die letzten Herrscher des kaiserlichen China.

Unter den Mingkaisern erlebte China Stabilität und war größer als je zuvor: Es reichte im Süden bis nach Vietnam und Birma, im Norden bis in die Mongolei und nach Korea. Anfang des 15. Jahrhunderts segelte Admiral Zhen He bis nach Ostafrika, doch 1433, nach seinem Tod, wurden diese Forschungsreisen eingestellt. Die Hauptstadt verlegte man von der Küste nach Peking zurück – die Ming-Dynastie isolierte China. Die Portugiesen gründeten 1557 einen Handelsstützpunkt in Macau und die Niederländer errichteten 1622 eine Siedlung auf Taiwan, aber die Mingkaiser zeigten wenig Interesse an einem Ausbau der Beziehungen zu den Europäern.

Mandschu-Herrschaft

Anfang des 17. Jahrhunderts begann die Macht der Mingkaiser zu bröckeln. Die chinesische Halbinsel Liaodong wurde durch eine hölzerne Befestigungsanlage gesichert, doch das schützte sie nicht vor dem Einfall der Mandschu, die von den Dschurdschen abstammten. Während eines Bürgerkriegs in China übernahm Dorgun (Reg. 1628–1650) die Herrschaft über Peking (1644) und gab die Macht an seinen Neffen weiter, der dann erster Kaiser der Ch'ing-Dynastie wurde. Es dauerte mehrere Jahre, bis auch der Süden Chinas unter seiner Kontrolle war: Die Mandschu waren dort nicht gerne

Unten *Ming-Vase. Als diese Vase entstand, war die Porzellanherstellung in Europa noch völlig unbekannt. Die Nachfrage nach solchen Luxusgegenständen war enorm. China stellte daher Porzellan in großen Mengen für den Export her.*

1644–1796

Oben *Die Chinesische Mauer*

gesehen. Nachdem sie ihre Macht gefestigt hatten, eroberten die Ch'ing die Mongolei, Turkestan und Tibet. Durch den Expansionismus der Ch'ing wurde China zur größten Macht in Ostasien. Nachbarstaaten wie Ladakh, Nepal, Bhutan, Birma, Laos und Annam (Vietnam) wurden zu Tributzahlungen verpflichtet. Militärische Schutzgebiete im Nordosten beendeten ein weiteres Vorrücken Russlands nach Zentralasien.

Stabilität & Wachstum

Als 1681 ein fünfjähriger Volksaufstand niedergeschlagen worden war, herrschten unter den Ch'ing mehr als ein Jahrhundert lang Friede und Stabilität. Die augenscheinlichste Veränderung, die sie China brachten, waren Äußerlichkeiten: Nach traditioneller Mandschu-Art trugen Männer einen Zopf. Die Chinesen (Han) mussten die Kleidung der Mandschu übernehmen. Chinesen durften Mandschus nicht heiraten, aber in Verwaltung und Armee arbeiten.

Die Mandschus erhöhten die Leistungsfähigkeit des Militärs und des politischen Lebens, ohne das jahrtausendealte Verwaltungssystem zu erneuern. Beamte und Soldaten stammten – außer in den höchsten Positionen – immer aus der Klasse der Landbesitzer. Die Kenntnis der altchinesischen Klassiker war wichtiger als praktische Fähigkeiten. Bauernaufstände in der späten Ming-Zeit hatten zum Ende der Leibeigenschaft geführt, doch das brachte Millionen von Pachtbauern nur bittere Armut. Sie konnten sich die Ausbildung nicht leisten, die zur Aufnahme ins Beamtentum nötig war, trugen jedoch die größte Steuerlast.

Von 1650 bis 1800 stieg die Bevölkerungszahl von 100 auf 300 Millionen an. Das Tiefland des Jangtsekiang und des Südostens war bald überbevölkert. Die Ch'ing-Herrscher untersagten den Han-Chinesen, sich in der Mandschurei nördlich der Chinesischen Mauer anzusiedeln, daher wanderten die meisten Bauern in die dünner besiedelten Westprovinzen aus.

Weitere Öffnung

Während die Ch'ing in Asien eine Expansionspolitik verfolgten, zeigten sie, wie bereits die Ming, kaum Interesse am Handel mit Europa. Solange sich die chinesische Wirtschaft selbst versorgen

Links *Kaiser Ch'ien-lung (Reg. 1735–1796) regierte länger als jeder andere chinesische Kaiser. Der hochgebildete Kunstförderer betrachtete China als das einzige machtvolle und zivilisierte Land der Welt. Er lehnte zwar alle Güter aus den europäischen Ländern ab, schätzte aber deren technische Fähigkeiten.*

Rechts *Darstellung eines portugiesischen Schiffes auf einem chinesischen Lackbild aus dem 17. Jahrhundert. Die Europäer galten als „ausländische Teufel", weil sie Hosen anhatten. Hosen wurden nämlich im chinesischen Theater nur von Schauspielern getragen, wenn sie Dämonen darstellten. Die Hose als Bekleidungsstück war unbekannt.*

Peking – Hauptstadt im Norden

Mit der Ernennung zur Hauptstadt 1267 durch Kublai Khan, den Gründer der Yüan-Dynastie, bekam Peking seinen Namen, der „nördliche Hauptstadt" bedeutet. Die ehemalige Grenzstadt ist seither Chinas Hauptstadt geblieben – mit zwei Unterbrechungen: Unter den Ming war von 1368–1421 Nanking Hauptstadt ebenso wie unter den nationalchinesischen Kuomintang von 1929 bis 1949.

Die ältesten Gebäude, die man heute noch in Peking sehen kann, stammen aus der Zeit der Ming- und der Ch'ing-Dynastie.

Links *Ein Löwe bewacht die Verbotene Stadt.*

Als die Hauptstadt unter den Ming größer wurde, zog man um Kublai Khans Stadt eine Mauer. Gewaltige Tore bildeten die Eingänge. Die neue, äußere Stadt wurde zum blühenden Geschäfts- und Wohnbezirk, während sich die innere, die Altstadt der Mongolen, zur Kaiserstadt, dem Sitz der chinesischen Regierung, entwickelte. Inmitten der Kaiserstadt liegt hinter einer weiteren Mauer die Verbotene Stadt, die die Privatpaläste und -gärten der kaiserlichen Familie umschließt. Peking blieb während der Kriege zu Beginn des 20. Jahrhunderts unversehrt. Heute ist die Verbotene Stadt, die von der kommunistischen Regierung nicht genutzt wird, ein Museum und jedermann zugänglich.

konnte und die Tributzahlungen seiner Nachbarn flossen, hatte China wenig Interesse am Handel mit dem Ausland. Die chinesische Kultur war hoch entwickelt. Die Händler aus dem Westen galten als Barbaren, die außer materiellen Gütern und Technologien nichts zu bieten hatten. Der Pelzhandel aus Russland in der mongolischen Handelsstadt Kyachta blühte jedoch.

In Europa waren Porzellan, Baumwolle, Seide und Tee aus China sehr begehrt. Da die Europäer jedoch nichts besaßen, was die Chinesen kaufen wollten, mussten sie mit Silber aus der Neuen Welt bezahlen. Der europäische Handel war auf die Hafenstadt Guangzhou (Kanton) in Südchina beschränkt. Im 17. Jahrhundert waren auch jesuitische Missionare in China tätig. Sie wurden wegen ihrer Kenntnisse in Physik und Astronomie geduldet – obwohl diese Wissenschaften eher als Belustigungen angesehen wurden. Später wurde das Christentum jedoch verboten, da es im Widerspruch zum Ahnenkult stand.

Chinas Niedergang

Im Jahr 1793 wies Kaiser Ch'ien-lung (Reg. 1735–1796) eine britische Handelsdelegation ab. Ihr Leiter, Lord Macartney, hatte sich geweigert den traditionellen Kotau, eine Verbeugung, vor dem Kaiser zu machen, worauf die Verhandlungen abgebrochen wurden. Doch die Delegation konnte Aufzeichnungen über die Seiden- und Teeverarbeitung an die britische Ostindische Kompanie weitergeben, die sich für China nun rasch zur Konkurrenz entwickelte. Am Ende von Ch'ien-lungs Regierungszeit gab es erste Anzeichen für Chinas Niedergang. Korruption und Steuererhöhungen führten zu erneuten Bauernaufständen. Die technische Überlegenheit der Europäer wurde endlich erkannt, eine Modernisierung Chinas jedoch blieb aus. Mitte des 19. Jahrhunderts war China am Ende und der Westen konnte die Handelsbedingungen nun selbst festlegen.

Zeittafel

1421
Die Hauptstadt der Ming wird von Nanking nach Peking verlegt.

1556
Bei einem Erdbeben kommen mehr als 850 000 Chinesen um.

1557
In Macau wird eine portugiesische Handelniederlassung eingerichtet.

1644
Ein Bürgerkrieg beendet die Ming-Dynastie; die Mandschu erobern Peking.

1674–1681
Die Ch'ing schlagen eine Rebellion im Süden Chinas nieder.

1689
Die Russen ziehen sich aus der nördlichen Provinz Amur zurück; im Gegenzug erhalten sie Handelsrechte in China.

1697
Die Mongolei wird von China besetzt.

1723
Verbot der christlichen Religion in China

1751
Die Chinesen marschieren in Tibet ein und gewinnen die Kontrolle über die Wahl des Dalai Lama.

1757
Fernhandel darf nur noch über den Hafen von Guangzhou betrieben werden.

1793
Kaiser Ch'ien-lung weist eine britische Handelsdelegation ab.

1796
Nach dem Tod von Ch'ien-lung bricht eine Bauernaufstand aus.

Rechts *Auf dem Jangtsekiang gingen die Chinesen mit Kormoranen auf Fischfang.*

Der afrikanische Kontinent

Links *Elfenbeinmaske aus dem westafrikanischen Staat Benin*

Die Ankunft europäischer Händler prägte nach 1500 die Entwicklung vieler Völker und Kulturen Afrikas, dennoch konnte sich ihr Einfluss nicht überall auf dem Kontinent durchsetzen. Zu dieser Zeit entstanden auch mächtige unabhängige Staaten. Die gewaltsame Verschleppung von Afrikanern als Sklaven nach Amerika hatte in vielen Regionen Afrikas verheerende Auswirkungen. Bis zum Verbot des Sklavenhandels im 19. Jahrhundert wurden wahrscheinlich 15 Millionen Menschen aus Afrika in die Plantagen der Neuen Welt gebracht.

Gegen Ende des 15. Jahrhunderts errichteten die Portugiesen die ersten befestigten Handelsniederlassungen an der afrikanischen Küste. Zunächst handelten sie mit Gold und Elfenbein. Bald aber wurden Afrikaner als Sklaven nach Brasilien und in die Karibik verkauft (*siehe S. 126–129*). Neben den Portugiesen haben sich auch Niederländer, Engländer und Franzosen am profitablen Menschenhandel beteiligt und eigene Handelsniederlassungen gegründet. Mit ihrer Ankunft in Afrika haben die Europäer traditionelle Handels- und Kulturbeziehungen zerstört. An der Westküste Afrikas entzogen sie den wohlhabenden Königreichen am oberen Niger die Lebensgrundlage. Die Songhai, die den Handel durch die Westsahara beherrschten, wurden im 16. Jahrhundert verdrängt und 1591 von der marokkanischen Armee besiegt. Die Nachfolgestaaten Segu und Kaarta konnten den früheren Einfluss der Songhai nicht mehr erreichen.

Im 16. und 17. Jahrhundert entstanden in Äquatorial-Westafrika zahlreiche kleinere Staaten wie Mossi, Oyo und Benin. Die Küstenstaaten Asante und Dahomey entwickelten sich bis zum Ende des 18. Jahrhunderts zu mächtigen Königreichen – weil sie sich am Sklavenhandel beteiligten.

Südlich des Äquators machten sich die Portugiesen die Rivalität zwischen den Königreichen Kongo und Ndongo zu Nutze und errichteten um 1575 eine Kolonie in Luanda (Angola). Njinga, die Königin von Ndongo (Reg. 1624–1663), kämpfte erbittert gegen die portugiesischen Sklavenhändler, allerdings ohne Erfolg.

Die Portugiesen gründeten eine ganze Reihe von Niederlassungen an der ostafrikanischen Küste, um von dort aus den Handel im Indischen Ozean zu kontrollieren. Dadurch zerstörten sie das bestehende Gleichgewicht der Mächte. Mwenemutapa, im 16. Jahrhundert der mächtigste Staat im Süden Afrikas, rief die Portugiesen zu Hilfe, um einen Aufstand niederzuschlagen. Dafür erhielten die Portugiesen Vorrechte im Handel und Bergbau, und Mwenemutapa war um 1630 nur noch ein Marionettenstaat. Später wurde er vom benachbarten Königreich Rozwi in den Schatten gestellt.

Islamische Staaten

Doch weite Teile Afrikas wurden von den Europäern nicht heimgesucht. So entstanden auch Staaten ohne ihren Einfluss. Südlich der Sahara wurde Kanem-Bornu zum führenden islamischen Staat Afrikas; er stärkte seine Macht durch die Einfuhr von Waffen aus dem Osmanischen Reich.

Unten *Eine Karawane auf dem Weg durch die Westsahara in Marokko. Im 16. Jahrhundert verlor diese Route an Bedeutung.*

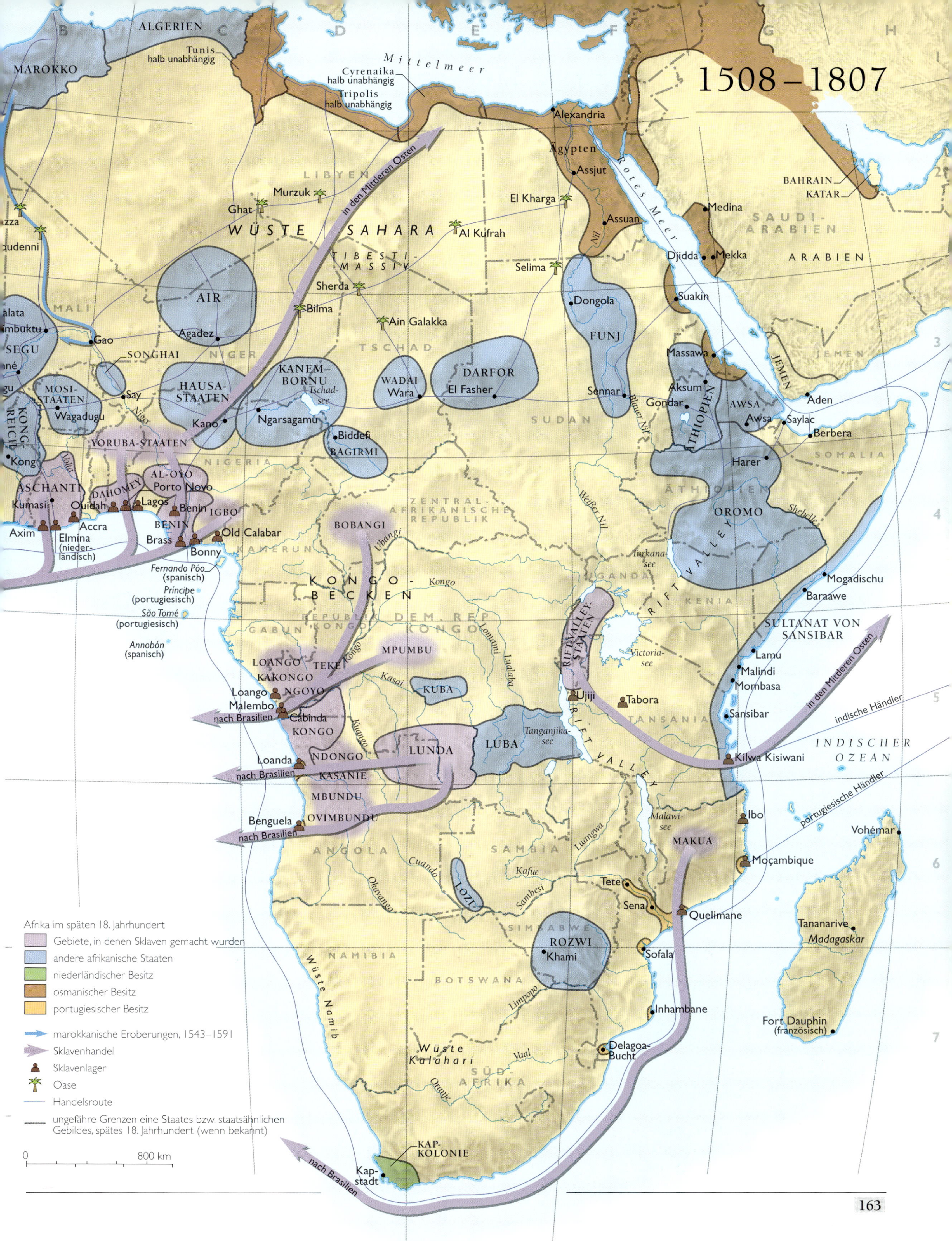
1508–1807
ALGERIEN
MAROKKO
Tunis halb unabhängig
Mittelmeer
Cyrenaika halb unabhängig
Tripolis halb unabhängig
Alexandria
Ägypten
Assjut
Rotes Meer
Assuan
Nil
BAHRAIN
KATAR
Medina
SAUDI-ARABIEN
ARABIEN
Djidda
Mekka
Suakin
Murzuk
Ghat
WÜSTE SAHARA
LIBYEN
TIBESTI-MASSIV
El Kharga
Al Kufrah
Selima
Sherda
Bilma
Ain Galakka
in den Mittleren Osten
MALI
AIR
Agadez
Gao
SONGHAI
SEGU
NIGER
TSCHAD
HAUSA-STAATEN
KANEM-BORNU
Tschad-see
Kano
Ngarsagamu
WADAI
Wara
DARFOR
El Fasher
Dongola
FUNJ
Sennar
Blauer Nil
Massawa
Aksum
Gondar
ÄTHIOPIEN
AWSA
Awsa
JEMEN
Aden
Saylac
Berbera
Harer
SOMALIA
MOSI-STAATEN
Wagadugu
Say
Niger
KONG-REICH
Kong
YORUBA-STAATEN
NIGERIA
Biddefi
BAGIRMI
SUDAN
OROMO
Shebelle
Weißer Nil
Turkana-see
RIFT VALLEY
ASCHANTI
Volta
Kumasi
DAHOMEY
Ouidah
AL-OYO
Porto Novo
Lagos
Benin
BENIN
IGBO
Brass
Bonny
Old Calabar
Accra
Axim
Elmina (niederländisch)
Fernando Póo (spanisch)
Príncipe (portugiesisch)
São Tomé (portugiesisch)
Annobón (spanisch)
KAMERUN
BOBANGI
Ubangi
ZENTRALAFRIKANISCHE REPUBLIK
KONGO-BECKEN
Kongo
REPUBLIK KONGO
DEM. REP. KONGO
GABUN
UGANDA
KENIA
Mogadischu
Baraawe
SULTANAT VON SANSIBAR
Lamu
Malindi
Mombasa
Sansibar
Victoria-see
RIFTVALLEY-STAATEN
Ujiji
Tabora
TANSANIA
Lomami
Lualaba
LOANGO
KAKONGO
TEKE
MPUMBU
Loango
NGOYO
Malembo
nach Brasilien
Cabinda
KONGO
Kasai
KUBA
Kwango
Loanda
NDONGO
KASANIE
LUNDA
LUBA
Tanganjika-see
Kilwa Kisiwani
indische Händler
INDISCHER OZEAN
MBUNDU
Benguela
OVIMBUNDU
ANGOLA
Cuando
Okavango
LOZI
SAMBIA
Kafue
Luangwa
Sambesi
Malawi-see
MAKUA
Ibo
Moçambique
portugiesische Händler
Vohémar
Tete
Sena
Quelimane
SIMBABWE
ROZWI
Khami
Sofala
Tananarive
Madagaskar
NAMIBIA
BOTSWANA
Limpopo
Wüste Namib
Inhambane
Fort Dauphin (französisch)
Wüste Kalahari
Vaal
SÜDAFRIKA
Oranje
Delagoa-Bucht
KAP-KOLONIE
Kapstadt
Afrika im späten 18. Jahrhundert
Gebiete, in denen Sklaven gemacht wurden
andere afrikanische Staaten
niederländischer Besitz
osmanischer Besitz
portugiesischer Besitz
marokkanische Eroberungen, 1543–1591
Sklavenhandel
Sklavenlager
Oase
Handelsroute
ungefähre Grenzen eine Staates bzw. staatsähnlichen Gebildes, spätes 18. Jahrhundert (wenn bekannt)
0
800 km

Weiter östlich prallten Islam und Christentum aufeinander – immerhin bestand das alte christliche Königreich Äthiopien noch. Adal, ein Verbund islamischer Staaten in Somalia, versuchte 1527 Äthiopien zu erobern. Ihr Anführer Ahmed Gran, ein Imam, rief zum Dschihad (heiligen Krieg) auf. Er wurde erst 1543 beendet, als eine portugiesische Einheit den Äthiopiern zu Hilfe kam. Die Invasion wurde zurückgeschlagen, wobei Gran ums Leben kam.

Der Sklavenhandel

Anfang des 16. Jahrhunderts wurden nur etwa 2000 Sklaven im Jahr aus Afrika verschleppt, bis 1680 erhöhte sich die Zahl jedoch auf 10 000. In der zweiten Hälfte des 18. Jahrhunderts wurden jährlich bis zu 100 000 Männer, Frauen und Kinder nach Amerika verschifft. Zu jener Zeit bestimmten britische Handelsinteressen den Sklavenhandel in die Karibik (die Sklaven für Brasilien holten die Portugiesen aus Angola). Von Bristol, Liverpool oder London aus segelten Schiffe nach Westafrika, wo Spirituosen, Waffen, Textilien und andere Güter gegen Sklaven getauscht wurden, die man in die Karibik brachte. Dort wurden die Sklaven gegen Zuckersirup und Rum eingetauscht oder nach Nordamerika weiter verschifft, wo sie z. B. gegen Tabak oder Edelhölzer verkauft wurden. Diese Handelsfahrt nannte man „Dreieckshandel". Die zweite Tour, auf der die Sklaven über den Atlantik transportiert wurden, nannte man die „Mittelpassage".

Der menschenverachtende Sklavenhandel brachte unsägliches Leid über die Afrikaner. In den am stärksten betroffenen Gebieten West- und Zentralafrikas kam es zu gewaltigen sozialen Missständen. Die Europäer kauften die Sklaven nämlich von afrikanischen Händlern. So konnten afrikanische Herrscher durch den Verkauf ihrer Untertanen (z. B. unliebsame Personen oder Diebe) sehr reich werden. Als die Nachfrage nach Sklaven stieg, ging man in den Nachbarstaaten auf Menschenjagd.

Es gab aber auch Gruppierungen, wie die Quäker, die sich gegen die Sklaverei aussprachen. Im 18. Jahrhundert nahm der Widerstand gegen den Sklavenhandel zu, doch sahen sich die Befürworter der

Rechts Die Bedingungen auf den Sklavenschiffen waren schlimm. Die Menschen wurden in Ketten gelegt und unter Deck zusammengepfercht; sie hatten kaum Platz, um sich hinzulegen. Sie bekamen fast nichts zu essen oder zu trinken und es gab keine Toiletten. Deshalb überlebten viele der Sklaven die Überfahrt nach Amerika nicht. Jene, die lebend ankamen, erwartete Brutalität und harte Arbeit in den Plantagen. Dieses Bild, das die Situation auf einem Sklavenschiff darstellt, stammt von einem britischen Offizier, der die Sklaverei bekämpfte und 1840 dieses Schiff abfing.

Oben Darstellung eines Portugiesen

Die königlichen Bronzen aus Benin

Die Urwaldbewohner an der Nigermündung entwickelten die Technik des Bronzegießens zwischen dem 12. und 14. Jahrhundert. Als Rohmaterial dienten Kupferbarren aus dem Landesinnern. Als die Portugiesen in den 1480er-Jahren in diese Gegend kamen, brachten sie Armreife aus Messing mit, die eingeschmolzen und verarbeitet wurden. Eines der Zentren der Bronzekunst war der Königshof von Benin. Einzigartig sind die Schmuckplatten aus Benin. Man nimmt an, dass es sich um Kopien von Illustrationen aus portugiesischen Büchern handelt, mit denen Häuser geschmückt wurden: Ein Niederländer beschrieb den Palast von Benin im 17. Jahrhundert als ein Bauwerk mit „hölzernen, von Kupfer umhüllten Säulen mit bildlichen Darstellungen".

Abschaffung starken wirtschaftlichen Interessen gegenüber. Großbritannien führte das Verbot des Sklavenhandels 1807 ein, die USA 1808. Der Einsatz von Sklaven war in britischen Kolonien jedoch bis 1833 erlaubt, in französischen Gebieten bis 1848 und in den USA bis 1865. Die Portugiesen schafften den Sklavenhandel in ihren Kolonien erst in den 1880er-Jahren ab.

Im Jahr 1787 erwarben britische Menschenfreunde ein Gebiet an der Westküste Afrikas, um befreiten und entflohenen Sklaven eine neue Heimat zu geben – heute heißt das Stück Land Sierra Leone. Der Nachbarstaat Liberia ist 1816 auf ähnliche Weise entstanden. Hier leben ehemalige Sklaven aus den Südstaaten der USA.

Die erste Kolonie

Um 1800 lebten etwa 15 000 Europäer in der 1652 von der niederländischen Ostindienkompanie gegründete Kapkolonie in Südafrika. Sie diente als Zwischenstopp für Schiffe auf der langen Reise nach Ostindien. Die Kolonie, mit ihrem angenehmen Klima und den fruchtbaren Böden, zog nicht nur niederländische Siedler, sondern auch französische Hugenotten an. Im Jahr 1814 traten die Niederländer ihre Kolonie an die Briten ab.

Zeittafel

1529
Die Songhai herrschen in Westafrika.

1531–1532
Die Portugiesen errichten Forts in Sena und Tete am Fluss Sambesi.

1543
Portugal hilft Äthiopien eine islamische Invasion unter Ahmed Gran abzuwehren.

1570
Idris III. Aloma und sein Staat Kanem-Bornu bilden die stärkste Macht zwischen Nil und Niger.

1575
Die portugiesische Besiedlung Angolas beginnt in Luanda.

1591
Eine marokkanische Armee erobert das Königreich Songhai.

1633
Die Portugiesen beenden einen Aufstand im Königreich Mwenemutapa.

1652
Der Niederländer Jan van Riebeeck gründet Kapstadt.

1698
Der Sultan von Oman gründet das Sultanat Sansibar und kontrolliert den Handel an der ostafrikanischen Küste.

1713
Die Briten beginnen mit dem Sklavenhandel nach Lateinamerika.

1724
Das afrikanische Königreich Dahomey versorgt die Europäer mit Sklaven.

1780
Höhepunkt des transatlantischen Sklavenhandels

1787
Die Briten siedeln 400 befreite Sklaven in Sierra Leone an.

1795
Kapstadt, von Niederländern gegründet, wird britisch.

1808
Die Vereinigten Staaten verbieten die Einfuhr von Sklaven aus Afrika.

1816
Die Amerikanische Kolonisierungsgesellschaft startet das „Liberia-Projekt" und schafft eine Heimat für befreite Sklaven.

❶ 1557 Die Portugiesen errichten einen Handelsstützpunkt in Macau, China.

❷ 1596 Die erste niederländische Handelsdelegation erreicht Ostindien.

❸ 1603 In Japan wird das Tokugawa-Shogunat errichtet; Edo (Tokyo) wird Hauptstadt.

❹ 1615 Die Mandschu beginnen mit der Eroberung des kränkelnden Ming-Reichs.

❺ 1620 Die Pilgerväter erreichen Cape Cod in Massachusetts.

❻ 1626 Die Niederländer gründen die Kolonie New Amsterdam (New York).

❼ 1632 Shah Jahan beginnt mit der Eroberung des Dekhan (Vorderindien).

❽ 1638 Geburt Ludwig XIV.; er besteigt 1643, mit fünf, den französischen Thron.

❾ 1638 Die Japaner schließen ihre Häfen für den Außenhandel.

❿ 1649 Der englische König Karl I. wird des Hochverrats beschuldigt und hingerichtet.

⓫ 1652 Niederländische Siedler günden am Kap der Guten Hoffnung, Südafrika, eine Kolonie.

⓬ 1683 Das Heer von John Sobieski, König von Polen, besiegt die Osmanen vor Wien.

⓭ 1698 Die Omanis vertreiben die Portugiesen aus Mombasa; das Sultanat Sansibar entsteht.

⓮ 1713 Großbritannien übernimmt den Sklavenhandel in der Karibik von Spanien.

⓯ 1784 Russische Pelzhändler gründen in Alaska die erste Kolonie.

Die Welt um 1815

Mit der Erkundung des Pazifiks, Australiens und der Antarktis neigte sich um 1815 das europäische Zeitalter der Entdeckungen seinem Ende zu. Auch wenn die Europäer wesentlichen Einfluss auf die Entwicklung in ihren Kolonien ausübten, so blieb doch ein grosser Teil der Welt von ihrem Zugriff verschont. Das riesige Reich China hatte sich bewusst dem Kontakt zum Westen verschlossen.

Als Kolumbus 1492 die Neue Welt betrat, spielte Europa in der Weltgeschichte noch eine ziemlich unbedeutende Rolle. China war in jeder Hinsicht weiter fortgeschritten und erlebte unter der Ming-Dynastie eine Zeit größten Wohlstands. Der internationale Handel wurde von den islamischen Nationen Asiens kontrolliert. Europa lag weit hinter der militärischen und nautischen Stärke des Osmanischen Reichs zurück. In den folgenden drei Jahrhunderten führte das Streben der Europäer nach Reichtum und neuen Territorien in allen Teilen der Erde zur Gründung von Kolonien. Diese Kolonialisierung hatte gewaltige Auswirkungen auf die Einwohner der eroberten Länder: In Nord- und Südamerika starben Hunderttausende im Kampf gegen die Konquistadoren und die von ihnen eingeschleppten Krankheiten. Millionen Afrikaner wurden in die Sklaverei verkauft, um in den europäischen Plantagen in Amerika zu arbeiten.

Doch beherrschte Europa 1815 nicht die ganze Welt. Die Kolonien in Australien und Afrika beschränkten sich auf relativ schmale Küstenstreifen; das Landesinnere blieb lange völlig unbe-

16 1776 Die amerikanischen Kolonien erklären sich von Großbritannien unabhängig.

17 1788 Großbritannien gründet eine Sträflingskolonie in Port Jackson (Sydney), Australien.

18 1789 Ausbruch der Französischen Revolution

19 1796 Der Kaiser von China, Ch'ien-lung, dankt ab, weil er nicht länger regieren will als sein Großvater regiert hatte.

20 1815 Niederlage Napoleons bei Waterloo; der Wiener Kongress ordnet Europa neu.

Rechts *Darstellung eines tasmanischen Ureinwohners aus dem 19. Jahrhundert. Australien war eine der letzten von Europäern gegründeten Kolonien.*

rührt. Durch die Kontrolle über den Handel in Ostafrika übte das Sultanat Oman einen stärkeren territorialen Einfluss in Afrika aus als die europäischen Händler. China war der größte und bevölkerungsreichste Staat der Welt und hatte seinen Einfluss bis weit nach Südostasien ausgedehnt. Obwohl die Stärke des Osmanischen Reiches nachließ, war es im Nahen Osten und in Südeuropa immer noch eine Großmacht.

Um 1815 kontrollierten die Europäer die wichtigsten Seerouten zwischen den Kontinenten. Westliche Geschäftsleute waren nicht mehr auf Karawanenstraßen und islamische Vermittler angewiesen. Bis ins 19. Jahrhundert hinein hatten die Inder und Chinesen kein Interesse an europäischen Waren. Sie verkauften ihre Gewürze, Baumwolle oder Porzellan nur gegen Silber und Gold aus der Neuen Welt. Europäische Händler richteten dennoch Handelsstützpunkte in Asien ein. In Südostasien und Indien wurden die einheimischen Händler aus dem Geschäft gedrängt. Die europäischen Handelsgesellschaften entwickelten sich zu territorialen Mächten. So entstand eine neue Weltwirtschaft, von der fast nur die europäischen Nationen profitierten.

Europa

Die Rivalität zwischen den europäischen Kolonialmächten war groß, und bis zum Ende des 18. Jahrhunderts hatten Handelskriege die religiösen Konflikte verdrängt, die Europa vor der Reformation geteilt hatten. Im 18. Jahrhundert wurden europäische Konflikte zunehmend in den Kolonien ausgetragen – vor allem in Nordamerika. Die Französische Revolution (1789) hat Europa in einen Krieg hineingezogen. Die Niederlage Napoleons 1815 führte zu einem neuen Gleichgewicht der Mächte: Preußen dominierte die europäische Politik im folgenden Jahrhundert. Russland, das Anfang des 18. Jahrhunderts mit der Modernisierung der Feudalgesellschaft begann, dehnte seine Grenzen nach Asien und Osteuropa aus. Großbritannien wurde zur größten Industrie- und Handelsmacht der Welt.

Nord- und Südamerika

Die Vereinigten Staaten entwickelten sich zur Großmacht in Amerika. Seit der Unabhängigkeit von Großbritannien (1783) und durch den Erwerb Louisianas von Frankreich (1803) hatten sie ihr Territorium verdoppelt. Der Krieg gegen Großbritannien (1812–1814) hat das Bewusstsein, einer Nation anzugehören, bei den Amerikanern verstärkt. Die weißen Siedler drängten die Indianer immer weiter nach Westen in unbewohnte Gebiete zurück. In Mittel- und Südamerika kam es zu Unabhängigkeitsbestrebungen. Die Besetzung Spaniens durch Napoleon förderte die Aufstände gegen die Spanier in Mexiko (1810), Paraguay (1811) und Venezuela (1810–1812). Die französische Kolonie Haiti erreichte 1804, als einzige Insel in der Karibik, nach einem Sklavenaufstand die Unabhängigkeit.

Der nahe Osten

Im 18. Jahrhundert war das Osmanische Reich im Nahen Osten und in Nordafrika stark geschwächt. Staaten wie Tunis, Tripolis, Katar und Oman (das den Handel mit Ostafrika kontrollierte) erklärten ihre Unabhängigkeit. In Ägypten ernannte sich der Albaner Mehmet Ali (1805) zum Vizekönig. Als moderner Herrscher mit Autorität gelang es ihm, der islamischen Sekte der Wahhabiten die Macht über die heiligen Städte Mekka und Medina zu entreißen. Trotz der Anzeichen des Niedergangs überstand das Osmanische Reich ein weiteres Jahrhundert: Es herrschte immer noch über den Balkan von Griechenland bis Rumänien, über die Türkei, Syrien und Mesopotamien. Seit den Eroberungen unter Nabir

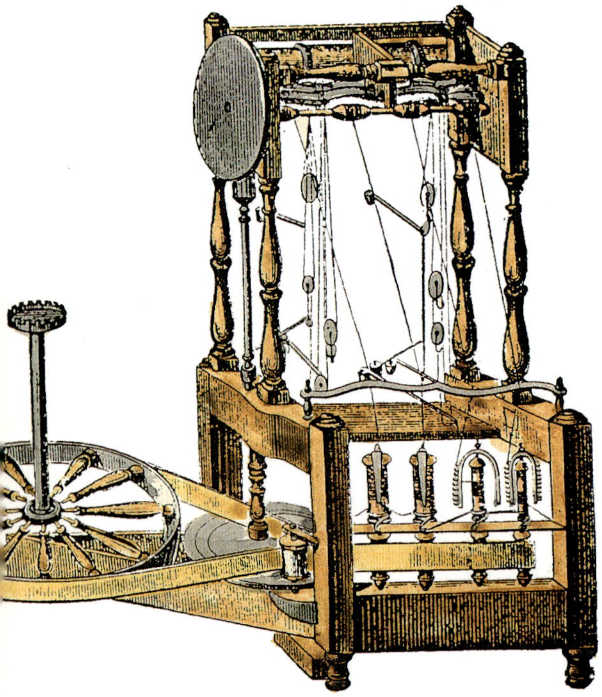

Links *Die führende Rolle Großbritanniens in der Textilindustrie machte das Land zu einer Wirtschaftsmacht. Die mechanisierte Produktion löste die traditionelle Handarbeit ab. Großbritannien suchte in Übersee nach neuen Absatzmärkten für seine Produkte. Hier eine Abbildung des mit Wasser betriebenen Spinnrads von Arkwright (1769).*

Oben *Europäische Konflikte wurden immer häufiger in den Kolonien ausgetragen. Napoleon fiel 1798 in Ägypten ein, um Großbritannien den Seeweg nach Indien abzuschneiden. Ägypten war damals eine der wichtigsten britischen Kolonien. Napoleons Plan ging nicht auf: 1798 zerstörten die Briten seine Flotte und 1801 wurde seine Armee geschlagen.*

Shah (1736–1747) war Persien kulturell rückständig und eingekeilt zwischen den nach Zentralasien drängenden Russen und dem britischen Kolonialreich in Indien.

Ost- & Südasien

Unter der Ch'ing-Dynastie konnte China im 18. Jahrhundert sein Territorium ausdehnen. Kaiser Ch'ien-lung (Reg. 1736–1796) hatte sich den westlichen Technologien verschlossen und den Handel mit dem Ausland erschwert. Seinen Nachfolgern ist dies nicht mehr gelungen. Japan hatte sich im 17. Jahrhundert bewusst dem Handel mit Europa entzogen, und auch Staaten auf dem südostasiatischen Festland, wie Birma und Siam (Thailand), widerstanden dem Einfluss aus dem Westen. Die Niederländer errichteten im 17. Jahrhundert einen Handelsstützpunkt auf den südostasiatischen Gewürzinseln, mussten ihn aber 1815 wegen der Konkurrenz des britischen, französischen, amerikanischen und chinesischen Handels wieder aufgeben. Die Briten nutzten den Machtverfall der Moguln, um in Indien ihren Einfluss geltend zu machen.

Der Südpazifik

Im 17. Jahrhundert zeichneten niederländische Seeleute erstmals Teile der australischen und neuseeländischen Küste auf Karten ein. Zunächst wollte hier niemand siedeln. Im Zuge seiner ersten Pazifikreise (1769–1771) nahm Kapitän Cook Australien und Neuseeland für die britische Krone in Besitz. Seit 1788 war Australien eine britische Sträflingskolonie. Damals gab es dort noch etwa 300 000 australische Ureinwohner: die Aborigines, die seit mindestens 40 000 Jahren den Kontinent bewohnten. Auch für sie hatte der Kontakt mit den Europäern katastrophale Folgen: Gleich bei ihrer Ankunft töteten die britischen Siedler 20 000 Aborigines; andere starben an den eingeschleppten Infektionskrankheiten. Die Weißen drängten sie immer weiter von der Küste ins Landesinnere ab. Erbitterte Stammeskriege waren die Folge. Heute ist die Kultur der Aborigines zerstört.

NEC
TOSHIBA
LIPPO
LIPPO

Die Welt bis heute

Der technische Fortschritt des 19. und 20. Jahrhunderts führte zu rasanten Veränderungen im Kommunikations- und Transportwesen. Noch im Jahre 1815 dauerte es mehrere Monate, bis eine Nachricht von St. Petersburg nach Washington gelangte. Um 1900 hatte sich diese Zeitspanne durch Fernschreiber und Radiowellen auf wenige Minuten verkürzt. Heute kann man per Internet in wenigen Sekunden Informationen an jedem Punkt der Erde abrufen. Dampfschiffe und Lokomotiven beschleunigten im 19. Jahrhundert den Güter- und Personenverkehr um ein Vielfaches. Die Europäer dehnten ihren Einfluss auf den gesamten Globus aus. Großbritannien etwa herrschte 1914 über ein Fünftel der Landfläche und ein Viertel der Bevölkerung der Welt.

Zwischen 1815 und 1914 wanderten über 40 Millionen Menschen aus Europa nach Nordamerika, Südafrika, Australien und Neuseeland aus, um eine sichere Existenz zu finden. Die Internationalisierung der Wirtschaft, die industrielle Produktion in Billiglohnländern, die Überwindung des Ost-West-Konfliktes und die modernen Kommunikationsmittel haben die Welt im 20. Jahrhundert zu einem „globalen Dorf" gemacht.

Doch dieses Jahrhundert war auch von großen Katastrophen geprägt. Zwei Weltkriege, zahlreiche Revolutionen, Unabhängigkeits- und Bürgerkriege forderten viele Millionen Todesopfer. Kommunistische Regime (Sowjetunion, Ostblockstaaten, Ostasien), Militärdiktaturen in Afrika und Lateinamerika und der Faschismus in Deutschland, Spanien und Italien missbrauchten ganze Völker. Der Ost-West-Konflikt beherrschte in der zweiten Hälfte des 20. Jahrhunderts die Weltpolitik. Zwischen den USA und der Sowjetunion kam es zu einem Wettrüsten mit Atomwaffen. Erst mit dem Zusammenbruch des Kommunismus und dem Zerfallen der UdSSR ging der Kalte Krieg 1991 zu Ende.

Die moderne Technik und Medizin verbesserten den Lebensstandard der Menschen in Nordamerika, Westeuropa, Australien, Neuseeland, Japan und den Ländern des pazifischen Raums. Gleichzeitig wurde die Kluft zwischen Arm und Reich immer größer. Viele Entwicklungsländer sind bei den Industrienationen hoch verschuldet und haben immer wieder mit Hungersnöten und Bürgerkriegen zu kämpfen. Die Weltbevölkerung stieg im 20. Jahrhundert von 1,5 Milliarden auf fast sechs Milliarden an. Die Umweltverschmutzung, die starke Bevölkerungszunahme, die Rohstoffknappheit und die globale Klimaveränderung rückten Umweltthemen zunehmend in den Vordergrund.

Links *Blick auf das Geschäftszentrum von Hongkong, 1998*

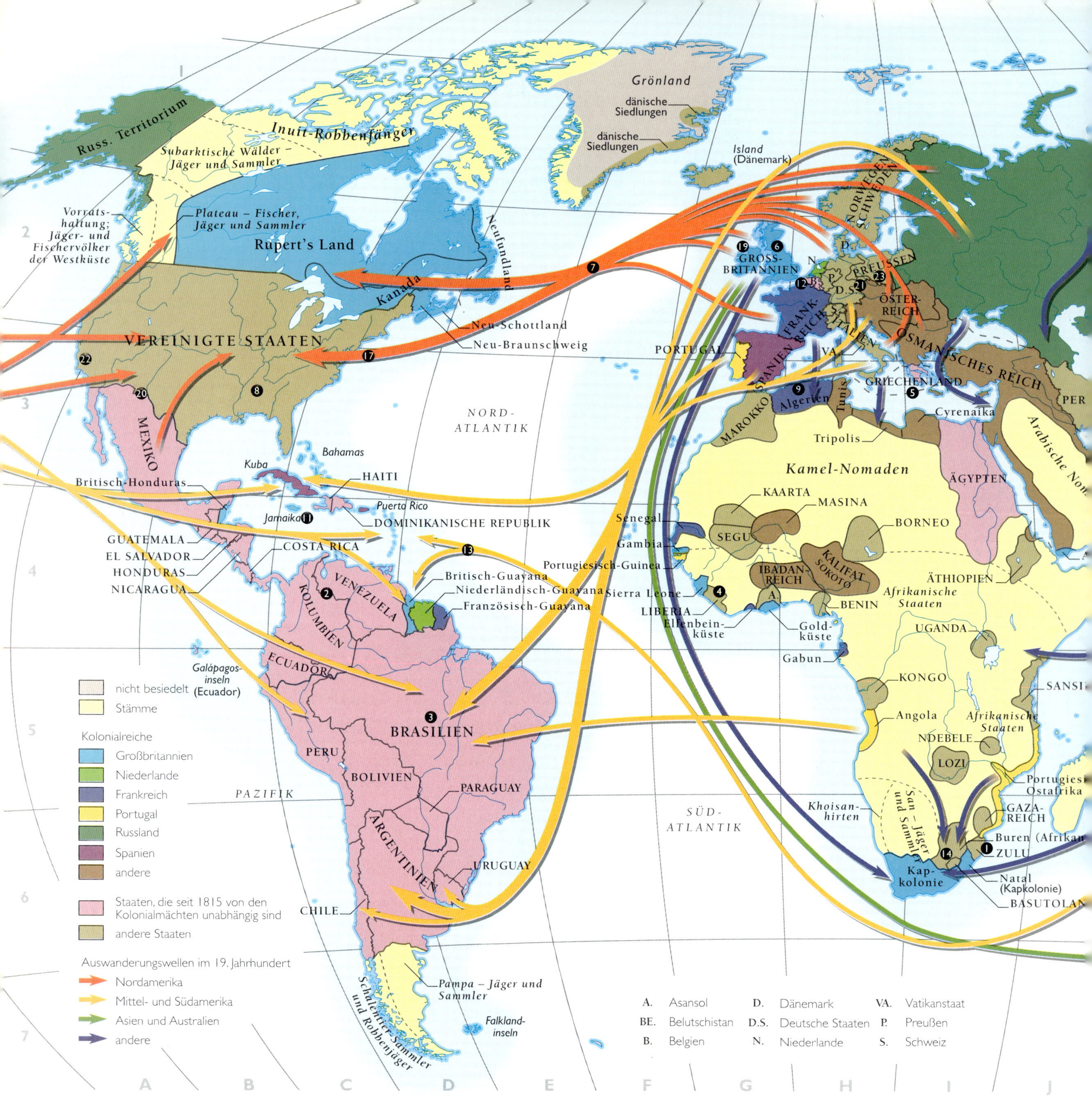

❶ 1816 Tshaka bildet mit dem Bantu-Volk den Kriegsstaat Zulu.

❷ 1819 Simón Bolívar proklamiert die Republik Groß-Kolumbien (1830 Zerfall in die Republiken Ecuador, Kolumbien, Venzuela und Panama).

❸ 1822 Unabhängigkeit Brasiliens von Portugal

❹ 1822 Die Kolonie Liberia wird für die befreiten Sklaven der USA gegründet.

❺ 1824–1826 Griechenland erreicht die Unabhängigkeit vom Osmanischen Reich.

❻ 1825 In Nord-England wird die erste Eisenbahnstrecke für den Personenverkehr eröffnet.

❼ 1827 Erste Atlantik-Überquerung mit einem Dampfschiff (29 Tage, mit Hilfe von Segeln)

❽ 1830 Die Indianer werden gezwungen, in den Westen zu ziehen: „Treck der Tränen".

❾ 1830 Frankreich beginnt mit der Unterwerfung Algeriens als Kolonie; dauert bis 1847.

❿ 1830 Die Aborigines auf Van Diemen's Land werden von Kolonisten niedergemetzelt.

⓫ 1833 In den britischen Kolonien wird die Sklaverei abgeschafft.

⓬ 1830–1833 Nach dem Befreiungskampf gegen die Niederlande wird Belgien unabhängig.

⓭ 1834 Die ersten indischen Vertragsarbeiter kommen auf den Westindischen Inseln an.

⓮ 1835–1837 Im „Großen Treck" ziehen die Buren vom Kap in das Landesinnere Südafrikas.

⓯ 1839–1842 Erster Opiumkrieg zwischen Großbritannien und China

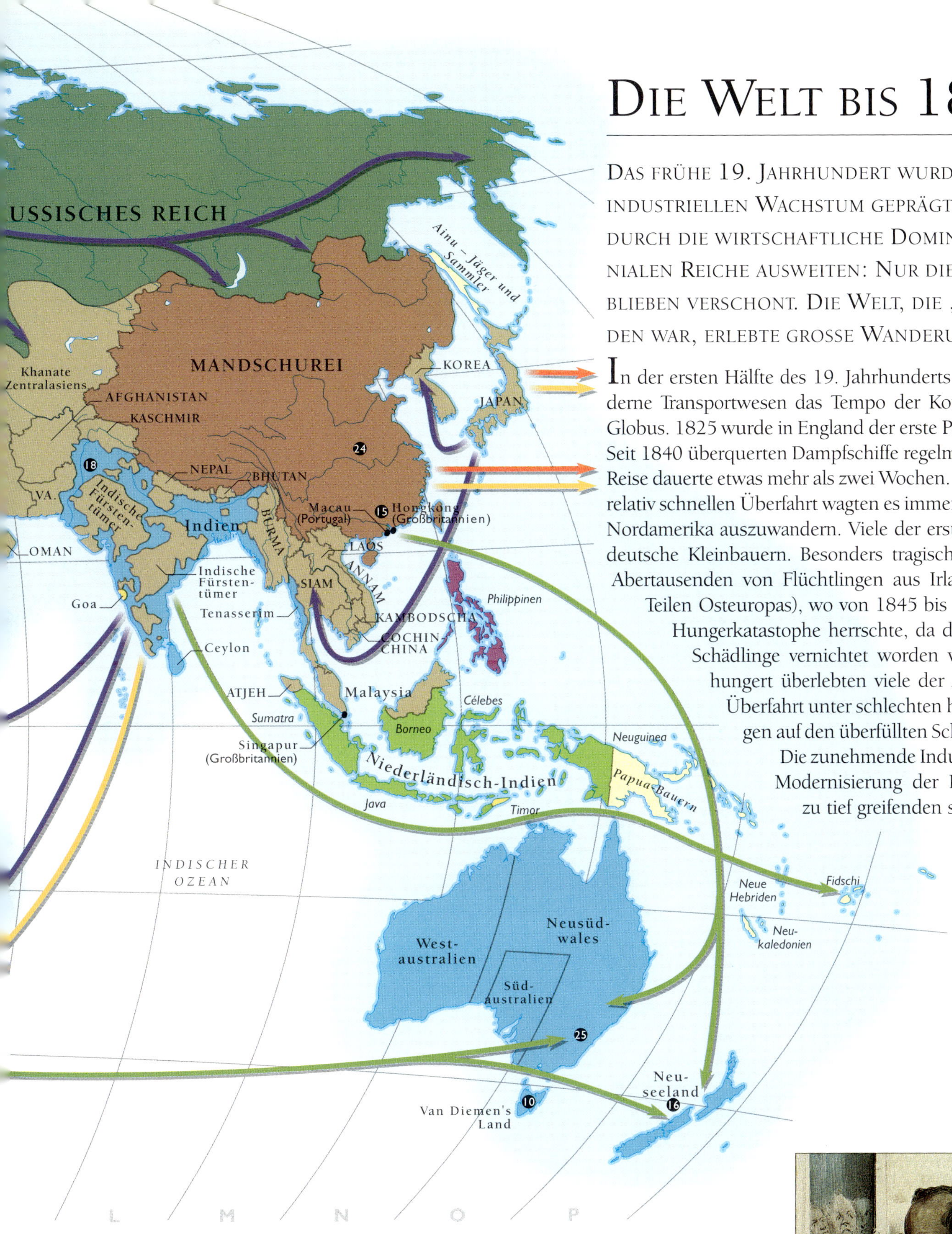

Die Welt bis 1850

Das frühe 19. Jahrhundert wurde im Westen vom industriellen Wachstum geprägt. Europa konnte durch die wirtschaftliche Dominanz seine kolonialen Reiche ausweiten: Nur die USA und Japan blieben verschont. Die Welt, die „kleiner" geworden war, erlebte grosse Wanderungsbewegungen.

In der ersten Hälfte des 19. Jahrhunderts beschleunigte das moderne Transportwesen das Tempo der Kommunikation auf dem Globus. 1825 wurde in England der erste Personenzug eingeweiht. Seit 1840 überquerten Dampfschiffe regelmäßig den Atlantik – die Reise dauerte etwas mehr als zwei Wochen. Wegen der billigen und relativ schnellen Überfahrt wagten es immer mehr Menschen, nach Nordamerika auszuwandern. Viele der ersten Einwanderer waren deutsche Kleinbauern. Besonders tragisch war die Ankunft von Abertausenden von Flüchtlingen aus Irland (aber auch weiten Teilen Osteuropas), wo von 1845 bis 1847 eine verheerende Hungerkatastophe herrschte, da die Kartoffelernte durch Schädlinge vernichtet worden war. Krank und ausgehungert überlebten viele der Auswanderer die lange Überfahrt unter schlechten hygienischen Bedingungen auf den überfüllten Schiffen nicht.

Die zunehmende Industrialisierung sowie die Modernisierung der Landwirtschaft führten zu tief greifenden sozialen Veränderungen

Unten *Diese zeitgenössische Karikatur zeigt den Preußenkönig Friedrich Wilhelm IV. und seinen Armeechef, die Bittsteller abwimmeln. In ganz Europa unterdrückten Monarchen Forderungen ihrer Untertanen nach Reformen mit Gewalt.*

- **16** 1840 Die Maoris treten mit dem Vertrag von Waistangi Neuseeland an Großbritannien ab.
- **17** 1840–1850 Erste große Einwanderungswelle in die Vereinigten Staaten
- **18** 1843–1849 Großbritannien annektiert die indischen Provinzen Sind und Punjab.
- **19** 1845–1847 Eine Million Iren kommt bei der Hungersnot um, eine Million wandert aus.
- **20** 1846–1848 Krieg zwischen den USA und Mexiko; der Südwesten wird erobert.
- **21** 1848 Liberale und nationale Revolutionen bestimmen die Geschicke Europas.
- **22** 1849 Der kalifornische Goldrausch bricht aus.
- **23** 1849 Friedrich Wilhelm IV. von Preußen lehnt die von der Frankfurter Nationalversammlung angebotene Erbkaiserwürde ab.
- **24** 1850 Beginn der Taiping-Rebellion gegen die Ch'ing-Dynastie in China
- **25** 1851 Goldfunde in Neusüdwales führen zu einer Einwanderungswelle in Australien.

in Europa. Hunger und Armut trieben die Menschen vom Land in die Fabriken. Rund um die Produktionsstätten entstanden Elendsquartiere. Die Arbeit war gefährlich und wurde schlecht bezahlt. Proteste wurden im Keim erstickt, so der Aufstand der schlesischen Weber, der 1844 von preußischen Truppen niedergeschlagen wurde. Die wirtschaftliche Notlage zwang immer mehr Menschen dazu, ihr Glück in Übersee zu suchen, und die Zahl der Auswanderer nach Nordamerika nahm stetig zu. Bis zum Ende des Jahrhunderts überwogen dabei Immigranten aus Süd- und Osteuropa. Die kalifornischen Goldfelder und der Bau der transkontinentalen Eisenbahnlinien lockten erst chinesische und dann japanische Einwanderer an die Westküste.

Unruhen in Europa

In den Jahren vor 1850 flohen viele Menschen vor der politischen Unterdrückung aus Europa. Nach den napoleonischen Kriegen hatten liberale und nationale Kräfte auf die Einführung demokratischer Regierungen gehofft, doch nach dem Wiener Kongress (1815) kam es zur Restauration der Monarchie und zur Stärkung der konservativen Herrschaft in ganz Europa. Neue Königreiche entstanden, als sich Griechenland vom untergehenden Osmanischen Reich (1824–1826) loslöste und Belgien (1833) gegen die Holländer rebellierte.

Die Bürgerunruhen erreichten 1848 ihren Höhepunkt, als es einigen nationalen Aufständischen gelang, liberale Verwaltungen einzurichten. Doch binnen eines Jahres stellten die Konservativen unter Blutvergießen die alte Ordnung in Europa wieder her.

Neue Nationen

Nach den napoleonischen Kriegen verloren Spanien und Portugal den Einfluss über ihre südamerikanischen Kolonien. Aus den Freiheitskämpfen unter Simón Bolívar und José de San Martín gingen die meisten der Staaten Südamerikas hervor. In Brasilien vollzog sich der Wandel weniger gewaltsam, als der liberale Kaiser Pedro I., Sohn des portugiesischen Königs, 1822 die Unabhängigkeit ausrief. Die Vereinigten Staaten profitierten vom Zerfall der spanischen Herrschaft in Amerika. Die Monroe-Doktrin (1823) erklärte den amerikanischen Raum zum US-amerikanischen Einflussgebiet und warnte Europa vor Interventionen.

Bolívars Traum von einem geeinten Südamerika erfüllte sich nicht. Schulden und soziale Spannungen spalteten die lateinamerikanischen Nationen. Militärdiktatoren *(caudillos)* übernahmen die Macht. In den 30er-Jahren kamen viele Einwanderer aus Südeuropa. Bis zum Ende des 19. Jahrhunderts hatten sich in Brasilien über drei Millionen, in Argentinien über 4,5 Millionen Menschen niedergelassen.

Der Imperialismus

Die Kolonialmächte, besonders Großbritannien, nutzten ihre Überlegenheit, um ihre imperialen Interessen weltweit, vor allem aber in Asien, durchzusetzen. In Indien wurde, was als Handelsprojekt begonnen hatte, zur Kolonialherrschaft („Raj"), als die British East India Company Allianzen mit lokalen Herrschern einging und unter britischer Rechtsprechung Verwaltungs- und Schulreformen durchführte. Zur Sicherung der indischen Grenzen marschierten die Briten 1824–1825 mehrfach in Burma ein.

Die Ch'ing-Herrscher verweigerten Ausländern den Zugang zu den chinesischen Märkten. Im ersten Opiumkrieg (1839–1842) brachten die Briten Hongkong unter ihre Kontrolle und erzwangen die Öffnung von fünf weiteren Vertragshäfen für ausländische Schiffe. Bis 1844 erwirkten auch andere westliche Staaten einseitige und für China demütigende Verträge, die zur Schwächung der Ch'ing-Dynastie führten.

Mit der Einrichtung eines Freihafens 1819 auf der südostasiatischen Insel

Oben *Der kalifornische Goldrausch (1848–1849) lockte viele neue Siedler in den Westen Amerikas. Später sollten auch Australien und Südafrika einen Goldrausch erleben.*

Unten *Beisetzung irischer Hungeropfer. Die Vernichtung der Kartoffelernte führte zu einer schrecklichen Hungersnot in Irland und zur massenhaften Auswanderung.*

Singapur konnte England mit Holland um den Zugang zu den reichen Ressourcen der Region wetteifern. Das führende Handelszentrum in Südostasien entstand.

Koloniale Migration

Die Briten hatten 1833 in allen Kolonien die Sklaverei abgeschafft und brauchten nun neue Arbeitskräfte für die Plantagen in der Karibik. Man köderte dafür Arbeiter aus Indien, indem man ihnen die Fahrkarte nach Übersee bezahlte. Bei den niedrigen Löhnen konnten sie sich nach Vertragsablauf gerade mal das Rückreiseticket leisten. Später wurde dieses System auf die Fidschiinseln und Ostafrika ausgedehnt.

In den 1840er-Jahren wanderten zahlreiche Arbeiter aus den englischen Industriestädten in die ehemalige Strafkolonie Australien aus. Nachdem in Neusüdwales 1851 Gold gefunden wurde, stieg der Zustrom stark an. Die Einwanderer verdrängten die Ureinwohner (Aborigines). Viele starben an den von den Weißen eingeschleppten Infektionskrankheiten oder wurden umgebracht. Die Siedler betrachteten Australien als Niemandsland, das sie ganz nach Belieben ausbeuten konnten. Ganze Stämme, die sich der europäischen Besiedelung zu widersetzen versuchten, wurden ermordet oder deportiert. Durch diese „ethnischen Säuberungen" gab es um 1835 in Van Diemen's Land (Tasmanien) beinahe keine Aborigines mehr.

In den 30er-Jahren lenkten Besiedlungsprojekte einen beständigen Einwandererstrom nach Neuseeland. Der Vertrag von Waitangi (1840) brachte die Inseln unter britische Hoheit, doch in diesem Fall erkannten die Briten die Landrechte der eingeborenen Maoris an. Die weißen Siedler allerdings missachteten deren Rechte von Anfang an, und in den folgenden 40 Jahren kam es immer wieder zu blutigen Auseinandersetzungen.

Afrika im Wandel

Die französische Invasion in Algerien (1830) bezeugte das Interesse Europas an Afrika. Nördlich des Äquators blieb jedoch der Islam der wichtigste Einflussfaktor, so im Kalifat Sokoto und dem Ibadan-Reich südlich der Sahara.

Trotz seiner Ächtung ging der Sklavenhandel weiter. Entlang der Ostküste waren arabische Händler aktiv. Die Portugiesen verkauften bis spät ins 19. Jahrhundert Sklaven aus Angola nach Brasilien.

1835 verließen aus Holland stammende Siedler (Buren bzw. Afrikaners) aus Protest gegen das Verbot der Sklaverei die seit 1814 unter britischer Herrschaft stehende Kapkolonie und zogen im „Großen Treck" nach Nordosten. Im Landesinneren stießen sie auf den erbitterten Widerstand der Ndebele- und Zulu-Völker, gründeten aber schließlich die Republiken Transvaal und Oranje Freistaat.

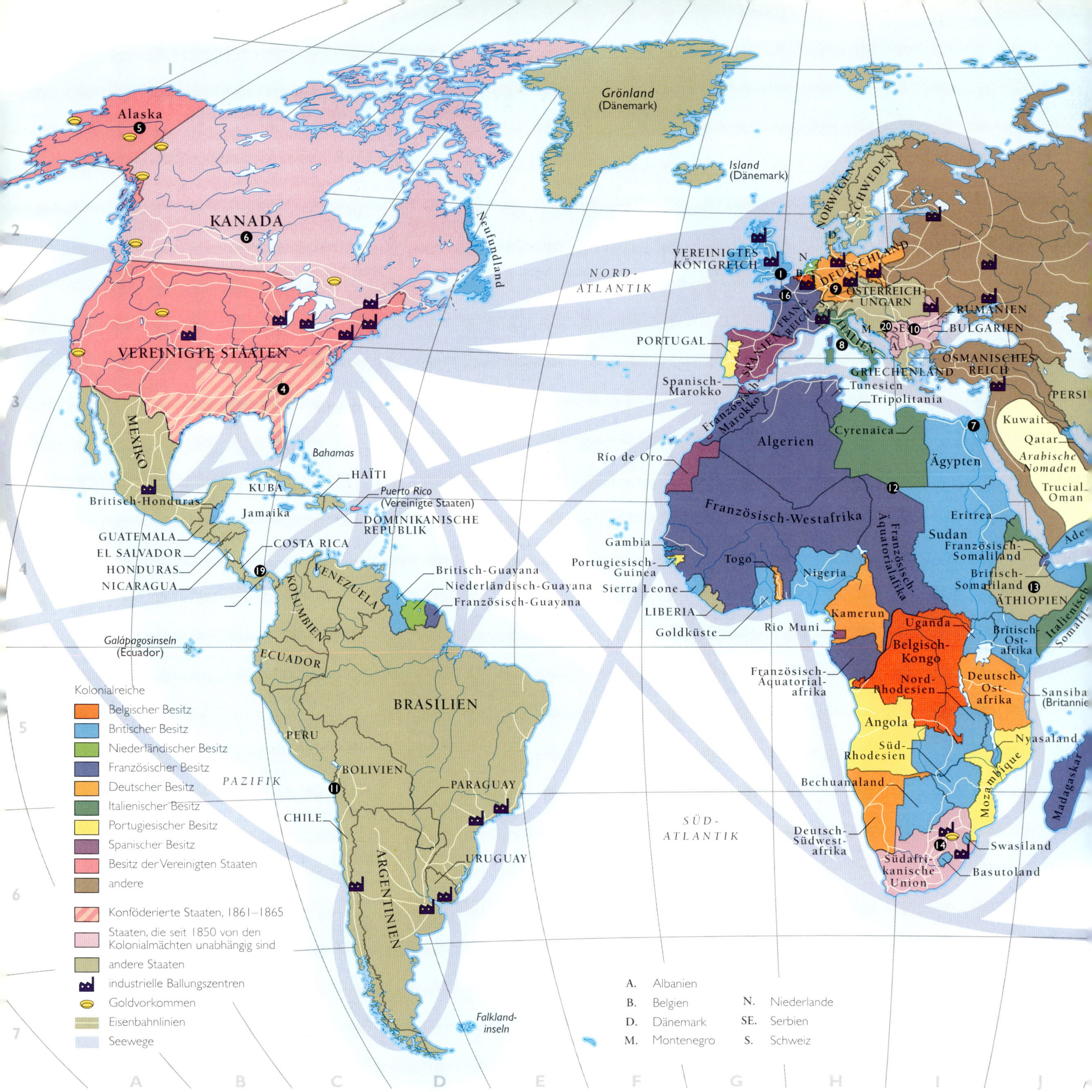

❶ 1851 Erste Weltausstellung in London

❷ 1853 Ein amerikanisches Geschwader kreuzt vor Tokio und zwingt Japan, sich für den Handel zu öffnen.

❸ 1857–1858 Moslimische und hinduistische Rebellen meutern gegen die Briten.

❹ 1861–1865 Sezessionskrieg: Die Nordstaaten kämpfen gegen die Südstaaten für die Erhaltung der Union.

❺ 1867 Russland verkauft Alaska an die USA.

❻ 1867 Kanada erhält von Großbritannien die volle politische Unabhängigkeit.

❼ 1869 Eröffnung des Suezkanals

❽ 1870 Nach der Besetzung des Kirchenstaates ist die Einigung Italiens abgeschlossen.

❾ 1871 Wilhelm I. wird in Versailles zum Deutschen Kaiser ausgerufen.

❿ 1878 Berliner Kongress: Bulgarien, Serbien und Rumänien werden vom Osmanischen Reich unabhängig.

⓫ 1879–1883 Salpeterkrieg: Bolivien und Peru verlieren Land an Chile.

⓬ 1884–1885 Kongo-Konferenz in Berlin: Aufteilung Afrikas zwischen den europ. Mächten

⓭ 1896 Niederlage von Adua: Äthiopien erlangt die Unabhängigkeit von Italien.

⓮ 1899–1902 Im 2. Burenkrieg brechen die Briten den Widerstand der Afrikaner.

⓯ 1900–1901 Der Boxeraufstand in China, gegen Ausländer gerichtet, führt zu Repressionen.

Die Welt bis 1914

Zum Ende des 19. Jahrhunderts waren Industrie und Welthandel gewaltig gewachsen. Der wirtschaftliche Wettbewerb förderte die politische und militärische Rivalität der Industriestaaten. Mit der europäischen Vorherrschaft über Afrika kam es zur Hochblüte des Imperialismus. Der weltweite Kampf um nationales Prestige führte 1914 zum Weltkrieg.

Die Industrialisierung machte in der zweiten Hälfte des 19. Jahrhunderts in fast ganz Europa und den Vereinigten Staaten große Fortschritte. Die Mechanisierung in der Schwerindustrie steigerte die Produktivität bei der Eisen- und Stahlerzeugung. Durch das wachsende Netz von Eisenbahn- und Schifffahrtslinien konnten Rohmaterialien und Fertigprodukte immer schneller und günstiger weltweit verkauft werden. Mit der Entwicklung neuer Technologien wie der Elektrizität, dem Verbrennungsmotor und der Petrochemie kündigte sich zu Beginn des 20. Jahrhunderts eine zweite industrielle Revolution an.

Ebenso revolutionär war die veränderte Einstellung der Menschen gegenüber den Institutionen, die ihr Leben bestimmten. Aus den Forderungen von Fabrikarbeitern nach besseren Arbeitsbedingungen und erweiterten Wahlrechten entstanden die Gewerkschaftsbewegung und sozialistische Parteien. In den meisten westlichen Ländern setzte man Reformen durch, doch der Großteil der Weltbevölkerung blieb bis weit ins 20. Jahrhundert hinein ohne politische Stimme. Die Frauen begannen den langen Kampf um

Rechts *Zu Beginn des 20. Jahrhunderts entstand die populäre Massenkultur – besonders ausgeprägt in den Vereinigten Staaten, wo die Ragtime-Musik die Geburt des Kinos begleitete.*

- **16** 1904 Großbritannien und Frankreich bilden mit der Entente cordiale ein Militärbündnis.
- **17** 1904–1905 Russisch-japanischer Krieg: Japan gewinnt Land und die Seehoheit.
- **18** 1911 Eine Revolution beseitigt die Ch'ing-Dynastie; 1912 Gründung der Republik China.
- **19** 1914 Eröffnung des Panamakanals
- **20** 1914 Die Ermordung des österreichischen Thronfolgers Erzherzogs Franz Ferdinand in Sarajevo löst den Ersten Weltkrieg aus.

politische Rechte. Die meisten von Männern geführten Regierungen waren gegen das Frauenwahlrecht, das als erster Staat Neuseeland 1893 einführte. Anderswo mussten die Frauen hart dafür kämpfen. Der Erste Weltkrieg stoppte dann die Frauenrechts-Bewegung vorübergehend.

Welthandel

Der Boom des internationalen Handels in der zweiten Hälfte des 19. Jahrhunderts beruhte vor allem auf der systematischen Ausbeutung der Kolonien durch die Industrienationen. Der Anbau von Gummi-, Bananen- oder Kaffeeplantagen für den Export in die Kolonialländer vernichtete die traditionellen einheimischen Wirtschaften. In Indien zerstörte der Bau des Eisenbahnnetzes und die damit einsetzende Einfuhr billiger ausländischer Waren das einst blühende lokale Handwerk.

Neue Häfen und die Kanäle von Suez (1869) und Panama (1914) förderten den wachsenden Handel und machten die langen Schiffspassagen um Afrika und Südamerika überflüssig. Verbesserungen im Schiffsbau und in der Dampftechnik ermöglichten den schnellen Transport von Gütern; um 1880 wurde der erste Öltanker gebaut. Durch die Erfindung der Kühltechnik konnte Fleisch aus Australien, Neuseeland und Argentinien exportiert werden. Von 1850 bis 1914 wuchs die gesamte Tonnage der Handelsschifffahrt um das Vierfache an.

Zur Stabilisierung des Welthandels führte man um 1870 den Goldstandard ein, sodass Guthaben verschiedener Währungen in Gold angelegt werden konnten. Goldfunde in Kalifornien, Australien, Südafrika und Kanada machten dies möglich.

Eroberungen & Krieg

Die moderne Technik half auch bei der Durchsetzung imperialistischer Interessen. Die britische Herrschaft in Indien, 1857 durch einen Truppenaufstand gefährdet, wurde durch die Eisenbahn gefestigt: Soldaten konnten jetzt schnell überall hintransportiert werden, um einen Aufruhr schon im Keim zu ersticken. Um 1870 war Nordamerika von einem Netz aus Telegrafen- und Eisenbahnlinien durchzogen; die letzten Reste des indianischen Widerstands waren bis 1890 gebrochen. Der 1891 begonnene Bau der Transsibirischen Eisenbahn stärkte den preußischen Einfluss in Zentral- und Ostasien. In Afrika förderte der Einsatz von Schnellfeuergewehren und Artillerie die Ausdehnung der europäischen Kolonialherrschaft. Die militärische Stärke des Westens zwang China und Japan, sich neuen Handelspartnern zu öffnen.

Kriegstaktik und medizinische Versorgung hinkten der fürchterlichen Effizienz der modernen Waffen hinterher, und die Zahle der Opfer stieg. Der Schweizer Jean-Henri Dunant gründete, nachdem er das Blutbad von Solferino (1859) erlebt hatte, das Internationale Rote Kreuz. Im amerikanischen Bürgerkrieg, wo erstmals Waffen aus der Massenproduktion und die Eisenbahn als Truppentransportmittel zum Einsatz kamen, starben mehr Amerikaner als je zuvor. Im Krieg der Triple Allianz (1864–1870), dem blutigsten Konflikt in der Geschichte Südamerikas, wurden über 300 000 Paraguayer getötet.

Deutsche Ambitionen

Die Konkurrenz zwischen den europäischen Industriestaaten war groß. Die Gründung des Zweiten Deutschen Reiches 1871 unter der Dominanz des preußischen Militärstaates erschütterte Europa. Das neue Deutschland mit seinen ergiebigen Kohle- und Erzvorkommen entfaltete auf der Basis der Schwerindustrie eine dynamische Wirt-

Kolonien. Ein Marinewettrüsten begann, als Deutschland versuchte, die Briten beim Bau neuer Schlachtschiffe zu überbieten.

Rivalität der Mächte

Das Klima wachsenden Misstrauens förderte internationale Krisen, die meistens in Afrika ausgetragen wurden. 1898 standen sich französische und britische Truppen in Faschoda am Weißen Nil gegenüber. Es ging um die Kontrolle über den Sudan. Auch die deutsche Herausforderung der Franzosen auf marokkanischem Boden (1905 und 1911) war ein Alarmsignal.

Wechselnde politische und militärische Bündnisse kennzeichneten diese Zeit. Vor dem Ersten Weltkrieg zerfiel Europa in zwei große Lager: die Mittelmächte (Deutschland, Österreich-Ungarn und das Osmanisches Reich) und die Alliierten (Großbritannien, Frankreich und Russland).

Gefährlichster Brennpunkt in Europa blieb der Balkan mit Serbien, Bulgarien und Rumänien, wo sich Russland und die Türkei befehdeten. Nach 1878 entglitt dem Osmanischen Reich die Kontrolle über den Balkan. Bis 1913 versuchten Russland und Österreich-Ungarn ihren Einfluss zu erweitern. Die Ermordung des österreichischen Thronerben Franz Ferdinand durch einen serbischen Nationalisten 1914 war der Funke, der den Ersten Weltkrieg auslöste.

schaft. 1914 hatte es Großbritannien bei der Eisen- und Stahlproduktion deutlich überholt. Der mächtigste deutsche Industrielle, Alfred Krupp, stellte zuerst Eisenbahnräder und -schienen, später Produkte für die Rüstung her. Seine Kanonen und Kriegsgeräte verhalfen Preußen 1864–1871 zur Überlegenheit über seine Nachbarn. Beim Ausbruch des Ersten Weltkriegs waren mehr als 40 Länder mit Waffen aus dem Hause Krupp ausgerüstet.

Deutschlands Bestreben, seinen Machtbereich in Europa und Übersee auszudehnen, brachte es in Konflikt mit den etablierten Mächten. Deutschland brauchte eine starke Flotte als Ergänzung seiner siegreichen Armee und zum Schutz der neuen

Oben *Industrielle Produktion in den Krupp-Werken, Essen. Alfred Krupp, der „Kanonenkönig", machte ein riesiges Vermögen mit dem weltweiten Export von Waffen und Transporttechnologie. Bei allen Großmächten wuchs die industrielle Stärke in dem Maße, indem die militärische Expansion voranschritt.*

Rechts *Im Juni 1914 erschoss ein Extremist den österreichisch-ungarischen Thronerben Erzherzog Franz Ferdinand in Sarajevo, Bosnien. Binnen weniger Wochen befand sich ganz Europa im Krieg.*

Die Entstehung der USA

70 Jahre nach ihrer Unabhängigkeit erstreckten sich die Vereinigten Staaten bis zum Pazifischen Ozean. Auch Kanada dehnte sich schnell nach Westen aus. Die riesigen Weiten im Hinterland der Ostküste erlaubten diesen Ländern die Aufnahme von vielen Millionen Einwanderern aus Europa. Um Platz für die Besiedelung durch die Weissen zu schaffen, enteignete, deportierte oder tötete man die dort ansässigen amerikanischen Ureinwohner.

Links *Weidende Bisons in den Great Plains. Sie waren die Lebensgrundlage der Indianer. Ihr Fleisch diente ihnen als Nahrung, aus ihren Häuten stellten sie Zelte und Bekleidung her. Doch die riesigen Herden wurden von den weißen Siedlern beinahe vernichtet, weil sie die Steppen als Farmland nutzen wollten.*

Die territoriale Ausdehnung der Vereinigten Staaten begann 1819 mit dem Kauf Floridas von Spanien. Texas trat 1845 der Union bei, nachdem es sich selbst von Mexiko befreit hatte. Der Rest des Südwestens einschließlich Kaliforniens wurde vor allem nach dem Krieg mit Mexiko (1846–1848) hinzugewonnen. Die Grenzziehung zu Kanada am 49. Breitengrad integrierte Oregon. 1867 kaufte man Russland für sieben Millionen Dollar Alaska ab. Im gleichen Jahr entstand die *Dominion of Canada* durch die Union von Neu-Schottland, Neu-Braunschweig, Québec und Ontario. Wenig später kamen Manitoba und British Columbia hinzu, die Union Kanada war komplett.

Tragödie der Indianer

Die weißen Amerikaner waren davon überzeugt, es sei ihre „göttliche Bestimmung", das ganze Land zu besiedeln. Um Platz für die Siedler zu schaffen, wurden die amerikanischen Ureinwohner von ihrem Land vertrieben. 1830 verabschiedete die US-Regierung ein Gesetz *(Indian Removal Act)*, das die Cherokee, Chickasaw, Creek, Choctaw und Seminolen zum Wegzug aus dem Südosten in die „Indianer-Territorien" westlich des Mississippi zwang. Tausende starben während der Reise, die als „Trail of Tears" (Fährte der Tränen) berühmt wurde.

Als noch mehr Siedler in die Prärien drängten, wurden auch die Sioux und Métis aus Manitoba in Kanada vertrieben. Mit der Eisenbahn breitete sich die Siedlerkultur rasch weiter aus. Selbst die per Regierungsdekret für die Indianer bestimmten Reservate wurden nicht respektiert. Schon 1835 wurden Teile der Indianer-Territorien für die Siedler geöffnet. Die Sioux in Dakota leisteten 1874 heftigen Widerstand gegen eindringende Goldsucher. Die US-Kavallerieeinheit, die zu deren Schutz ausgesandt wurde schlugen die Sioux und Cheyenne am Little Bighorn vernichtend. Die Sioux-Häuptlinge Sitting Bull und Crazy Horse

1812–1914

Links Als der große Treck der Siedler nach Westen begann, lebten 400 000 Indianer im Norden Amerikas.

Oben *Ein Offizier der Union. Der Sezessionskrieg brach 1861 aus, als sich die Südstaaten der Forderung Präsident Lincolns, die Sklaverei abzuschaffen, widersetzten und aus der Union austraten. Schließlich triumphierte die wirtschaftlich stärkere Union über die Südstaaten.*

wurden verfolgt und schließlich bezwungen. In New Mexico und Arizona führte Geronimo, der Häuptling der Apachen, bis 1886 einen Guerillakrieg.

Viele der verzweifelten Indianer schlossen sich dem *Ghost-Dance*-Kult an, der Erlösung von der weißen Vorherrschaft versprach. In Wounded Knee (South Dakota) töteten US-Truppen 1890 über 200 Sioux-Tänzer. Im gleichen Jahr erklärte man die Westgrenze als nicht mehr verbindlich; der „Wilde Westen" war erobert, aber unter hohen menschlichen Verlusten.

Der Bürgerkrieg

Die Väter der amerikanischen Verfassung hatten das Ende der Sklaverei in den Vereinigten Staaten vorgesehen, mussten sich aber dem Druck der „Farmer-Aristokratie" im Süden beugen. Die wachsende wirtschaftliche Bedeutung der Baumwolle führte zur Entstehung großer, arbeitsintensiver Plantagen. Mitte des 19. Jahrhunderts lebten in Amerika mehr als vier Millionen afrikanischer Sklaven, die keinerlei Grundrechte besaßen. Die Pflanzer im Süden fürchteten, dass Präsident Lincolns Eintreten für die Abschaffung der Sklaverei im Westen der USA auch die Südstaaten betreffen könnte. Die Frage war, wie weit die Bundesregierung in die Rechte der einzelnen Staaten eingreifen durfte.

1861 kam es darüber zum Sezessionskrieg. Die Konföderation der Südstaaten war zunächst siegreich, doch 1863, nach den Schlachten von Gettysburg und Vicksburg, wendete sich das Blatt zugunsten der Unionsarmee. Wirkungsvolle Artillerie und Schnellfeuergewehre forderten auf beiden Seiten viele Opfer. Die schlecht ausgestatteten Feldlazarette konnten die vielen Verwundeten kaum versorgen. Im April 1865 gab der Süden, durch Hunger in die Knie gezwungen, auf. Fünf Tage, nachdem Lincoln die Einheit der Union und die Freiheit der Sklaven gesichert hatte, wurde er ermordet.

Der stark industrialisierte Norden erlebte einen enormen wirtschaftlichen Aufschwung. Die ländlich geprägte Wirtschaft des Südens dagegen war ruiniert, es dauerte Jahrzehnte, bis die Folgen des Krieges überwunden waren. 1868 erhielten die männlichen Ex-Sklaven den Status von US-Bürgern, ein Jahr später das Wahlrecht. Doch vor allem im Süden wurden die Afroamerikaner immer noch verfolgt und diskriminiert, und so zogen viele auf der Suche nach Arbeit in die Städte des Nordens.

Der Wirtschaftsboom

Die Eisenbahn war entscheidend für den wirtschaftlichen Aufschwung in Nordamerika. Sie verband die Farmen mit den Handelszentren, ermöglichte die rasche Ausbeutung von Rohstoffvorkommen und beschleunigte die Verteilung der Güter. 1869 wurde die erste transkontinentale Eisenbahnlinie eingeweiht. Die *Canadian Pacific Railway* (1885) trug wesentlich zur Einigung Kanadas bei, denn British Columbia trat 1871 der *Dominion of Canada* nur unter der Bedingung bei, dass die Eisenbahn gebaut würde. Wie in den USA beschleunigte auch in Kanada der Goldrausch die Expansion nach Westen.

Die Aussicht auf Freiheit, Arbeit und Bildung zog viele Menschen an. Die erste Einwanderungswelle kam Mitte des 19. Jahrhunderts aus Irland, Großbritannien und Deutschland; später folgten Einwanderer aus Skandinavien, Italien, Osteuropa und Ostasien. Viele zogen nach Westen, um den überfüllten Großstädten zu entkommen, doch die meisten ertrugen Schmutz, Elend und die harte Arbeit in den industriellen Ballungszentren. Bereits 1910 zählte die bis dahin weltweit führende Industriemacht USA über 90 Millionen Einwohner, fünfmal mehr als 1776.

Der wirtschaftliche Aufstieg verschaffte den Vereinigten Staaten auch weltpolitische Bedeutung; ihre Unterstützung Kubas bei der Befreiung von Spanien bekräftigte die Monroe-Doktrin. Mit der Kontrolle über Kuba, Puerto Rico und die ehemals spanischen Territorien der Philippinen rückten die Vereinigten Staaten in den Kreis der modernen imperialistischen Mächte auf.

Die grossen Industriellen

Im Boom des ausgehenden 19. und frühen 20. Jahrhunderts schufen US-Unternehmer riesige Wirtschaftsimperien. J. Pierpont Morgan machte sein Vermögen mit der Eisenbahn, Andrew Carnegie mit Eisen und Stahl, und John D. Rockefeller mit Öl. Der Automobilhersteller Henry Ford (unten links), Sohn eines irischen Farmers, gründete sein Unternehmen mit dem Ziel, ein preiswertes, zuverlässiges Kraftfahrzeug für jedermann herzustellen. Durch die Erfindung des Fließbandes (jeder Arbeiter führte nur einen bestimmten Handgriff aus) konnte er die Kosten senken und die produzierte Stückzahl erhöhen. Ford bot seinen Arbeitern außerdem den damals hohen Mindestlohn von fünf Dollar pro Tag. Das Ford-Auto Modell T wurde weltweit über 15 Millionen Mal verkauft!

Unten Montage des Ford Modell T

Zeittafel

1812
Die USA erklären Großbritannien den Krieg und besetzen Kanada.

1819
Spanien tritt Florida an die USA ab.

1840
Ober- und Unter-Kanada werden zur Provinz Kanada vereinigt.

1846–1848
Krieg zwischen den USA und Mexiko; Gebietsverluste Mexikos im Südwesten.

1848
Oregon wird zwischen den USA und Kanada geteilt.

1849
Der kalifornische Goldrausch zieht 100 000 Siedler an.

1860
Lincoln wird amerikanischer Präsident.

1861
Die Südstaaten verlassen die Union; der Angriff der Konföderierten auf Fort Sumter führt zum Sezessionskrieg.

1863
Die Siege der Union bei Gettysburg und Fredericksburg zwingen die Konföderierten zum Rückzug.

1865
Die Konföderierten kapitulieren, die Sklaverei wird abgeschafft, Lincoln ermordet.

1869
Die erste transkontinentale Bahnlinie wird eröffnet.

1876
Die Sioux besiegen Custer in der Schlacht am Little Bighorn.

1885
Eröffnung der kanadischen Pazifik-Bahn

1890
Das Massaker von Wounded Knee beendet den Indianerkrieg.

1896
Kondike-Goldrausch in Yukon, Kanada

1898
Krieg der USA mit Spanien; durch die Annexion der Philippinen gewinnen die USA imperiale Macht.

1908
Ford präsentiert das Fließband-Auto.

Europa im 19. Jahrhundert

Das 19. Jahrhundert in Europa war vom Nationalstaatsgedanken geprägt. In Italien und Deutschland entstanden geeinte Nationen. Während Österreich seine Macht verlor, stieg Deutschland zur Vormacht in Mitteleuropa auf. Die rasche Industrialisierung verstärkte die militärische Kraft. Ende des 19. Jahrhunderts kam es zum Wettrüsten zwischen den europäischen Staaten.

Anfang des 19. Jahrhunderts gewannen die Ideale der Romantik in ganz Europa an Bedeutung. Diese Bewegung lehnte den Rationalismus des 18. Jahrhunderts strikt ab und plädierte für die individuelle Selbstverwirklichung. Im Bereich der Politik förderte sie damit den Nationalismus und das Recht auf Selbstbestimmung. Völker mit der gleichen Sprache und Kultur, die in verschiedenen Staaten lebten (z. B. Italiener und Deutsche), wollten sich in einem Nationalstaat geeint sehen. Auch ethnische Gruppen wie die Ungarn und Tschechen im Österreichischen Kaiserreich oder die Serben und Griechen im Osmanischen Reich strebten nach Eigenständigkeit.

Die Sieger über Napoleon sahen die Dinge beim Wiener Kongress (1814/15) allerdings anders. Unter der Führung des erzkonservativen österreichischen Außenministers Metternich schlossen Österreich, Großbritannien, Preußen und Russland eine „Heilige Allianz“, die auf die Restauration der Monarchie und die Unterdrückung radikaler Ideen zielte. Eine Volksherrschaft sollte auf alle Fälle verhindert werden. 1820–1823 entsandte die „Heilige Allianz“ französische Truppen zur Niederschlagung eines Volksaufstandes in Spanien. 1821 standen österreichische Truppen dem König von Neapel gegen eine Rebellion bei.

Andere nationale Erhebungen hatten mehr Erfolg: Griechenland gewann den Unabhängigkeitskrieg gegen das zerfallende Osmanische Reich (1821–1829), und Belgien spaltete sich von dem Vereinigten Königreich der Niederlande (1830–1833) ab. Beide Länder errichteten mit Hilfe der Großmächte konstitutionelle Monarchien. In Frankreich kam Louis-Philippe durch eine Revolte an die Macht. Man nannte ihn „Bürgerkönig“, doch war er alles andere als ein Revolutionär. Er stützte sich nicht auf das Volk, sondern auf die neu entstandene, wohlhabende Mittelklasse.

Die Revolution 1848

Das „Jahr der Revolutionen“ 1848 wurde zur großen Herausforderung für die konservativen Monarchien. In Frankreich verlor Louis-Philippe durch einen Volksaufstand die Macht an Louis Napoleon, den Neffen Napoleon Bonapartes. Als Präsident gewählt, ließ er sich 1852 zum Kaiser Napoleon III. proklamieren. Das Habsburger Reich sah sich durch Revolutionen in Österreich, Ungarn, Kroatien und Tschechien bedroht. Metternich, fast 40 Jahre im Amt, wurde entmachtet und ging

Links *Das 19. Jahrhundert war eine Epoche großer technischer Fortschritte und enormen industriellen Wachstums. 1851 fand im Londoner Crystal Palace, einem modernen Gebäude aus Stahl und Glas, die Great Exhibition statt. Tausende bestaunten die technischen Errungenschaften, die über 13 000 Aussteller aus aller Welt auf der ersten internationalen Weltausstellung präsentierten.*

Links Otto von Bismarck, Preußens „eiserner Kanzler“ und Architekt des Deutschen Reiches

Rechts *Die Betreiber der italienischen Einigung treffen sich. Victor Emmanuel II. (auf dem weißen Pferd) begrüßt Napoléon III. (rechts), während Garibaldi (links) triumphierend den Hut schwenkt. Die Harmonie auf diesem Bild täuscht, in Wirklichkeit war man sich nicht immer einig. Garibaldi wurde bei seinem Marsch auf Rom zweimal von den Truppen Napoléons III. und Victor Emmanuels aufgehalten.*

ins Exil. In Italien entstanden Republiken. In Frankfurt trat ein Parlament zusammen, um Deutschland zu einen. Doch die schlecht organisierten Revolutionäre und ihre Administrationen wurden von den Truppen der konservativen Staaten beseitigt; nur Frankreich blieb eine Ausnahme.

Die Einigung Italiens

Der Nationalismus war trotzdem nicht mehr aufzuhalten. In Italien, das aus vielen kleinen Königreichen bestand und über 200 Jahre unter Fremdherrschaft litt, setzte er sich zuerst durch. Der erste Versuch, nach dem Zusammenbruch des napoleonischen Imperiums eine geeinte italienische Nation zu schaffen, war fehlgeschlagen. Doch die Einigungsbewegung (*Risorgimento*) bekam unter Victor Emmanuel II., König von Sardinien-Piemont, neuen Auftrieb. Mit Hilfe seines Premierministers Camillo di Cavour machte er aus Piemont im Norden Italiens einen modernen Industriestaat mit einer liberalen Verfassung. 1859 unterstützte er Napoleon III. bei der Befreiung Norditaliens von Österreich.

Zur gleichen Zeit fiel Giuseppe Garibaldi, ein charismatischer Abenteurer und Revolutionsveteran (Italien und Südamerika), in Sizilien ein, um einen republikanischen Aufstand zu unterstützen. Mit einer Streitmacht von nur 1000 Soldaten, die wegen ihrer Uniform „Rothemden" genannt wurden, errang er die Kontrolle über weite Teile Süditaliens. Die piemontesischen Reformer fürchteten zunächst Garibaldis Popularität und revolutionären Ziele. Doch dieser übergab seine Eroberungen Victor Emmanuel, der 1861 zum italienischen König gekrönt wurde. Österreich kontrollierte noch immer Venetien im Nordosten Italiens, musste es aber nach dem Krieg 1866 abtreten. Die Einigung der italienischen Halbinsel war 1870 abgeschlossen, nachdem der Kirchenstaat bestätigt und Rom die Hauptstadt Italiens geworden war.

Aufstieg Deutschlands

Anfang des 19. Jahrhunderts brachte Preußen den Deutschen Bund – die beim Wiener Kongress gegründete Allianz der deutschen Staaten – unter seine politische Kontrolle. Die liberale Frankfurter Nationalversammlung bestand nur kurz. Friedrich Wilhelm IV. lehnte die Kaiserkrone 1849 ab. Er war kein Freund von Reformen, zudem wollte Preußen die Bedingungen der Einigung Deutschlands bestimmen.

Oben *Junge Frau auf einem Werbeplakat*

Wie sich das Leben der Frauen wandelte

Das Industriezeitalter brachte eine neue städtische Mittelklasse hervor, die über genug Geld und Zeit verfügte, um zu konsumieren und Freizeitaktivitäten wie Tennis und Golf zu pflegen. Dass Männer und Frauen dies gleichermaßen betrieben, half, die Schranken zwischen den Geschlechtern abzubauen. Zum Ende des Jahrhunderts durften Frauen erstmals Universitäten besuchen. Doch nur wenige konnten von den neuen Freiheiten Gebrauch machen. Scheidungen waren selten, und verheiratete Frauen besaßen kaum formale Rechte. In Fabriken und Webereien fanden viele Frauen Arbeit, allerdings wurden die ausgesprochen langen Arbeitstage sehr schlecht bezahlt.

Die Kohle- und Eisenerzvorkommen an der Ruhr und in Schlesien ermöglichten Preußen die schnelle industrielle Entwicklung und den Ausbau seiner Militärmacht. Wilhelm I. (Reg. 1861–1888) führte mit Hilfe seines Kanzlers Otto von Bismarck Armeereformen durch. Bismarck, ein entschiedener Gegner liberaler Ideen, sicherte Preußens Vorherrschaft mit einer Politik aus „Eisen und Blut". 1864 entriss er Dänemark die Herzogtümer Schleswig und Holstein, 1866 besiegte er Österreich.

Der Machtzuwachs Preußens, das nun fast den ganzen Norden Deutschlands kontrollierte, führte zu Spannungen mit Frankreich. Von Bismarck provoziert, erklärte Napoleon III. Deutschland 1870 den Krieg. Die süddeutschen Staaten schlossen sich Preußen an. Vom Rheinland aus stießen die Preußen nach Frankreich vor, schlugen die Franzosen bei Sedan entscheidend und belagerten Paris. In Paris hungerten die Menschen. Die Hauptstadt fiel im Januar 1870. Wilhelm I. wurde in Versailles zum Kaiser des geeinten Deutschland proklamiert. Frankreich musste das Elsass und das Bergbaugebiet Lothringen abtreten.

Durch die geschickte Kombination von sozialen Reformen und repressiver Politik hielt Bismarck die sozialen Spannungen im Deutschen Reich unter Kontrolle. Der brillante Diplomat sicherte den Frieden in Europa, indem er Österreich und Russland sowie Frankreich und Großbritannien gegeneinander ausspielte; gleichzeitig schuf er ein deutsches Kolonialreich in Afrika und im Pazifik.

Vorabend des Krieges

Wilhelm II. (Reg. 1888–1918) machte Bismarcks Werk zunichte. Er zwang den Kanzler zum Rücktritt und schlug gegenüber den Nachbarn eine aggressive Politik ein. Großbritannien verärgerte er durch die Aufrüstung seiner Flotte, Russland durch die Unterstützung der Expansion von Österreich-Ungarn auf dem Balkan. Seine „Kanonenboot-Diplomatie" in Afrika bedrohte England und Frankreich, die 1907 zusammen mit Russland die *Triple-Entente* als Gegengewicht zum Dreibund zwischen Deutschland, Österreich-Ungarn und Italien schlossen.

Moderne Waffen wurden entwickelt: Maschinengewehre, Granaten, Schlachtschiffe und U-Boote. Mit der Eisenbahn waren jetzt schnelle Truppenbewegungen möglich. Die meisten europäischen Staaten verfügten über Armeen aus Wehrpflichtigen. Deutschland und Frankreich konnten nun in wenigen Tage eine Million Mann mobilisieren. Ein aggressiver Patriotismus, die dunkle Seite des Nationalismus, machte sich breit, als die europäischen Mächte auf den Ersten Weltkrieg zusteuerten.

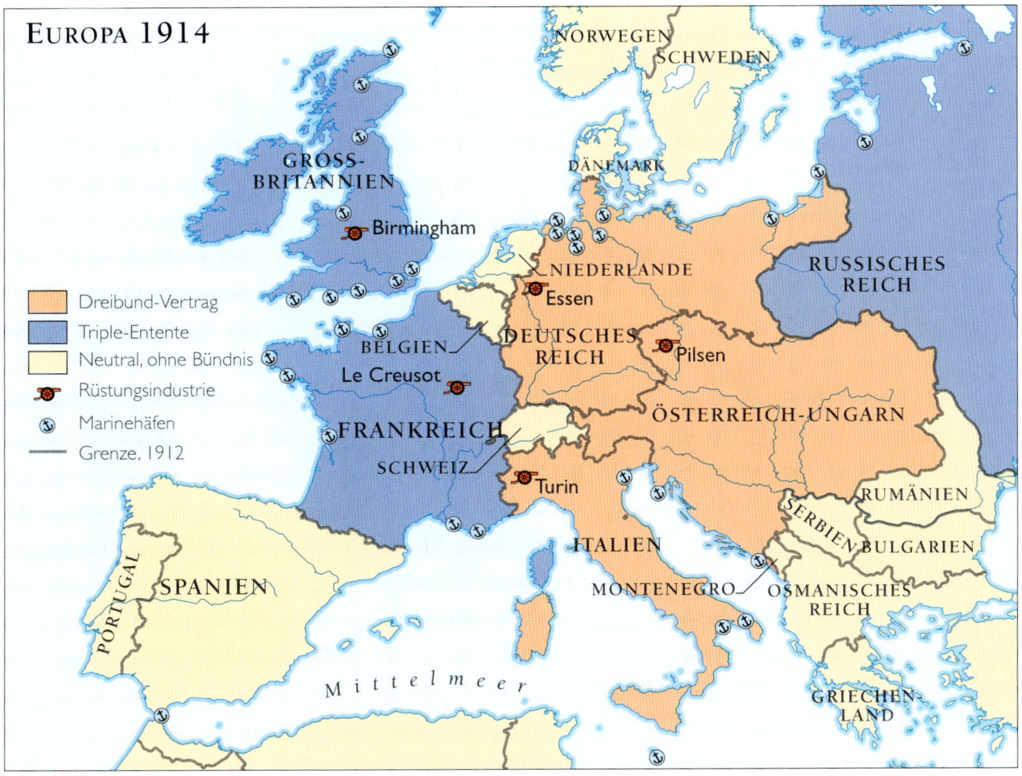

Zeittafel

1815
Der Wiener Kongress ordnet Europa neu.

1821–1829
Griechenland kämpft um die Unabhängigkeit vom Osmanischen Reich.

1830
Mit der französischen Juli-Revolution gelangt Louis-Philippe an die Macht.

1848/49
Liberale und nationale Revolutionen erschüttern Europa.

1852
Louis Napoléon wird zum Kaiser Napoléon III. von Frankreich gekrönt.

1859–1870
Einigung Italiens durch das *Risorgimento*

1862
Otto von Bismarck wird preußischer Ministerpräsident.

1864
Deutsch-Dänischer Krieg: Dänemark muss Schleswig, Holstein und Lauenburg an Preußen und Österreich abtreten.

1866
Preußischer Sieg über Österreich nach nur sieben Wochen Krieg

1870/71
Deutsch-Französischer Krieg: Paris wird besiegt; Zweites Deutsches Kaiserreich.

1873
Dreikaiser-Bund zwischen Deutschland, Russland und Österreich-Ungarn

1882
Dreibund-Vertrag zwischen Deutschland, Österreich-Ungarn und Italien

1894
Frankreich und Russland schließen einen Nichtangriffspakt.

1904
Großbritanien und Frankreich unterzeichnen die *Entente cordiale*.

1906
Das britische Schiff *HMS Dreadnought* wird richtungsweisend für die Rüstung.

1907
Frankreich, Großbritannien und Russland bilden die *Triple-Entente*.

1908
Österreich-Ungarn annektiert Bosnien-Herzegowina von der Türkei.

Der Erste Weltkrieg

Im Sommer 1914 entluden sich die Spannungen, die sich in mehr als 20 Jahren in Europa angestaut hatten. Die Männer, die sich zu den Waffen meldeten, glaubten, der Krieg sei spätestens bis Weihnachten beendet. Doch er sollte vier Jahre dauern, den gesamten Kontinent verwüsten, Millionen Menschenleben fordern und Europa grundlegend verändern.

Deutschland bildete den Ausgangspunkt des Ersten Weltkriegs. Nach der Einigung 1871 entwickelte sich seine Industrie schneller als die der Nachbarländer. 1914 war sie weltweit führend. Durch sein Kolonialreich und die Modernisierung seiner Armee wurde Deutschland eine Weltmacht. Seine Lage im Herzen Europas, ein großer Vorteil in Friedenszeiten, machte es verwundbar durch Frankreich und Russland. Zur Abwehr entwickelte der deutsche Generalstab den Schlieffen-Plan: Im Kriegsfall sollte zuerst Frankreich durch einen Überraschungsangriff ausgeschaltet werden, danach wollte man die Truppen nach Osten gegen Russland schicken.

Vier Wochen nach der Ermordung des österreichischen Thronfolgers, am 28. Juli 1914 durch einen serbischen Nationalisten *(siehe S. 179)*, erklärte Österreich-Ungarn Serbien den Krieg. Durch das Bündnissystem innerhalb Europas eskalierte der Konflikt. Russland kam seinem Verbündeten Serbien zu Hilfe, worauf Deutschland gleichzeitig Russland und Frankreich angriff. Das deutsche Heer marschierte im neutralen Belgien ein, um die französischen Verteidigungslinien zu umgehen, was Großbritannien, den Garanten belgischer Neutralität, in den Konflikt hineinzog. Japan, als Alliierter der Briten, und das Osmanische Reich, auf Seite der Mittelmächte, kamen im Oktober 1914 dazu. Italien zögerte noch, bis es sich im April 1915 den Alliierten anschloss.

Der Zweifrontenkrieg

Die deutschen Invasionstruppen rückten rasch durch Belgien nach Nordfrankreich vor. Die umgehend mobilisierte französische Armee – Pariser Taxen brachten Soldaten an die Front – stoppte den deutschen Vormarsch 80 km vor Paris (Marne-Schlacht, September 1914). Die Strategie des Schlieffen-Plans, Frankreich zu neutralisieren, schlug fehl und Deutschland wurde in einen langwierigen Zweifrontenkrieg verwickelt.

An der Westfront, von der belgischen Küste bis zur Grenze der Schweiz, verbarrikadierten sich die Soldaten der Kriegsparteien in Schützengräben. Alle Versuche, die andere Seite zum Rückzug zu zwingen endeten gleich: Man bombardierte die gegnerischen Stellungen mit Granaten, die Verteidiger suchten Schutz in ihren Bunkern und nach Einstellung des Granatenbeschusses richteten sie ihre Maschinengewehre auf die vorstürmende Infanterie. Gelang es tatsächlich, einen Schützengraben einzunehmen, war er nicht lange zu halten, denn der Nachschub blieb in dem

1914–1918

Rechts *Berliner Studenten bejubeln den Kriegsausbruch 1914. In Erwartung eines kurzen Krieges meldeten sich in ganz Europa Freiwillige zur Front. Der Optimismus verflog spätestens, als sich die Armeen im Patt gegenüberstanden. Im Ersten Weltkrieg fielen acht Millionen Soldaten.*

Links *Auch amerikanische Frauen wurden von den Munitionsfabriken als Arbeitskräfte angeworben.*

vom Granatfeuer aufgewühlten morastigen Gelände stecken.

Die mangelhafte Strategie und die massive Feuerkraft forderten viele Opfer. In der Schlacht von Verdun (Februar–Juli 1916) wurden etwa 300 000 französische und fast ebenso viele deutsche Soldaten getötet. Am ersten Tag der Schlacht an der Somme (1. Juli 1916) starben mehr als 20 000 Soldaten aus England und dem Commonwealth. Auch neue Waffen wie Giftgas (1915 erstmals von Deutschland eingesetzt) und Panzer (1916 von den Briten benutzt) brachten keine Entscheidung, sondern nur noch mehr Tote.

An der Ostfront erlitten die Russen schwere Verluste, konnten aber gegenüber Österreich deutliche Gewinne erzielen. Die Truppen mussten große Entfernungen überwinden, die Front reichte vom Baltischen bis zum Schwarzen Meer. Der Versuch der Alliierten, eine sichere Seeroute durch die Dardanellen nach Russland einzurichten, schlug mit der missglückten Landung in Gallipoli (April 1915) fehl.

Die Heimatfront

Erstmals in der Geschichte moderner Kriegsführung spielten Frauen eine wichtige und aktive Rolle an der Front und hinter den Linien. Tausende meldeten sich freiwillig als Krankenschwestern und Fronthelferinnen. Viele arbeiteten in Munitionsfabriken und anderen Betrieben, die für die Aufrechterhaltung der Wirtschaft in den Kriegsteilnehmerstaaten wichtigen waren. Von Flugzeugen und Zeppelinen aus wurde erstmals auch die Zivilbevölkerung bombardiert, noch mit relativ wenigen Opfern.

Der Seekrieg

Um Großbritannien vom Nachschub aus den USA und Kanada abzuschneiden, setzte Deutschland U-Boote ein. Im Mai 1915 wurde das Passagierschiff Lusitania versenkt; unter den 1200 Opfern waren auch 128 US-Bürger. In den USA schlug die öffentliche Meinung zu Gunsten der Alliierten um, und die US-Regierung konnte nur durch den deutschen Verzicht auf unbegrenzte U-Boot-Attacken von einer Kriegserklärung abgehalten werden. Seit Kriegsbeginn blockierte die britische Marine deutsche Häfen. Der deutschen Flotte gelang es in der einzigen größeren Seeschlacht des Krieges (Jütland, Mai 1916) nicht, diese Blockade zu brechen. Der Versorgungsmangel ließ Deutschland wieder zur U-Boot-Waffe greifen, worauf die USA im April 1917 in den Krieg eintraten. Doch die amerikanischen Truppen trafen erst im Frühjahr 1918 an der Front ein.

Oben *Die überalterten Generalstäbe beider Seiten verlängerten den Krieg durch Führungsfehler. Das Foto zeigt die Generäle Haig (links) und Joffre (Mitte) in einem Gespräch mit dem britischen Premierminister Lloyd George.*

Unten *Britische Truppen stürmen aus ihren Stellungen zum Angriff auf die Deutschen. Das Warten in den nassen Schützengräben wurde nur durch die verlustreichen Einsätze im Niemandsland unterbrochen.*

Die Niederlage

Russland traf der Krieg besonders schwer. Die Armee hatte hohe Verluste erlitten, die Wirtschaft lag am Boden, die Menschen hungerten. Die Verärgerung über die Regierung führte 1917 zur Revolution und zum Sturz des Zaren (*siehe S. 204*). Die Bolschewisten schlossen mit Deutschland den Frieden von Brest-Litowsk (Dezember 1917) und zogen die Truppen aus der Ukraine und Südrussland ab.

Deutschland konnte nun seine Kriegsanstrengungen voll auf den Westen konzentrieren: gegen England, Frankreich und die Vereinigten Staaten. Im März durchbrach eine massive deutsche Offensive die alliierten Linien und bedrohte Paris erneut. Die französische Verteidigung konnte die Deutschen an der Marne stoppen, und die Alliierten formierten sich zum Gegenangriff. Durch gebündelte Artillerie- und Panzerangriffe zwang man Deutschland bis September zum völligen Rückzug.

Im Osten zerbrach das Osmanische Reich unter der erneuten Attacke der Alliierten. Österreich-Ungarn wurde durch nationale Unabhängigkeitsbestrebungen destabilisiert. In Deutschland zeigte die Seeblockade Wirkung: Es mangelte an Lebensmitteln und Treibstoff. Aufruhrstimmung machte sich breit, schließlich meuterten die deutschen Matrosen, als sie in eine letzte, selbstmörderische Schlacht gegen die britische Flotte geschickt werden sollten. Am 11. November 1918 dankte Kaiser Wilhelm II. ab und floh aus dem Land; Deutschland unterzeichnete einen Waffenstillstand mit den Alliierten.

Folgen des Krieges

Die Deutschen baten um einen Friedensschluss auf der Basis der von Präsident Woodrow Wilson vorgeschlagenen „Vierzehn Punkte“. Die von den Alliierten schließlich im Versailler Vertrag (1919) festgelegten Bedingungen fielen wesentlich härter aus. Deutschland verlor seine Kolonien an die Sieger und musste Gebiete an Polen, Dänemark und Frankreich abtreten. Es verpflichtete sich zur Abrüstung und zu Reparationszahlungen.

Aus dem Zerfall der Zentrumsmächte entstanden neue Nationalstaaten in Zentraleuropa. Die allgemeine Ablehnung des Versailler Vertrages, die galoppierende Inflation und die Massenarbeitslosigkeit begünstigten in den 1920er- und 1930er-Jahren die Entstehung von Diktaturen. Adolf Hitler betrieb die Wiederaufrüstung Deutschlands. Der Einmarsch deutscher Truppen in benachbarte Staaten führte dann erneut zu einem Weltkrieg.

Zeittafel

28. Juli 1914
Österreich-Ungarn erklärt Serbien den Krieg.

August 1914
Deutschland erklärt Russland und Frankreich den Krieg; Kriegserklärung Großbritanniens, Frankreichs und Russlands an Deutschland und Österreich-Ungarn.

August 1914
Deutschland setzt den „Schlieffen-Plan“ um; bei Tannenberg wird der russische Einmarsch nach Deutschland gestoppt.

September 1914
Marne-Schlacht: Die Franzosen bringen den deutschen Vormarsch zum Stehen.

April 1915
Alliierte Truppen landen auf Gallipoli nahe Konstantinopel, bleiben aber unter ständigem türkischem Beschuss.

Februar–Dezember 1916
Frankreich übersteht die deutsche Offensive bei Verdun.

Mai 1916
Seegefecht der britischen und deutschen Flotte vor Jütland, Dänemark

Juli–November 1916
Schlacht an der Somme: Der brit.-franz. Durchbruchsversuch misslingt.

März 1917
Nach der Februarrevolution wird Zar Nikolaus II. zur Abdankung gezwungen.

April 1917
Die USA erklären Deutschland den Krieg.

November 1917
Die Bolschewiken erringen die Macht in Russland; Frieden mit Deutschland.

November–Dezember 1917
Schlacht von Cambrai, Frankreich

März–Juli 1918
Die deutsche Frühjahrsoffensive an der Westfront bringt keinen Durchbruch.

August 1918
Die Alliierten durchbrechen die deutschen Linien.

11. November 1918
Kaiser Wilhelm II. dankt ab; Deutschland unterzeichnet einen Waffenstillstand.

1919
Der Versailler Vertrag ordnet Europa neu.

Der Kampf um Afrika

Bis 1870 lebten europäische Siedler hauptsächlich an den Küsten Afrikas. 30 Jahre später befand sich fast der gesamte Kontinent unter Kolonialherrschaft. Ein Ziel war die Ausbeutung der Bodenschätze (Kupfer, Gold und Diamanten). Der Bau von Eisenbahnen half bei der Erschliessung des Landesinneren. Im Süden Afrikas kam es zu blutigen Auseinandersetzungen zwischen den Briten und den Buren.

Links *Nigerianische Holzskulptur eines europäischen Missionars und seiner Begleiter*

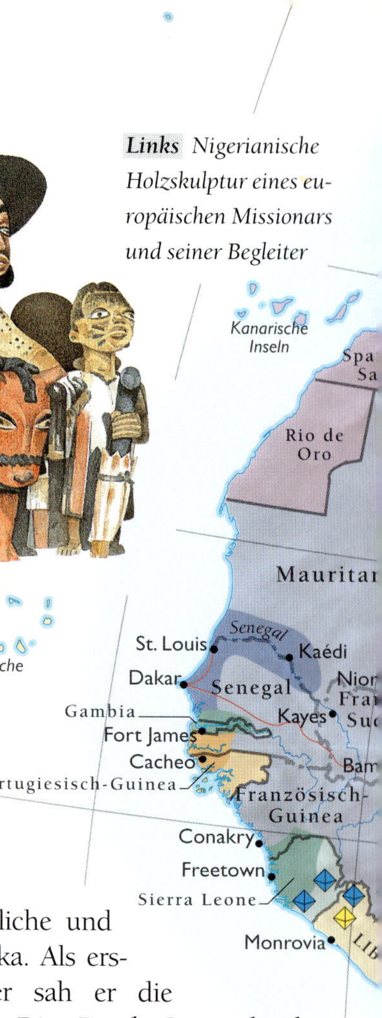

Im 17. und 18. Jahrhundert sahen die Europäer in Afrika vor allem eine Quelle für Sklaven. Nach der Abschaffung des Sklavenhandels im 19. Jahrhundert verlagerte sich das Interesse auf Produkte wie Palmöl, Holz, Gold, Bienenwachs, Elfenbein und Felle. Großbritannien leistete einigen afrikanischen Staaten, deren Lebensunterhalt durch die Ächtung der Sklaverei bedroht war, Ausgleichszahlungen. 1873 brachte die britische Regierung den Sultan von Sansibar dazu, die Verschiffung von Sklaven in den Mittleren Osten und nach Asien einzustellen. Portugal stoppte den Sklavenhandel aus Angola und Madagaskar nach Brasilien erst um 1880. Von dort waren, vor dem Verbot 1865, viele Menschen illegal in die Vereinigten Staaten gebracht worden.

Die Aktivitäten muslimischer Händler (Araber, Suahelis, Ägypter und Sudanesen) in Zentralafrika förderten die Entstehung von Wirtschaftsimperien, die untereinander mit Gewalt um die Kontrolle des Sklaven- und Elfenbeinhandels stritten. Afrikaner und Europäer gerieten oft über Fragen des Handels und des Zugangs zu Rohstoffen in Konflikte. Doch solange wirksame Mittel gegen Tropenkrankheiten fehlten, wagten sich nur wenige Europäer in das Innere Afrikas. Bis 1870 waren Algerien (französisch) und das Kap (britisch/holländisch) die einzigen größeren europäischen Kolonien. Nur Missionare und Forschungsreisende stießen weiter ins Landesinnere vor. Der Schotte David Livingstone unternahm zwischen 1840 und 1873 viele Reisen ins südliche und zentrale Afrika. Als erster Europäer sah er die Victoriafälle. Die *Royal Geographical Society* beauftragte ihn später mit der Suche nach der Quelle des Nils. Seine persönliche Motivation aber war der Kampf gegen die portugiesischen und afrikanischen Sklavenhändler. Außerdem gründete er zahlreiche Missionsstationen.

Cecil Rhodes: Staatengründer

Cecil Rhodes (1853–1902) war der ehrgeizigste Staatengründer des 19. Jahrhunderts. Der aus England stammende Unternehmer hatte mit Gold und Diamanten ein Vermögen gemacht, bevor er in die Politik ging. Rhodes war ein Visionär, der von einer Eisenbahnlinie von Kairo bis zum Kap träumte. Deshalb brachte er in den 1880er-Jahren weite Landstriche im Norden von Transvaal unter britische Herrschaft. Ihm zu Ehren nannte man das Gebiet um den Sambesi-Fluss Rhodesia. Nach dem vergeblichen Versuch, die Burenrepublik Transvaal zu besiegen, trat er 1896 als Premierminister der Kaprepublik zurück.

Rechts *Karikatur von Rhodes, der die Entfernung zwischen Kairo und dem Kap abmisst.*

Reiche Bodenschätze

Die Diamantenfunde im südafrikanischen Kimberly eröffneten ein neues Kapitel in der Geschichte der Ausbeutung Afrikas durch die Europäer. Medikamente gegen Malaria und Gelbfieber machten den Vorstoß ins Landesinnere möglich. Jetzt ging der Kampf um Afrika erst richtig los; europäische Kolonisatoren schwärmten aus und steckten riesige Gebiete ab, um sich den Zugriff auf die gewaltigen Bodenschätze des Kontinents zu sichern.

Mitten in den wachsenden Spannungen und Rivalitäten trafen sich die europäischen Mächte 1884/85 in Berlin, um ihre Einflussgebiete in Afrika abzustecken. Die Franzosen waren von ihren Territorien im Westen und Norden Afrikas nach Osten, über die Sahara hinaus, vorgestoßen. Die Briten hatten sich gerade die Kontrolle über das unabhängige Ägypten und den Suezkanal gesichert, zusätzlich zu ihren Inte-

1815–1914
OSMANISCHES REICH
TÜRKEI
SYRIEN
IRAK
Sizilien
Malta
Mittelmeer
Kreta
Zypern
Tanger
Algier
Tunis
Fez
Laghouat
Tunesien
Französisch-Marokko
Tripolis
Bengasi
Derna
Tobruk
Alexandria
Kairo
Suez
Tripolitanien
Cyrenaika
Algerien
In-Salah
LIBYEN
Fezzan
Murzuq
Ghat
HOGGAR-MASSIV
SAHARA
Ägypten
Nil
Rotes Meer
Kuwait
Bahrain
Katar
SAUDI-ARABIEN
Riad
Medina
Mekka
ARABIEN
Trucial Oman
Muscat
Oman
TIBESTI-MASSIV
MALI
Bilma
Gao
Agadez
Niger
Tschad
FRANZÖSISCH-WESTAFRIKA
Obervolta
Gaya
Sokoto
Kano
Niger
Nigeria
Lokoja
Lagos
Porto Novo
Accra
Takoradi
Kumasi
Goldküste
Togoland
Dahomey
Tschadsee
FRANZÖSISCH-ÄQUATORIAL-AFRIKA
Dongola
Suakin
Omdurman 1898
Khartoum
Sudan
Blauer Nil
Eritrea
Massaua
Adowa 1896
Französisch-Somaliland
Djibouti
Sana
Jemen
Aden
Hadramaut
Protektorat West-Aden
Sokotra
Britisch-Somaliland
SOMALIA
Fashoda
Addis Abeba
ÄTHIOPIEN
Weißer Nil
Webi Shebeli
Turkanasee
Italienisch-Somaliland
Mogadischu
Ubangi Shari
REPUBLIK ZENTRALAFRIKA
Douala
Kamerun
Fernando Póo
Spanisch-Guinea
Príncipe
São Tomé
Annobón
Libreville
Gabun (Französisch-Äquatorialafrika)
Mittlerer Kongo
Brazzaville
Ubangi
Kongo
Belgisch-Kongo (Freistaat Kongo)
KONGO (DRO)
Uganda
Britisch-Ostafrika
Kisuma
KENIA
Entebbe
Nairobi
Victoriasee
Mombasa
Seychellen
Leopoldville
Cabinda zu Angola
Ujiji
Deutsch-Ostafrika
Tanga
Pemba
Sansibar
Dar es Salaam
TANSANIA
Kitopi
Kilwa Kisiwani
INDISCHER OZEAN
Kuango
Kasai
Tanganyikasee
Loanda
Benguela
Angola
Komoren
Luangwa
Malawisee
Nyasaland
Kuando
Nord-Rhodesien
SAMBIA
Okavango
Lusaka
Sambesi
Tete
Moçambique
Livingstone
Salisbury
Quelimane
Süd-Rhodesien
SIMBABWE
Madagaskar
Tananarive
Mauritius
Réunion
Okavango-becken
Bulawayo
Beira
Deutsch-Südwest-afrika
Windhoek
Bechuanaland
BOTSWANA
NAMIBIA
Walfischbai (Südafrikanische Union)
Limpopo
Lourenço Marques
Fort Dauphin
Johannesburg
Lüderitz
Vaal
Swasiland
Rourke's Drift 1879
Oranje
Kimberley
Durban
Basutoland
SÜDAFRIKANISCHE UNION
Kapstadt
Port Elizabeth
Kap der Guten Hoffnung
Mahdisten-Gebiet, 1881–1898
Von den europäischen Mächten kontrollierte Gebiete
belgisch, 1914
britisch, 1881
britisch, 1914
französisch, 1881
französisch, 1914
deutsch, 1914
italienisch, 1914
portugiesisch, 1881
portugiesisch, 1914
spanisch, 1881
spanisch, 1914
Forschungsreisen von David Livingstone, 1840–1873
Französisches Expeditionskorps, 1896–1898
Diamanten
Gold
Kupfer
Kohle
Eisenbahnnetz bis 1914
Grenzen, 1914
0
1000 km

ressen in Süd- und Westafrika. Deutschland hinkte mit seinen imperialistischen Eroberungen hinterher, war aber ganz begierig darauf, eine Weltmacht zu werden. Der belgische König Leopold II. beanspruchte den Kongo in Zentralafrika als seinen persönlichen Besitz und machte mit Elfenbein, Gummi und Kupfer ein Vermögen.

Die Europäer betrachteten sich als überlegene Rasse. Der Widerstand der Afrikaner war oft heftig und mutig, doch hatten sie gegen die Maschinengewehre und Kanonen der Europäer keine Chance. 1879 weigerte sich der Zulu-König Cetshwayo, der britischen Forderung nachzukommen, seine große Armee (40 000 bis 60 000 Mann) aufzulösen; er führte sechs Monate Krieg, bis er sich beugen musste. Im Sudan errichtete Al-Mahdi („Der von Gott Geführte") einen islamischen Staat, der in Abhängigkeit von Ägypten geriet. Al-Mahdi starb 1885, kurz nach dem Sieg über ein britisches Heer bei Karthum. Sein Reich zerbrach 1898, als eine britisch-ägyptische Armee in der Schlacht von Omdurman 11 000 Mahdi-Kämpfer tötete. Den heftigsten Widerstand gegen den Imperialismus leistete Äthiopien, wo eine italienische Invasionsarmee besiegt und in die Flucht geschlagen wurde. 1914 befand sich fast ganz Afrika unter europäischer Herrschaft.

Der Imperialismus

Für die Völker Afrikas hatte die europäische Herrschaft weit reichende Folgen. Der Kontinent wurde in Kolonien aufgeteilt, deren Grenzen keine Rücksicht auf Stammesgrenzen nahmen. Oft trennten sie alte Handelswege und Sprachräume. Zudem nutzten die Kolonialherren die Rivalitäten der Stämme untereinander aus. Das Christentum, europäische Sprachen und ein koloniales Verwaltungs- und Rechtssystem wurden ohne Rücksicht auf Traditionen und Kulturen der Afrikaner eingeführt. Man raubte ihre Kultgegenstände wie Totenmasken, Krönungsinsignien, Gold- und Bronzestatuen, um sie an Museen oder private Sammler in Europa zu verkaufen.

Die Burenkriege in Südafrika

Innere Gegensätze und die Sklavenbefreiung in der britischen Kapkolonie veranlassten um 1830 ca. 10 000 Buren zum „Großen Treck" nach Nordosten. In dem von Weißen bis dahin unberührten Gebiet gründeten sie die Republik Transvaal und den Oranje-Freistaat. In den 1880er-Jahren lockte das Gold viele britische Siedler nach Transvaal. Die Buren verweigerten den Briten die politischen Rechte und wieder kam es zum Konflikt. 1899 brach ein erbitterter Krieg aus. Die Buren verteidigten ihr Land nach der Guerillataktik. Die Briten zündeten die Farmen der Buren an und sperrten ihre Frauen und Kinder in Lager. 1902 mussten sich die Buren geschlagen geben.

Ganz rechts *Drei Generationen kämpften im Burenkrieg gegen die Briten.*

Links *Die Erforschung des Schwarzen Kontinents wurde auf der ganzen Welt gespannt verfolgt. Der Journalist und Entdecker Henry Morton Stanley brach 1871 auf, um den Forschungsreisenden David Livingstone zu suchen, der seit fünf Jahren in Afrika verschollen war. Später half er dem belgischen König Leopold II., sein Reich im Kongo zu errichten. Dort erforschte er den Lauf des Kongo. Auf diesem Brettspiel ist seine letzte Expedition (1887/88) dargestellt, die er unternahm, um den ägyptischen Gouverneur des Sudan aus den Händen von Mahdi-Rebellen zu befreien.*

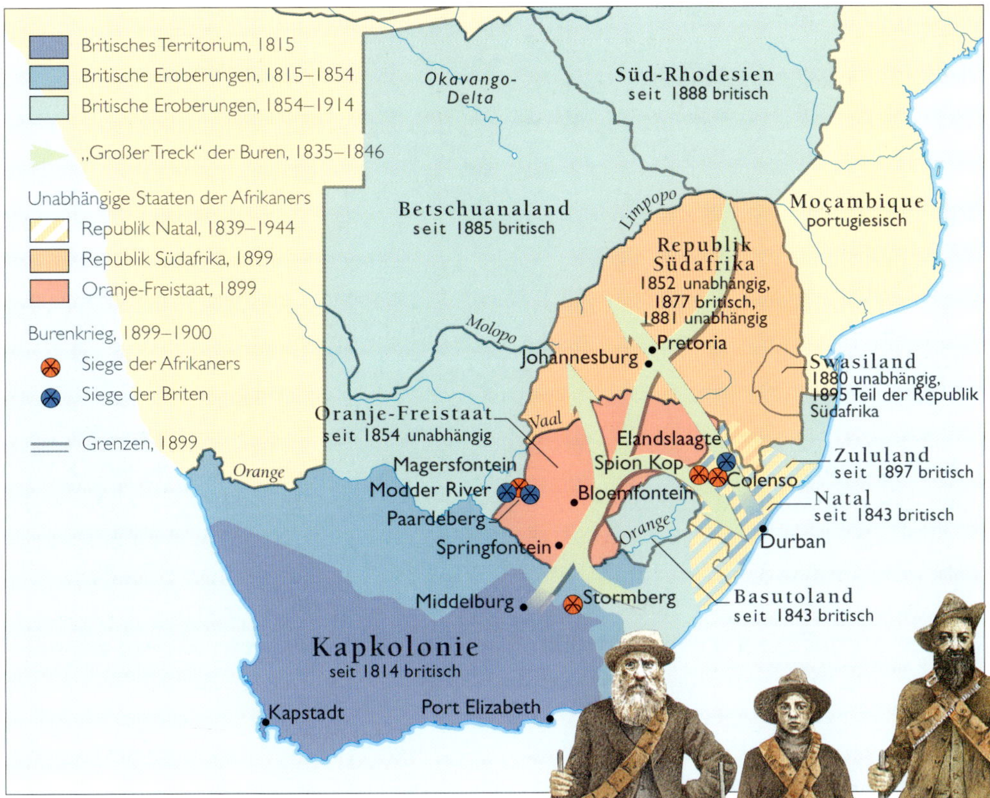

Die Kolonialstaaten beuteten Afrika skrupellos aus. Die traditionelle Landwirtschaft wurde durch den Aufbau riesiger Plantagen (Gummi, Zucker, Kakao, Tee und Kaffee) zerstört, deren Erträge für den europäischen Markt bestimmt waren. Die Enteignung der Schwarzen und die Einführung von Geldsteuern zwangen Tausende afrikanische Männer, ihre Familien zu verlassen und weit entfernt in Minen und Industriestädten zu arbeiten.

Die Afrikaner wurden von den Kolonialherren ganz unterschiedlich behandelt. Leopold II. herrschte im Kongo so brutal, dass innerhalb von 15 Jahren die Hälfte der Bevölkerung vor Hunger oder Entkräftung gestorben war. Internationale Proteste zwangen die belgische Regierung 1908 dazu, die Kolonie von ihrem König zu übernehmen. Andere Kolonialmächte führten Krankenhäuser und Schulen ein, die meist von Missionaren betrieben wurden. In britischen Kolonien wurde den Afrikanern eine begrenzte Form der Selbstverwaltung zuerkannt. Noch heute haben die ehemaligen Kolonien, die nach dem Zweiten Weltkrieg *(siehe S. 219)* nach und nach unabhängig geworden sind, mit den Folgen des Imperialismus zu kämpfen (ethnische Konflikte, schwache Volkswirtschaften).

Südafrika

Im Jahr 1910 schlossen sich die Burenrepubliken mit der Kapkolonie und Natal zur Union von Südafrika zusammen. Zur Absicherung der Herrschaft der weißen Minderheit wurden die Afrikaner ihrer Stammesgebiete beraubt. Seit 1860 lebten auch viele Asiaten in Südafrika, die als Arbeiter für die Zuckerplantagen angeheuert worden waren. Der indische Nationalistenführer Mahatma Gandhi *(siehe S. 210)* gehörte 1912 zu den Gründern des *African National Congress* (ANC). 1948 wurden die schwarzen und farbigen Südafrikaner durch die Apartheid-Politik der Weißen gezwungen, in Townships und Homelands zu leben. Ehen zwischen Angehörigen verschiedener Rassen waren verboten. Bildung, gute Jobs und Grundbesitz blieben den Weißen vorbehalten. Erst seit Nelson Mandela 1994 Präsident wurde, sind die Schwarzen in Südafrika an der Macht.

Zeittafel

1816
Chaka gründet den Kriegsstaat der Zulus in Südafrika und versucht, das Zulu-Gebiet auszuweiten.

1830
Frankreich marschiert in Algerien ein.

1835/36
Die Afrikaner verlassen im „Großen Treck" die Kapprovinz.

1858
John Speke erreicht als erster Europäer den Victoriasee und findet dort die Quelle des Nils.

1871
Der Forschungsreisende Stanley sucht D. Livingstone und findet ihn in Ujiji am Tanganjikasee in Tansania.

1874
In Westafrika unterwerfen die Briten das Aschanti-Reich und gründen die Kolonie Goldküste.

1879
Der Zulu-Krieg endet mit der Zerschlagung des Zulu-Reichs durch die Briten.

1881–1900
Frankreich dehnt seine Kolonien in Westafrika aus.

1882
Britisches Protektorat über Ägypten

1884/85
Auf der Kongo-Konferenz in Berlin einigt sich Europa über die Aufteilung Afrikas.

1885
Der britische General Charles Gordon wird ermordet, als Mahdis Truppen Khartum stürmen.

1898
Als sich die brit. und franz. Truppen bei Faschoda am Weißen Nil gegenüberstehen, kommt es fast zum Krieg.

1899–1902
Burenkrieg: Großbritannien erobert Transvaal und den Oranje-Freistaat.

1910
Gründung der Südafrikanischen Union als Teil des Britischen Commonwealth

1914–1918
Die deutschen Kolonien in Afrika werden im Ersten Weltkrieg von den Alliierten besetzt.

Der Aufstieg Japans in Asien

Das Gleichgewicht der Kräfte in Asien veränderte sich Ende des 19. Jahrhunderts grundlegend. Für Ch'ing-China begann eine Zeit des Niedergangs, während Japan aus zwei Jahrhunderten der Isolation heraustrat und zur führenden Industriemacht in Asien wurde. Es dehnte seinen Machtbereich auf dem asiatischen Festland aus und führte Krieg gegen China und Russland. Seine Aktivitäten im Pazifik bedrohten amerikanische Interessen. Als der Zweite Weltkrieg ausbrach, befand sich Japan im Bündnis mit Deutschland.

Die stark geschwächte Ch'ing-Dynastie schirmte im 19. Jahrhundert China gegen den Westen ab, konnte sich aber den Handelsinteressen anderer Länder nicht verschließen. Großbritannien, das Opium aus Indien nach China exportierte, erwarb die Insel Hongkong als Handelskolonie und öffnete nach den „Opiumkriegen" (1839–1842 und 1856–1860) fünf „Vertragshäfen" für den Außenhandel. Auch in Zentral- und Südostasien verlor China an Einfluss: Russland besetzte Teile Sibiriens, Großbritannien kontrollierte Burma (Myanmar), Frankreich Indochina.

Korruption und erdrückende Steuern verursachten Not und lokale Aufstände, die, wie die Taiping-Rebellion (1850–1864), blutig niedergeschlagen wurden. Initiativen zum Aufbau einer Industrie und zur Reform der Armee kamen zu spät und waren unzureichend. Die Unzufriedenheit machte sich in Ausländerfeindlichkeit Luft. 1900/01 griffen „Boxer"-Rebellen (ein Geheimbund der „Faustkämpfer für Recht und Einigkeit") ausländische Botschaften und Handelsvertretungen an und ermordeten chinesische Christen. Der Westen entsandte Truppen zur Niederschlagung des Aufstandes; viele Rädelsführer wurden enthauptet. China musste hohe Sühnezahlungen leisten. Die Sieger stationierten Truppen und Kanonenboote auf chinesischem Territorium, die Wirtschaft wurde in die Hand westlicher Bankiers gelegt.

Mit dem Schwinden der Autorität der Ch'ing übernahmen die nationalistischen Kuomintang („Revolutionäre Allianz") 1911 die Macht. Sie zwangen den letzten Ch'ing-Kaiser Pu Yi, er war noch ein Kind, abzudanken. China wurde Republik, Tibet und die Mongolei wurden unabhängig. Nach der Absetzung des Kuomintang-Führers Sun Yat-sen fiel China in die Hände von Militärmachthabern – Anarchie brach aus. 1917 gewannen die Kuomintang wieder die Kontrolle über Südchina, 1927 kam es zum Bürgerkrieg mit den Kommunisten Chinas. Die Situation verschärfte sich 1931 mit der Besetzung der Mandschurei durch Japan.

Japanische Expansion

Nach der Ausweisung portugiesischer Händler und Missionare im 17. Jahrhundert hatte Japan den Kontakt zur Außenwelt nahezu eingestellt und mied alle fremden Einflüsse. Der Flottenaufmarsch amerikanischer Kriegsschiffe 1853/54 veranlasste den Shogun dazu, zwei Häfen für den Außenhandel zu öffnen. Bald folgten Verträge mit anderen westlichen Mächten. Der ausländische Einfluss schwächte jedoch die Position des Shogunats. Über

Unten *Japanischer Druck, der die Ankunft von Admiral Matthew Perry und der „schwarzen Schiffe" in der Edo-Bucht 1853 zeigt. 1854 erschien er erneut mit Kriegsschiffen in der Bucht von Tokyo, um Japan zur Aufgabe der Isolation zu zwingen.*

1815–1945

Oben *Boxer-Rebellen attackieren einen Ausländer in Peking; Illustration aus einem zeitgenössischen europäischen Magazin.*

Jahrhunderte hatten die japanischen Kaiser eine unnahbare, göttliche Institution dargestellt, während die Shogune die Macht besaßen. Der kurze Bürgerkrieg von 1868 führte zur Erneuerung der kaiserlichen Macht in Japan (Meiji-Restauration). Durch die Nutzung der westlichen Technologie gelang Japan der Anschluss an die Industrienationen: 1872 wurde die erste Eisenbahnlinie fertiggestellt. Außerdem wurden die Armee und die Marine modernisiert.

Der Inselstaat bemühte sich um den Aufbau eines überseeischen Reiches. Japan gewann die Kurilen und Ryukyu-Inseln und unterstützte Korea im Krieg gegen China (1894). Japans Kriegsschiffe zerstörten bei der Schlacht im Gelben Meer die chinesische Marine; Taiwan wurde erobert. Wegen Korea und der Mandschurei kam es 1904 zum Krieg mit Russland. Nach der Vernichtung der russischen Pazifikflotte durch den japanischen Überraschungsangriff auf Port Arthur wurde im Mai 1905 bei Tsushima auch die Ostseeflotte zerstört. Zusätzliche Landsiege bestätigten Japans Überlegenheit. Fünf Jahre später übernahm es auch die Kontrolle über Korea.

Im Ersten Weltkrieg kämpfte Japan auf Seiten der Alliierten und wurde mit ehemals deutschen Besitzungen in China und im Pazifik belohnt. Doch Japans territoriale Ansprüche waren damit nicht befriedigt. 1931 nutzte es den Bürgerkrieg in China, um die Mandschurei zu besetzen, und installierte eine Marionettenregierung mit Pu Yi an der Spitze. Wegen der internationalen Kritik verließ Japan den Völkerbund; 1936 schloss es sich den Achsenmächten Deutschland und Italien an (*siehe S. 200*). 1937 erklärte es China den Krieg, woraufhin sich die Kuomintang mit der chinesischen KP verbündeten, um China zu verteidigen. Doch sie konnten Japan nicht daran hindern, den Norden des Landes zu besetzen. Mit Bomben und Terror wurde die chinesische Bevölkerung unterworfen. Einem Massaker fielen 200 000 Bürger aus Nanking zum Opfer.

Oben *US-Truppen auf der japanischen Insel Iwo Jima im Februar 1945. Die Schlacht um diese Insel war eine der erbittertsten des Kriegs im Pazifik. 25 000 Japaner verteidigten sie bis zum letzten Atemzug, 26 000 Amerikaner fielen. Militärexperten befürchteten mehr als eine Million US-Opfer im Falle einer Invasion auf den japanischen Hauptinseln. Auch deshalb bewilligte Präsident Harry Truman den Atomwaffeneinsatz gegen Japan.*

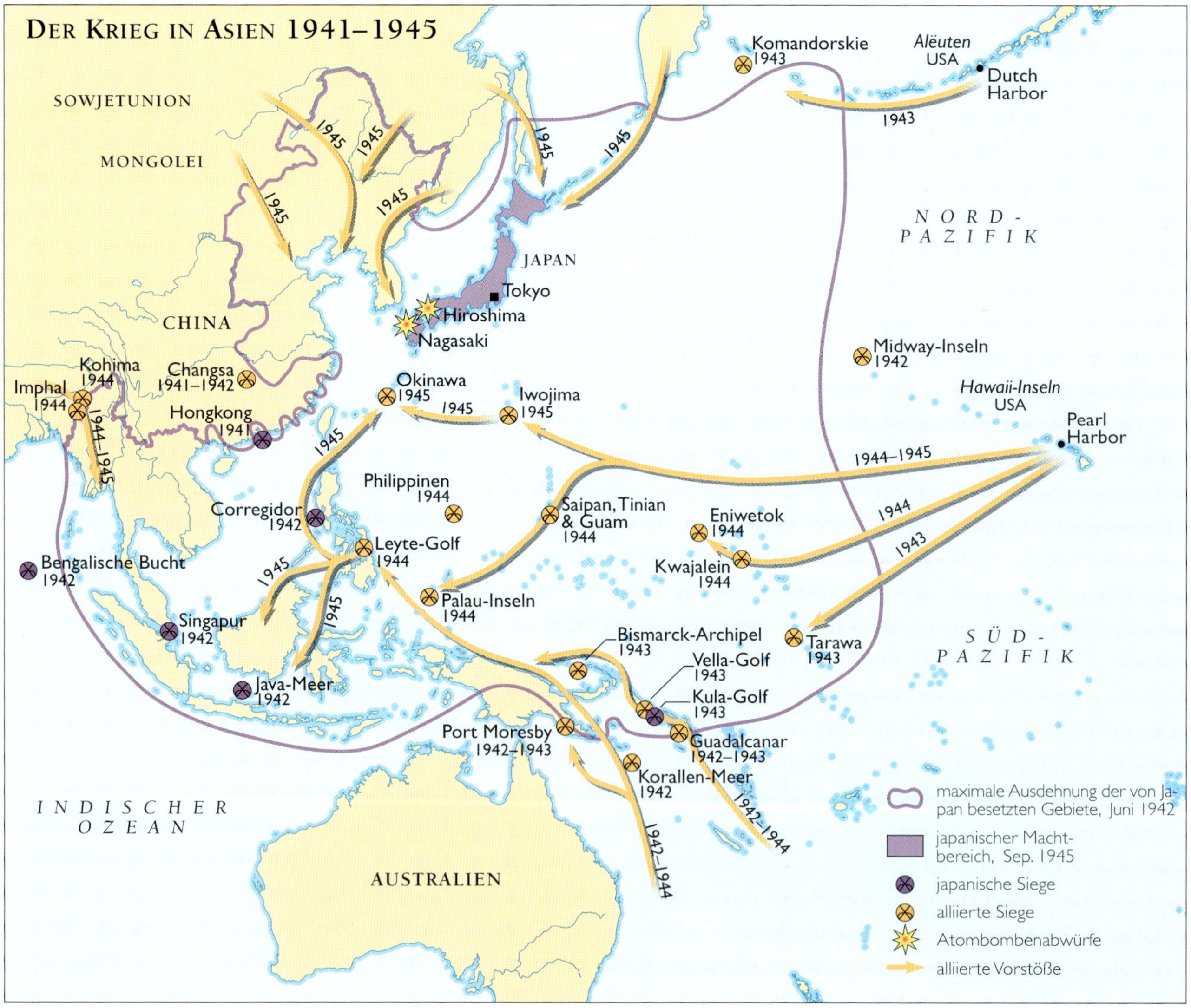

Hiroshima, 1945

Am 6. August 1945 warf ein amerikanisches Flugzeug die erste Atombombe, „Little Boy", über der Industriestadt Hiroshima auf der japanischen Hauptinsel Honshu ab. Die gewaltige Hitzewelle der Explosion (sie entsprach der Sprengkraft von 13 000 Tonnen TNT) zerstörte die Stadt und tötete 80 000 Einwohner sofort. An manchen Stellen blieb von den Menschen nur der vom Explosionsblitz in Häuserwände und Straßen gebrannte Schatten übrig. Ein Jahr später waren weitere 150 000 Menschen an den Folgen der atomaren Strahlung gestorben und bis heute forderte „Little Boy" Tausende weiterer Opfer.

Erschüttert über die schreckliche Wirkung der Atombombe zitierte J. Robert Oppenheimer, ihr Konstrukteur, einen alten indischen Text: „Ich wurde zum Tod, dem Vernichter der Welt."

Rechts *Eine Uhr hat den Zeitpunkt der Explosion in Hiroshima festgehalten.*

Der Krieg im Pazifik

Japan brauchte Rohstoffe, um den Krieg gegen China fortsetzen zu können. Die wollte es sich nach 1939 mit der Eroberung Südostasiens verschaffen, während die holländischen, französischen und britischen Kolonialmächte durch den Krieg in Europa abgelenkt waren. Um der US-Intervention zuvorzukommen, griffen japanische Flugzeuge im Dezember 1941 die Marinebasis Pearl Harbor auf Hawaii an.

Mitte 1942 besetzte Japan Indochina, Niederländisch-Ostindien, die Philippinen, Malaysia und Burma. Gegen Zivilisten und Kriegsgefangene ging man überaus grausam vor. Die Wende kam, als es Japan nicht gelang, Port Moresby auf Neuguinea einzunehmen; in der Schlacht von Midway (Juni 1942) unterlag es. Amerikanische Einheiten begannen mit der langsamen Rückeroberung der Pazifischen Inseln. Die Japaner leisteten erbitterten Widerstand und setzten Selbstmordpiloten gegen die Schiffe der Alliierten ein. Der Einsatz der Atombomben beschleunigte das Kriegsende. Am 7. September 1945 kapitulierte Kaiser Hirohito bedingungslos.

Zeittafel

1816
Die Ch'ing verweisen eine britische Handelsmission aus China.

1839–1842
Nach dem ersten Opiumkrieg werden Vertragshäfen für den Handel geöffnet.

1850
Die Taiping („Himmelsreich")-Rebellion bricht aus. Sie wird 1864 niedergeschlagen; 20 Millionen Menschen sterben.

1853/54
Der Flotillenadmiral Perry kreuzt vor Tokyo und erzwingt für die USA die Öffnung Japans für den Handel.

1856–1860
Der zweite Opiumkrieg endet mit der Zerstörung des Sommerpalastes in Peking.

1868
Kaiser Meiji stürzt das Schogunat; die Meiji-Ära beginnt; Hauptstadt wird Edo (Tokyo).

1894/95
Der Krieg zwischen Japan und China beendet den Einfluss Chinas in Korea.

1900
Der Boxeraufstand richtet sich gegen den ausländischen Einfluss in China.

1904/05
Japan besiegt Russland zu Land und zur See.

1910
Japan besetzt Korea.

1911/12
Abdankung der Ch'ing-Dynastie; Gründung der Republik China

1927
In China bricht ein Bürgerkrieg zwischen den nationalistischen Kuomintang und den Kommunisten aus.

1931
Japan besetzt die Mandschurei.

1937
Japan marschiert in China ein.

1941
Der japanische Überfall auf Pearl Harbor führt zum Eintritt der USA in den Zweiten Weltkrieg.

1945
Die Atombomben auf Hiroshima und Nagasaki beenden den Zweiten Weltkrieg.

Der Zweite Weltkrieg

Der deutsche Überfall auf Polen im September 1939 war der unmittelbare Auslöser des Zweiten Weltkriegs. Seine Ursachen lagen im Vertragssystem nach dem Ersten Weltkrieg und der wirtschaftlichen Depression, die den Aufstieg des Faschismus förderten. 1945, nach sechs Jahren Krieg, war Europa verwüstet.

Die Friedensverträge nach dem Ersten Weltkrieg hatten es versäumt, Europa eine stabile politische Ordnung zu geben. Der Völkerbund hatte, ohne die USA als Mitglied, nur geringes politisches Gewicht. Der Börsencrash an der Wall Street führte zu einer weltweiten Wirtschaftskrise. Diese Bedingungen legten den Keim für Instabilität in Europa. Sie machten rechtsextremistische Bewegungen wie den von Benito Mussolini geführten italienischen Faschismus populär, der eine stabile Ordnung und Vollbeschäftigung versprach.

Hitlers Nationalsozialistische Deutsche Arbeiterpartei (NSDAP) verfolgte ähnliche Ziele. Die hohen Reparationszahlungen an die Alliierten hatten eine galoppierende Inflation und einen tiefen Unmut in der Bevölkerung zur Folge, den die Nazis ausnutzten. Bald nach seiner Wahl zum deutschen Kanzler 1933 ließ sich Hitler diktatorische Befugnisse übertragen. Die Nazi-Propaganda glorifizierte den Führer auf Massenversammlungen, gleichzeitig terrorisierte die Geheime Staatspolizei (Gestapo) Minderheiten wie die deutschen Juden. Hitler rüstete mit dem Vorsatz auf, Deutschland solle nie mehr besiegt werden, und besetzte 1936 das Rheinland.

Im gleichen Jahr schloss er mit Mussolini einen Beistandspakt, der als Achse Berlin-Rom in die Geschichte einging. In Spanien brach ein Bürgerkrieg aus, als die Rechten unter General Franco versuchten, die gewählte republikanische Regierung zu stürzen. In den folgenden drei Kriegsjahren unterstützte nur Sowjetrussland (*siehe S. 204–207*) die spanischen Republikaner, während die Achsenmächte Franco zum Sieg verhalfen.

Der Weg in den Krieg

Hitler wollte ein Drittes Reich schaffen, das alle deutschsprachigen Völker vereinen sollte. Österreich wurde 1938 unter Missachtung des Versailler Vertrages an Deutschland angeschlossen, dann das Sudetenland, der Teil der Tschechoslowakei, in dem man Deutsch sprach. Die Eroberung Osteuropas als „Lebensraum" für deutsche Siedler war Hitlers nächstes Ziel. Nach der Annexion der restlichen Tschechoslowakei griff Hitler Polen an, nachdem Deutschland sich die Unterstützung der UdSSR gesichert hatte.

Frankreich und Großbritannien hatten versucht, Hitler durch Zugeständnisse zu bremsen (Beschwichtigungspolitik), doch der Überfall auf Polen führte im September 1939 zum Krieg. Die deutsche Armee überrannte Polen in knapp vier Wochen. Im Frühjahr wurden Dänemark und Norwegen be-

Links *Massenaufmärsche der SA wurden inszeniert, um Unterstützung für die NSDAP zu mobilisieren.*

1933–1945

Die deutsche Teilung 1945
Dänemark
Nieder-lande
Belgien
Luxem-burg
Berlin
Polen
Deutschland
Tschechoslowakei
Frankreich
Schweiz
Österreich
Ungarn
Italien
Jugoslawien
Grenze, 1945
Besetzte Zonen in Deutschland und Österreich, 1945
USA
GB
Frankreich
Sowjetunion
Murmansk
Narvik April 1940
Archangelsk
Finnland
Norwegen
Schweden
Onega-see
Ladoga-see
Helsinki
Leningrad
Sowjet-union
Bergen
Oslo
Stockholm
Tallinn
Estland
Peipus-see
Demjansk
Väner-see
Vätter-see
Göteborg
Moskau Dez. 1941
Nordsee
Ostsee
Lettland
Düna
Dänemark
Kopenhagen
Litauen
Weissrussland
Smolensk
Königsberg
Minsk Juni–Juli 1944
Orel
Kiel
Hamburg
Bialystok Juni 1941
Kursk Juni–Aug. 1943
Russland
Niederlande
Berlin Apr.–Mai 1945
Warschau
Charkow Feb.–März 1943
Don
Arnheim Sept. 1944
Deutschland
Polen
Kiew Sept. 1941
Stalingrad Sept. 1942–Feb. 1943
Essen
Dortmund
Leipzig
Oder
Köln
Dresden
Weichsel
Dnjepr
Ardennen-schlacht Dez. 1944–Jan. 1945
Frankfurt
Tschechische Republik
Ukraine
Nürnberg
Dnjestr
Rostow
Rhein
Stuttgart
Donau
Slowakei
München
Wien
Ungarn
Odessa
Budapest
Österreich
Schweiz
Rumänien
Sewastopol
Mailand
Venedig
Sava
Turin
Bologna
Kroatien
Belgrad
Bukarest
Donau
Schwarzes Meer
Kaukasus
Tiflis
Serbien
Bulgarien
Toulon
Italien
Montenegro
Sofia
Istanbul
Korsika
Rom
Monte Cassino Jan.–Mai 1944
Albanien
Ankara
Anzio
Neapel
Sardinien
Tarent Nov. 1940
Griechen-land
Türkei
Athen
Palermo
Sizilien
Rhodos
Dodekanes
Kap Matapan März 1941
Zypern
Tunis
Valletta
Malta
Kreta
Mai–Juni 1941
Mittelmeer
Euphrat
Tunesien
Tobruk Mai 1942
Tripolis
Alexandria
Libyen
El Alamein Okt.–Nov. 1942
Kairo
Ägypten
Deutschland, 1. Sept. 1939
Grenze, Juni 1942
Deutschland, 1942
Verbündete der Achsenmächte, 1942
von Achsenmächten besetzt, Dez. 1942
Alliierte, Dez. 1942
neutrale Staaten
weitestes Vordringen der Achsenmächte
Frontverlauf, April 1945
Siege der Achsenmächte
Siege der Alliierten
Angriffe der Alliierten, 1942–1943
Angriffe der Alliierten, 1944–1945
bombardierte Städte
Hauptrouten der Konvois
Spanischer Bürgerkrieg
Gebiet der Nationalisten, Ende 1936
Eroberungen bis April 1939
0
600 km

Der Holocaust

Nach der Rassentheorie der Nazis gehörten Juden, Slawen und Zigeuner zu den minderwertigen Völkern. Besonders die Juden wurden für alle Probleme Deutschlands verantwortlich gemacht. Ihre Verfolgung begann mit dem Boykott jüdischer Geschäfte, Übergriffen der SA und Angriffen auf Synagogen. Später unterlagen die Juden Berufsverboten, sie verloren die Bürgerrechte und durften keine Ehen mit Nicht-Juden eingehen. Viele wurden zur Emigration getrieben. Man zwang die Juden, einen gelben Stern zu tragen. Sie mussten in Gettos leben und wurden ohne Prozess ermordet.

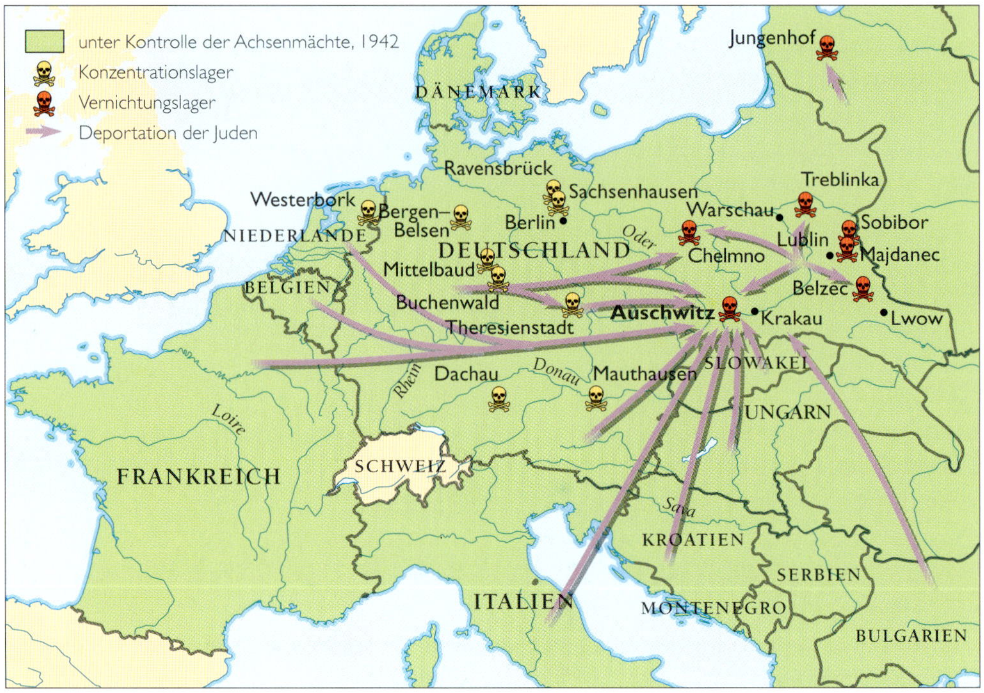

1941 formulierten die Nazis einen Plan zur „Endlösung der Judenfrage". Der Holocaust, die systematische Vernichtung der Juden in ganz Europa, begann. Ganze Familien wurden abgeholt und in Viehwaggons getrieben, die in die Konzentrationslager im Osten, z. B. nach Auschwitz und Treblinka, fuhren.

Links *Eine alte Frau und ein Kind in Auschwitz*

Dort wurden täglich Tausende in Gaskammern getötet. Gesunde mussten Zwangsarbeit leisten, bis sie vor Erschöpfung oder an Unterernährung starben. Bis zum Kriegsende hatten die Nazis sechs Millionen der insgesamt acht Millionen Juden, die in den besetzten Gebieten gelebt hatten, ermordet – dieser Völkermord ist ohne Beispiel in der Geschichte.

setzt. Dann stieß die deutsche Wehrmacht über die Niederlande und Belgien nach Frankreich vor. Frankreich kapitulierte nach sechs Wochen. Deutsche Truppen besetzten den Norden, während eine französische Kollaborationsregierung von Vichy aus den Süden verwaltete.

Großbritannien war als einziger europäischer Gegner Nazi-Deutschlands nicht besetzt. Hitlers Invasionspläne wurden von der Niederlage in der Luftschlacht um England (August – September 1940) vereitelt. Die Briten konzentrierten ihre Kriegsanstrengungen auf die Bekämpfung des deutschen Bündnispartners Italien in Nordafrika, die Sicherung der wichtigen Atlantikrouten gegen U-Boote und den Bau von Flugzeugen zur Zerstörung der deutschen Industrie. Hitler intensivierte die Bombardierung britischer Städte, doch sein Hauptziel blieb die Expansion nach Osten.

Die Operation Barbarossa, der Überfall auf die Sowjetunion, begann im Juni 1941. Nach anfänglichen Erfolgen stoppte der Wintereinbruch den deutschen Vorstoß vor Moskau. Im Frühjahr starteten die Deutschen neue Offensiven zur Eroberung der wertvollen Ölfelder im Kaukasus, doch der Nachschub kam immer schleppender.

Das Blatt wendet sich

Mit dem Kriegseintritt der USA im Dezember 1941, nach dem japanischen Angriff auf Pearl Harbor (*siehe S. 199*), bekamen die Alliierten neuen Auftrieb. Ende 1942 verfügten sie über mehr Ausrüstung, Munition und Soldaten als die Achsenmächte. Die Briten schlugen die Italiener und Deutschen bei El Alamein (Oktober 1942) und landeten 1943 mit den Amerikanern auf Sizilien und in Italien. Doch der entscheidende Kriegsschauplatz war die russische Front. Im besetzten Leningrad starb ein Drittel der Einwohner. Trotz dieser hohen Verluste konnten die Sowjets auf

massive Reserven zurückgreifen, denn Stalin hatte die Schwerindustrie nach der deutschen Invasion hinter den Ural verlegen lassen. Im Kampf um Stalingrad (Sep. 1942 – Feb. 1943) fielen über 100 000 deutsche Soldaten im erbitterten Häuserkampf, mehr als 90 000 gerieten in Gefangenschaft. Die Rote Armee zwang die Deutschen zum Rückzug. Im Juli 1943 zerstörten russische Panzer und Flugzeuge in Kursk, südlich von Moskau, die deutschen Panzereinheiten. Die russischen Armeen konnten nun durch Osteuropa nach Berlin vorstoßen.

In Italien wurde Mussolini, Deutschlands Verbündeter, gestürzt. Mitte 1944 war fast ganz Italien in alliierter Hand. Mussolini, der sich noch eine Weile im Norden Italiens festsetzte, wurde von Partisanen gehenkt. Am 6. Juni 1944 landeten alliierte Invasionstruppen in der Normandie an der Nordküste Frankreichs und begannen mit dem Vormarsch auf den Rhein. Ende August war Paris befreit. Amerikanische und britische Bomber legten deutsche Städte in Schutt und Asche. Dresden wurde zerstört, 60 000 Einwohner getötet. Nach dem Einmarsch der Roten Armee in Berlin (April 1945) beging Hitler Selbstmord. Am 7. Mai 1945 kapitulierte Deutschland.

Unter den 60 Millionen Kriegstoten waren 20 Millionen Russen, sechs Millionen Polen und sechs Millionen Deutsche. Millionen Menschen waren verschleppt und zur Zwangsarbeit in deutschen Fabriken gezwungen worden. Bei Kriegsende kam es in Europa zu einer großen Flüchtlingsbewegung. Die Konzentrationslager und der millionenfache Mord an den Juden hatte die Welt schockiert. Im Nürnberger Prozess klagten die Alliierten die verantwortlichen Nationalsozialisten zahlreicher Kriegsverbrechen an; einige wurden zum Tode verurteilt. Deutschland wurde in je eine sowjetische, amerikanische, britische und französische Besatzungszone aufgeteilt.

Oben Ein sowjetisches Plakat feiert die Verteidiger Moskaus. Wie schon Napoleon scheiterte Hitler am strengen Winter und dem Durchhaltewillen des russischen Volkes.

Links Der Luftkrieg richtete gewaltige Zerstörungen an und tötete Millionen Zivilisten. Im Juli und August 1943 bombardierten alliierte Flugzeuge den Hamburger Hafen. Ihre Bomben lösten einen Feuersturm aus, dem über 42 000 Menschen zum Opfer fielen.

Zeittafel

1933
Adolf Hitler wird Reichskanzler.

1936–1939
Spanischer Bürgerkrieg: Die Nationalisten stürzen die republikanische Regierung.

1938
Abkommen von München: Großbritannien befürwortet die Abtretung des Sudetenlandes.

September 1939
Deutschland marschiert in Polen ein. England und Frankreich erklären Deutschland den Krieg.

April – Juni 1940
Deutscher Angriff auf Dänemark, Norwegen, die Niederlande und Frankreich. Italien verbündet sich mit Deutschland.

August – September 1940
Luftkrieg über Südengland

1940–1943
Deutsche U-Boote gehen gegen die britischen Nordatlantik-Konvois vor.

Juni 1941
Deutschland überfällt die Sowjetunion.

Juli 1941
Russland und England schließen einen Pakt zur gegenseitigen Unterstützung.

Dezember 1941
Deutschland erklärt den USA den Krieg.

August 1942
Amerikanische Luftangriffe in Europa

Oktober – November 1942
Italien und Deutschland werden in Nordafrika geschlagen.

Juli 1943
Die Sowjets schlagen die deutsche Offensive im Kursk-Bogen zurück.

September 1943
Italien schließt sich den Alliierten an und erklärt Deutschland den Krieg.

Juni 1944
Landung der Alliierten in der Normandie

Dezember 1944 – Januar 1945
Die deutsche Ardennenoffensive bleibt wegen der alliierten Angriffe erfolglos.

April – Mai 1945
Die Rote Armee besetzt Berlin; totale Niederlage Deutschlands.

Russland im 20. Jahrhundert

Die russische Revolution beendete die Zarenherrschaft und brachte ein kommunistisches Regime an die Macht. Die Planwirtschaft konnte die Probleme der Sowjetunion aber nicht lösen und forderte von der Bevölkerung grosse Opfer. Die UdSSR half den Zweiten Weltkrieg zu beenden, nutzte dann aber ihre militärische Macht zur Kontrolle über Osteuropa. Wachsender Nationalismus führte 1991 zu ihrer Auflösung.

Ende des 19. Jahrhunderts erstreckte sich das russische Reich vom Baltischen Meer bis zum Pazifik, von der Arktis bis zum Schwarzen Meer und vereinte etwa hundert Nationalitäten. Seine Bewohner waren arm, die Kommunikation unterentwickelt und die reichen Bodenschätze blieben weitgehend ungenutzt. Die Zaren waren von ihrem gottgegebenen Recht zu herrschen überzeugt und verweigerten politische Reformen. Der Bevölkerung blieb eine repräsentative Regierung versagt. Die russische Geheimpolizei verbreitete Terror.

Das Ende der Zaren

Die Unruhen nach der russischen Niederlage gegen Japan 1904/05 *(siehe S. 198)* wuchsen, als eine friedliche Demonstration in St. Petersburg blutig niedergeschlagen wurde. Zar Nikolaus II. (Reg. 1895–1917) wurde gezwungen, Parteien und eine Nationalversammlung (Duma) zuzulassen; seine Macht gab er jedoch nicht ab. Der Zar wurde für das militärische Fiasko im Ersten Weltkrieg verantwortlich gemacht. Deshalb zwang man ihn im März 1917 zur Abdankung. Unter der liberalen Übergangsregierung wurde der Krieg fortgesetzt. Unruhen unter den Bauern, Fahnenflucht in der Armee und die Entstehung der Sowjets (Räte der Arbeiter, Soldaten und Seeleute) untergruben ihre Autorität. Im Oktober 1917 stürzte eine zweite Revolution die provisorische Regierung und brachte die bolschewistische („Mehrheits-") Partei an die Macht. Ihr Führer Wladimir Iljitsch Lenin (1870–

Links *Das Foto von 1929 zeigt Bauern, die für eine Kolchose stimmen. Tatsächlich stieß die Kollektivierung auf heftigen Widerstand. Stalin ergriff Zwangsmaßnahmen gegen die Landbevölkerung. Über 14,5 Millionen Menschen wurden ermordet oder verhungerten.*

Links *Sowjetische Arbeitersiedlung. Unter Stalin machte die Industrialisierung der Sowjetunion große Fortschritte.*

Oben *Der Revolutionär Lenin, ein begnadeter Redner, führte 1917 die Oktoberrevolution an, die die Bolschewisten an die Macht brachte. Später wurde er der erste Führer der Sowjetunion. Nach seinem Tod wurde sein Leichnam einbalsamiert und in einem Mausoleum am Roten Platz in Moskau aufgebahrt.*

1924) beendete den Krieg mit Deutschland (*siehe S. 191*). 1918 wurde die Zarenfamilie von Revolutionären ermordet.

Die Rote Armee führte einen blutigen Bürgerkrieg gegen die „Weißen". Zu diesen anti-bolschewistischen Kräften gehörten Aristokraten, Liberale, Bauern und oppositionelle nationale Minderheiten; sie wurden vom Ausland, z. B. Großbritannien, unterstützt. 1921 kontrollierte die Rote Armee das ganze Land, doch die Bolschewisten waren gezwungen, Polen, Finnland und

Links *Parade zur Feier des 1. Mai auf dem Roten Platz in Moskau. Mit Massenaufmärschen vermittelte die Sowjetunion das Bild einer mächtigen, selbstbewussten Supermacht. Trotz ihrer gewaltigen Militärmaschinerie war aber die UdSSR durch Korruption, Misswirtschaft, interne Konflikte und die hohen Kosten des Wettrüstens wirtschaftlich stark geschwächt.*

den Baltischen Staaten (Litauen, Lettland, Estland) die Unabhängigkeit zu gewähren. 1923 wurde aus Russland die UdSSR (Union der Sozialistischen Sowjetrepubliken) unter der Führung der Kommunistischen Partei. Im Bürgerkrieg hatten die Bolschewisten bei den Bauern Nahrungsmittel für die Armee und die Stadtbevölkerung eingezogen, was zu Revolten und einer Hungersnot führte. In der Wolga-Region starben fünf Millionen Menschen. Zur Korrektur startete Lenin die „neue Wirtschaftspolitik", die in Grenzen freien Handel und private Landwirtschaft zuließ.

Der Stalinismus

Joseph Stalin, der während der Revolution eine führende Rolle gespielt hatte, wurde 1924 Lenins Nachfolger. Sein erster Schritt war die Kollektivierung der Landwirtschaft. Die Bauern wurden gezwungen, ihr Land an staatlich geführte Kolchosen abzutreten. Wer Widerstand leistete, wurde zur Zwangsarbeit in einem Gulag verurteilt.

„Fünfjahrespläne" sollten die Produktion der Industrie steigern. Der Ausstoß an Kohle, Eisen, Stahl und Rüstungsgütern wuchs zwar, doch die unrealistischen Zielvorgaben wurden nicht erreicht. Stalin suchte Sündenböcke und begann 1934 mit der Verfolgung vermeintlicher Staatsfeinde. Ohne echte Verteidigungsmöglichkeit wurde ihnen öffentlich der Prozess gemacht. Die Denunziation wurde gefördert. Millionen Russen überlebten die „große Säuberung" durch Stalin nicht.

Die nationalsozialistische Machtergreifung in Deutschland (*siehe S. 200*) alarmierte Stalin. 1939 schloss er einen Nichtangriffspakt mit Hitler und rüstete die UdSSR auf. Die deutsche Invasion traf die Rote Armee dennoch überraschend. Die russische Bevölkerung musste schweres Leid ertragen. Aber mit enormer Kraftanstrengung und unter hohen menschlichen Verlusten gelang es den Russen, die Deutsche Wehrmacht zu stoppen und zurückzuwerfen.

Kunst, Dissidenten & die Sowjets

In den ersten Jahren nach der Revolution waren experimentelle Texte, Avantgarde-Kunst, -Architektur und -Musik als Ausdruck der Fortschrittlichkeit des Kommunismus willkommen. Mit seinem eher konventionellen Kunst- und Literaturgeschmack lehnte Stalin jedoch alles Moderne und Experimentelle als „anti-sowjetisch" ab. Stattdessen wurden die Künstler angehalten, die heldenhaften Errungenschaften und Ziele der Sowjetunion im offiziellen Stil des „sozialistischen Realismus" darzustellen. Wer dem nicht entsprach, dessen Werke wurden unterdrückt. Viele Künstler starben in Arbeitslagern. Zensur und Verfolgung gab es noch in der Ära Breschnew. Die Werke der Dissidenten wurden heimlich abgetippt und unter dem Namen „Samisdat" in Umlauf gebracht.

Links *Anna Achmatowas Gedichte waren verboten.*

Ab 1942 übertraf die russische Kriegsproduktion die der Nazis. Die UdSSR spielte eine entscheidende Rolle im Zweiten Weltkrieg (*siehe S. 200–203*), den sie den „großen vaterländischen Krieg“ nannte.

Russische Machtpolitik

Nach der Niederlage der Deutschen 1945 besetzte die Rote Armee die von ihr befreiten Länder Osteuropas und Ostdeutschland. Kommunistisch geführte Regierungen wurden eingesetzt, um einen Staatenblock unter sowjetischer Führung zu formen. Die Beziehungen zum Westen verschlechterten sich zunehmend und bald teilte der „Eiserner Vorhang“ Europa (*siehe S. 218*). Mit dem erfolgreichen Atombombentest 1949 stieg die Sowjetunion zur zweiten Atommacht der Welt auf.

Nach Stalins Tod 1953 begann unter seinem Nachfolger Nikita Chruschtschow die so genannte „Tauwetterperiode“. Zur Steigerung der landwirtschaftlichen Erträge und der Produktion von Konsumgütern wurden große Anstrengungen unternommen. Doch die Ernten fielen mager aus und der Lebensstandard blieb niedrig. Die Sowjets kontrollierten die Ostblockstaaten (Warschauer Pakt) und schlugen Aufstände in der DDR (1953) und in Ungarn (1956) gewaltsam nieder. Die UdSSR und die USA konkurrierten um die „Eroberung“ des Weltraums. 1957 schoss die UdSSR den Satelliten *Sputnik* ins All. Das Wettrüsten belastete die sowjetische Wirtschaft und bedrohte den Weltfrieden. Die Kubakrise (*siehe S. 218*) löste 1962 beinahe einen Weltkrieg aus. Chruschtschow musste nachgeben und die Raketen aus Kuba wieder abziehen. 1964 stürzte Chruschtschow und Leonid Breschnew wurde sein Nachfolger.

Während der Breschnew-Ära (1964–1982) kam es zu einer langsamen Entspannung in den Beziehungen zum Westen, obwohl das Wettrüsten weiterging. Dissidenten, Schriftsteller und Künstler in der UdSSR hatten wieder weniger Freiräume. 1968 beendeten Panzer der Warschauer-Pakt-Staaten die Liberalisierung in der Tschechoslowakei. Von 1979–1989 führte die UdSSR einen Krieg gegen Afghanistan.

Die UdSSR zerfällt

Michail Gorbatschow wurde 1985 Staatschef der UdSSR. Er leitete politische und wirtschaftliche Reformen ein und reduzierte die Ausgaben für Atomwaffen. Unter der neuen Freiheit wuchs der nationalistische Ruf nach Unabhängigkeit in den sowjetischen Teilrepubliken im Baltikum, im Kaukasus und in Zentralasien. 1991 versuchten kommunistische Kräfte, das Reformprogramm Gorbatschows durch einen Staatsstreich zu stoppen: ohne Erfolg – die Sowjetunion zerfiel. Der Übergang zur freien Marktwirtschaft gestaltet sich in den nun unabhängigen Staaten schwierig. Viele haben mit ethnischen Konflikten zu kämpfen.

Zeittafel

1905
Der Krieg gegen Japan löst die erste russische Revolution aus.

März 1917
Zar Nikolaus II. dankt ab; Bildung einer provisorischen Regierung.

November 1917
„Oktoberrevolution“: Die Bolschewisten erringen die Macht.

1918–1921
Bürgerkrieg zwischen den „Weißen“ und den „Roten“

1922–1923
Gründung der Union der Sozialistischen Sowjetrepubliken (UdSSR)

1928
Stalin verkündet den Fünfjahresplan.

1929
Die Kollektivierung der Bauern beginnt.

1934
Stalins „große Säuberung“ beginnt.

1939
Stalin und Hitler unterzeichnen den Nichtangriffspakt. Die UdSSR besetzt den Osten Polens.

1941
Deutschland überfällt die UdSSR.

1945–1948
Die UdSSR baut ihre Vorherrschaft in Osteuropa aus.

1956
Chruschtschow denunziert Stalin.

1961
Der Kosmonaut Juri Gagarin ist der erste Mensch im All.

1972
Richard Nixon besucht als erster Präsident der USA die Sowjetunion.

1985
Michail Gorbatschow wird 1. Partei-Sekretär der KPdSU

1988
Nationale Bestrebungen in den baltischen und zentralasiatischen Republiken

1989
Die sowjetischen Truppen ziehen sich aus Afghanistan zurück.

1991
Nach einem Putsch tritt Gorbatschow zurück. Die Sowjetunion löst sich auf.

Asien nach 1945

Nach dem Zweiten Weltkrieg veränderte Asien sein Gesicht. In den früheren Kolonien erreichten nationalistische Bewegungen die Unabhängigkeit. Die USA versuchten vergeblich zu verhindern, dass sich der Kommunismus in China, Nordkorea, Vietnam, Kambodscha und Laos etablieren konnte. Japan, das sich vom Krieg erholt hatte, wurde zum Zugpferd der Wirtschaft in Asien und sorgte in der gesamten Region für Aufschwung.

Nach 1945 versuchten die europäischen Kolonialmächte die Kontrolle in Asien wieder zu übernehmen. Doch unter der japanischen Besatzung waren starke nationalistische Bewegungen entstanden, die die alten Herren, oft nach langen bewaffneten Kämpfen, zum Rückzug zwangen. Die Supermächte USA und UdSSR wollten ihren Einfluss in der Region festigen. Die Vereinigten Staaten waren bemüht, die Ausdehnung des Kommunismus zu verhindern. Die so genannte „Domino-Theorie" besagte: Wird ein Land kommunistisch, dann folgen auch seine Nachbarn. Deshalb mischten sich die USA in die Bürgerkriege in Korea (1950–1953) und Vietnam (1965–1975) ein und unterstützten korrupte Regime, wie das von Ferdinand Marcos (Reg. 1966–1989) auf den Philippinen. 1955 bildeten die Philippinen, Thailand, die USA, Großbritannien und Frankreich die Südostasiatische Verteidigungsorganisation (SEATO). Andere asiatische Staaten traten der Bewegung der blockfreien Staaten bei.

Links *Mao Tse-tung sah sich selbst als der „Große Steuermann". 30 Jahre lang führte er die Kommunistische Partei Chinas. Bis zu seinem Tod 1976 war Kritik an seiner Person undenkbar.*

Das neue China

Nach der Kapitulation Japans 1945 brach in China erneut ein Bürgerkrieg aus (*siehe S. 196–199*). Als die Kommunisten die Mandschurei besetzt hatten, entzogen die USA der Kuomintang ihre Unterstützung. 1949 fielen die letzten Hochburgen der Nationalchinesen. Mao Tse-tung, Führer der Kommunistischen Partei, rief die Volksrepublik China aus. Die Nationalisten flohen nach Taiwan. Bis in die 1970er-Jahre nahm Taiwan Chinas Sitz in der UNO ein.

Mao demonstrierte Chinas neue Macht: 1950 besetzte es Tibet und unterstützte das kommunistische Nordkorea während des Koreakriegs (1950–1953). Mao akzeptierte die Hilfe der UdSSR, verhinderte aber, dass China ein Blockstaat wurde. Nach 1960 wurden die Beziehungen zur UdSSR abgebrochen. 1964 besaß China die Atombombe. Maos größtes Problem war aber die Bekämpfung der Armut in seinem Land. Nach sowjetischem Muster wurde die Industrie modernisiert. Die Erträge der Bauern sollten durch Kollektivierung gesteigert werden. Schlechte Planung und verheerende Unwetter führten allerdings zu einer schrecklichen Hungersnot, bei der Millionen Chinesen starben.

1966 rief Mao zur „Kulturrevolution" auf. Junge Kader (Rote Garden) sollten die „Feinde des Sozialismus" im Bildungswesen, in der Industrie und in der Partei aufspüren. Ausländische Einflüsse und die klassische chinesische Kultur waren ver-

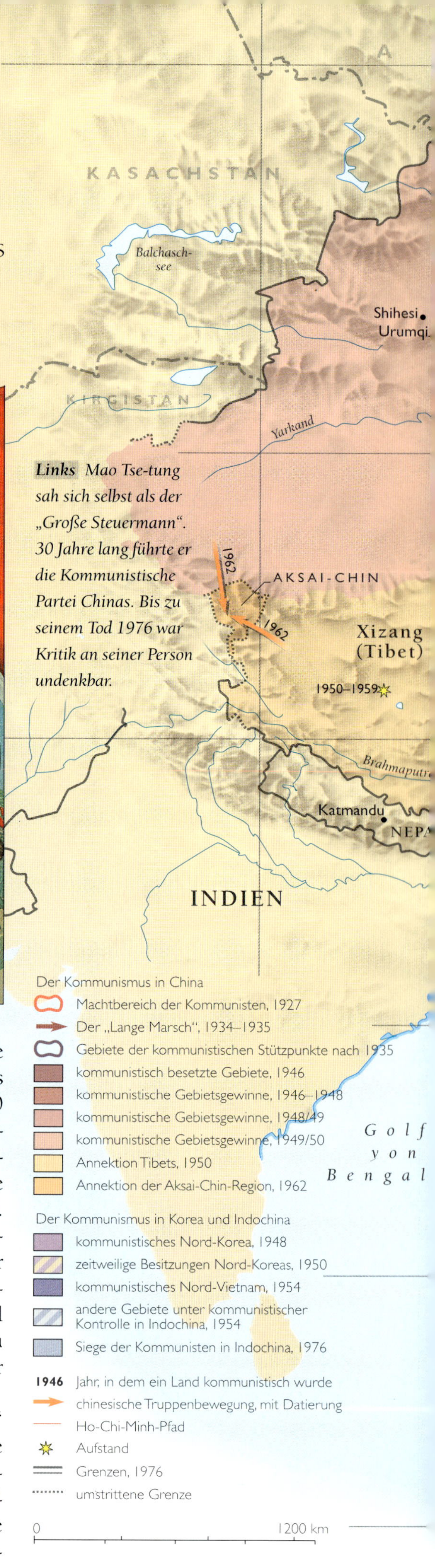

1945 – Heute

Unten *Ein Student neben der von Demonstranten in Peking errichteten Göttin der Demokratie. Der Protest wurde 1989 gewaltsam niedergeschlagen. Damit machte China deutlich, dass demokratische Reformen nicht erwünscht waren.*

Links Nach dem Fall der südvietnamesischen Hauptstadt Saigon 1975 wurden alle Amerikaner und ihre südvietnamesischen Verbündeten von US-Steitkräften evakuiert. Der Vietnamkrieg hinterließ Millionen heimatloser Vietnamesen und ein verwüstetes Land, das jetzt noch ärmer war als unter französischer Kolonialherrschaft. Das wieder vereinigte Vietnam begann mit sowjetischer Hilfe mit dem Wiederaufbau. Flüchtlinge („Boat-people") versuchten Ende der 1980er-Jahre über das Meer nach Hongkong zu gelangen, was zu Spannungen zwischen der britischen Kronkolonie und China führte.

pönt. Das Bürgertum wurde gedemütigt, in Arbeitslager gesteckt oder ermordet. Chaos war die Folge. 1968 musste Mao mit der Armee die Ordnung wiederherstellen.

Maos Nachfolger Deng Xiao-ping (1976) öffnete China vorsichtig für die Marktwirtschaft und warb um ausländische Investitionen. Die neue Freiheit brachte einigen Wohlstand, doch Arbeitslosigkeit, Korruption und soziale Ungleichheit sorgten für Unmut. 1989 wurden mehrere hundert Studenten von Panzern getötet, die auf dem Platz des Himmlischen Friedens in Peking für mehr Demokratie demonstriert hatten. Die britische Kronkolonie Hongkong mit ihrer blühenden kapitalistischen Wirtschaft wurde 1997 an China zurückgegeben.

Japan & Korea

Japan lag am Ende des Zweiten Weltkriegs in Trümmern. Die USA sahen in Japan eine Festung gegen den Kommunismus und halfen beim Wiederaufbau. Dafür verzichtete Japan auf militärische Rüstung und wurde zur konstitutionellen Monarchie. Das Land erlebte einen raschen wirtschaftlichen Aufschwung. 1970 war Japan im Bereich der Elektronik führend und die zweitgrößte Wirtschaftsmacht der Welt.

1945 wurde der Norden Koreas von sowjetischen, der Süden von amerikanischen Truppen besetzt und es kam zur Teilung. 1950 überfiel der kommunistische Norden Südkorea, wurde aber von amerikanischen Streitkräften zurückgedrängt. Der nordkoreanische KP-Chef Kim Il Sung (Reg. 1948–1994) versuchte die Wirtschaft nach sowjetischem Vorbild zu industrialisieren. Doch dieses Vorhaben misslang. Heute gehört Nordkorea zu den ärmsten Ländern der Welt. Die Bevölkerung lebt in bitterer Armut und hungert.

Das antikommunistische Südkorea wurde bis 1987, als die ersten freien Wahlen stattfanden, vom Militär beherrscht. Politische Reformen machten das Land zur wachstumsstärksten Volkswirtschaft im Pazifischen Raum, bis Ende der 1990er-Jahre eine Wirtschaftskrise einsetzte.

Indonesien & Vietnam

Niederländisch-Indien wurde 1949 nach einem langen Krieg gegen die Niederlande unabhängig und nannte sich Indonesien. Später brachte es Neuguinea (1963) und Osttimor (1975) unter seine Kontrolle. Suharto, seit 1967 Militärdiktator, musste 1998 nach Massenprotesten zurücktreten.

Nach einem langen Krieg in Indochina zwangen die kommunistischen Vietminh unter Führung von Ho Chi Minh 1954 die Franzosen zum Rückzug. Vietnam wurde in den kommunistischen Norden und die von den USA unterstützte Republik im Süden geteilt. Wegen des Guerillakriegs des Nordens gegen Südvietnam kam es 1964 zum Einmarsch US-amerikanischer Truppen (Vietnamkrieg 1965–1973). Dennoch

Die Gründer des modernen Indien

Der Weg Indiens in die Unabhängigkeit begann in den 1920er-Jahren mit zivilem Ungehorsam, den die Kongresspartei von Mohandas K. Gandhi und Jawaharlal Nehru organisierte. Gandhi, der bald Mahatma („der Hochherzige") genannt wurde, entwickelte die Politik des gewaltlosen Widerstandes gegen die Unterdrückung in Südafrika, wo alle Nichtweißen als Bürger zweiter Klasse galten. Zurück in Indien, erneuerte er die Kongresspartei und gewann die Unterstützung gebildeter Kreise. Während seine Anhänger

wurde Vietnam 1975 als Sozialistische Republik Vietnam wieder vereinigt.

Der Krieg destabilisierte das angrenzende Kambodscha, das 1975–1979 vom Diktator Pol Pot, dem Führer der Roten Khmer, beherrscht wurde. Millionen Menschen wurden nur darum, weil sie Englisch oder Französisch sprachen oder westlich orientiert waren, ermordet oder kamen in Arbeitslagern ums Leben. Vietnam und die UdSSR vertrieben die von China unterstützten Roten Khmer, die dann in Vietnam einfielen. Nur in Thailand herrschte damals Stabilität.

Massenstreiks und Boykotts durchführten, saßen Gandhi und andere Parteiführer im Gefängnis. Um sich Unterstützung im Zweiten Weltkrieg zu sichern, versprachen die Briten den Indern baldige Unabhängigkeit.

Der religiöse Hindu Gandhi protestierte mit Fasten gegen Gewalt. Während der Aufstände von 1947 wurde er von einem Hindu-Extremisten ermordet. So wurde Nehru Indiens erster Premierminister.

Links *Nehru (links) und Gandhi 1946, ein Jahr bevor Indien die Unabhängigkeit erlangte*

Das unabhängige Indien

Seit 1930 wussten die Briten, dass Indien ohne die Gewährung der Selbstbestimmung unregierbar werden würde. Da die muslimen Inder einen eigenen Staat forderten, wurde Indien 1947 in Indien und Pakistan geteilt. Die Teilung führte zu riesigen Flüchtlingsbewegungen (zwölf Millionen Menschen flohen) und militärischen Konflikten um Kaschmir (1948 und 1965), die bis heute andauern. Indiens Premierministerin Indira Gandhi wurde 1984 ermordet, ebenso ihr Sohn Rajiv 1991. Indien ist die bevölkerungsreichste Demokratie der Welt. Pakistan wurde mehrfach von Militärs regiert. 1971 wurde der östliche Teil Pakistans zum Staat Bangladesch.

Zeittafel

1945
Japan kaptiuliert, der Weltkrieg ist aus.

1946
Die USA entlassen die Philippinen in die Selbstständigkeit.

1947
Indien und Pakistan werden unabhängig.

1949
Die Kommunisten gewinnen den Bürgerkrieg; Gründung der Volksrepublik China.

1950
Koreakrieg: Nordkorea überfällt Südkorea. China besetzt Tibet.

1952
Die USA ziehen sich aus Japan zurück.

1954
Frankreich wird bei Dien Bien Phu besiegt und zieht sich aus Vietnam zurück.

1958–1960
Maos „Großer Sprung nach vorn" endet in einer wirtschaftlichen Katastrophe.

1965
Die USA senden Truppen nach Vietnam.

1968
Japan wird zweitgrößte Wirtschaftsmacht.

1971
Nach dem Indisch-Pakistanischen Krieg wird Bangladesch unabhängig.

1973
Die amerikanischen Truppen ziehen sich aus Vietnam zurück.

1975
Saigon, Hauptstadt Südvietnams, fällt; Vietnam ist vereinigt. Die Roten Khmer erringen die Macht in Kambodscha.

1978
Deng Xiao-ping leitet die Reform der chinesischen Wirtschaft ein.

1988
Militärputsch auf Burma

1989
Die Demokratiebewegung wird auf dem Platz des Himmlischen Friedens in Peking blutig niedergeschlagen.

1997
Großbritannien übergibt Hongkong an China.

Der Mittlere Osten seit 1948

Der Mittlere und Nahe Osten gehören zu den grossen Konfliktherden im 20. Jahrhundert. Schon gegen das Osmanische Regime und nach 1918 gegen den Kolonialismus bildete sich eine arabische Opposition. Durch die Gründung des Staates Israel 1948 wurden tausende Palästinenser zur Flucht getrieben. Die Frage nach dem Zugang zu den Ölvorräten und nach der Rolle des Islam in der arabischen Welt kamen hinzu.

Mittelmeer

Nach dem Ersten Weltkrieg verwalteten Frankreich und Großbritannien die ehemals osmanischen Gebiete im Mittleren Osten. Fast alle Länder des Mittleren Ostens waren ab 1945 unabhängig. Doch die Briten wollten weiterhin die Bodenschätze der Region kontrollieren. Erst als der Iran seine Ölindustrie (1951) und Ägypten den Suezkanal (1956) verstaatlichte, zogen sie sich zurück. Die Supermächte beeilten sich diese Lücke zu füllen. Die USA knüpften enge Beziehungen zu den ölreichen Monarchien in Saudi-Arabien und im Iran, die UdSSR zu den sozialistischen Diktaturen in Syrien und im Irak.

Arabische Nationalisten, die den westlichen Einfluss verhindern wollten, verhalfen dem Islam und der Idee einer kulturellen Einheit zu neuem Leben – auch wenn islamische Traditionen oft nicht mit den Programmen moderner Regierungen zusammenpassten. Seit 1948 einte die Opposition gegen Israel die Araber, doch es gibt Rivalitäten: Zwischen Sunniten und Schiiten, Arm und Reich, progressiven und konservativen Staaten, Arabern und ethnischen Minderheiten.

Oben *1945 kamen viele jüdische Flüchtlinge aus Europa nach Israel. Israel wurde zur Heimat für zahlreiche Überlebende des Holocaust.*

Unten *In Jerusalem, der heiligen Stadt der Christen, Juden und Muslime, konzentriert sich der Gebietskonflikt zwischen Palästinensern und Israelis.*

Die Gründung Israels

Die Auswanderung von Juden nach Palästina begann um 1900, als dort die ersten Zionisten, jüdische Siedleraktivisten aus Europa, auf der Suche nach dem Gelobten Land eintrafen. Das verärgerte die dort seit Jahrhunderten ansässigen Araber. In den 1920er-Jahren nahm der Zustrom jüdischer Immigranten zu. Damals schlugen die Briten, die Palästina kontrollierten, die Gründung eines jüdischen und arabischen Staates vor, doch die Araber lehnten ab. Nach 1945 verschärfte sich der Konflikt und Großbritannien übergab das Problem an die Vereinten Nationen. Die internationale Unterstützung der Juden nach dem Holocaust *(siehe S. 202)* trug zur Gründung des Staates Israel im Mai 1948 bei. Ägypten, Jordanien, Syrien und der Irak führten unmittelbar darauf Krieg gegen Israel. Ihre Niederlage veranlasste Millionen Palästinenser zur Flucht ins Ausland, in den Gazastreifen, nach Jordanien und Jerusalem.

Der Staat Israel konnte 1967 und 1973 weitere arabische Invasionen abwehren und Jerusalem, die Golanhöhen und die Sinai-Halbinsel erobern. Die im Jahr 1964 gegründete Palästinensische Befreiungsorganisation (PLO) nahm den gewaltsamen Kampf gegen die israelische Besatzungsmacht auf. Auf die Unterstützung Israels durch den Westen reagierten die arabischen Ölstaaten 1973 mit der Anhebung der Ölpreise.

1948 – Heute

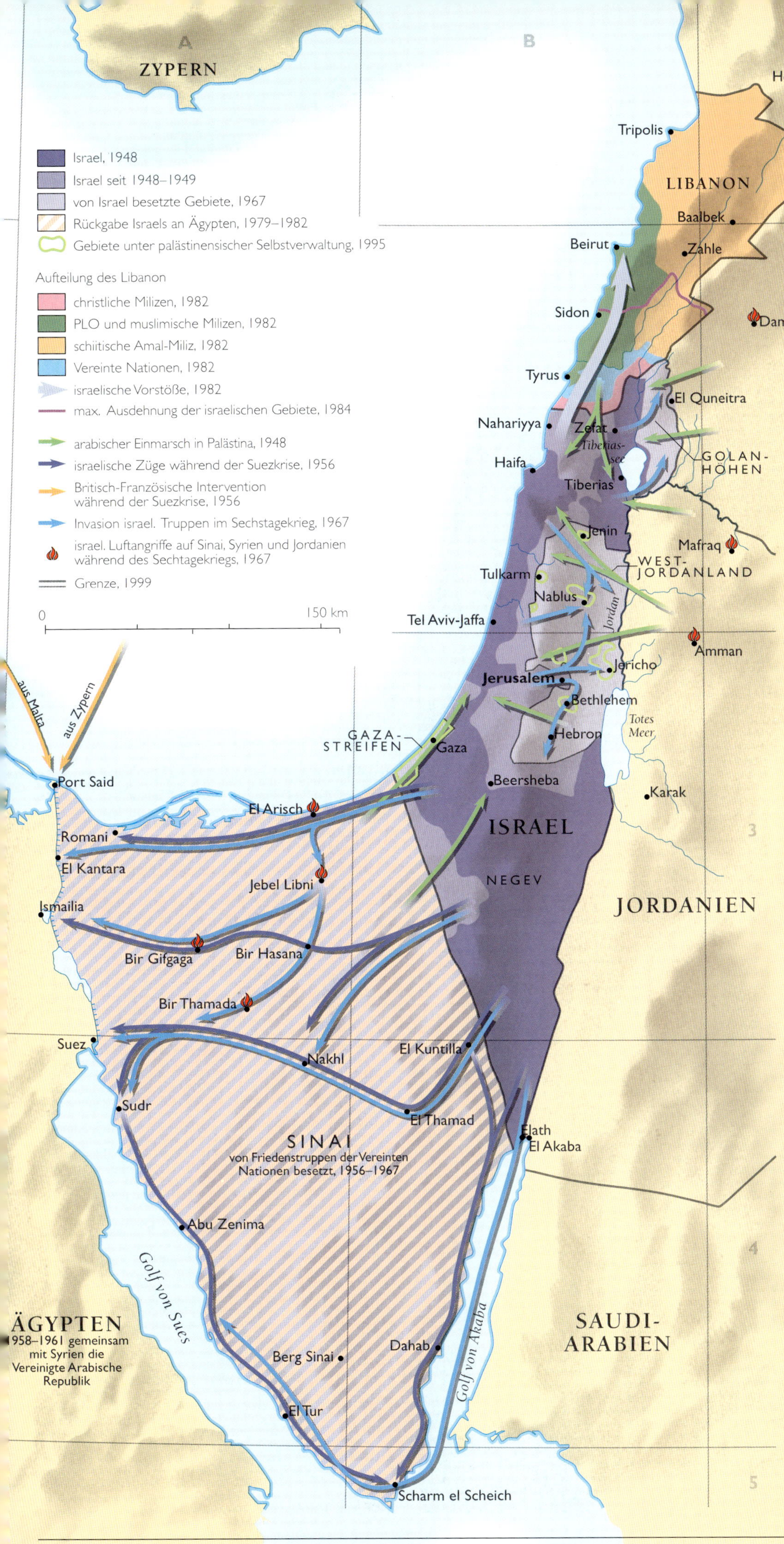

Rechts *Ein Demonstrant schwenkt die verbotene palästinensische Flagge. Mit der Intifada (Aufstand) 1987 machten die Palästinenser ihrer Wut über die Besetzung ihrer Gebiete Luft.*

Vom Libanon aus plante die PLO ihre Anschläge auf Israel. Das führte 1975 mit zum Ausbruch des Bürgerkriegs im Libanon. Israel unterstützte die Christen, Syrien die Muslime; der Krieg dauerte bis 1989.

Der Friedensprozess

Der ägyptische Präsident Sadat bot 1977 die Anerkennung Israels im Gegenzug zur Rückgabe des Sinai und die Schaffung eines palästinensischen Staates an. Das von US-Präsident Carter vermittelte Abkommen von Camp David schien 1979 den Frieden zwischen Israel und Ägypten zu sichern. Sadat und Menachem Begin erhielten den Friedensnobelpreis. Die Erleichterung war verfrüht: Sadat wurde 1981 ermordet und Israel gab zwar den Sinai zurück, vereitelte aber die Autonomie der Palästinenser. Nach wie vor zogen jüdische Siedler in die besetzte West Bank. Die israelische Armee folgte ihnen, um sie vor dem Zorn der enteigneten Palästinenser zu schützen. Israel marschierte in den Libanon ein, um die PLO und ihre syrischen Helfer auszuschalten.

1987 brach unter den Palästinensern Israels die Intifada (Aufstand) aus. Bomben in Jerusalem und Tel Aviv töteten israelische Zivilisten. Palästinenser warfen Steine auf israelische Soldaten, die in Panik zurückschossen. Israel reagierte mit Ausgangssperren, Verhaftungen und Ausweisungen.

1988 sagte sich der PLO-Chef Yassir Arafat vom Terrorismus los, um die Rechte der Palästinenser auf politischem Wege durchzusetzen. Doch der israelische Präsident Yitzhak Shamir weigerte sich, mit der PLO zu verhandeln, und lehnte die Gründung eines palästinensischen Staates ab. Arafats öffentliche Sympathie für den Irak während des Golfkriegs 1990–1991 führte zum Verlust der finanziellen und politischen Unterstützung arabischer Förderer.

Geheimverhandlungen zwischen Israel und der PLO führten 1993 zu einem neuen Abkommen. Die PLO sollte in Gaza und Jericho die Selbstverwaltung übernehmen, dafür aber den Staat Israel anerkennen. Doch Israel verzögerte die Übergabe an die PLO mit dem Argument, diese könne die Sicherheit nicht aufrechterhalten.

Jüdische Extremisten sahen in Premier Yitzhak Rabin, der 1993 den Vertrag unterzeichnet hatte, einen Verräter. 1995 wurde er ermordet. Zur gleichen Zeit verloren Arafat und die PLO bei den Palästinensern an Glaubwürdigkeit. Sie warfen Arafat vor, er wolle seine eigene Position stärken und mache daher Zugeständnisse. Der palästinensischen Verwaltung wurde Korruption und Inkompetenz unterstellt. In dieser Atmosphäre des Misstrauens förderte Israel weitere jüdische Ansiedlungen.

Kriege am Golf

Die Islamische Revolution stürzte 1979 die von den USA gestützte Regierung des Iran. Die neue Regierung des schiitischen Islam führte zum Konflikt mit dem sunnitischen Nachbarn Irak, wo eine bedeutende schiitische Minderheit lebt. Der irakische Führer Saddam Hussein begründete seine Invasion im Iran 1980 mit der Notwendigkeit, den Zugang zum Persischen Golf zu schützen. Die USA, die UdSSR und die Ölstaaten am Golf befürchteten eine Ausbreitung der islamischen Revolution und unterstützten den Irak. Syrien und Israel standen auf Seiten des Iran. Der Krieg, der zwei Millionen Menschenleben forderte, endete 1988 ohne Sieger.

Als Kuwait 1990 vom Irak ausstehende Schulden einklagte, überfiel dieser den Nachbarstaat. Um dem Irak die Kontrolle über die Ölquellen Kuwaits zu entreißen, griff eine Koalition aus westlichen und arabischen Staaten unter der Führung der USA von Saudi-Arabien aus ein. Der Irak musste Kuwait verlassen, gegen die irakischen Ölexporte wurden Sanktionen verhängt, das Land verarmte. Saddam scheute nicht davor zurück, die Opposition auch mit dem Einsatz von Giftgas zu bekämpfen. Durch seine Weigerung, irakische Produktionsanlagen von Massenvernichtungswaffen von der UN inspizieren zu lassen, provozierte er weitere diplomatische Krisen.

Die iranische Revolution

Der Schah von Persien, nach dem Zweiten Weltkrieg Herrscher im Iran, befremdete viele seiner Untertanen und deren religiöse Führer mit seiner prowestlichen Politik. Diese Unzufriedenheit führte zu Demonstrationen und 1979 schließlich zum Sturz der Regierung und zur Flucht des Schahs in die Vereinigten Staaten. Im Iran, der nun von einem Revolutionsrat unter dem radikal-islamischen Geistlichen Ayatollah Khomeini regiert wurde, erließ man strenge islamische Gesetze zur Abwehr westlicher Einflüsse.

Nach der Weigerung der USA, den Schah auszuliefern, wurden die amerikanische Botschaft in Teheran attackiert und 52 Angestellte für mehr als ein Jahr in Geiselhaft genommen. 1989 verhängte Khomeini das Todesurteil wegen Gotteslästerung gegen den britischen Autor Salman Rushdie. Nach dem Tod Khomeinis zeigt sich die neue iranische Führung um eine gemäßigte Politik bemüht.

Unten *Bewaffnete, verschleierte iranische Frauen vor der US-Botschaft in Teheran 1979*

Links Amerikanische Truppen in der Wüste von Kuwait 1991. Im Hintergrund Ölquellen, die von irakischen Truppen bei ihrem Rückzug in Brand gesetzt wurden. Der irakische Diktator Saddam Hussein war im Krieg gegen den Iran noch von den USA und vielen arabischen Staaten unterstützt worden. Das rasche militärische Eingreifen durch die von den Vereinigten Staaten und Saudi-Arabien geführten Koalition zur Befreiung Kuwaits überraschte ihn.

Zeittafel

1948
Gründung des Staates Israel; Angriff der arabischen Liga; Flucht der Palästinenser

1956
Ägypten verstaatlicht den Suezkanal. Militäraktion von Großbritannien, Frankreich und Israel.

1964
In Jerusalem wird die PLO gegründet.

1967
Sechs-Tage-Krieg. Israel kontrolliert den Sinai, die West Bank und die Golanhöhen. Die Palästinenser fliehen.

1970
Die PLO wird in Jordanien verboten.

1973
Israel schlägt Ägypten und Syrien im Yom-Kippur-Krieg.

1974
Die Mehrheit der arabischen Länder erkennt Arafat und die PLO an.

1975–1989
Bürgerkrieg im Libanon; Syrien und Israel werden hineingezogen.

1978
Abkommen von Camp David. Israel zieht sich von der Halbinsel Sinai zurück.

1979
Iranische Revolution. Der Schah flieht; Ayatolla Khomeini übernimmt die Macht.

1981
Ägyptens Präsident Sadat wird ermordet.

1980–88
Krieg zwischen Irak und Iran

1982
Israel marschiert im Libanon ein.

1987
Beginn der *Intifada* (Palästinenser-Aufstand); Ziel: Autonomie

1988
Die PLO entsagt dem Terrorismus.

1990–1991
Golfkrieg: Der Irak besetzt Kuwait; die USA und alliierte Truppen intervenieren.

1993
Erklärung von Oslo: Israel befürwortet einen palästinensischen Staat.

1995
Israels Premierminister Rabin wird von einem jüdischen Studenten erschossen.

1 1945 Gründung der UN (Vereinten Nationen)

2 1947 Begleitet von gewalttätigen Unruhen werden Indien und Pakistan unabhängig.

3 1948/49 Luftbrücke gegen die Berlin-Blockade

4 1949 Gründung der Volksrepublik China

5 1949 Erster Atombombentest der UdSSR

6 1949 Deutsche Teilung: Bundesrepublik Deutschland (BRD), Deutsche Demokratische Republik (DDR)

7 1950 Koreakrieg: Kommunisten überfallen den Süden; US-Truppen marschieren ein.

8 1954 Algerischer Unabhängigkeitskrieg

9 1954 Nach der Niederlage von Dien Bien Phu überlässt Frankreich Indochina sich selbst.

10 1956 Sowjetische Panzer beenden den ungarischen Aufstand.

11 1956 Ägypten verstaatlicht den Suezkanal.

12 1959 Fidel Castro befreit Kuba.

13 1960 Nach der französischen Entkolonialisierung entstehen 15 afrikanische Staaten.

14 1961 Bau der Berliner Mauer

15 1962 Kubakrise

16 1963 (28. Aug.) In Washington marschieren 200 000 für die Bürgerrechtsbewegung.

17 1963 (23. Nov.) Präsident John F. Kennedy wird in Dallas, Texas, erschossen.

18 1965 Die USA schicken Soldaten nach Vietnam.

⓳ 1967 Bruderkrieg zwischen Biafra und Nigeria

⓴ 1967 Israelischer Sechs-Tage-Krieg

㉑ 1968 Der „Prager Frühling" in der Tschechoslowakei wird niedergeschlagen.

㉒ 1973 In Chile wird Allende gestürzt; mit Hilfe der USA wird Pinochet Staatschef.

㉓ 1975 Helsinki-Konferenz über die Sicherheit und Zusammenarbeit in Europa

㉔ 1975 Portugal gibt seine Kolonien auf.

Die Welt bis 1975

Die Vereinten Nationen (UN) wurden 1945 mit dem Ziel gegründet, künftig militärische Konflikte zu verhindern. Doch mit dem Kalten Krieg und dem Bestreben der beiden Supermächte, andere Staaten in ihren Einflussbereich zu bringen, begann das Wettrüsten. Bis 1975 blieben fast alle ehemaligen Kolonien in Afrika, der Karibik und Asien von den Weltmächten abhängig.

Die USA besaßen 1945 als einziges Land Atomwaffen. Ihr Ansehen durch die Wiederherstellung der Demokratie in Europa und Asien war groß. Mit ihrer Wirtschaftskraft halfen sie den im Krieg zerstörten Ländern beim Wiederaufbau. Der Marshall-Plan war ein gewaltiges Hilfsprogramm (fast 13 Milliarden Dollar, 1948–1952) mit dem Ziel, Europa gegen den Kommunismus zu stabilisieren; das Hilfsangebot richtete sich auch an die Länder Osteuropas, Stalin lehnte es jedoch ab. Innerhalb von 20 Jahren wuchsen Japan und Deutschland hinter den USA zu den stärksten Volkswirtschaften heran. Die Sowjetunion hatte im Krieg höhere Verluste erlitten als jedes andere Land und war entschlossen eine Pufferzone gegen künftige Invasionen aus dem Westen zu errichten. Überall in Osteuropa erzwang sie kommunistische Einparteiensysteme. Stalin tolerierte keine politisch Andersdenkenden und schloss, um die Emigration zu verhindern die Grenzen zum Westen („Eiserner Vorhang").

Die Vereinten Nationen (UN), 1945 zur Förderung internationaler Zusammenarbeit und zur Erhaltung des Friedens gegründet, wuchsen bis 1975 auf 150 Mit-

Rechts *In den 1960er-Jahren entstand im Westen eine Friedensbewegung, die die Abrüstung forderte und gegen den Einmarsch in Vietnam protestierte. Vor allem junge Menschen fühlten sich von ihr angesprochen.*

gliedsstaaten an. Trotz guter Absichten gelang es jedoch nicht, zu verhindern, dass sich der Kalte Krieg zwischen den Supermächten zuspitzte.

Der Kalte Krieg

Nach Kriegsende wurden in Deutschland vier Besatzungszonen unter sowjetischer, französischer, amerikanischer und britischer Kontrolle eingerichtet. Berlin wurde ebenfalls in vier Sektoren aufgeteilt. 1948 versuchte die UdSSR durch eine Blockade, die anderen Besatzungsmächte aus dem Westteil der Stadt zu vertreiben. Westberlin musste über eine Luftbrücke versorgt werden. 1949 wurde Deutschland geteilt.

Seit 1949 besaß die Sowjetunion ebenfalls die Atombombe. Zum Ausbau ihrer Einflusssphäre begann die UdSSR die Staaten und Unabhängigkeitsbewegungen, die sich nach dem Rückzug der ehemaligen Kolonialmächte formiert hatten, mit Geld und Militärhilfe zu unterstützen. Die Außen- und Innenpolitik der USA hatte das Ziel, die sowjetische Dominanz zu verhindern. Sie stationierten starke Truppen in Deutschland und gründeten 1949 mit Kanada und zehn (später 17) westeuropäischen Staaten das Verteidigungsbündnis Nordatlantik-Pakt (NATO). Nach dem NATO-Beitritt Deutschlands 1955 schuf die UdSSR mit ihren osteuropäischen Verbündeten den Warschauer Pakt.

Aus Furcht vor dem Kommunismus unterstützten die USA Staatsstreiche gegen demokratisch gewählte Linksregierungen in Guatemala (1954) und Chile (1973). Die Invasion in der Schweinebucht (1961) verfehlte ihr Ziel, die kommunistische Regierung unter Fidel Castro in Kuba zu stürzen. Die Intervention der Amerikaner in Vietnam (1965–1973) zögerte den Sieg der Kommunisten hinaus *(siehe S. 211)*.

Die Supermächte rüsteten immer weiter auf. Bereits 1960 konnte jede Seite den Gegner völlig vernichten. Der Rüstungswettlauf fand auch im Weltraum statt. 1957 startete die UdSSR den ersten Satelliten. 1969 landete ein amerikanischer Astronaut auf dem Mond.

Aus dem Kalten Krieg wäre 1962 beinahe ein wirklicher Krieg geworden, als die UdSSR auf Kuba Raketen stationierte; eine Seeblockade der USA zwang die Russen zum Einlenken. Der ernste Zwischenfall führte zur Einleitung eines Entspannungsprozesses. Im Jahr 1969 begannen die SALT-Verhandlungen über den Abbau strategischer Waffen. Auf der Konferenz von Helsinki (1975) verpflichtete sich die UdSSR dazu, die Menschenrechte zu respektieren, der Westen erkannte im Gegenzug die Grenzen in Osteuropa an.

Neue Staaten

Die europäischen Kolonialmächte hatten zunehmend Schwierigkeiten, ihre überseeischen Besitzungen zu unterhalten. Geldmangel und die starke nationale Bewegung veranlassten Großbritannien zum Rückzug aus Indien. 1947 entstanden die beiden unabhängigen Staaten Indien und Pakistan. Die Intervention Frankreichs, Englands und Israels konnte 1956 nicht die Verstaatlichung des Suezkanals durch Ägypten verhindern. Den meisten Briten war nun klar, dass die Kolonialzeit vorbei war. Zwischen 1957 und 1975 erreichten 34 Kolonien in Afrika, der Karibik und auf den Pazifischen Inseln die Unabhängigkeit.

Dieser Wandel vollzog sich nicht immer friedlich. Gegen die Wiederinbesitznahme der südostasiatischen Kolonien durch die Niederländer nach 1945 leisteten die indo-

nesischen Nationalisten heftigen Widerstand; 1949 erreichten sie die Unabhängigkeit. Nach dem Rückzug Belgiens brach im Kongo 1960 ein grausamer Bürgerkrieg aus. Frankreich kämpfte acht Jahre lang gegen eine Volksbefreiungsbewegung, bevor es sich 1962 aus Algerien zurückzog. In den afrikanischen Kolonien Portugals kam es zu langen Unabhängigkeitskriegen, bis Portugal nach der Revolution von 1974 alle Kolonien aufgab. In Angola entbrannte ein Bürgerkrieg zwischen der kommunistischen, von Kuba unterstützten Regierung und Rebellen, die von den USA und Südafrika Hilfe erhielten.

Das Erbe des Kolonialismus waren Armut und ethnische Konflikte: Zaire (Belgisch-Kongo) bestand aus 150 ethnischen Gruppen mit mehr als 50 verschiedenen Sprachen. Der Versuch des Ibo-Volkes, im Osten Nigerias einen eigenen Staat (Biafra) zu gründen, endete mit einem Bürgerkrieg (1967–1970). Eine starke Führung war zum Zusammenhalt der neuen Staaten nötig, was oft zu Einparteienregimes führte.

29 Staaten, darunter Indien, China und Jugoslawien, gründeten 1955 in Bandung, Indonesien, die Bewegung der blockfreien Staaten, um die Dominanz der Supermächte zu brechen und den Kolonialismus zu beenden. 1970 hatte die Organisation ca. 100 Mitglieder. Ab 1970 entstand mit den arabischen Ölförderländern ein neues Machtzentrum. Die starke Anhebung der Ölpreise als Vergeltung für die Unterstützung Israels durch den Westen löste eine Wirtschaftskrise aus, die die Schuldenlast der Entwicklungsländer verschärfte.

Rechts *Bürgerrechtler in Danville, Virginia. Unter Führung von Martin Luther King forderten die Afroamerikaner Gleichberechtigung gegenüber den Weißen in den USA.*

Links *Berlin lag nach dem Krieg in der Mitte der Sowjetischen Besatzungszone, wurde aber von allen Alliierten gemeinsam verwaltet. Als immer mehr Menschen vor den Kommunisten aus dem Ostteil der Stadt in den Westsektor Berlins flohen, ließ die ostdeutsche Regierung die Berliner Mauer errichten. Das „Niemandsland" hinter der Mauer, im Herzen der Stadt, wurde vermint. Bewaffnete Posten bewachten die Grenze mit scharfen Hunden, damit niemand mehr fliehen konnte.*

BÜRGERBEWEGUNGEN

Trotz der Allgemeinen Erklärung der Menschenrechte durch die UN 1948 wurden sie in vielen Ländern nicht geachtet. In den 1950er- und 1960er-Jahren richtete sich die Bürgerrechtsbewegung unter Martin Luther King gegen die Rassendiskriminierung der schwarzen Amerikaner in den USA. Die Ermordung Kings 1968 schockierte die Welt. Die Protestbewegung gegen die Rolle der USA in Vietnam verschob das politische Spektrum nach Links.

Volksaufstände gegen die sowjetische Vorherrschaft in Ungarn (1956) und der Tschechoslowakei (1968) wurden von Panzern des Warschauer Pakts niedergeschlagen. Der palästinensische Anschlag auf israelische Athleten bei den Olympischen Spielen in München 1972 war Teil des wachsenden internationalen Terrorismus.

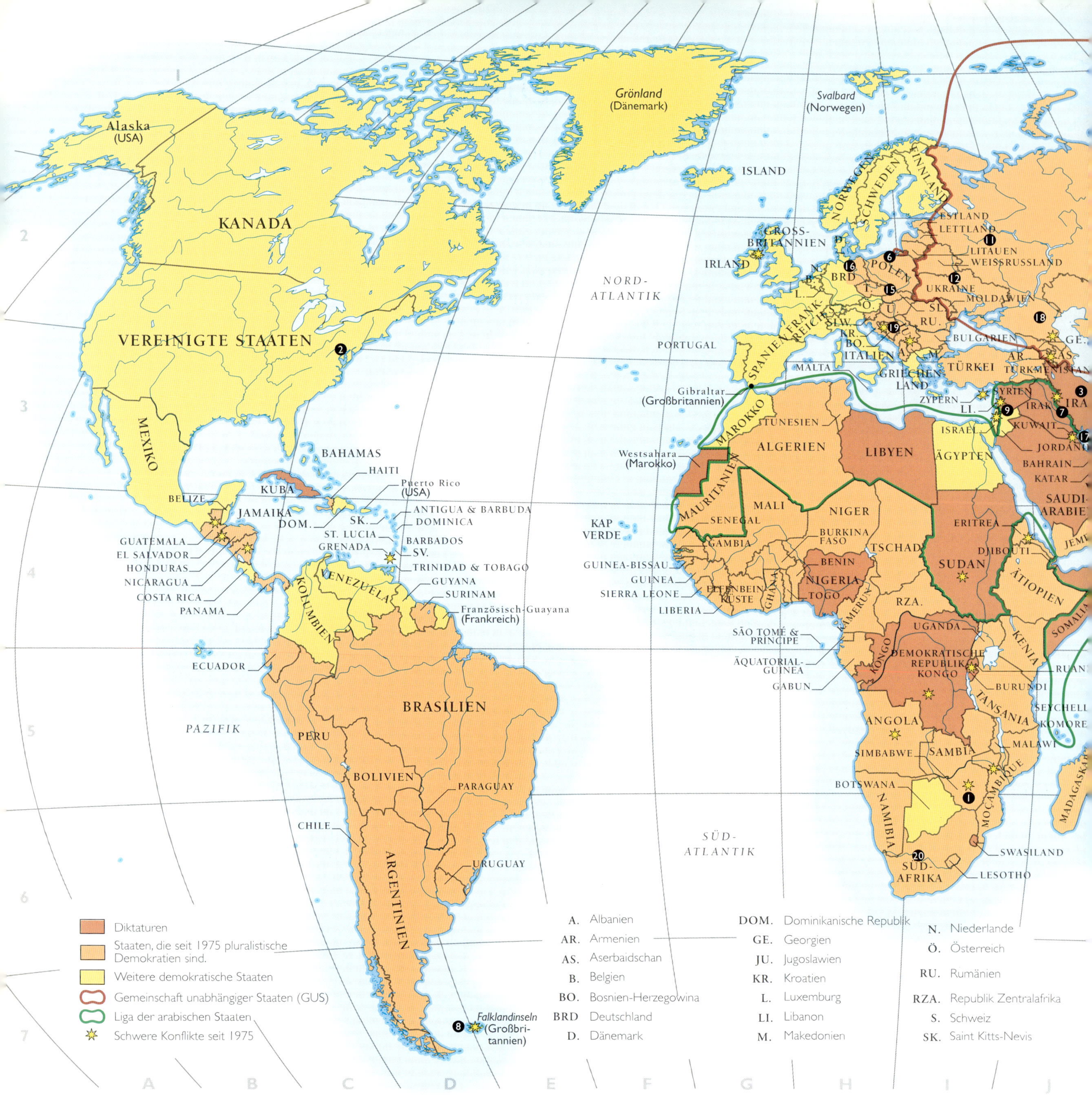

❶ 1978 Rhodesien wird unabhängig und nennt sich nun Simbabwe.

❷ 1978 Abkommen von Camp David; Friedensvertrag zwischen Israel und Ägypten (1979).

❸ 1979 Revolution im Iran; der Schah muss fliehen; Ajatollah Khomeini wird Präsident des islamischen Staates.

❹ 1979 Einmarsch der UdSSR in Afghanistan

❺ 1979 Einmarsch Vietnams in Kambodscha; die Roten Khmer werden vertrieben.

❻ 1980 In Polen führte die Solidarność unter Lech Walesa den nationalen Protest gegen die kommunistische Regierung an.

❼ 1980 Der Iran-Irak-Krieg bricht aus.

❽ 1982 Falklandkrieg zwischen Großbritannien und Argentinien

❾ 1982 Israel greift in den libanesischen Bürgerkrieg ein; Massaker an Palästinensern.

❿ 1984 In Bhopal, Indien, explodiert eine Chemiefabrik; 2000 Menschen werden getötet.

⓫ 1985 Michail Gorbatschow wird Staatschef der Sowjetunion.

⓬ 1986 Unfall im Atomreaktor von Tschernobyl; Folge: erhöhte Radioaktivität in Westeuropa.

⓭ 1986 Auf den Philippinen wird das korrupte Marcos-Regime vom Volk gestürzt.

⓮ 1989 In Peking wird die Demokratiebewegung blutig niedergeschlagen.

⓯ 1989 Friedliche Revolutionen erschüttern die kommunistischen Regime in Osteuropa.

- ⓰ 1990 Deutsche Wiedervereinigung
- ⓱ 1990–1991 Golfkrieg: Internationale Truppen zwingen den Irak, Kuwait wieder zu verlassen.
- ⓲ 1991 Die Sowjetunion zerfällt nach einem misslungenen Militärputsch.
- ⓳ 1992 Nach dem Zerfall Jugoslawiens bricht in Bosnien-Herzegowina ein Bürgerkrieg aus.
- ⓴ 1994 Erstmals darf auch die schwarze Mehrheit in Südafrika wählen.
- ㉑ 1998 Wirtschaftskrise in Südostasien

DIE WELT HEUTE

DIE LETZTEN 25 JAHRE DES 20. JAHRHUNDERTS FÜHRTEN ZU DRAMATISCHEN VERÄNDERUNGEN. MIT DER UDSSR GING AUCH DER EUROPÄISCHE KOMMUNISMUS UNTER. DER KALTE KRIEG WAR BEENDET. DIE MEISTEN REICHEN LÄNDER WURDEN NOCH REICHER, WÄHREND DIE ARMEN REGIONEN DER WELT WEITER VERARMTEN. DAS STREBEN NACH WIRTSCHAFTLICHEM WACHSTUM GEHT UNGEACHTET DER UMWELTPROBLEME WEITER.

Im Jahr 1975 erwartete niemand wesentliche Veränderungen der seit 1945 bestehenden Weltordnung. Die Supermächte hielten an ihren atomaren und konventionellen Waffenarsenalen fest – trotz der zahlreichen Entspannungsbemühungen.

Doch die Sowjetunion war am Ende: Landwirtschaft und Industrie siechten dahin und die Regierung war der Krise nicht gewachsen. Die riesigen Bodenschätze in den weit abgelegenen Gebieten konnten nicht gefördert werden. Hohe Rüstungsausgaben (das Doppelte der meisten Industrienationen) und der Versuch, z. B. in der Raumfahrttechnik mit dem Westen mitzuhalten, verhinderten eine Verbesserung des Lebensstandards. An der Zensur und der Unterdrückung der politischen Opposition hielt man in der UdSSR und den Blockstaaten weiter fest. Durch den Einmarsch der Sowjetunion in Afghanistan 1979 verschlechterten sich die internationalen Beziehungen weiter.

1985 kam der Reformer Michail Gorbatschow an die Macht. Er verhandelte mit den USA über die Begrenzung der Nuklearwaffen und leitete in der UdSSR wirtschaftliche und politische Reformen ein. 1989 zog er die Rote Armee aus Afghanistan ab. Die Aussicht auf Meinungsfreiheit und gesellschaftliche Modernisierung führte zu Reaktionen, die die Regierung unter Gorbatschow bald nicht mehr

Rechts *Der südafrikanische Bürgerrechtler Nelson Mandela wurde 1990 aus 24-jähriger Haft entlassen. 1994 wählte ihn die schwarze Mehrheit Südafrikas zum Präsidenten. Bei den Wahlen 1999 siegte der ANC erneut.*

kontrollieren konnte. Ende 1989 hatten friedliche Revolutionen die kommunistischen Regime Osteuropas ins Wanken gebracht. Nach Monaten der Proteste öffnete die DDR ihre Grenzen: Die Berliner Mauer fiel. Ein Jahr später war Deutschland, nach 40 Jahren Teilung, wieder vereint. Wachsender Nationalismus in der Sowjetunion führte zur Unabhängigkeit vieler nichtrussischen Republiken. 1991 zerfiel die UdSSR, übrig blieb die Gemeinschaft Unabhängiger Staaten (GUS).

Die neue Weltordnung

Die Krise in der UdSSR destabilisierte ihren ehemaligen Einflussbereich. In vielen der nun unabhängigen Staaten entluden sich ethnische Spannungen oder Grenzkonflikte. Kirgisien, Aserbaidschan, Moldawien, Tadschikistan und Georgien erlebten in den 1990er Jahren Bürgerkriege oder Terrorismus. 1994–1996 kam es in Tschetschenien zum Krieg, als die muslimische Bevölkerung sich von der Russischen Föderation befreien wollte.

In Osteuropa zerfielen die Tschechoslowakei und Jugoslawien. In der Tschechoslowakei verlief dieser Prozess friedlich, doch die Auflösung Jugoslawiens verursachte in Europa die blutigsten Auseinandersetzungen seit dem Zweiten Weltkrieg. Die neue Republik Bosnien-Herzegowina wurde 1992–1995 von einem Bürgerkrieg verwüstet, der zwischen der muslimischen Mehrheit, den Serben, die ein „Großserbien" anstrebten, und den Kroaten ausbrach. Auf allen Seiten wurden Gräueltaten verübt, doch die Serben machten sich mit ihrer Politik der „ethnischer Säuberungen" des Völkermords schuldig. Die Truppen der Vereinten Nationen konnten das Morden nicht verhindern.

Der Zusammenbruch der UdSSR beendete den Kalten Krieg, und die Supermächte begannen abzurüsten. Als Äthiopien keine sowjetische Unterstützung mehr bekam, konnten die eritreischen Rebellen ihren langen Unabhängkeitskampf 1993 siegreich beenden. Die Wirtschaft Kubas brach nach dem Ausbleiben russischer Hilfe zusammen. Die USA unterstützten den Apartheid-Staat Südafrika nicht länger, den sie zur Abwehr des Kommunismus gefördert hatten. 1994 wurde dort die erste Regierung der schwarzen Mehrheit gewählt.

Internationaler Terror

Die Möglichkeit, sich auf dem Weltmarkt hoch entwickelte Waffen zu verschaffen, erlaubt es kleinen extremistischen Gruppen zunehmend, durch Terroraktionen auf sich aufmerksam zu machen. Terrororganisationen in Ländern wie Israel, Spanien, Nordirland, Italien, Frankreich, Deutschland, Peru, Ägypten und Japan versuchen so, die etablierten Regierungen zu schwächen.

Der internationale Terrorismus wurde zeitweise auch von Libyen und dem Iran gefördert. Als Vergeltung für Terroranschläge gegen Amerikaner in Europa bombardierten die USA 1986 das Hauptquartier des libyschen Staatsführers Gaddafi in Tripolis. Libyen gewährte den vermutlichen Drahtziehern des Bombenattentats auf ein Passagierflugzeug Schutz, das 1988 bei Lockerbie abstürzte. Die Angst vor dem internationalen Terrorismus wuchs noch, als 1993 im *World Trade Center* in New York eine Bombe explodierte. Es handelte sich um den ersten Terroranschlag militanter Islamisten auf dem Boden der Vereinigten Staaten. 1998 erklärte der saudi-arabische Milliardär Osman bin Laden, der in Afghanistan im Exil lebt, den Vereinigten Staaten und allen US-Bürgern den „totalen Krieg". Er will die amerikanische Regierung dazu zwingen, die Monarchie in Saudi-Arabien nicht mehr länger zu unterstützen. Es wird vermutet, dass er ebenfalls hinter den verheerenden Bombenanschlägen auf die amerikanischen Vertretungen in Kenia und Tansania steckte.

Links *Die Antarktis ist das letzte große, unberührte Gebiet der Erde. Durch ein internationales Abkommen, das nur rein wissenschaftliche Forschungen erlaubt, versucht man sie zu schützen. Einige Länder verfügen über Territorien in der Antarktis, was zu der Befürchtung Anlass gibt, sie könnten hier Öl- und Mineralvorkommen abbauen, sobald die Vorräte anderswo auf der Welt erschöpft sind.*

Die Umwelt in Gefahr

Die zunehmende Umweltverschmutzung, die Belastung der Weltmeere und die Verstädterung haben bereits zum Aussterben vieler Tier- und Pflanzenarten geführt. In der Sowjetunion z. B. haben die veralteten Industrieanlagen sowie Atomversuche gewaltige Umweltprobleme verursacht: Kasachstan ist durch Atomtests teilweise verstrahlt und der Aralsee wurde durch Bewässerungssysteme für die Baumwollpflanzungen in eine Wüste verwandelt.

In vielen Städten der Welt erreichte die Luftverschmutzung durch Autoabgase und die Verbrennung fossiler Brennstoffe wie Öl und Erdgas unerträglich hohe Werte. Das Abholzen der tropischen Regenwälder trägt ebenfalls zur Verschlechterung des Weltklimas bei. Die gestiegene Kohlendioxid-Emission ist eine der Ursachen für die globale Erwärmung. Einige Wissenschaftler befürchten, dass die Meeresspiegel ansteigen werden, falls die polaren Eiskappen abschmelzen sollten. Viele Küstengebiete würden dann überschwemmt werden.

Auf dem Umweltgipfel in Brasilien (1992) gelang die Verabschiedung international gültiger Zielvorgaben nur schwer. Die reicheren Industrienationen scheinen nicht gewillt zu sein, einen fairen Anteil an den notwendigen Kosten zu übernehmen.

Ökonomische Probleme

Die Ölkrise verursachte in den westlichen Industrieländern Stagnation und Arbeitslosigkeit. In den 1980er-Jahren erholte sich die Wirtschaft zwar wieder, doch die Arbeitslosigkeit blieb ein Problem. Die Entwicklungsländer gerieten in eine Spirale aus Schulden und Inflation, da die steigenden Zinsen ihre ausländischen Kredite so verteuert hatten, dass die Rückzahlung nahezu unmöglich wurde. Viele Kredite wurden gestundet oder erlassen, doch Afrika und Lateinamerika blieben hoffnungslos arm. Südlich der Sahara kam es Ende der 1970er-Jahre zu schrecklichen Hungersnöten, die durch die Bürgerkriege in Somalia und im Sudan noch verstärkt wurden.

In der ehemaligen UdSSR gestaltete sich der Übergang von der Planwirtschaft zur freien Marktwirtschaft problematisch. Der „Schwarzmarkt" machte einige wenige sehr reich, während die Regierung Ende der 1990er-Jahre bankrott war. Staatliche Löhne wurden monatelang nicht gezahlt und der Lebensstandard sank rapide.

Japans kometenhafter Aufstieg zu einer Wirtschaftsgroßmacht verhalf auch anderen Ländern Südostasiens zu Wirtschaftswachstum. Südkorea, Taiwan, Malaysia, Thailand und Singapur erlebten in den 1990er-Jahren einen Aufschwung. Die Wirtschaftskrise von 1997/98 führte in den „Tigerstaaten" jedoch zu stark steigender Arbeitslosigkeit, und selbst Japan litt unter den Auswirkungen der Rezession.

Unten rechts *Eine Filiale der Fastfood-Kette McDonald's in Peking. In den 1980er-Jahren begann China mit der Liberalisierung seiner Wirtschaft. Seit Ende der 1990er stellt es den größten potenziellen Markt für ausländische Investoren dar.*

GLOSSAR

Abbasiden Arab. DYNASTIE der KALIFEN, die den größten Teil der islam. Welt von 750–1258 n. Chr. beherrschte.

Ablass Nach der kath. Lehre der Nachlass von Sünden durch einen Akt der Buße. Der Verkauf von Ablassbriefen im späten MITTELALTER führte zur REFORMATION.

Aborigines Die Ureinwohner Australiens

Absolutismus Regierungsform der MONARCHIE, bei der der Fürst die uneingeschränkte Herrschaftsgewalt innehat (im 17. und 18. Jh. in Europa). *Siehe auch* GÖTTLICHES RECHT.

Achsenmächte Das Bündnis zw. dem Deutschen Reich (1933–1945) und Italien unter Mussolini (Okt. 1936); Japan schloss sich einen Monat später an. Seit 1940 hieß es Dreimächtepakt; bis 1942 traten ihm Ungarn, Rumänien, die Slowakei, Dänemark, Finnland, Nanking-China, Bulgarien und Kroatien bei.

Afrikaners Nachkommen der seit 1652 in Südafrika eingewanderten niederländ. und deut. Siedler. Die weißen Afrikaner sprechen Afrikaans und bestimmten die Politik Südafrikas bis zum Ende der APARTHEID.

Albigenser Auch Katharer genannte Häretiker des 12. und 13. Jhs. im Südwesten Frankreichs. Sie vertraten die dualistische Anschauung, nach der das Universum von zwei Mächten regiert wird: Gott und Teufel. Papst Innozenz III. rief zu einem vernichtenden KREUZZUG gegen sie auf, der vom König Frankreichs und den Adligen des Nordens unterstützt wurde.

allgemeines Wahlrecht Das Recht jedes BÜRGERS, an pol. Wahlen teilzunehmen.

Alliierte Bez. für Großbritannien, Frankreich, die UdSSR und USA, die sich während des Zweiten Weltkriegs gegen die ACHSENMÄCHTE verbündeten; allg. Bündnisse zw. Staaten, v. a. im Krieg.

Anatolien Die große Halbinsel der Türkei (Mittelasien), die zw. dem Schwarzen Meer und dem Mittelmeer liegt. Eines der frühesten Zentren von Landwirtschaft und Metallverarbeitung.

ANC (African National Congress) Die südafrikanische Partei der BANTU war unter der APARTHEID in Südafrika verboten. Nach der Aufhebung des Verbots 1990 wurde der ANC Regierungspartei und sein Führer Nelson Mandela 1994 zum Präsidenten gewählt. Bei den Wahlen 1999 gewann der ANC die Mehrheit, Nelson Mandela trat aus Altersgründen nicht mehr an.

Ancien Régime Bedeutet „altes Regime"; Name des pol. und soz. Systems Frankreichs vor der FRANZÖSISCHEN REVOLUTION 1789; auch die Bezeichung der absolutistischen MONARCHIEN im 18. Jh. in Europa.

Angelsachsen Bez. der germ. Stämme (Angeln, Sachsen und Jüten), die ab ca. 450 n. Chr. vom Festland auf die Britischen Inseln auswanderten. Bis zur Unterwerfung durch die Normannen 1066 n. Chr. wurde die Geschichte Englands von Angelsachsen bestimmt.

Anthropologe Wissenschaftler, der die Ursprünge des Menschen, seine körperlichen Eigenschaften, die gesellschaftliche Organisation und die Bräuche von KULTUREN untersucht.

Apartheid Bez. für die von der Regierung der REPUBLIK Südafrika praktizierte Politik der Rassentrennung zw. Weißen und Farbigen (BANTU, Mischlinge und Asiaten). Die Weißen besaßen die pol., soz. und kult. Privilegien. 1990 wurde die Apartheid abgeschafft.

Araber Die semitischen Stämme der Arabischen Halbinsel, die nach ihrer Islamisierung im 7. Jh. den Mittleren Osten und Nordafrika erobert haben.

Archäologe Wissenschaftler, der durch das Freilegen und Erforschen von Überresten (Siedlungen, Gräber, ARTEFAKTE, Monumente usw.) untersucht, wie die Menschen der Vergangenheit gelebt haben.

Arianismus Häretische Lehre des Arius, eines alexandrinischen Priesters aus dem 4. Jh. Danach ist Christus mit Gott nicht wesensgleich.

Arier Nomadisches Hirtenvolk aus Zentralasien, das um 1500 v. Chr. in den indischen Subkontinent einwanderte.

Aristokratie Adelige Elite; eine aufgrund der Geburt privilegierte Schicht.

Artefakt Von Menschen geschaffener Gegenstand

Assyrer Das nach der Stadt Assur im Norden Mesopotamiens (heute Nord-Irak) benannte, einst mächtige Volk des Mittleren Ostens (ca. 1000–600 v. Chr).

Astronomischer Kalender Kalender, in dem Jahreszeiten, Monate und Tage durch die genaue Beobachtung der Gestirne (Mond, Sonne und Planeten) bestimmt werden (weicht von der hist. Jahreszählung der christl.-julian. Zeitrechnung ab).

Aufklärung Geistige und kult. Strömung des 18. Jhs. Sie übte Kritik an Religion und Aberglauben, die den Menschen unmündig machten. Durch die Vernunft und die Erkenntnisse der Naturwissenschaften könne der Zustand überwunden werden.

Autokrat Ein Herrscher, der die unumschränkte Staatsgewalt auf sich vereinigt. *Siehe* ABSOLUTISMUS.

Azteken Indianervolk; ihr Reich umfasste vor der Eroberung durch die Spanier 1519 Mexiko und Teile Mittelamerikas.

Babylonier Die Bewohner der Stadt Babylon im Süden Mesopotamiens. Das erste Babylonische Reich, das um 1800 v. Chr. entstand, wurde 1600 v. Chr. von den HETHITERN zerstört. Nach dem Untergang Assyriens 600 v. Chr. entstand das Neubabylonische Reich.

Bantu Größte Sprachgruppe in Afrika, 90 Millionen Menschen in Afrika sprechen Bantusprachen.

Barock Epoche der Kunst (Malerei, Bildhauerei, Architektur, Musik) im 17. und 18. Jh. in Europa. Sie zeichnet sich durch pompöse Dekors und durch die Dramatik von Bewegung und Kontrasten aus. Der Barock ist die Kunst der GEGENREFORMATION und des ABSOLUTISMUS.

Bastille Die 1368–1382 in Paris erbaute Burg war seit dem 17. Jh. Staatsgefängnis. Sie wurde zu Beginn der FRANZÖSISCHEN REVOLUTION am 14. Juli 1789 vom Volk gestürmt und 1790 zerstört.

Beschwichtigungspolitik Politik der Zugeständnisse bei Konflikten zw. Staaten, mit dem Ziel, einen Krieg zu verhindern.

Biafra Name des Ost-Teils Nigerias, der sich 1967 für unabhängig erklärte. In dem darauf folgenden Bürgerkrieg kamen eine Million Menschen um. Seit 1970 gehört das Gebiet wieder zu Nigeria.

Bischof Leitender Geistlicher der christl. Gemeinden

blockfreie Staaten Staaten, die sich im KALTEN KRIEG als neutral bezeichneten und weder dem östl. (WARSCHAUER PAKT) noch dem westl. (NATO) Bündnis angehörten.

Bolschewisten (russ. „Mehrheitler") Bez. des radikalen Flügels der Sozialdemokratischen Arbeiterpartei Russlands, der von Lenin angeführt wurde. Mit der Oktoberrevolution (1917) gründeten die Bolschewisten die Kommunist. Partei Russlands und die Sowjetunion.

Britisch-Französischer Kolonialkrieg Krieg in Nordamerika zw. Großbritannien und Frankreich (1754–1763). Frankreich verliert alle Gebiete in Nordamerika, das angelsächsisch wird.

Bronzezeit Epoche der Vorgeschichte Asiens und Europas (4000 –1200 v. Chr.), in der Werkzeuge und Waffen aus Bronze gefertigt wurden. Bronze ist eine Legierung aus Kupfer mit Arsen und Zinn. Sie ist härter als reines Kupfer und lässt sich zu scharfen Klingen verarbeiten.

Buddhismus Weltreligion, die im 5. Jh. v. Chr. von dem indischen Religionsstifter Siddhartha Gautama (Buddha) gegründet wurde und sich von Indien nach Südostasien, Tibet, China und Japan ausbreitete.

Bulgaren Aus Innerasien stammendes Turkvolk, das im 4. Jh. v. Chr. nach Europa eindrang. Im 7. Jh. siedelten sich einige wahrscheinlich im Balkan an. Bulgarien wurde nach ihnen benannt.

Buren Nachkommen der hauptsächlich niederländ. Siedler in Südafrika. Mitte des 19. Jhs. gründeten sie eine unabhängige Republik, die nach dem Burenkrieg (1899–1902) gegen die Briten ihre Unabhängigkeit wieder verlor.

Bürger Im antiken Griechenland Land besitzendes Mitglied eines STADTSTAATES. Das BÜRGERRECHT war erblich; Fremden, Frauen und Sklaven wurde es verwehrt. Das BÜRGERRECHT der Stadt Rom konnte auch an ehemalige Sklaven und Angehörige anderer Völker verliehen werden.

Bürgerrechte Die Rechte der BÜRGER eines Staates, darunter das Recht auf freie Entfaltung der Persönlichkeit, freie Wahl des Wohnortes, Wahlrecht usw.; sie stehen gleichberechtigt neben den pol. Rechten.

Byzantinisches Reich Abendländische Bez. für das Oström. Reich von 610 bis zur Eroberung durch die OSMANEN 1453. Es entstand nach der Einsetzung von Byzanz als neue röm. Hauptstadt Konstantinopel durch Konstantin I. den Großen.

Ch'ing Von den MANDSCHU gegründete DYNASTIE, die China 1644–1911 regierte.

Chin-Reich Der von den Tschurtschen in der nördl. Hälfte des Sung-Reiches gewaltsam errichtete Staat (1127–1234 n. Chr.), der von den MONGOLEN vernichtet wurde.

Chou Die Chou-DYNASTIE regierte China von 1122–256 v. Chr., länger als jede andere DYNASTIE davor und danach.

Christentum Weltreligion, deren Stifter Jesus Christus war. Die Inhalte der christl. Religion sind in der Bibel formuliert. Im MITTELALTER entstand neben der KATH. KIRCHE die ORTHODOXE KIRCHE, aus der REFORMATION ging die protestantische Kirche hervor.

Code Napoleon Bez. für die von Kaiser Napoléon I. veranlasste französische Gesetzessammlung

Containment Eindämmungspolitik der USA während des KALTEN KRIEGES mit dem Ziel, die Ausdehnung des kommunist. Machtbereichs der UdSSR zu verhindern.

Demokratie Im antiken Griechenland ging die Regierungsgewalt im STADTSTAAT von den BÜRGERN aus.

Depression, wirtschaftliche Eine starke oder lang anhaltende Wirtschaftskrise, die zu hoher Arbeitslosigkeit führt.

Deutscher Orden Bedeutender geistl. Ritterorden des MITTELALTERS, der 1190 n. Chr. gegründet wurde und die heidnischen Pruzzen (Preußen) christianisiert hat.

Diadochen Die Nachfolger Alexanders des Großen (u. a. Ptolemaios, Seleukos, Kassander), die das Reich Alexanders unter sich aufteilten.

Dritte Welt Begriff für die ärmsten Länder der Welt im Vergl. zur Ersten (westl.) Welt und der Zweiten Welt (sozialist. Staaten)

Dynastie Eine Familie oder eine Gruppe von Menschen, die über mehrere Generationen die Staatsgewalt innehat.

Edikt von Nantes Toleranzedikt des franz. Königs Heinrich IV. von 1598, das den franz. HUGENOTTEN freie Religionsausübung garantierte und den Religionskrieg in Frankreich beendete. Es wurde von Ludwig XIV. 1685 aufgehoben, was zur Flucht der HUGENOTTEN aus Frankreich führte.

Eisenschmelze Das Herauslösen von Metallen aus mineralischem Erz bei sehr hohen Temperaturen

Eisenzeit Nach der BRONZEZEIT die Kulturperiode, in der Eisen das Rohmaterial für Werkzeuge und Waffen war. Zw. 1400 und 1200 v. Chr. entstand in Anatolien das Wissen um die Eisenverarbeitung und breitete sich von dort in den Mittleren Osten, nach Europa, Asien und Afrika aus. Bis zur Ankunft der ersten Europäer war Eisen auf dem amerik. Kontinent unbekannt.

Eiserner Vorhang Dieser Ausdruck wurde 1947 von Winston Churchill geprägt und beschreibt die ideolog. Teilung Europas in die sozialist. Ostblockländer und das demokratische Westeuropa.

Eiszeit Zeitraum der Erdgeschichte, der vor einer Million Jahren begann und bis 10 000 v. Chr. dauerte. Durch die globale Klimaverschlechterung waren große Landmassen von Eis bedeckt; die Meeresspiegel waren erheblich niedriger als heute.

Endlösung Hitlers Absicht, die gesamte jüdische Bevölkerung Europas zu ermorden. *Siehe auch* VÖLKERMORD.

Entspannungspolitik Pol. Bemühungen um den Abbau der pol. und milit. Spannungen zw. den USA und der UdSSR zur Sicherung des Weltfriedens: Vereinbarung zur Rüstungskontrolle, Ausbau der pol., wirtschaftl. und kult. Beziehungen.

Ethnische Säuberung Beschönigende Umschreibung für den VÖLKERMORD (Genozid). So hat sich die serbische Regierung wegen ihres Vorgehens gegen die nichtserbischen Minderheiten in den 1990er-Jahren des VÖLKERMORDES schuldig gemacht.

Etrusker Ein Volk unbekannter Herkunft, das im 8. Jh. v. Chr. in Nord- und Mittelitalien eine hohe KULTUR entwickelt hatte. Im 4. Jh. v. Chr. wurden die Etrusker von den Römern verdrängt.

Exkommunikation In der KATH. KIRCHE der Ausschluss eines Kirchenangehörigen aus der Gemeinschaft der Kirche (Bann, Kirchenbann); er bedeutete Ausschluss vom Gottesdienst und von den Sakramenten. Im MITTELALTER versuchten die PÄPSTE häufig durch Exkommunikation den allumfassenden Machtansprüchen weltlicher Herrscher Einhalt zu gebieten.

Faschismus Herrschaftssystem unter Mussolini in Italien (1922–1945) und im nationalsozialist. Deutschland (1933–1945); Bez. für extrem nationalist., antikommunist. Bewegungen, die nach dem Führerprinzip organisiert sind und auf die milit. Erweiterung ihres Gebiets abzielen.

Feudalismus Staats- und Gesellschaftsordnung des abendländischen Mittelalters. Der Feudalismus basierte auf dem Lehnswesen, dem Verhältnis zw. dem Lehnsherrn (Eroberer, König, Adliger) und seinen Lehnsleuten (Vasallen).

Flüchtling Jemand, der auf Grund eines Krieges, pol. oder wirtschaftl. Unterdrückung seine Heimat verlassen muss.

fossile Brennstoffe Dazu gehören z. B. Kohle, Erdöl und Erdgas. Diese Brennstoffe sind über Jahrmillionen aus tier. und pflanzl. Organismen im Inneren der Erde entstanden. Wenn man sie verbrennt, wird Kohlendioxid freigesetzt.

Fossilien Die Überreste von Tieren und Pflanzen, die in Lehmböden oder Schichtgestein erhalten geblieben sind

Franken Westgerm. Stammesgruppe, die zunächst östl. des Niederrheins siedelte. Vom 6.–9. Jh. war das Frankenreich die stärkste Macht in Westeuropa.

Französische Revolution REVOLUTION des Bürgertums in Frankreich, die das ANCIEN RÉGIME 1789 stürzte; es folgten Revolutionskriege bis 1799, als Napoleon Bonaparte die Revolutionsregierung ablöste.

Freibeuter Ein Pirat, der mit der Erlaubnis einer Regierung die Handelsschiffe eines anderen Staates aufbrachte

Fruchtbarer Halbmond Eine sehr fruchtbare Ebene, die sich in einem Bogen vom heutigen Israel über den Libanon, Syrien, Südanatolien und Irak bis zum Persischen Golf erstreckt. Bereits vor 10 000 Jahren wurden hier erstmals Landwirtschaft und Ackerbau betrieben.

Frühes Mittelalter Zeitraum in der europ. Geschichte vom Beginn der Völkerwanderung (375–568 n. Chr.) bzw. dem Untergang des Weström. Reichs (476) bis etwa 1000 n. Chr.

Fünfjahresplan Liste der Ziele für die landwirtschaftl. und industr. Produktion, die in sozialist. regierten Ländern von der Regierung vorgeschrieben und deren Erfüllung von ihr kontrolliert wurde.

Gazastreifen Schmaler Gebietsstreifen an der Mittelmeerküste zw. Israel und Ägypten, den Israel nach dem Sechs-Tage-Krieg 1967 besetzte. 1994 kam er unter palästinensische Selbstverwaltung.

Gegenreformation Bez. für den Versuch der KATH. KIRCHE, die durch die REFORMATION protestantisch gewordenen Gebiete wieder zu rekatholisieren. Aus diesem Grund wurde z. B. der Orden der JESUITEN gegründet. Außerdem wurden Missionare nach Asien und Amerika geschickt, um Abtrünnige zurückzugewinnen.

Gemeinschaft Unabhängiger Staaten (GUS) Lockerer pol. Zusammenschluss der ehemaligen sowjetischen REPUBLIKEN nach dem Fall der UdSSR 1991

Generalstände (frz. États géneraux), die franz. Nationalversammlung von 1302–1614. In ihr waren die drei Stände vertreten: die Geistlichkeit (Erster Stand), der Adel (Zweiter Stand) und das Besitzbürgertum (Dritter Stand). Sie wurde 1789 erstmals wieder einberufen und eröffnete den Weg zur FRANZÖSISCHEN REVOLUTION.

Gleichgewicht des Schreckens Argument für die Stationierung von Atomwaffen während des KALTEN KRIEGES. Diese Waffen, so hieß es, sichern den Frieden, da ein atomarer Krieg weder Sieger noch Besiegte kennt, sondern zur Vernichtung der gesamten Menschheit führen würde.

globale Erderwärmung Anstieg der durchschnittlichen Temperatur auf der Erde, der wahrscheinlich durch den TREIBHAUSEFFEKT verursacht wird.

Glyphe In Stein geritzte Bildsymbole, die in Mesopotamien, bei den Maya und Azteken als Schrift verwendet wurden.

Goldwährung Währungssystem, in dem das Geld an Gold gebunden ist, um die nationale Währung und die internationalen Devisen stabil zu halten.

Gotik Kunstepoche von 1150–1500 n. Chr. in Westeuropa. In der Architektur gekennzeichnet durch die Verwendung von langen, schlanken Säulen und Spitzbögen, die den Bau sehr hoher Deckengewölbe in den Kirchen, Kathedralen und Palästen dieser Zeit ermöglichten.

göttliches Recht Die Auffassung, dass ein Monarch durch Gott selbst eingesetzt wird. Ungehorsam gegen den Monarchen wurde mit Ungehorsam gegen Gott gleichgesetzt; Prinzip des ABSOLUTISMUS.

Guerillataktik Kampfstrategie von kleinen, irregulären Truppen, die versuchen, durch kurze und schnelle Attacken wesentlich größere und besser ausgerüstete Armeen zu bekämpfen.

Guillotine Hinrichtungsgerät der FRANZÖSISCHEN REVOLUTION

Gulag Straflager in der ehemaligen Sowjetunion, in denen pol. Gegner (Dissidenten) gefangen gehalten wurden.

Habsburger Europäische DYNASTIE, die 1273 mit dem Herzogtum Österreich belehnt wurde, das sie ohne Unterbrechung bis 1918 regierte. Sie stellte Erzherzöge, Könige und Kaiser. 1452 gewannen die Habsburger die Krone des HEILIGEN RÖMISCHEN REICHES, deren Träger sie bis 1806 blieben.

Han Die Han-DYNASTIE regierte China von 206 v. Chr. –220 n. Chr. Die Han-Chinesen bilden mit heute 91 % die Mehrheit des chin. Staatsvolkes.

Handelskompanien Handelsgesellschaften, die im 17. Jh. den Überseehandel beherrschten und zur Kolonialisierung vieler Länder beitrugen. Die Engländer (1600), die Niederlande (1602) und Frankreich (1664) gründeten Ostinidische Kompanien. Sie verfügten über eigene Armeen, um europäische Konkurrenten auszuschalten und einheimische Widerstände zu bekämpfen.

Häresie Im Mittelalter die schwer wiegende Abweichung von der Lehre der Kirche

Hazienda Landwirtschaftl. Großbetrieb in den ehemaligen spanischen Kolonien Mittel- und Südamerikas

Heide Im MITTELALTER jeder, der kein Christ war.

Heiliges Römische Reich Bez. für den Herrschaftsbereich des abendländischen Römischen Kaisers. Otto I., der sich als legitimer Nachfolger der Kaiser des Weström. Reiches und Beschützer der Christenheit empfand, beanspruchte 962 den Titel Kaiser des Heiligen Römischen Reiches erstmals. Im MITTELALTER umfasste es Mitteleuropa und Norditalien, entwickelte sich jedoch zu einem losen Staatenbund. 1806 von Napoleon aufgelöst.

Hellenismus Die Zeit in der Geschichte Griechenlands und des Mittleren Ostens vom Tod Alexanders des Großen 323 v. Chr. bis zur Eroberung Ägyptens durch die Römer 30 v. Chr., die durch den großen Einfluss der griech. KULTUR bestimmt war.

Herzog Bei den Germanen der für die Dauer eines Kriegszuges gewählte oberste Heerführer; unter den Merowingern ein den Grafen übergeordneter königlicher Amtsträger in Grenzgebieten des Frankenreichs. Durch die Schwäche des Königtums im europäischen MITTELALTER regierten einige Herzöge ihre Herzogtümer auch relativ selbstständig und unabhängig.

Hethiter Ein Volk, wahrscheinlich aus Südosteuropa stammend, das um 2000 v. Chr. nach Anatolien einwanderte. Die Hethiter schufen ein bedeutendes Reich, das sich bis nach Syrien ausdehnte und bis 1200 v. Chr. bestand.

Hieroglyphenschrift Ein Schriftsystem, bei dem Bilder oder PIKTOGRAMME die Wörter einer Sprache darstellen. Hieroglyphen wurden unter anderem in Ägypten und Mexiko verwendet.

Hinduismus Die Religion und Kultur Indiens seit dem Altertum. Heute gehören ihr über 450 Millionen Menschen (überwiegend in Indien) an.

Hirtentum Eine Bauernkultur, die sich stärker auf Tierhaltung stützt als auf Landwirtschaft. Weil das Vieh auf Weideland angewiesen ist, lebten die Hirtenvölker als NOMADEN bzw. Halbnomaden.

Holocaust Bez. für den VÖLKERMORD an den Juden im Dritten Reich (1933–1945)

Glossar

Hominiden Zur Familie der *Hominidae* gehören die Primaten (Affen) ebenso wie wir Menschen und alle unsere direkten sowie artverwandten Vorfahren. Sie zeichnen sich durch den aufrechten Gang auf zwei Beinen aus.

Homo erectus Dieser wissenschaftliche lateinische Name bedeutet „aufrechter Mensch". So nennt man die Vorfahren des heutigen Menschen, die vor 1,9 Millionen bis 400 000 Jahren gelebt haben.

Homo habilis Wörtlich „Mensch, der seine Hände gebraucht"; die wissenschaftliche Bez. für eine Spezies der menschl. Vorfahren, die vor 2,4–1,9 Millionen Jahren lebte. Es handelt sich um den ersten Hominiden, der Werkzeuge hergestellt hat.

Homo sapiens Der Name der Spezies des modernen Menschen, die vor ungefähr 400 000 Jahren entstand. Die wörtliche Übersetzung bedeutet „weiser Mensch".

Hugenotten Die Protestanten in Frankreich im 16. und 17. Jh.

Humanismus Eine geistige Bewegung, die im Zeitalter der Renaissance durch die Wiederentdeckung der Kultur der Antike ein neues Menschenbild entwickelte. Im Mittelpunkt steht der freie Wille der Menschen, die Überlegenheit über die Schöpfung und ein neues Verhältnis zu Gott. *Siehe auch* Reformation.

Hunnen Kriegerische Reiter- und Viehzüchternomadenstämme aus dem Gebiet der heutigen Mongolei, die im 3. Jh. v. Chr. in Osteuropa einfielen. Nach dem Tod ihres Stammesführers Attila (453 n. Chr.) sind sie in anderen Völkern aufgegangen.

Hyksos Volk des Mittleren Ostens, das 1640–1532 v. Chr. in Unterägypten einfiel und im Nil-Delta die Stadt Auris gründete.

Ikonen Meist auf Holz gemalte Heiligenbilder der oström. Kirche, die der Verehrung von Heiligen bzw. der Heiligen Schrift dienen. *Siehe auch* orthodoxe Kirche.

Imperialismus Herrschaftsverhältnis mit dem Ziel, ein fremdes Land mit pol., wirtschaftl. und ideolog. Mitteln zu beeinflussen, auszubeuten und zu beherrschen.

Indianer Ureinwohner Amerikas; der Name geht auf den Irrtum Kolumbus' zurück, der bei seiner Landung in Amerika glaubte, Indien erreicht zu haben.

Industrielle Revolution Phase der beschleunigten technologischen, wirtschaftl. und soz. Veränderungen, die seit etwa 1785 in Großbritannien, später in Westeuropa und Nordamerika einsetzte.

Inflation Anhaltender Anstieg der Preise, weil die Geldmenge einer Volkswirtschaft viel größer ist als die Menge der verfügbaren Güter.

Inka Indianervolk; das Reich der Inka umfasste vor der Eroberung durch die Spanier 1535 die Anden und die Westküste Südamerikas.

Inquisition Einrichtung der kath. Kirche im Mittelalter zur Bekämpfung der Häresie. Ihren Höhepunkt erreichte sie in Spanien, wo zw. 1481 und 1808 etwa 31 000 Menschen verbrannt wurden.

Intifada Aufstand der palästinensischen Araber im Gazastreifen und im Westjordanland gegen die israelische Besatzungsmacht, der 1987 begann.

Islam Die um 610 n. Chr. durch den Propheten Mohammed in Arabien gestiftete Religion. Die Nachfolger des Propheten, die Kalifen, unterwarfen in wenigen Jahrzehnten den Vorderen Orient und Nordafrika.

Jäger und Sammler Bez. für unsere Vorfahren, die sich von der Jagd wilder Tiere, vom Fischfang sowie dem Sammeln von Pflanzen und Früchten ernährten.

Jakobiner Radikale pol. Gruppe während der Französischen Revolution. Unter Robespierre organisierten sie die Schreckensherrschaft 1793/94.

Janitscharen Türkische Fußtruppe; im 14. Jh. gebildet aus christl., zum Islam übergetretenen Kriegsgefangenen und entführten christl. Jugendlichen vom Balkan, die zu Muslimen erzogen wurden. Im Osmanischen Reich waren sie die Kerntruppe des Heeres; 1826 aufgelöst.

Jesuiten 1539 von Ignatius von Loyola gegründeter kath. Orden. Seine Hauptaufgabe war die Mission und die Erziehung im Sinne der kath. Kirche.

Judentum Die älteste monotheistische Religion. Aus ihr gingen das Christentum und der Islam hervor. *Siehe auch* Monotheismus.

Jurte Rundes, mit Filzdecken oder Tierhäuten belegtes Zelt der Hirtennomaden in West- und Zentralasien (Mongolen)

Kalifen Bez. für die Nachfolger des Propheten Mohammed († 632), die die Aufgabe hatten, das islam. Reich zu erhalten und zu mehren.

Kalter Krieg Bez. für den Ost-West-Konflikt zw. der UdSSR sowie deren Blockstaaten und den USA und ihren Verbündeten. Er begann 1945, als Deutschland zw. den westl. Alliierten und der UdSSR geteilt wurde, und endete 1991 mit dem Zerfall der Sowjetunion bzw. mit der deut. Wiedervereinigung 1989. Die ideolog. Spannungen zw. den Supermächten führten zum weltweiten Wettrüsten.

Kalvinismus Die vom franz. Theologen Johannes Calvin (1509–1564) während der Reformation begründete protestantische Lehre. Er betont die Prädestination (Vorbestimmung), wonach die ewige Seligkeit oder Verdammnis des Menschen durch Gott vorbestimmt ist.

Kapitalismus Ein wirtschaftl. System, in dem alle Produktionsmittel in privatem Besitz sind und die max. Gewinnsteigerung für die Eigentümer und Investoren das angestrebte Ziel ist.

Karthager Einwohner von Karthago, einer wichtigen Hafen- und Handelsstadt in Nordafrika, die 814 v. Chr. durch die Phönizier gegründet wurde.

Kathedrale Kirche, die offizieller Sitz eines Bischofs ist; leitet sich vom lateinischen *cathedra* (Stuhl) ab.

katholische Kirche (auch röm.-kath. Kirche) Die bis zur Reformation in Europa vorherrschende Religion, deren Oberhaupt der Papst in Rom war und noch heute ist.

Keilschrift Nach dem keilförmigen Druck des Griffels in den weichen Ton der Schreibtafel benannte Schrift, die in Mesopotamien um 3000 v. Chr. entstand.

Khanat Das Fürstentum eines Khans in Zentralasien nach dem Untergang des Mongolenreiches

Klan Eine Gruppe von Menschen, die durch gemeinsame Vorfahren oder durch Heirat miteinander verbunden sind.

Kloster Der gegenüber der Außenwelt abgeschlossene Lebensbezirk von Mönchen eines Ordens

Kollektivierung Der Zusammenschluss von Bauernhöfen und privaten Unternehmen zu landwirtsch. und industr. Produktionsgenossenschaften unter zentralistischer, staatl. Kontrolle

Kolonie Ein neues Gemeinwesen außerhalb eines angestammten Territoriums, das mit dem Ursprungsland aber noch in Verbindung steht.

Kolonisation Die Aneignung fremder Länder durch einen Staat, um diese zu besiedeln und wirtschaftl. auszubeuten.

Kommunismus Pol.-ideolog. Sammelbegriff, der oft mit Sozialismus gleichgesetzt wird. Ziel ist die Abschaffung von Armut und Ungleichheit durch die Errichtung einer klassenlosen Gesellschaft und die totale Beseitigung des Privateigentums an den Produktionsmitteln. Vor dem Hintergrund der soz. Probleme der Industriellen Revolution veröffentlichten Karl Marx und Friedrich Engels 1848 das „Kommunistische Manifest". In der Folge entstanden totalitäre Staaten, z. B. die UdSSR, in denen eine Partei das gesamte pol., wirtschaftl. und kult. Leben kontrollierte.

Konfuzianismus Philosoph. und soz. Geisteshaltung, die von dem chin. Gelehrten Konfuzius (ca. 551–479 v. Chr.) entwickelt wurde. Sie beeinflusst noch heute Gesellschaft und Kultur in China.

Konquistadoren Span. und port. Adlige und Abenteurer, die im 16. Jh. Süd- und Mittelamerika (Mexiko, Peru) erschlossen und unterworfen haben.

Konsul Titel (aus der röm. Antike), den Napoleon I. führte, als er 1799 die franz. Regierung übernahm, und bis 1804 beibehielt, als er sich selbst zum Kaiser erhob.

Konzentrationslager Ein großes Gefangenenlager. Die Nationalsozialisten errichteten ab 1933 im Dritten Reich zahlreiche Konzentrationslager, in denen Juden, Kommunisten, Sozialisten, pol. Andersdenkende, Sinti und Roma, Homosexuelle, Geistliche und viele andere, die man als „Volksschädlinge" betrachtete, gefangen gehalten und ermordet wurden.

Koran Die heilige Schrift des Islam, die die Lehren Mohammeds enthält.

Kosaken Leitet sich vom turktatarischen Wort *kazak* ab und bedeutet „Abenteurer" oder „freier Krieger". Bauern aus Polen, Litauen und Russland, die sich der Leibeigenschaft durch die Flucht in den Norden des Schwarzen Meeres entzogen. Im 17. und 18. Jh. gerieten sie zunehmend unter russ. Oberhoheit. Im zaristischen Russland bildeten sie die Elite der Kavallerieregimente.

Kreuzzüge Die im Mittelalter vom Papst in Rom ausgerufenen und unterstützten Kriege gegen „Heiden" und Häretiker (Spanien), v. a. aber die vom Ende des 11. bis zum Ende des 13. Jh. unternommenen Züge zur Befreiung der heiligen Stätten von islam. Herrschaft. Insges. gab es sieben Kreuzzüge sowie Kinderkreuzzüge.

Kriegsverbrechen Aktionen, die gegen das international anerkannte Kriegsrecht verstoßen, darunter Angriffskrieg, Misshandlung von Zivilisten und Verbrechen gegen die Menschlichkeit.

Kultur Werte und Schöpfungen eines zusammengehörigen Gemeinwesens. Zur Kultur gehören Sprache, Religion, Ethik, Institutionen, Recht, Technik, Kunst, Literatur, Musik und Philosophie, außerdem die Artefakte, die von einer Gesellschaft geschaffen werden.

Kulturrevolution Zeit der bürgerkriegsähnlichen Zustände in der Volksrepublik China von 1965–1969, in der Mao Tsetung u. a. Intellektuelle und pol. Gegner innerhalb der Partei, aber auch unter der chin. Zivilbevölkerung brutal verfolgen ließ, um seine pol. Macht zu festigen.

Kuomintang „Nationale Volkspartei" Chinas. Nach der Niederlage im Bürgerkrieg gegen die Kommunistische Partei Chinas wurde die Kuomintang vom chin. Festland vertrieben, 1949 errichtete die Partei unter Chiang Kai-shek eine Militärregierung auf Taiwan.

Kuschan Dynastie im alten Indien, die aus den Führern eines Klans hervorging, der vom 2.–1. Jh. v. Chr. aus Zentralasien nach Baktrien abgedrängt wurde. Ihr großes Reich ging um 380 n. Chr. unter.

Latein Die Sprache der antiken Römer und der KATH. KIRCHE. Die modernen Sprachen Italienisch, Französisch, Spanisch und Portugiesisch sind aus dem Lateinischen hervorgegangen.

Lehen Eine Sache (Land, Amt) oder ein Recht, das einem VASALLEN vom Lehnsherrn auf Lebenszeit übertragen wurde. Im Gegengenzug war dieser zu Treue gegenüber dem Lehnsherrn und zu Diensten (Kriegsdienst, Hoffahrt) verpflichtet.

Leibeigenschaft Seit dem Mittelalter die persönliche Abhängigkeit der Bauern von einem Leibherrn, dem sie zu Diensten und zu Abgaben verpflichtet waren, dafür gewährte er ihnen Land und Schutz. In manchen Gegenden Europas bestand sie noch im 19. Jh.

Luthertum Glaubensrichtung des PROTESTANTISMUS, die von der Theologie des Reformators Marin Luther (1483–1546) inspiriert ist.

Makedonien Mächtiges Königreich im Norden Griechenlands. Der makedonische König Alexander der Große eroberte das Persische Reich 334–326 v. Chr.

Mamelucken Ursprünglich Militärsklaven türk., kaukas. oder slaw. Herkunft, die von 1250–1811 Ägypten beherrschten.

Mandat des Himmels Eine Doktrin, auf der bis 1911 alle chin. Herrscher ihre Macht gründeten. Sie besagt, dass die Regenten von den Göttern eingesetzt werden.

Mandschu Volk aus der Mandschurei im Nordosten Asiens, das 1644 China eroberte; Gründer der CH'ING-DYNASTIE, die bis 1911 herrschte.

Marathen Hindu-Volk im heutigen ind. Bundesstaat Maharashtra, das im 17. und 18. Jh. einen Kriegerstaat bildete.

Marktwirtschaft, freie Wirtschaftssystem, in dem private Unternehmer selbstständig und unabhängig handeln können. Der Staat greift nur in geringem Maße regulierend ein. *Siehe auch* KAPITALISMUS.

Marshallplan US-amerik. Hilfsprogramm zur Unterstützung des wirtschaftl. Wiederaufbaus der Länder Europas, ohne die Ostblockländer, nach dem Zweiten Weltkrieg.

Marxismus Pol. Ideologie auf der Grundlage der Schriften von Karl Marx. *Siehe auch* KOMMUNISMUS.

Maurya Die Maurya-DYNASTIE beherrschte 381–185 v. Chr. den größten Teil Indiens.

Meder Ein Nomadenvolk aus Zentralasien, das im 9. Jh. v. Chr. im Nordirak sesshaft wurde. Das Königreich Medien wurde 550 v. Chr. von den Persern erobert.

Megalithen Große Steine, aus denen Kultstätten und Gräber (z. B. Hünengräber) errichtet wurden. Megalithgräber und die Steinkreise in Westeuropa, z. B. Stonehenge, entstanden im NEOLITHIKUM. Viele präkolumbische Bauwerke in Amerika wurden aus Megalithen errichtet.

Meiji-Restauration Mit ihr endet die Macht der SHOGUNEN-Herrschaft in Japan. Durch die Wiedereinsetzung des japanischen Kaisers (Meiji Tenno) 1868 entstand das moderne Japan.

Menschenrechte Die überstaatlichen, dem Mensch von Natur aus gegebenen unveräußerlichen Grundrechte (z. B. die Rechte auf Gleichheit, Unversehrtheit, Eigentum, Meinungs- und Glaubensfreiheit, Widerstand gegen Unterdrückung)

Mesoamerika Bez. für den altindianischen Hochkulturraum (Olmeken, Maya, Azteken) in Mexiko und im nördl. Zentralamerika (Guatemala, Honduras, Belize, El Salvador) in der Zeit vor der Eroberung durch die Spanier.

Mesopotamien Griechisch „Land zw. den Strömen". In der trockenen, aber fruchtbaren Region zw. Euphrat und Tigris (Zweistromland) im heutigen Irak wurden um 4000 v. Chr. erste Städte gegründet.

Ming-Dynastie Regierte China 1368–1644; wurde von den MANDSCHU gestürzt.

Minorität Ein kleine Gruppe von Menschen, die sich aufgrund von ethnischen, sprachlichen oder religiösen Besonderheiten von der Mehrheit in einer Gesellschaft unterscheidet.

Mittelalter Zeitraum in der europ. Geschichte vom Beginn der Völkerwanderung (375–568 n. Chr.) bzw. dem Untergang des Weström. Reichs (476) bis zur Entdeckung Amerikas (1492 n. Chr.)

Mogul Muslim. DYNASTIE, die von 1526–1858 einen großen Teil Indiens beherrschte. Sie verfügte über eine effektive Verwaltung und brachte große kult. Leistungen hervor (Malerei, Textilkunst, Architektur).

Monarchie Eine Regierungsform, bei der die Macht von einem Einzelnen, z. B. König oder Eroberer, ausgeht und durch Erbfolge auf einen Nachfahren übergeht.

Mongolen Nomadisches Reitervolk aus Zentralasien. Unter Dschingis Khan entstand im 13. Jh. das Mongolenreich.

Monokultur Landwirtschaftl. Anbaumethode, bei der auf riesigen Flächen nur eine einzige Gewinn bringende Pflanze angebaut wird, z. B. Tee oder Tabak.

Monotheismus Glaube an einen Gott

Moschee Gebetshaus der Muslime. Zu erkennen am Minarett (Turm); im Innern ist sie mit Korantexten und nichtfigürlichen Ornamenten geschmückt.

Muslim Anhänger des ISLAM

Mythologie Eine Sammlung überlieferter Erzählungen von Göttern und göttergleichen Helden, die die Entstehung der Welt, die Naturgewalten und die soz. Gebräuche einer bestimmten KULTUR erklären.

Nationalismus Pol. Ideologie, nach der einer ethnischen Gemeinschaft einer KULTUR und einer Sprache innerhalb ihres Territoriums das Recht auf einen eigenen NATIONALSTAAT gebührt.

Nationalstaat Staat, in dem alle Einwohner einer Nation oder Ethnie bzw. Sprachgruppe zugerechnet werden. Tatsächlich bezeichnen sich viele Staaten als Nationalstaaten, auch wenn ihnen MINORITÄTEN angehören.

Nato Das Nordatlantische Verteidigungsbündnis wurde von den USA, Kanada und anderen westl. Staaten nach dem Zweiten Weltkrieg zur gemeinsamen Verteidigung gegen die Sowjetunion und die Staaten des WARSCHAUER PAKTES gegründet. Seit 1955 gehört ihm auch die BRD an.

Nazi Abk. für Nationalsozialist; Mitglied der Nationalsozialistischen Deutschen Arbeiterpartei NSDAP, die am 30. Jan. 1933 in Deutschland die Macht ergriff.

Neandertaler Frühmensch, der während der EISZEIT in Europa lebte. Er fertigte Steinwerkzeuge und begrub seine Toten.

Neolithikum Jungsteinzeit; die Zeitspanne in der Geschichte Asiens und Europas zw. 9000 und 2000 v. Chr., als die Menschen damit anfingen, Kulturpflanzen anzubauen, Haustiere zu halten, und die ersten Bauernkulturen entstanden.

Neue Welt Die europ. Entdecker des 16. Jhs. gaben dem amerik. Kontinent diesen Namen. Damals bezeichnete man Europa, Asien und Afrika als „Alte Welt".

Neutralität Das Recht eines Staates zur Nichtteilnahme an einem Krieg oder einem militärischen Bündnis

Niederländische Republik Eigentlich: REPUBLIK der Vereinigten Niederlande. Vereinigung der sieben nördl., protestantischen Provinzen (Holland, Seeland, Friesland, Utrecht, Geldern, Overijssel, Groningen), die sich 1581 von Spanien lossagte; im 17. Jh. bildeten sie eine bedeutende Handelsmacht.

Nirwana Im HINDUISMUS und BUDDHISMUS der Zustand der Erlösung der Seele, der Freiheit von Begierde und von Leid.

Nomaden Nichtsesshafte Völker, die mit den Jahreszeiten von Ort zu Ort wandern, um Nahrung und Wasser zu finden.

Normannen Bez. für die WIKINGER, die sich im 10. Jh. n. Chr. in der Normandie, Frankreich, niederließen.

Nubien Savannen- und Wüstengebiet beiderseits des Nils im Norden der heutigen REPUBLIK Sudan. Hier entstand eine der ersten ZIVILISATIONEN, die bis etwa 3000 v. Chr. mit der Ägyptens identisch war.

Olmeken Ackerbauern, die an der Golfküste im Südosten von Mexiko lebten und die erste ZIVILISATION (Maisbau, Töpferei) in Amerika gründeten (1200–400 v. Chr.).

Omaijaden Diese arab. DYNASTIE beherrschte die islam. Welt von 661 n. Chr. bis zum Sturz durch die ABBASIDEN.

Opec Die Organisation der Erdöl exportierenden Länder wurde 1960 zunächst als Schutzorganisation gegen die Interessen der Ölkonzerne gegründet. Ihr gehören alle Erdöl exportierenden Länder des Mittleren Ostens an, außerdem Indonesien, Nigeria und Venezuela.

orthodoxe Kirche Die christl. Kirche im Oström. Reich. Diese Glaubensrichtung wurde später von den SLAWEN in Russland übernommen. Ihr Oberhaupt ist der PATRIARCH in Konstantinopel.

Osmanen Die von Osman I. Ghasi begründete DYNASTIE, deren SULTANE von etwa 1300–1922 das Osmanische Reich (Mittlerer Osten und Südeuropa) beherrschten. Die Hauptstadt war Konstantinopel, das frühere Byzanz.

Ostgoten Teil des ostgerm. Volks der Goten. 489 n. Chr. fielen sie in Italien ein.

Paläoindianer Sammelbez. der ARCHÄOLOGEN für die frühesten Bewohner Amerikas, die Vorfahren der amerik. Ureinwohner.

Papst Titel des BISCHOFS von Rom, des Oberhaupts der KATH. KIRCHE.

Papyrus Eine Schilfart, aus der die alten Ägypter Papier herstellten.

Parsismus Nach ihrem Ursprungsland Persien benannte, von Zarathustra im 6. Jh. v. Chr. gestiftete Religion. Sie ist durch den ewigen Widerstreit zw. dem guten Gott und dem „bösen Geist" gekennzeichnet. Die Parsen in Indien, v. a. rund um Bombay, und kleine Gemeinschaften im Iran gehören ihr noch an.

Parther Iranische Halbnomaden, die das Partherreich (Kerngebiet Iran und Irak, 238–226 n. Chr.) gründeten.

Patriarch Oberbischof der ORTHODOXEN KIRCHE. Im frühen CHRISTENTUM Titel der BISCHÖFE von Rom, Antiochia, Alexandria, Konstantinopel und Jerusalem.

Patrizier Nachkommen der röm. Senatsmitgl. aus der Frühzeit der REPUBLIK und Mitgl. der ARISTOKRATIE im antiken Rom

Perser Stammesgruppe der Iraner; als indogerm. Volk mit den MEDERN verwandt. Das Perserreich wurde von König Kyros II. (ca. 559–529 v. Chr.) gegründet und beherrschte den Mittleren Osten, bis es 330 v. Chr. an den Makedonier Alexander den Großen fiel.

Pharao Titel der ägyptischen Könige und Bez. ihres Palastes. Das ägyptische Wort „Per-o" bedeutet „großes Haus".

Glossar

Phöniken Das Volk der Phöniken (Phönizier) besiedelte die historische Landschaft an der syrisch-libanisch-israelischen Mittelmeerküste und war ca. 1000–500 v. Chr. die Handelsmacht im Mittelmeerraum. Sie entwickelten eine Konsonantenschrift, aus der später u. a. die hebräische Quadratschrift und das arab. Alphabet hervorgingen.

Piktogramm Bildsymbol, das für ein Wort oder eine Wortgruppe steht. Die Hieroglyphenschrift besteht aus diesen Schriftzeichen. Die chin. Schrift basiert vollständig auf Piktogrammen.

Plebejer Im antiken Rom die große Zahl der arbeitenden Bürger (Bauern, Handwerker usw.), die nicht Sklaven waren.

PLO Die palästinensische Befreiungbewegung wurde 1964 gegründet. Sie ist heute die stärkste pol. Partei der Palästinenser in den autonomen Gebieten (Gazastreifen; West Bank ohne Jerusalem).

Polytheismus Glaube an mehrere Götter

Protestantismus Christl. Glaubensrichtung, die sich während der Reformation im 16. Jh. von der kath. Kirche abgespalten hat. Leitet sich von der *Protestation* der evang. Reichsstände gegen die Weigerung Karls V. ab, die Religionsfreiheit im Heiligen Römischen Reich zuzulassen. *Siehe auch* Kalvinismus, Luthertum.

Provinz Leitet sich von dem lateinischen Wort *provincia* ab. Alle von den Römern eroberten Kolonien wurden zu Provinzen und von einem röm. Statthalter verwaltet. Im Perserreich wurden sie Satraphie genannt, der Statthalter hieß Satrap.

Ptolemaier Dynastie, die auf den Historiker und Feldherrn Alexanders des Großen, Ptolemaios I., zurückgeht und Ägypten von 304–30 v. Chr. regierte. Die letzte regierende Vertreterin war Kleopatra VII.

Puritaner Anhänger der kirchl. Reformbewegung innerhalb der Kirche von England, vom Kalvinismus beeinflusst.

Pyramide Bauwerk mit quadratischem Grundriss und vier an der Spitze zusammenstoßenden dreieckigen Seiten. Die riesigen ägyptischen Steinpyramiden sind die Grabstätten der ägyptischen Könige.

Raj Name des britischen Vize-Königreichs in Indien von 1858–1947

Reformation Kirchliche Reformbewegung des 16. Jhs., deren Kritik sich v. a. gegen den Ablasshandel, die Verweltlichung der kath. Kirche und die mangelnde theologische Bildung des Klerus richtete. Sie mündete in den Protestantismus.

Renaissance (frz. Wiedergeburt) Kult. Bewegung, die sich von Italien ausgehend (um 1350) zur Mitte des 16. Jhs. über ganz Europa ausgedehnt hat. Diese Rückbesinnung auf die Antike hatte starken Einfluss auf die Kunst, Architektur, Literatur, Philosophie und Wissenschaft in dieser Epoche. *Siehe auch* Humanismus.

Reparationen Zahlungen, die der Verlierer eines Krieges an den Sieger leisten muss, zum Ausgleich der Kosten, die durch den Krieg entstanden sind.

Republik Der antike röm. Staat war die erste Republik. Regierungsform, in der die Staatsgewalt von gewählten Volksvertretern ausgeht. Der Regierungschef ist in einer parlamentarisch-demokratischen Republik ein Kanzler (BRD), ein Premierminister (GB) oder ein Präsident (USA).

Revolution Meist gewaltsamer Umsturz einer Regierung, der eine völlige innenpol. Neuordnung zur Folge hat.

Rezession Zeit des Rückgangs der wirtschaftl. Aktivitäten, die gewöhnlich nicht länger als ein Jahr dauert.

Ritter Ein berittener und gepanzerter Krieger, der im Dienst eines Königs stand. Er war dem Rittertum verpflichtet. Nach einer Lehrzeit als Page oder Knappe konnte ein Mann in den Ritterstand aufsteigen, musste aber für seine Ausrüstung (Rüstung, Pferd, Page etc.) selbst aufkommen.

Rittertum Standesideal der Ritter im Mittelalter. Zu ihren vornehmesten Pflichten gehörten: Tapferkeit in der Schlacht, Tugendhaftigkeit gegenüber den Frauen (Minne) und der Schutz der kath. Kirche.

Romanow Dynastie, die das Russische Reich von 1613–1917 regierte.

Romantik Geistes- und stilgeschichtliche Epoche vom Ende des 18. bis zur Mitte des 19. Jhs. in Europa; bestimmt durch die Idealisierung der Natur, die Konzentration auf die individuellen menschlichen Gefühle und die Kritik am Rationalismus.

Rus Ostslawische Stämme, die im 9.–10. Jh. n. Chr. das Kiewa-Reich gründeten.

Safawiden Dynastie, die Persien (Iran) 1502–1736 regierte.

SALT (Strategic Arms Limitation Talks) Gespräche und Abkommen zur Begrenzung strategischer Waffen zw. den USA und der UdSSR 1969–1979, als Teil der Entspannungspolitik.

Samurai Adelige Klasse der Krieger im mittelalterlichen Japan

Schia Islam. Glaubensrichtung, die den Schwiegersohn Mohammeds Ali Ibn Abi Talib und seine Nachkommen als einzige rechtmäßige Nachfolger des Propheten anerkennt (Schiiten). Im 7. Jh. kam es zur Abspaltung vom sunnitischen Islam. Im Iran ist der schiitische Islam Staatsreligion.

Schintoismus Einheimische polytheistische Religion Japans

Schwarzer Tod Pest-Epedimie, die sich im 14. Jh. in Asien und Europa ausbreitete.

Seevölker Sie drangen 1200–1180 v. Chr., wahrscheinlich aus der nördl. Ägäis bis nach Ägypten vor.

Seidenstraße Eine Handelsstraße, die von China über Asien nach Europa führt.

Seldschuken Alttürkische Dynastie in Vorderasien, die 1037–1080 n. Chr. fast den gesamten Mittleren Osten beherrschte.

Seleukiden Dynastie, die von dem hellenistischen General Seleukos I. gegründet wurde und den Mittleren Osten von 312–64 v. Chr. beherrschte.

Senat Der „Rat der Ältesten", der das antike Rom regierte; urspr. die Häupter der Patrizier. In der republikanischen Zeit (um 470–27 v. Chr.) wurden die Senatoren ebenso wie Verwaltungsbeamte, z. B. die Konsuln, auf Lebenszeit ernannt.

Shang Früheste, überlieferte Dynastie des alten China (ca.1766–1122 v. Chr.)

Shogun In Japan ursprünglich die Bez. für den im Kriegsfall ernannten Heerführer; die Militäraristokratie, die Japan von 1192 bis zur Meiji-Restauration 1868 regierte.

Siebenjähriger Krieg Konflikt in Europa (1756–1763) zw. dem Bündnis aus Frankreich, Österreich, Schweden und Russland gegen Großbritannien, Preußen und Hannover. Es ging um die europäischen Interessen in den Kolonien, wo auch ein großer Teil der Kämpfe ausgetragen wurde, z. B. der Britisch-Französische Kolonialkrieg. Preußen ging aus diesem Konflikt als Großmacht hervor.

Skythen Ostiranisches Reiternomadenvolk, das die Ebenen Zentralasiens von 700–300 v. Chr. beherrschte. Die Westskythen lebten nördlich des Schwarzen Meeres und trieben Handel mit den Griechen.

Slawen Die größte Sprach- und Volksgruppe Osteuropas; sie umfasst Polen, Russen, Weißrussen, Ukrainer, Tschechen, Slowaken, Slowenen, Kroaten und Serben.

Sowjet (russ. „Rat") In der Sowjetunion auch der Name für alle staatlichen Organisationen und deren Repräsentanten.

Sputnik Der russ. Satellit Sputnik wurde 1957, als erster Satellit überhaupt, von der Sowjetunion ins All geschossen.

Staatsstreich Meist gewaltsam durchgeführter Umsturz oder -versuch eines Teils der Staatsgewalt (z. B. Militärbefehlshaber) mit dem Ziel, die gesamte staatliche Macht an sich zu reißen.

Stadtstaat Eine freie Stadt, die das sie umgebende Territorium kontrolliert.

Stele Frei stehende aufrechte Steinplatte mit Inschriften und Reliefs

Sultan (arab. „Herrscher") Herrschertitel in der islam. Welt

Sumerer Die Bewohner von Sumer, im Süden Mesopotamiens, und Begründer einer altorientalischen Hochkultur (ca. 3400–2000 v. Chr.)

Sung-Dynastie Regierte China von 960 v. Chr. bis zum Mongoleneinfall 1279 v. Chr.

Sunniten Die größte der beiden Hauptgruppen des Islam, der heute etwa 90 % der Muslime angehören. Im Gegensatz zu den Schiiten erkennen sie die Kalifen als Nachfolger des Propheten Mohammed an.

Supermächte Bez. für die USA und die UdSSR, die beiden mächtigsten Länder der Welt während der Kalten Krieges, die als erste Atomwaffen besaßen.

Tang-Dynastie Dynastie, die China von 618–907 n. Chr. beherrschte.

Taoismus Religiös-philosophische Richtung in China, die wie der Konfuzianismus seit über 2000 Jahren das geistige Leben in China bestimmt. Im Zentrum steht die Harmonie zw. Mensch und Kosmos.

Tataren Nomadisches Turkvolk aus der südruss. Steppe, das im 13. Jh. von den Mongolen besiegt wurde und in ihnen aufging, bis die Mongolen von Dschingis Khan vernichtet wurden; später Bez. für die Goldene Horde und das aus ihr hervorgegangene Volk.

Taufe Der in allen christl. Kirchen übliche Aufnahmeritus; die symbolische Waschung mit Wasser.

Terrorismus Pol. motivierte Gewaltanwendung durch revolutionäre oder extremistische Gruppen mit dem Ziel, eine revolutionäre Situation herzustellen, um einen Staat umzustürzen.

Thesenanschlag Im Jahr 1517 schlug Luther 95 Thesen über den Ablasshandel und die Verweltlichung der Kirche an das Portal der Schlosskirche zu Wittenberg.

Tigerstaaten Die asiatischen Länder, deren Wirtschaft in den 1970er- und 1980er-Jahren rasant wuchs.

Treibhauseffekt Aufgrund des Ozonlochs durchdringt das sichtbare Sonnenlicht (UV-Strahlung) die Atmosphäre fast ungehindert und wird erst auf der Erdoberfläche absorbiert. Die Wärmestrahlung kann jedoch nicht mehr vollständig ins Weltall abgestrahlt werden, weil sie durch Wasserdampf und Kohlendioxid in der Atmospähre absorbiert wird. Hauptursache sind die Verbrennung fossiler Brennstoffe und Treibgase wie FCKW, die zur globalen Erderwärmung führen.

Tribut Abgabe, die ein besiegter Herrscher dem Eroberer leisten musste; oft Gold oder Silber, manchmal auch Menschen.

Trojanischer Krieg Die griech. Mythologie erzählt von einem Krieg zw. den Griechen und den Trojanern (Bewohner der Stadt Troja an der Nordwestspitze Kleinasiens).

Turkvölker Die Völker Zentralasiens, die Turksprachen sprechen.

Tyrann Inhaber der absoluten Gewaltherrschaft in antiken griech. Staaten. Er war nicht unbedingt ein grausamer Herrscher.

UN (Vereinte Nationen) Vereinigung von Staaten zur Sicherung des Weltfriedens und zur Förderung der friedlichen zwischenstaatlichen Beziehungen sowie der internationalen Zusammenarbeit.

Vasallen Freie, die sich unter den Schutz eines Feudalherrn begeben; als Gegenleistung waren sie zu Treue, Dienst und Gehorsam verpflichtet. Auch Staaten, die von einem anderen abhängig sind.

Verbotene Stadt Residenz der chin. Kaiser in Peking

Verbrechen gegen die Menschlichkeit Dazu gehört z. B. die Unterdrückung und Verfolgung von Bevölkerungsgruppen aufgrund ihrer pol.,ethn. oder relig. Zugehörigkeit durch den Staat, in dem sie leben. *Siehe auch* VÖLKERMORD.

Verfassung der Vereinigten Staaten Dokument, das die grundlegenden Prinzipien der Rechtsprechung und des föderalen Systems der Regierung der Vereinigten Staaten enthält. Es wurde 1787 in Philadelphia von 55 Delegierten (der Verfassungsversammlung) verfasst und am 21. Juni 1788 ratifiziert.

Verkauf Louisianas Ein 2 144 520 km^2 großes Gebiet zw. dem Mississippi und den Rocky Mountains, das Napoleon 1803 für 15 Millionen Dollar verkaufte; dadurch verdoppelte sich das Gebiet der USA.

Versailler Vertrag Friedensvertrag nach dem Ersten Weltkrieg; wurde 1919 von Deutschland unterschrieben. Die Reparationszahlungen, die von Deutschland gefordert wurden, spielten dem Nationalsozialismus in die Hand.

Vertrag von Tordesillas Teilung der NEUEN WELT 1494 in ein span. und port. Reich

Vertragshafen Im 19. Jh. erzwang Großbritannien in China die Öffnung von Vertragshäfen und somit die Freigabe des Handels mit dem riesigen Land.

14 Punkte Der im Ersten Weltkrieg vom amerikan. Präsidenten Woodrow Wilson vorgeschlagene Friedensplan

Vietcong Bez. für die kommunist., südvietnamesischen Guerillakämpfer, die gegen die von US-amerikan. Truppen unterstützte vietnam. Armee kämpften.

Völkermord (Genozid) Die Ermordung einer ganzen Volksgruppe aufgrund ihrer ethn., kult., soz. oder relig. Zugehörigkeit

Volksstamm Eine größere soz. Gruppe, die mehrere Familien oder KLANS umfasst und durch gem. Vorfahren und KULTUR sowie den Lebensraum verbunden ist.

Volkstribun Einer der zehn Repräsentanten, die im antiken Rom von den PLEBEJERN gewählt wurden.

Warschauer Pakt Militärisches Bündnis der osteuropäischen Staaten unter Führung der Sowjetunion, das 1955 als Antwort auf die NATO gegründet wurde.

Westgoten Mit den Ostgoten verwandt zogen sie während der Völkerwanderung über Italien nach Gallien und errichteten das Westgotenreich in Südwestfrankreich und Spanien (418–462 n. Chr.), das 711 n. Chr. von den Arabern zerstört wurde.

Wettrüsten Wettlauf zw. zwei oder mehreren Staaten, bei dem jeder versucht, die jeweils größere militärische Schlagkraft zu erlangen; bezieht sich meist auf die Aufrüstung der USA und der UdSSR mit Atomwaffen während des KALTEN KRIEGES.

Wiener Kongress Die int. Konferenz in Wien von 1814/15, die nach der Niederlage Napoleons I. die vorrevolutionäre Ordnung und das Gleichgewicht der europ. Mächte wiederherstellte.

Wikinger Skandinav. Krieger, die ganz Europa und Russland vom 9.–11. Jh. mit Plünderungsfahrten heimsuchten.

Zar Titel der Monarchen von Russland, der sich vom alten röm. Kaisertitel *Caesar* ableitet. Erstmals nahm ihn 1547 der Kronprinz von Moskau, Ivan IV., an. Bis zum Sturz der MONARCHIE 1917 trugen ihn alle russ. Monarchen.

Zeloten Eine radikale, römerfeindliche Gruppierung des antiken JUDENTUMS in der Zeit um Christi Geburt. Sie wurde 73 n. Chr. bei Masada besiegt.

Zikkurat Mesopotamischer Tempel mit rechteckigen Stufen (Stufenturm), die zur Spitze hin immer kleiner wurden und von außen durch Treppen verbunden waren. Auf der Spitze eines Stufenturms befand sich ein Altar.

Zionismus Pol. und soz. Bewegung zur Errichtung eines jüdischen Staates im Heiligen Land (Palästina). Ihre Anfänge liegen im 19. Jh.; die folgenden jüdischen Einwanderungswellen führten schließlich zur Gründung des Staates Israel.

Zivilisation Hoch entwickeltes Gemeinwesen, das über komplexe soz. Strukturen und kult. Errungenschaften verfügt wie z. B. Schrift, Mathematik, Technologie und Monumentalbauten.

Weiterführende Literatur

Allgemeine Literatur

Barraclough, G. (Hg): Atlas der Weltgeschichte: Von den Ursprüngen bis zur Gegenwart, Bechtermünz 1997.
Gombrich, E. H.: Eine kurze Weltgeschichte für junge Leser. Von der Urzeit bis zur Gegenwart, DuMont 1998.
Junior Chronik: 20. Jahrhundert, Chronik 1998.
Kinder, H.; Hilgemann, W.: dtv-Atlas zur Weltgeschichte. Von den Anfängen bis zur Gegenwart, 2 Bd., dtv 1998
Matz, K. J.:Wer regierte wann? Regententafeln zur Weltgeschichte. Neuausgabe, dtv 1992.
Pleticha, H.; Thiel H. P.: Von Jahr zu Jahr: Geschichtliches Grundwissen– chronolgisch geordnet, Cornelsen 1997

Vor- und Frühgeschichte

Constable, N.: Atlas der Archäologie, Bechtermünz 1999.
Locqin, M. V.: Chronik der Vor- und Frühgeschichte, Insel-Verlag 1998.
Müller-Beck, H.: Die Steinzeit: der Weg der Menschen in die Geschichte, Beck 1998

Antike

Bringmann, K.: Römische Geschichte: von den Anfängen bis zur Spätantike, Beck 1998.
Etienne, R. und F.: Griechenland: Die Wiederentdeckung der Antike, Ravensburger 1992.
Gehrke, H.: Alexander der Große. Beck 1996.
Künzl, Dr. E.: Das alte Rom. Tessloff 1997.
Lauffer, S.: Alexander der Große, dtv 1993.
Macauly, D.: Eine Stadt wie Rom, dtv junior 1998.
Millard, A.: Das war Griechenland, Ravensburger 1987.
Reichardt, H.: Die alten Griechen, Tessloff 1997
Roaf, M.: Bildatlas der Weltkulturen – Mesopotamien. Geschichte und Lebensformen, Bechtermünz 1999.
Weeber, K.-W.: Alltag im Alten Rom: ein Lexikon, Artemis 1997.

Afrika

Ki-Zerbo, J.: Die Geschichte Schwarz-Afrikas, Peter Hammer Verlag 1981.
Murray, J.: Bildatlas der Weltkulturen – Afrika. Kunst, Geschichte und Lebensformen, Bechtermünz 1999.

Mittelalter

Feuerstein-Praßer, K.: Europas Urahnen. Vom Untergang des weströmischen Reiches zu Karl dem Großen, Bechtermünz o.J.
Le Goff, Jacques: Jacques Le Goff erzählt die Geschichte Europas, Campus Verlag 1997.
Matthew, D.: Bildatlas der Weltkulturen – Mittelalter, Bechtermünz 1997.

Asien

Cotterell, A.: China: 2000 Jahre Geschichte – vom Bau der Großen Mauer bis zum letzten Kaiser, Gerstenberg 1995.
Kulke, H.; Rothermund, D,: Geschichte Indiens. Von der Induskultur bis heute, Beck 1998.
Schmidt-Glintzer, H.: Das alte China. Von den Anfängen bis zum 19. Jahrhundert, Beck 1995.
Schröder, R. M.: Dschingis Khan, Bertelsmann 1994.

Islam

Haarmann, U. (Hg): Geschichte der arabischen Welt, Beck 1994
Moktefi, M.: So lebten sie in den ersten Jahrhunderten des Islam. Tessloff 1986.
Schimmel, A.: Der Islam, Reclam 1990.

Amerika

Baquedano, E.: Azteken, Inka, Maya, Gerstenberg 1997.
Legay, G.: Atlas der Indianer Nordamerikas, Carlsen 1995.
Steilber, Dr. H. A.; Flemming T.: Chronik Handbuch Amerika, Chronik Verlag 1998.

Europa

Bedürftig, F.: Lexikon Deutschland nach 1945, Carlsen 1996.
Furet, G; Rechet, D; Müller, U. F.: Die Französische Revolution, Fischer Taschenbuch 1997.
Ritch, E.: Illustrierte Weltgeschichte für junge Leser: Der Zweite Weltkrieg und seine Folgen, Neuer Tessloff Verlag 1969.
Vovelle, M.: Die Französische Revolution, Fischer 1997.

REGISTER

Die **fett** gedruckten Seitenzahlen weisen auf einen Ortsnamen in einer Karte hin; die folgende Kombination aus einer Ziffer und einem Buchstaben hilft bei der Ortssuche: Die Buchstaben stehen für die Längsgrade, die Ziffern für die Breitengrade. (Die Ortsnamen aus Karten wurden nur ins Register aufgenommen, wenn die Informationen über die bloße Nennung hinausgehen). Die Länder, in denen die historischen Orte heute liegen, stehen in Klammern.

A

B

D

E

F

J

K

O

P

Q

R

S

T

U

V

Bildnachweise

1 Erich Lessing/AKG; **2–3** Michael Holford; **4–5** ***siehe unten***; Erich Lessing; **8–9** Erich Lessing/AKG; **12** Natural History Museum, London; **14–15** Hutchison Library; **15** AKG; **16–17** & **17** Erich Lessing/AKG; **19** WFA/Anthropology Museum, Veracruz University, Jalapa; **20–21** Robert McLeod/RHPL; **21** RHPL; **22** Erich Lessing/AKG; **23** B. Norman/Ancient Art & Architecture Collection Ltd.; **24** & **25** Erich Lessing/AKG; **26–27** WFA; **27** Copyright British Museum; **28** WFA; **29** Copyright British Museum; **30o** & **30u** Erich Lessing/AKG; **31** The Stock Market; **32** Erich Lessing/AKG; **33** The Stock Market; **35** Hanny Paul/Gamma/Frank Spooner Pictures; **36** John Haywood; **36–37, 37o, 37u, 38o** & **38u** Erich Lessing/AKG; **40** John Haywood; **40–41** Erich Lessing/AKG; **42** John Haywood; **44** & **47** Erich Lessing/AKG; **48–49** Powerstock/Zefa Photo Library; **49** WFA/Private Collection; **50** & **51** Erich Lessing/AKG; **53** RHPL; **54** P. Koch/RHPL; **56** Adam Woolfitt/RHPL; **57** Ashmolean Museum, Oxford; **60** Tiziana & Gianni Baldizzone/Corbis; **61** RHPL; **62** Sonia Halliday & Laura Lushington; **65** Bodleian Library; **66–67** WFA; **67** & **68** Erich Lessing/AKG; **70o** Mick Sharp Photography; **70u** & **71** Erich Lessing/AKG; **72** Copyright British Museum; **74o** Board of Trinity College, Dublin; **74u** Erich Lessing/AKG; **75** Adam Woolfitt/RHPL; **76** British Library; **78o** Erich Lessing/AKG; **78u** British Library; **79** Erich Lessing/AKG; **80, 82** & **82–83** RHPL; **84o** Erich Lessing/AKG; **84u** John Haywood; **86** Giraudon; **87, 88** & **90o** Erich Lessing/AKG; **90u** WFA/National Palace Museum, Taipei; **92** Vanessa S. Boeye/Hutchison Library; **93** National Palace Museum, Taipei/RHPL; **94** WFA/Gulistan Imperial Library, Teheran; **94–95** Sonia Halliday; **96** Tokyo National Museum; **97** WFA; **98o** WFA/Boston Museum of Fine Arts; **98u** WFA/L.J. Anderson Collection; **100** RHPL; **102** Robert Aberman; **103** WFA/Victoria & Albert Museum; **104–105** Robert Frerck/Odyssey/Chicago/RHPL; **106** Erich Lessing/AKG; **106–107** WFA/British Museum, London; **107** WFA/Museum für Volkerkunde, Basel; **108** N.J. Saunders/Barbara Heller; **110–111** N.J. Saunders; **110** WFA/Dallas Museum of Art, U.S.A.; **111** Loren McIntyre; **113** Bodleian Library; **114–115** Gavin Hellier/RHPL; **116** ETA/Prado Madrid; **119** Bibliothèque Nationale; **120–121** Erich Lessing/AKG; **122** N.J. Saunders/Barbara Heller; **123** & **124** AKG; **125** Thomas Hoepker/Magnum Photos; **126** ETA/British Museum; **128–129** Dennis Stock/Magnum Photos; **12** Hulton Getty; **130** & **132** AKG; **132–133** Hulton Getty; **134** MEPL; **1136o** & **136u** AKG; **138** Erich Lessing/AKG; **140o** & **140u** AKG; **142** ETA/Ironbridge Gorge Museum; **144–145** & **145** Erich Lessing/AKG; **146** ETA/Musée de Versailles; **148o** AKG; **148u** ETA/Decorative Arts Library, Paris; **148–149, 150** & **152** AKG; **152–153** Michael Holford; **153** ETA/Historical Museum, Moskau; **154** Michael Holford; **156** David Jacobs/Robert Harding Picture Library; **157** Michael Holford; **159** Images Colour Library; **160o** MEPL; **160u** Jeremy Horner/Hutchison Library; **160–161** WFA/Courtesy Christie's; **161** MEPL; **162** Bruno Barbey/Magnum Photos; **164–165** ETA/National Maritime Museum; **165** AKG; **167** ETA/Queen Victoria Museum; **168** & **168–169** AKG; **170** Gamma/FSP; **173** Thomann/Bildarchiv Preussischer Kulturbesitz; **174** HG; **174–175** ETA; **177** Culver Pictures; **178–179** Ullstein; **179** ETA/Decorative Arts Library, Paris; **180** Stan Osolinski/Oxford Scientific Films; **181** Archiv für Kunst und Geschichte; **183 Portät** Popperfoto; **183** Sammlung des Henry Ford Museum & Greenfield Village; **184o** HG; **184u** ETA/Victoria & Albert Museum; **186o** ETA/Cavalry Museum, Pinerolo; **186u** ETA; **189t** Harlingue–Viollet; **189u** ETA; **190o** & **190u** Imperial War Museum; **192** HG; **194** J.L. Charmet; **196** ETA/British Museum; **197** Mary Evans Picture Library; **198–199** Popperfoto; **199** Associated Press/Topham Picturepoint; **200** HG; **202** Wiener Bibliothek; **202–203** Imperial War Museum; **203** John Erikson; **204** Arkady Shishkin; **205** Peter Marlow/MP; **206o** Burt Glinn/MP; **206u** Mikhail Nappelbaum; **208** ETA/William Sewell; **209** Fallander/Sipa Press/Rex Features; **210o** Francolon/FSP; **210u** & **212o** HG; **212u** Richard T. Nowitz/Corbis; **213** Topham Picturepoint; **214** HG; **214–215** Bruno Barbey/MP; **217** ETA/Library of Congress; **218–219** Gamma/FSP; **219** Danny Lyons/MP; **221** G. Mendel/MP; **222–223** Colin Monteath/Gamma/FSP; **223** Anderson/Gamma/Liaison/FSP

Hintergründe Zeittafeln (5) 25, 29, 33, 37, 41, 45, 49, 53, 57 & **61** Babylonische Weltkarte (Detail): Michael Holford; **(4) 71, 75, 79, 83, 87, 91, 95, 99, 103, 107** & **111** Peutinger Tafel, mittelalterliche Kopie einer spätrömischen Karte (Detail): Österreichische Nationalbibliothek; **(4) 183, 187, 191, 195, 199, 203, 207, 211** & **215** mit dem Computer erstellte Karte: Terra Forma™ Copyright © 1995–1997 Andromeda Interactive Ltd.

Abkürzungen

AKG	Archiv für Kunst und Geschichte
ETA	E.T. Archive
FSP	Frank Spooner Pictures
HG	Hulton Getty
MP	Magnum Photos
MEPL	Mary Evans Picture Library
RHPL	Robert Harding Picture Library
WFA	Werner Forman Archive

Künstler

John Fuller, Charles Raymond, Roger Stewart, Andrew Wheatcroft

Die Inhaber der Rechte an den Bildern, die in diesem Buch gezeigt werden, sind oben angeführt. Sollte versehentlich jemand übersehen worden sein, kann er sich an Andromeda Oxford Limited wenden.